黄河流域农业农村高质量
发展水平评价

赵 凯等 著

中国农业出版社

北 京

图书在版编目（CIP）数据

黄河流域农业农村高质量发展水平评价 / 赵凯等著
. —北京：中国农业出版社，2025.7
（黄河流域生态保护与农业农村高质量发展研究丛书）
ISBN 978-7-109-31698-0

Ⅰ.①黄…　Ⅱ.①赵…　Ⅲ.①黄河流域－乡村－农业
产业－产业发展－研究　Ⅳ.①F327.2

中国国家版本馆 CIP 数据核字（2024）第 033621 号

中国农业出版社出版

地址：北京市朝阳区麦子店街 18 号楼
邮编：100125
责任编辑：闫保荣
版式设计：小荷博睿　责任校对：吴丽婷
印刷：北京中兴印刷有限公司
版次：2025 年 7 月第 1 版
印次：2025 年 7 月北京第 1 次印刷
发行：新华书店北京发行所
开本：700mm×1000mm　1/16
印张：23.75
字数：363 千字
定价：88.00 元

本书著者名单

负责人：赵　凯　博士，教　授　西北农林科技大学经济管理学院
参加人：姬便便　博士，副教授　西北农林科技大学经济管理学院
　　　　孙鹏飞　博士，副教授　山东农业大学经济管理学院
　　　　王　静　博士，博士后　南京林业大学经济管理学院
　　　　王雅南　硕士，讲师　宁夏理工学院经济管理学院
　　　　刘新仪　博士　兰州财经大学工商学院
　　　　高　原　博士　武汉轻工大学管理学院
　　　　张仁慧　博士　山西农业大学农业经济管理学院
　　　　朱　玲　博士研究生　吉林大学经济学院
　　　　张　瑜　博士研究生　西北农林科技大学经济管理学院
　　　　赵　萌　博士研究生　西北农林科技大学经济管理学院
　　　　徐颖欣　博士研究生　西北农林科技大学经济管理学院
　　　　高晨曦　博士研究生　西北农林科技大学经济管理学院
　　　　吴羽希　硕士研究生　西北农林科技大学经济管理学院
　　　　张珺超　硕士研究生　西北农林科技大学经济管理学院
　　　　蔡雯杰　硕士研究生　西北农林科技大学经济管理学院
　　　　兰舒婷　硕士研究生　西北农林科技大学经济管理学院
　　　　王　瑞　硕士研究生　西北农林科技大学经济管理学院
　　　　陈文思　本　科　生　西北农林科技大学经济管理学院
　　　　刘家宁　本　科　生　西北农林科技大学经济管理学院
　　　　王亚楠　本　科　生　西北农林科技大学经济管理学院

序言

黄河——这条蜿蜒数千公里的母亲河，孕育了璀璨的中华文明，见证了中华民族的繁衍与发展。2019 年 9 月 18 日，习近平总书记主持召开黄河流域生态保护和高质量发展座谈会并发表重要讲话，提出要让黄河成为造福人民的幸福河，实施黄河流域生态保护和高质量发展重大国家战略。党的十八大以来，习近平总书记走遍沿黄 9 省份，并在上中下游分别主持召开 3 场座谈会专题部署黄河流域生态保护和高质量发展。2024 年 9 月 12 日，习近平总书记主持召开全面推动黄河流域生态保护和高质量发展座谈会时强调，以进一步全面深化改革为动力，开创黄河流域生态保护和高质量发展新局面。

黄河流域生态保护和高质量发展重大国家战略的实施，为黄河流域乡村发展提供了新的机遇。党的二十届三中全会《中共中央关于进一步全面深化改革 推进中国式现代化的决定》提出的"坚持以人民为中心"的发展思想，以及"教育科技人才一体改革"的总体要求，为我们的工作指明了方向。本系列研究正是在这样的背景下应运而生，旨在深入探讨黄河流域乡村高质量发展之路，让发展成果更多更公平地惠及全体人民。

西北农林科技大学作为我国农业科教事业的中坚力量，自 1934 年国立西北农林专科学校创建以来，就肩负着"教育救国""兴学兴农"的时代使命。学校秉承"诚朴勇毅"的校训，恪守"民为国本，食为民天，树德务滋，树基务坚"的教育理念，承远古农神后稷之志，行当代教民稼穑之为，形成了"扎根杨凌、胸怀社稷，脚踏黄土、情系三农，甘于吃苦、追求卓越"的西农精神和"团结、求真、坚韧、自信"的西农科学文化，走出了一条产学研紧密结合的特色办学之路。

在这些精神的指引下，西北农林科技大学经济管理学院的师生们，积极响应国家战略部署，自 2020 年起连续多年组织研究生开展专项调研，"黄河岸边问国策"成为网络头条和新闻热点，建成涵盖黄河流域中上游主要区域的"千村万户"数据库，获批陕西（高校）哲学社会科学重点研究基地——黄河中上游生态保护与农业农村高质量发展研究基地，调研团队获得全国大中专学生志愿者暑期"三下乡"社会实践活动优秀团队和陕西省大中专学生志愿者暑期文化科技卫生"三下乡"社会实践活动标兵团队。此次择录部分调查资料形成的四部专题研究报告，从不同角度切入，全面系统地分析了黄河流域的农业农村发展现状、城乡融合发展、生态环境保护以及乡村产业高质量发展现状，为相关政策的制定和实施提供了科学依据。

《黄河流域农业农村高质量发展水平评价》，结合黄河流域 9 个省份农村经济的实际情况，构建了农业农村高质量发展的理论框架和评价模型。研究指出，黄河流域农业高质量发展水平整体不高，省份间存在较大差异，但近年来呈现持续增长态势。报告还提出了提升黄河流域农业农村高质量发展水平的对策建议。

《黄河流域城乡融合发展水平与实现策略》，系统梳理了国内外相关文献和城乡关系演化历程，分析了黄河流域城乡融合现状与主要问题。研究从产业结构、政府财政支持、市场化水平、金融发展水平、区位特征等方面识别了黄河流域城乡融合的主要驱动因素，并提出了针对性的对策建议。

《黄河流域生态环境保护效果及提升策略》，深入分析了黄河流域生态环境保护的历史脉络，运用多种分析方法评估了 2001—2019 年黄河流域生态环境保护效果的时空演变格局与趋势。研究提出了黄河流域生态环境保护的体制、机制建议。

《黄河流域乡村产业高质量发展》，深入探讨了黄河流域乡村产业高质量发展之路。研究从乡村产业结构、产业分布、产业政策等方面展现了黄河流域乡村产业发展现状，构建了乡村产业发展评价指标体系。研究分析了各省份乡村产业发展的制约因素，设计了有针对性的高质量发展路径，并提出了乡村产业高质量发展的政策保障体系。

这些研究是一次对黄河流域乡村发展的全面梳理和深入思考。我们希望这些研究成果能够为黄河流域乃至全国的乡村发展提供有益的参考和借鉴。同时，我们也期待读者能够对研究内容提出宝贵的意见和建议，共同推动中国乡村高质量发展。

在研究过程中，我们得到了西北农林科技大学相关学院、部门以及众多专家学者的大力支持和帮助，他们的智慧和经验为这些研究的完成提供了宝贵资源。在此，我们对他们表示衷心的感谢。还要感谢为这些研究付出辛勤劳动的老师和研究生们，他们的努力和奉献是这些研究能够顺利完成的重要保障。

在全面建成社会主义现代化强国的新征程上，黄河流域乡村发展正迎来历史性机遇。我们坚信，通过深化体制机制改革、加速数字技术渗透、培育新型经营主体，必将开创流域农业农村现代化新格局。

让母亲河的生态底蕴转化为发展势能，使千年农耕文明焕发时代生机，这既是学术研究的使命担当，更是新时代赋予的历史责任。西北农林科技大学将继续发挥农林水学科优势，为谱写黄河流域乡村振兴新篇章贡献智慧力量。

夏显力　陆　迁　刘军弟
2024 年 11 月于西北农林科技大学

前言

FOREWORD

　　黄河流域是中国重要的生态屏障、重要的经济地带和乡村振兴的重要区域，对维护社会稳定和生态安全、促进民族团结和国家经济社会发展具有十分重要的意义。黄河流域生态保护和高质量发展是重大国家战略。2019年9月，习近平总书记在郑州市主持召开黄河流域生态保护和高质量发展座谈会并发表重要讲话，提出"着力加强生态保护治理、保障黄河长治久安、促进全流域高质量发展、改善人民群众生活、保护传承弘扬黄河文化，让黄河成为造福人民的幸福河"。2021年10月，中共中央、国务院印发了《黄河流域生态保护和高质量发展规划纲要》，进一步强调"黄河流域生态保护和高质量发展是重大国家战略，要共同抓好大保护，协同推进大治理"。2022年11月，科技部印发了《黄河流域生态保护和高质量发展科技创新实施方案》。2024年9月，习近平总书记在甘肃省兰州市主持召开全面推动黄河流域生态保护和高质量发展座谈会并发表重要讲话。他强调，要认真贯彻党的二十大和二十届三中全会精神，牢牢把握重在保护、要在治理的战略要求，以进一步全面深化改革为动力，坚持生态优先、绿色发展，坚持量水而行、节水优先，坚持因地制宜、分类施策，坚持统筹谋划、协同推进，促进全

1

流域生态保护上新台阶、绿色转型有新进展、高质量发展有新成效、人民群众生活有新改善，开创黄河流域生态保护和高质量发展新局面。可见，全面推动黄河流域生态保护和高质量发展，是中华民族传承好历史文脉和民族根脉的必然要求，是黄河沿线省份正确处理经济社会高质量发展和生态高水平保护关系的现实需要，是为全世界提供妥善处理人与自然和谐共生关系典范的伟大探索。当前，在举国全面实施乡村振兴战略的背景下，黄河流域农业农村如何实现高质量发展是迫切需要解决的现实问题。基于此，本书主要围绕黄河流域农业农村高质量发展水平评价展开研究。

本书结合黄河流域9个省份农村经济的实际情况，以黄河流域农业高质量发展水平评价和农村高质量发展水平评价为中心，在广泛借鉴现有相关研究文献结论的基础上，依据新发展理念，首先，提出了黄河流域农业农村高质量发展的理论框架，具体包括农业农村高质量发展的内涵、特征、类型、影响因素、动力机制等；其次，构建了评价黄河流域农业高质量发展和农村高质量发展水平的测度模型及其测定方法；再次，分别运用黄河流域省级和县级数据展开实证研究，找出之间的差距和主要的差别之处，并在此基础上分析其面临的障碍因素；最后，提出提升黄河流域农业高质量发展和农村高质量发展水平的对策建议。

本书的研究结论具体如下：

（1）提出了"高质量发展-流域高质量发展-流域农业高质量发展-流域农村高质量发展"的黄河流域农业农村高质量发展的理论框架。在此基础上，构建了评价黄河流域农业高质量发展水平和农村高质量发展水平的测度模型及其测定方法。

（2）从黄河流域农业高质量发展省级层面看，黄河流域9省份农业高质量整体发展水平不高，且省份间存在较大差异，具有较大改善空间。2019 年，黄河流域农业高质量发展水平综合得分由高到低依次为山东、四川、河南、山西、陕西、内蒙古、宁夏、青海和甘肃。其中，山东综合得分最高，为 0.541 分；甘肃综合得分最低，为 0.288 分。从 2010—2019 年时间序列数据分析，黄河流域空间范围内农业高质量发展水平 9 省份均呈现持续增长态势，但平均值差距明显，各省份综合得分平均值由高到低依次为山东、四川、河南、山西、陕西、内蒙古、宁夏、青海和甘肃。

（3）从黄河流域农村高质量发展省级层面看，9 省份农村高质量发展水平整体不高，且省份间存在较大差异。2019 年，各省份农村高质量发展综合得分由高到低依次为山东、河南、内蒙古、陕西、宁夏、山西、四川、甘肃和青海。其中，山东综合得分最高，为 0.497 分；青海综合得分最低，为 0.247 分。从 2010—2019 年时间序列数据分析，黄河流域空间范围内农村高质量发展水平 9 省份均呈现持续增长态势，但平均值差距明显，由高到低依次为山东、河南、山西、陕西、内蒙古、四川、宁夏、甘肃和青海。将各省份与全国农村高质量发展平均水平对比可知，仅有山东农村高质量发展水平高于全国平均水平，其余 8 个省份均远低于全国平均水平。

（4）从县级层面看，黄河流域农业高质量发展水平和农村高质量发展水平存在显著差异。基于数据的可得性，选取黄河流域 9 省份中 181 个县（市、区）作为研究区域展开评价，其中：山东选取了 16 个县（市、区），内蒙古选取了 13 个县（市、区），宁夏选取了 15 个县（市、区），甘肃选取了 36 个县（市、区），山西选取了 24 个县（市、区），河南选取了 20 个县（市、区），陕西选取了 49 个县（市、区），四川选取了 3 个县（市、区），青海选取了 5 个县（市、区）。研究结论表明，各县域农业高质量发展水平和农村高质量发展水平差异明显，具体见第 6 章研究结论。

（5）针对今后黄河流域农业农村高质量发展面临的问题，提出了加强农业创新力度、加大农业开放力度、支持和引导地方特色农业产业发展、持续加强农业农村基础设施和公共服务设施供给的能力和水平、持续加强生态建设工程、强化乡村治理水平和能力建设、培育农业农村专门人才和加强农业农村基本监测数据的统计工作等对策建议。

作　者

2024 年 10 月于西北农林科技大学

目录

1 导　论

1.1 选题背景

　　黄河流域是中国重要的生态屏障、重要的经济地带和乡村振兴的重要区域，对维护社会稳定和生态安全、促进民族团结和国家经济社会发展具有十分重要的意义。习近平总书记在党的十九大报告中提出："我国经济已由高速增长阶段转向高质量发展阶段"，"必须坚持质量第一、效益优先，以供给侧结构性改革为主线，推动经济发展质量变革、效率变革、动力变革"。根据党的十九大精神，2017 年 12 月召开的中央经济工作会议认为，中国特色社会主义进入了新时代，我国经济发展也进入了新时代，基本特征就是我国经济已由高速增长阶段转向高质量发展阶段。这是以习近平同志为核心的党中央根据国际国内环境变化，特别是我国发展条件和发展阶段变化作出的重大判断。2018 年《政府工作报告》进一步明确指出："按照高质量发展的要求，统筹推进'五位一体'总体布局和协调推进'四个全面'战略布局，坚持以供给侧结构性改革为主线，统筹推进稳增长、促改革、调结构、惠民生、防风险各项工作"，"大力推动高质量发展"，"坚持质量第一、效益优先，促进经济结构优化升级"，"实现经济平稳增长和质量效益提高互促互进"。2018 年 8 月，时任国务院总理李克强主持召开国务院西部地区开发领导小组会议，进一步指出："要按照向高质量方向发展、解决发展不平衡不充分问题的要求，紧紧依靠改革开放创新，促进西部地区发展动力增强、产业结构升级、民生不断改善，为全国经济保持稳中向好拓展空间"。

　　2019 年 9 月 18 日，习近平总书记在郑州市主持召开黄河流域生态保护和高质量发展座谈会并发表重要讲话，提出"着力加强生态保护治理、保障黄河长治久安、促进全流域高质量发展、改善人民群众生活、保护传承弘扬黄河文化，让黄河成为造福人民的幸福河"的目标任务（杨永春等，2020；张江洋等，2021）。2019年10月16日，《求是》杂志发表习近平总书记重要文章《在黄河流域生态保护和高质量发展座谈会上的讲话》。2020年1月3日，习近平总书记主持召开中央财经委员会第六次会议，强调要推动沿黄地区中心城市及城市群高质量发展（张江洋等，2021）。2020年10月，党的十九届五中全会提出，"十四五"时期经济社会发展要以推动高质量发展为主题，这是根据我国发展阶段、发展环境、发展条件变化作出的科学判断。2021年10月，中共中央、国务院印发了《黄河流域生态保护和高质量发展规划纲要》，进一步强调"黄河流域生态保护和高质量发展是重大国家战略，要共同抓好大保护，协同推进大治理"。2022年10月16日，习近平总书记在党的二十大报告中指出："高质量发展是全面建设社会主义现代化国家的首要任务"，"我们要坚持以推动高质量发展为主题，把实施扩大内需战略同深化供给侧结构性改革有机结合起来，增强国内大循环内生动力和可靠性，提升国际循环质量和水平，加快建设现代化经济体系，着力提高全要素生产率，着力提升产业链供应链韧性和安全水平，着力推进城乡融合和区域协调发展，推动经济实现质的有效提升和量的合理增长。"2022年11月，科技部印发了《黄河流域生态保护和高质量发展科技创新实施方案》，强调"通过基础理论和关键技术突破、沿黄地区科技创新走廊构建，推动由黄河源头至入海口的全域科学治理，支撑黄河流域生态保护与高质量发展重大战略的实施"。

黄河流域生态保护和高质量发展，同京津冀协同发展、长江经济带发展、粤港澳大湾区建设、长三角一体化发展一样，是重大国家战略。实施这一战略有助于维护国家生态安全，更有助于将黄河流域打造成大协同、大保护的引领区、示范区（于法稳等，2020；杨永春等，2020）。黄河流域的高质量发展作为我国经济社会发展的重要一环，对我国区域协调发展有着不可替代的关键作用。高质量发展成为我国步入新时代后的崭新主题，剖析高质量发展理论内涵、构建高质量发展测度体系与测度高质量发展实际水平成为亟待解决的重大问题（张涛，2020）。

黄河发源于青藏高原巴颜喀拉山北麓的约古宗列盆地，流经青海、四川、甘肃、宁夏、内蒙古、陕西、山西、河南、山东 9 省份，横贯我国东中西三大地带，全长 5 464 千米，其中上、中、下游河段长分别为 3 472 千米、1 206 千米、786 千米，流域（包括黄河内流区）总面积 79.5 万平方千米（于法稳等，2020）。2018 年，黄河流域总人口和国内生产总值（GDP）分别约占全国的 14.1% 和 13.2%（杨永春等，2020；任保平等，2019）。黄河流经我国干旱和半干旱区域，是域内城市的重要水源地。黄河水资源总量不到长江的 7%，人均占有量仅为全国平均水平的 25%（张振伟等，2008）。黄河流域是我国矿产资源汇集之地，稀土等 8 种矿产资源储量占全国总储量的 32% 以上，是 1949 年以来我国一次能源（煤炭）与二次能源（电力）最主要的生产和供应基地，约占我国一次能源产量的 40%（陆大道，2019）。近 20 年来，在西部大开发、资源型城市转型、"煤炭综合改革"等倾斜性政策及大规模水利建设、有效水患治理等实践的推动下，黄河流域通过承接国内外的产业转移和吸纳外来人口等，已大致孕育或形成了宁夏沿黄、呼包鄂榆、兰西、关中、中原、晋中等六大城市群（杨永春等，2020）。由于发展基础和条件限制，黄河流域的发展相对落后，水资源制约严重、生产力布局和生态环境保护之间的矛盾突出、洪水和生态系统退化等风险长期存在，同时中上游地区还有大面积的革命老区和民族聚居地区，流域经济社会发展相对滞后，发展不充分不平衡问题较为突出（郝金莲等，2022），稳妥推进乡村振兴和新型城镇化的难度大（陆大道等，2019）。黄河流域既有生态脆弱区和重要的生态功能区，又有重要的粮食主产区和资源能源富集区，在全国经济社会发展格局中具有重要地位（安树伟等，2020）。

黄河流域经济社会发展呈"上游落后、中游崛起、下游发达"的阶梯状分布形态（周牧等，2019）。因此，要实现黄河流域高质量发展，迫切需要解决如下问题：黄河流域高质量发展水平如何？黄河流域处于一种怎样的发展阶段？实现黄河流域高质量发展具备怎样的基本条件？源于自身基础和外部条件，哪些因素影响黄河流域高质量发展？实现黄河流域高质量发展的转型路径是什么？实现黄河流域高质量发展应采取哪些核心策略？如何实现黄河流域高质量发展？

1.2 研究目的和意义

1.2.1 研究目的

实现黄河流域高质量发展是新时代社会经济发展的必然选择。本书的核心目标是评价黄河流域农业农村高质量发展水平，从而找到其发展的短板，提出相应的政策建议。一方面，考虑到黄河流域各省（县）农业农村发展的异质性，如何从共性层面评价其高质量发展水平是本书的难点之一，即怎样构建科学合理的评价指标体系、构建评价模型成为本书的难点之一。另一方面，不能仅从截面数据出发来评价黄河流域农业农村高质量发展水平，还要考虑其发展的动态性，即从时间序列数据出发来进行评价。

本书的具体研究目的如下：

（1）构建黄河流域高质量发展的理论框架。

（2）构建评价黄河流域农业高质量发展水平的模型，并展开实证研究。

（3）构建评价黄河流域农村高质量发展水平的模型，并展开实证研究。

（4）提出提升黄河流域农业农村高质量发展水平的对策建议。

1.2.2 研究意义

（1）理论意义

当前，在理论界关于黄河流域高质量发展存在不同的观点。通过本书的研究，有助于进一步理清高质量发展、农业高质量发展和农村高质量发展的概念、特征和类型，界定出黄河流域的基本范围，提出黄河流域农业农村高质量发展水平的测度模型、影响因素、动力机制等，为进一步完善黄河流域农业农村高质量发展理论做出一定的贡献。

（2）现实意义

本书主要是基于黄河流域省级和县级层面的面板数据展开研究，其现实意义主要表现在以下几个方面：第一，有助于从省级层面揭示黄河流域农业农村高质量发展水平及其差异；第二，有助于从县级层面揭示黄河流域农业农村高质量发展水平及其差异；第三，有助于从时间序列层面找出黄河流域各省（县）农业农村高质量发展水平的变化特征及其制约因素；第四，有助于从省级和县级层面提出提升黄河流域农业农村高质量发展水平的建议。

1.3 文献综述

1.3.1 黄河流域的范围界定

黄河流域面积为 79.5 万平方千米（包括内流区面积 4.2 万平方千米），干流全长 5 464 千米。有关黄河流域的范围界定，存在不同的观点：

张江洋等（2021）提出，黄河流域共涉及 9 省份 69 个地级市（州、盟）329 个县（旗、市）。任保平和张倩（2019）进一步指出，全部位于黄河流域内的县（旗、市）共有 236 个。杨永春等（2020）提出，为便于研究，按照地级行政区空间尺度且保留行政区范围完整的标准进行划分，划分原则包括：一是将落入黄河流域空间范围内的 9 省份的相关地级市（州、盟）都划入；二是若与其他流域的界限有冲突，则根据该地级市（州、盟）面积在黄河流域所占的比例（50% 以上），或该地级市（州、盟）政府的所在地是否在黄河流域，或黄河干流及其一级支流是否流经该地级市（州、盟），来确定这个地级市（州、盟）是否属于黄河流域。按照以上依据，共选择 9 个省份 60 个地级市（州、盟）展开研究（表 1-1）。

表 1-1 黄河流域的范围界定

序号	省份	地级市（州、盟）名称	数量（个）
1	青海	西宁市、海东市、海北藏族自治州、黄南藏族自治州、海南藏族自治州、果洛藏族自治州、玉树藏族自治州	7
2	宁夏	银川市、石嘴山市、吴忠市、固原市、中卫市	5
3	甘肃	兰州市、白银市、天水市、平凉市、庆阳市、定西市、临夏回族自治州、甘南藏族自治州	8

（续）

序号	省份	地级市（州、盟）名称	数量（个）
4	内蒙古	呼和浩特市、包头市、乌海市、鄂尔多斯市、巴彦淖尔市、阿拉善盟	6
5	陕西	西安市、铜川市、宝鸡市、咸阳市、渭南市、延安市、榆林市、商洛市	8
6	山西	太原市、长治市、晋城市、朔州市、晋中市、运城市、忻州市、临汾市、吕梁市	9
7	河南	郑州市、开封市、洛阳市、新乡市、焦作市、濮阳市、三门峡市	7
8	山东	济南市、淄博市、东营市、济宁市、泰安市、德州市、聊城市、滨州市、菏泽市	9
9	四川	阿坝藏族羌族自治州	1

周伟（2021）根据1995年行政区划的统计，认为黄河流域共涉及8省份69个地级市（州、盟）329个县（旗、市），其中全部位于黄河流域内的县（旗、市）共有236个。王瑞莉等（2021）参考相关研究对黄河流域范围的划定标准，考虑到四川在自然流域划分中属于长江流域，内蒙古东四盟归属于东北地区，且山东省辖原莱芜市已撤销并划归济南市管辖，最终以青海、甘肃、宁夏、内蒙古、陕西、山西、河南、山东8个省份共90个地级市（州、盟）作为研究对象。郭付友等（2021）以自然黄河流域为基础，考虑地域单元的完整性、区域发展与黄河的直接关联性，借鉴相关研究成果，将研究区域界定为黄河流经的青海、四川、甘肃、宁夏、内蒙古、陕西、山西、河南、山东9个省级行政区域，共计73个地级市（州、盟）。限于数据获取原因，济源市、阿拉善盟、阿坝藏族羌族自治州、甘南藏族自治州、临夏回族自治州、海北藏族自治州、海南藏族自治州、海西蒙古族藏族自治州、黄南藏族自治州、果洛藏族自治州、玉树藏族自治州以及海东市缺失数据较多，最终确定61个地级市。郝金连等（2022）认为，黄河流经青海、四川、甘肃、宁夏、内蒙古、山西、陕西、河南和山东9个省份，依据《黄河文化百科全书》，黄河流域包括66个地级市（州、盟）。

1.3.2 高质量发展水平评价

目前关于高质量发展水平的评价方法主要可以分为单指标评价和指标体系评价两大类。

（1）单指标评价

这类研究主要依托内生经济增长理论，认为全要素生产率（TFP）是经济增长的动力源泉，在经济增长质量的基础上展开研究。如贺晓宇和沈坤荣（2018）借鉴西方经济理论和分析方法，以全要素生产率作为衡量经济发展质量的指标，认为高质量发展的核心途径是完善现代化经济体系，提升全要素生产率。余泳泽等（2019）以绿色全要素生产率作为经济高质量发展的代理指标，用绿色全要素生产率和 GDP 增速构建了二维矩阵分析框架，分析高质量发展的区域差异。汪侠和徐晓红（2020）采用 Malmquist - Luenberger 指数和 Dagum 基尼系数法测算长江经济带高质量发展的时空演变与区域差距。

（2）指标体系评价

这类研究基于不同的视角构建了高质量发展的评价指标体系，内容较为丰富。

就中国高质量发展水平评价而言，徐鹏杰和杨萍（2019）从产业和社会两个层面出发，分别选取 12 个 3 级指标构建评价指标体系，测算 2006—2016 年我国 30 个省份的高质量发展水平，并构建空间计量模型来实证检验扩大开放、全要素生产率对我国高质量发展的影响。结果显示，我国高质量发展水平存在明显的区域差异和空间聚集特征。李金昌等（2019）通过对高质量发展统计内涵的深入考察，在充分梳理、借鉴国内外有关同类评价指标体系的基础上，从社会主要矛盾的两个方面"人民日益增长的美好生活需要"和"不平衡不充分的发展"着手，构建了由经济活力、创新效率、绿色发展、人民生活、社会和谐 5 个部分共 27 项指标构成的高质量发展评价指标体系。徐慧瑞（2018）从经济增长基本面、社会发展和环境保护等方面衡量高质量发展水平。王亚男（2021）依据经济高质量发展的"量"与"质"，选取创新驱动水平、协调发展水平、生态环境水平、对外开放水平、共享发展水平、经济稳定发展水平为一级指标，下设 25 个二级指标构建高质量发展评价指标体系。

就中国经济的高质量发展水平评价而言，黄速建等（2018）开创性地专门为测度微观国有企业的高质量发展构建了包含发展系统、价值实现与价值对象3个维度的评价体系，希望能够通过促进微观国有企业的高质量发展来推动中国经济在宏观层面上的高质量发展。魏敏等（2018）从动力机制转变、经济结构优化、开放稳定共享、生态环境和谐、人民生活幸福5个维度构建了新常态下中国经济增长质量的评价体系。龙莹和王菲（2022）依据国民经济循环理论，从高质量发展的发展条件、发展过程和发展结果3个动态角度着手，构建了包含基础设施、环境禀赋、财政状况、经济结构、创新驱动、绿色投入、产品与服务质量、经济效益和社会成果等9个二级指标和23个三级指标56个基础指标的高质量发展评价体系，运用组合赋权法测度了2003—2018年中国高质量发展指数。黄仁全和田径（2022）认为，高质量发展是一个复杂系统，其中经济发展是基础、科技创新为实现路径，同时高质量发展应以保护生态环境为前提。黄仁全和田径立足于陕西高质量发展现实情况，从系统论出发，借鉴相关研究成果，构建了包含经济发展、科技创新和生态环境3个维度的高质量发展评价体系；并依据系统论的思想，将陕西高质量发展综合评价指标进行逐层分解，构建目标层、准则层与指标层，形成各有侧重、相互联系的指标体系。

1.3.3 黄河流域高质量发展水平评价

1.3.3.1 评价方法

已有文献基于对黄河流域高质量发展内涵的理解，按照客观性、全面性、系统性、数据可获得性的原则构建了黄河流域高质量发展水平的评价指标体系。

徐辉等（2020）从经济社会发展和生态安全两方面，经济发展、创新驱动、民生改善、环境状况和生态状况5个维度构建了包含5个二级指标29个三级指标的黄河流域高质量发展评价指标体系，并基于黄河流域9省份2008—2017年的数据，运用熵权法进行了测度。崔盼盼等（2020）以有效性、协调性、创新性、稳定性和分享性5个维度构建黄河流域生态环境与高质量发展指标体系，并基于2012年、2015年、2017年黄河流域9省份的数据进行了实证研究。周清香和何爱平（2020）从动力转换、结构优化、成果共享、环境保护4个维度构建黄河流域高质量发展综合评价指标体系。张江洋等（2021）以2005—2017年黄河流域城市的微观数据为实证对象，基于重构的城市经济投入产出指标体系，采用超效率SBM模型和Malmquist-Luenberger指数，分别从静态和动态两个方面评价了黄河流域58个城市的效率。刘琳轲等（2021）通过设置生态保护指标体系和高质量发展指标体系研究了黄河流域生态保护与高质量发展的耦合关系及交互响应。张中良和牛木川（2022）在充分梳理、借鉴国内外有关同类评价指标体系的基础上，聚焦长江、黄河流域经济发展中的短板与潜在风险，基于创新、协调、绿色、开放、共享来构建高质量发展驱动要素体系，以长江、黄河干流周边城市为测评单位，基于2007—2018年51个地级市（州、盟）数据，运用面板Tobit回归模型比较了长江、黄河流域高质量发展驱动要素。郝金连等（2022）基于新发展理念，从创新、协调、绿色、开放、共享5个维度，选择12个准则34项指标构建黄河流域高质量发展评价指标体系；并利用熵值法计算得到黄河流域高质量发展水平，以高质量发展水平、高质量发展平均增量和平均增速为变量，利用探索性空间数据分析（ESDA）法分析2000—2020年黄河流域高质量发展空间关联和格局演化特征。

1.3.3.2　评价结果

徐辉等（2020）的研究结果表明：黄河流域高质量发展水平基本呈现"两边高、中间低"的空间分布，但差距逐年变小；9个省份的高质量发展水平在2008—2010年基本保持平稳，在2011—2017年持续增长，且在2016年增速明显；黄河流域整体高质量发展水平呈现上升趋势，在2008—2010年小幅波动，自2011年起上升明显；10年间5个维度均有不同程度的改善。崔盼盼等（2020）的研究结果表明：总体上，2012—2017年黄河流域高质量发展水平呈先升后降时序演化规律，具有"上游落后、中游崛起、下游发达"的空间分布特征，且多数省份类型转化呈正向发展。张中良和牛木川（2022）的研究结果表明：黄河流域高质量发展呈现上升趋势，位于中质量发展阶段，经济状况占比呈倒U形趋势，黄河流域经济与社会福利"脱钩"现象明显。郝金连等（2022）的研究结果表明：2000—2020年黄河流域高质量发展水平与市域空间相关,高质量发展水平在波动中有所提高,且发展趋于均衡;黄河流域整体发展速度较快,发展基础相对较差的区域增长速度较快,城市群仍是带动黄河流域高质量发展的重点区域。黄仁全(2022)研究发现:在空间上,黄河流域高质量发展呈现"东高西低、南高北低"的格局;在时间上,黄河流域高质量发展水平保持了稳定的增长态势,且科技创新引领作用逐渐凸显;在关联关系上,经济发展、科技创新和生态环境3个系统之间的发展存在不协调、不匹配等问题,生态环境问题成为制约黄河流域高质量发展的关键。

1.3.3.3 发展策略

杨永春等(2020)提出,黄河流域高质量发展需探索"弯道超车"的核心策略:①在智能社会和全球化浪潮中谋求高质量增长,即持续探寻域内适合国家需求和地方特色的新型产业转型发展模式,建构适合各地方的特色化产业集群及产业链,提升综合竞争力;②探寻同质前提下的协同新模式,谋划流域协同和寻求特色化的新型城镇化模式,包括适合各地的人口城镇化策略和城乡统筹模式,尤其是基于土地流转的乡村人口向河谷、川地、盆地、平原、城镇的持续迁移路径,提高劳动生产率,关注水资源和基础设施建设等问题;③实施"中心突破"的体制,寻求中心带动的流域空间重构,推动中心城市和城镇群的健康发展,促进高质量发展。黄河流域高质量发展是一个至少20~30年的长期探索过程。

安树伟和李瑞鹏(2020)提出了黄河流域高质量发展的推进方略:①要培育建设五大都市圈,逐步实现都市圈内一体化发展,形成黄河流域的增长极;②不断完善硬环境和软环境,依托国家现代综合交通运输体系发展的重大项目,积极参与"十纵十横"大通道建设;③畅通东西向要素流动渠道,扩大农村交通基础设施网络的覆盖范围,将交通建设与农村地区发展相结合,同时大力发展智慧交通,推动大数据、互联网、人工智能等新技术与交通行业不断融合;④提高市场化水平和创新动力,以实现发展动能的根本转换;⑤探索"政产学研用"协同合作机制,形成有利于创新创业的创新集群,提升科技能量。

刘育红和赵依梅(2022)在系统梳理黄河流域高质量发展的研究成果后指出:①经济高质量发展应以经济效益与质量提升为目标,以沿黄中心城市和城市群作为高质量发展的载体，充分发挥城市群的辐射联动优势，助推产业结构升级；②资源配置应以提升用水效率与缓解水资源短缺为目标，加大水资源科技投入，提高效能；③生态环境治理应以提升生态系统质量与稳定性为目标，统筹各省份协同治理，保护优先，绿色发展；④文化建设要以延续历史内涵与凝聚精神内核为目标，充分挖掘黄河文化的时代价值，讲好黄河故事；⑤要抓紧战略机遇，借鉴长江经济带等发展的成功经验，从经济、资源、环境、文化等方面进行全方位建设。

1.3.4 区域高质量发展水平评价

1.3.4.1 评价方法

纵观现有文献，在区域高质量发展水平评价中，主要是通过构建指标体系，采用不同权重的赋值方法，计算出高质量发展指数来展开实证研究。具体来讲，其差异主要表现在评价指标体系的准则层和评价区域两方面。

（1）构建评价指标体系的不同准则层

二维度：屈小鹅等（2022）从经济发展基本面和新发展理念2个维度构建经济高质量发展评价指标体系，采用纵横向拉开档次法综合评价1997—2019年省域和四大区域经济高质量发展水平。

三维度：韩永辉和韦东明（2021）基于高质量发展的内涵，从转变发展方式、优化经济结构、转换增长动力3个方面构建了中国省域高质量发展评价指标体系，采用31个省份面板数据，依托GPCA模型研究了各省份高质量发展的动态趋势、发展指数排名及其变化；同时，采用K-均值聚类方法，进行了梯度划分和空间格局衍化分析。鲁继通（2018）设计了能够综合测度宏观、中观、微观3个层面的高质量发展评价体系，宏观层面包含经济发展、社会进步与生态文明3个二级指标，中观层面包含产业升级、结构优化与区域协调3个二级指标，微观层面包含动力变革、质量变革与效率变革3个二级指标，这9个二级指标下共有52个三级指标，多层次全方位地涵盖了社会生活的各个领域。师博和张冰瑶（2019）构建了包含发展基本面、发展的社会成果、发展的生态成果3个维度共10个指标的地级以上城市高质量发展测度体系，认为经济增长仍是驱动城市高质量发展的核心动力。杜欢等（2022）结合改革开放以来的"五年规划"构建理论框架，从经济高质量发展、环境高质量发展、社会高质量发展 3 个维度选取了 56 项指标，在对各项指标进行具体分析对比之后，最终确定了由准则层、要素层、指标层 3 个层面共 41 项指标组成"一带一路"国内区域高质量发展指标体系。

四维度：岳立和雷燕燕（2020）以县域为研究单元，基于经济活力、社会进步、生态文明和制度深化 4 个层面构建县域经济高质量发展评价指标体系。

五维度：刘瑞和郭涛（2020）在深刻理解经济高质量发展内涵的基础上，以创新、协调、绿色、开放、共享的新发展理念构建了高质量发展指数。朱彬（2020）从经济、社会、人口、资源、环境 5 个维度构建中国经济高质量发展水平的综合测度指标体系，应用 BP 神经网络对中国各省份 2010—2017 年的经济高质量发展水平进行实证研究，通过引入离散系数和全局莫兰指数对各省份经济高质量发展水平的空间差异和空间关联性进行分析。马茹等（2019）从高质量供给、高质量需求、发展效率、经济运行和对外开放 5 个维度构建经济高质量发展评价指标体系。任保平和李禹墨（2018）认为中国经济高质量发展评价体系应由经济发展高质量、改革开放高质量、城乡建设高质量、生态环境高质量和人民生活高质量 5 个维度构成，但并未给出具体可操作的指标体系。孟祥兰等（2019）基于供给侧结构性改革背景，以经济、创新、协调、绿色和民生 5 个方面的发展高质量为一级指标构建指标体系，并以湖北 16 地市为样本进行实证研究。李子联和王爱民（2019）所构建的江苏高质量发展评价指标体系包括创新、协调、绿色、开放和共享 5 个一级指标。林珊珊和徐康宁（2022）以习近平总书记在第三次长江经济带发展座谈会上的讲话精神为指引，以经济发展、创新驱动、民生福祉、绿色生态和安全保障 5 个维度构建高质量发展指标体系。

六维度：刘飞和龚婷（2021）依据湖北高质量发展的核心理念，从创新、协调、绿色、开放、共享、发展 6 个准则层构建了湖北高质量发展综合评价指标体系，指标层包括"每万人发明专利拥有量"等 17 个指标。王伟和王成金（2020）从高质量发展的内涵出发，以有效性、稳定性、协调性、创新性、持续性和分享性 6 个维度的 34 项具体指标构建了东北地区高质量发展指标体系。刘书昊（2022）将农业高质量发展划分为农产品供应、农业

生产条件、农民生活质量、农业产业结构、农业科技创新、农业绿色发展 6
个维度，构建了中国农业高质量发展水平评价指标体系，选取了 19 项指标
对 2012—2019 年各省份的农业高质量发展水平进行测度研究。

七维度：蒋宁（2018）从基础层、联系层、中间层与表现层 4 个层面，
质量效益、产城融合、对外开放、改革创新、区域魅力、绿色发展和区域协
调 7 个维度构建国家级新区高质量发展的指标体系。

十维度：魏敏和李书昊（2019）构建了一个涵盖经济结构、创新驱动、
资源配置、市场机制、增长稳定、协调共享、产品质量、基础设施、生态文
明和经济成果惠民 10 个维度共 53 项指标的高质量发展测度体系，并测度了
中国各省份高质量发展水平，认为东部地区省份具有较高的高质量发展水
平、中部地区其次、西部地区最差。

此外，扬中市、武汉市和绍兴市等政府层面也相继建立了高质量发展评
价指标体系。2018 年 5 月，江苏扬中市统计局建立了工业企业高质量发展
统计监测指标体系，主要包括单位效益、科技创新、财务金融、职工权益、
加分指标和"一票否决" 6 个大类共 30 项次级指标。2018 年 8 月，浙江绍
兴市上虞区发布了国内首个县市级高质量发展指数，主要包括质量效率、创
新动能、结构优化、绿色发展、开放环境、民生幸福 6 个模块。2018 年 8
月，湖北武汉市统计局公布了武汉市高质量发展指数，主要包括创新驱动、
绿色发展、提质增效、民生保障和风险防范 5 个模块。

（2）评价区域不同

不同学者的评价区域主要包括中国 31 个省份（韩永辉等，2021；朱彬，
2020；魏敏等，2019）、东北三省（刘瑞等，2020；王伟等，2020）、江苏
（李子联等，2019）、湖北（刘飞等，2021；孟祥兰等，2019）、甘肃（岳立
等，2020）、国家级新区（蒋宁，2018）等。

1.3.4.2　评价结果

刘飞和龚婷（2021）对湖北高质量发展的评价结果表明：从创新发展理
念来看，发展较好的为武汉市、襄阳市、潜江市，发展较差的为恩施州、黄
冈市和仙桃市；从协调发展理念来看，发展较好的为武汉市、鄂州市和仙桃
市，发展较差的为恩施州和黄冈市；从绿色发展理念来看，发展较好的为恩

施州、随州市和咸宁市，发展较差的为仙桃市、荆门市和天门市；从开放发展理念来看，发展较好的为仙桃市、鄂州市和黄石市，发展较差的为恩施州；从共享发展理念来看，发展较好的为武汉市和随州市，发展较差的为荆州市、荆门市和襄阳市；从发展视角来看，状况较好的为宜昌市、黄石市和武汉市，状况较差的为仙桃市。

　　刘瑞和郭涛（2020）的研究结果表明：东北三省经济正处于高质量发展过程中，辽宁经济的高质量发展在于创新发展与绿色发展的作用，吉林经济的高质量发展在于创新发展、绿色发展与共享发展的作用，黑龙江经济的高质量发展在于绿色发展与共享发展的作用；东北三省经济高质量发展过程中存在的共同问题是开放发展不足。韩永辉和韦东明（2021）的研究结果表明：2000—2017年中国东部地区、中部地区、西部地区各省份高质量发展水平均有所提升，但东部地区提升幅度更大；与2000年相比，2017年东部地区高质量发展评价指数排名依然较高，而中部地区、西部地区高质量发展评价指数排名相对较低，高质量发展水平依然呈现出区域不平衡的态势；而且中国高质量发展存在"东高西低"的空间分布特征，呈现"东部地区-中部地区-西部地区"依次梯度递减态势。岳立和雷燕燕（2020）的研究结果表明：甘肃县域经济发展质量处于中低水平，省内各区（县）间发展差异大、不平衡问题突出，反映在经济、社会、生态和制度等方面；甘肃五大地理区发展水平由高到低依次为河西区、陇东区、中部区、陇南区、甘南区；从各区（县）指标排名来看，兰州市所辖红古区、榆中县、永登县位列前五，是甘肃县域经济发展的重要增长极。朱彬（2020）的研究结果显示：2010—2017年中国各省份经济高质量发展水平逐年上升，总体上呈现"东强西弱"和"南强北弱"的空间特征，且这种空间分布格局有不断强化的趋势。林珊珊和徐康宁（2022）的研究发现：虽然长江经济带高质量发展整体指数明显提升，但创新驱动和民生福祉指数相对滞后且内部差距较大，"块状分割"的空间格局较为明显，具有"分层固化性"特征；长江经济带高质量发展应进一步推动协同科技创新，加强区域间的产学交流合作，提升软硬民生建设，促进城乡共同富裕，同时，应畅通协同合作循环，重塑协调激励机制，促进区域特色错位发展，打造协调发展新样板。

1.3.5 农业高质量发展水平评价

1.3.5.1 评价方法

纵观已有的农业高质量发展评价研究，主要从单指标评价和指标体系评价2个视角展开。

（1）单指标评价

龚锐等（2020）使用农业绿色全要素生产率代表农业高质量发展，研究了农业高质量发展与新型城镇化的互动机理。李红莉和张俊飚等（2021）从资源配置效率的视角出发，综合考虑资源要素消耗和环境污染因素的影响，以农业绿色全要素生产率来表征农业发展质量，研究了农业技术创新对农业高质量发展的影响。尹朝静（2020）采用全要素生产率衡量农业经济增长质量，并利用基尼系数考察了区域差距及其来源。

（2）指标体系评价

农业高质量发展是一个系统的复杂体系。鉴于用单指标评价农业高质量发展时过度强调某一个方面，不能反映农业高质量发展的全貌，学者相继从不同视角构建了评价指标体系，对高质量发展的指标体系构建进行了有益探索，改善了单一指标的局限性（郑玉歆等，2007）。构建评价指标体系是当前农业高质量发展评价的主要评价方法。

第一，评价原则。纵观现有文献，高质量发展面对的是经济、社会、人口、资源、环境的复杂系统，构建高质量发展评价指标体系是一个综合、复杂的问题。为避免指标选取过程中的主观性和随意性，应遵循一系列原则，农业高质量发展评价指标体系设计原则的不同观点见表1-2。

表1-2 农业高质量发展评价指标体系设计原则的不同观点

序号	农业高质量发展评价指标体系设计原则	来源
1	遵循科学性、全面性、代表性和可比性的原则，充分考虑数据的可得性以及连续性	黎新伍和徐书彬（2020）
2	一是指标可获取，即有现成的数据；二是可持续，即可进行季度和年度的比较；三是结构类居多，即体现高质量；四是指标设置不求全面，即能体现出最大的特色	刘飞和龚婷（2021）

（续）

序号	农业高质量发展评价指标体系设计原则	来源
3	一是全面性原则，尽可能全面选取能真正体现高质量发展内涵与外延的指标；二是代表性原则，主要选取代表性的指标，保证关键指标不得缺位；三是可比性原则，以比例指标和强度指标为主；四是可操作性原则，要兼顾数据的可得性，构建的指标体系要具备有效性和应用性	聂长飞和简新华（2020）
4	构建高质量发展测度体系应充分契合高质量发展这一概念的内涵，同时遵循必要的发展思想与统计思想准则，在原则层面上应具备全面性、异质性、稳定性与动态性，在技术层面上应具备透明性、可得性与简明性	张涛（2020）
5	科学性原则、公正合理性原则、可操作性原则、良好的导向性原则	朱彬（2020）
6	科学性原则、全面性原则、动态性原则、针对性原则、可行性原则	刘书昊（2022）

　　第二，评价指标体系的结构设计。不同学者对农业高质量发展的内涵界定及特征总结不同，先后提出了不同的农业高质量发展评价指标体系结构，见表1-3。

表1-3　农业高质量发展评价指标体系结构的不同观点

序号	农业高质量发展评价指标体系结构	来源
1	从经济社会发展和生态安全方面构建黄河流域高质量发展评价指标体系	徐辉等（2020）
2	以绿色引领发展、供给提质增效、规模化生产、产业多元融合为基础，构建4个维度8个一级指标共22个指标的农业高质量发展综合评价体系，并利用2018年统计数据对我国31个省份农业高质量发展水平进行测度	辛岭和安晓宁（2019）
3	以新发展理念为基础，构建了包含5个维度12个分项指标32个基础指标的农业高质量发展评价指标体系	刘涛和杜思梦（2021）
4	以新发展理念为指导，构建了包含创新、协调、绿色、开放、共享5个基本维度的农业高质量发展评价指标体系，对2013—2017年全国及各省份的农业高质量发展水平进行测度及区域比较，并运用探索性空间数据分析法对农业高质量发展综合指数及其二级指数的空间分布特征进行分析	黎新伍和徐书彬（2020）

（续）

序号	农业高质量发展评价指标体系结构	来源
5	构建了产品质量、产业效益、生产效率、经营者素质、国际竞争力、农民收入、绿色发展等 7 个维度 23 个指标的农业高质量评价指标体系，并基于 2016 年省级数据分析了我国农业高质量发展情况	黄修杰等（2020）
6	以高质量发展"四高一好"衡量标准为主要依据，从产品和服务质量、经济效益、社会效益、生态效益及经济运行状态 5 个方面构建高质量发展指标体系，运用纵横向拉开档次法确定指标权重，运用定基功效系数法对原始数据进行标准化处理，测度了 2001—2017 年我国 30 个省份的高质量发展指数	聂长飞和简新华（2020）
7	构建农业经济增长质量指标体系对我国农业经济增长质量进行评价	韩海彬等（2017）
8	从农业增长、农业结构、农村社会发展以及农业可持续发展出发，构建农业经济增长质量综合评价体系，研究结果表明各省份间农业经济增长质量演变历程差异较大	何红光等（2017）
9	依据科学性、全面性、动态性、针对性、可行性等原则，构建农产品供应、农业生产条件、农民生活质量、农业产业结构、农业科技创新、农业绿色发展 6 个维度的高质量发展评价指标体系	刘书昊（2022）
10	以新发展理念为研究视角，依据创新是农业高质量发展的核心驱动力、协调是农业高质量发展的本质要求、绿色是贯穿农业高质量发展始终的必然要求、开放是农业高质量发展的必由之路、共享是农业高质量发展的价值导向等，构建了 5 个维度 7 项要素指标 11 项基本指标的农业高质量发展评价指标体系	杨瑞和徐秀梅（2022），刘忠宇等（2022）

1.3.5.2 评价结果

不同学者对农业高质量发展评价的指标体系结构和选用指标不同，得出了不同的评价结果，见表 1-4。

表 1-4 农业高质量发展评价结果的不同观点

序号	农业高质量发展评价结果	来源
1	农业自然资源禀赋与经济发展水平是影响农业高质量发展的重要因素，东部地区农业高质量发展水平领先于中部地区与西部地区，各地区农业高质量发展存在不同的优势与短板，粮食主产区农业高质量发展水平急需提升	辛岭和安晓宁（2019）

（续）

序号	农业高质量发展评价结果	来源
2	我国农业高质量发展的总体水平逐步提高，但结构性问题突出。农业绿色水平、农业创新水平和农业共享水平是我国农业高质量发展的重要推动力量，而农业协调水平和农业开放水平发展滞后成为我国农业高质量发展的短板。我国农业高质量发展的高水平区主要集中于东中部地区，低水平区分布于西部地区，呈现显著的空间集聚效应	刘涛等（2020）
3	我国农业高质量发展水平整体呈上升趋势，"开放"和"创新"是薄弱环节；农业高质量发展综合指数及二级指数表现为"东高西低"，"绿色"表现为"西高东低"，四大区域之间差距在逐步缩小；各省之间高质量发展水平差异显著，且均存在与地区特征相匹配的长处与短板；农业高质量发展综合指数及其二级指数在空间上呈现不同程度的集聚特征，主要表现为"高-高""低-低"的二元分布模式	黎新伍和徐书彬（2020）
4	除上海、山东以及天津等部分省市外，我国农业高质量发展水平整体偏低，且存在显著的地区差异，整体呈现东高西低的趋势，其中上海的综合得分最高、山西的综合得分最低；各省在产品质量、产业效益及国际竞争力维度的地区差距明显，而在经营者素质、生产效率、农民收入、绿色发展水平维度差异不显著	黄修杰等（2020）
5	2001—2017年，中国高质量发展指数以1.60%的年均增长率稳步提升，但等级跃迁难度较大，各省份之间高质量发展指数差异有所减小，且表现出空间正向集聚的特征，高质量发展指数不存在σ收敛，但存在β收敛，2012年以后中国经济发展开始逐步转为"质量型"导向	聂长飞和简新华（2020）
6	5项维度指标中农业创新发展权重高达0.502，其次是农业共享发展（权重0.242）、农业绿色发展（权重0.141），再次是农业协调发展（权重0.083）和农业开放发展（权重0.032）。创新发展、共享发展和绿色发展对农业高质量发展的影响较高，协调发展和开放发展次之	刘涛和杜思梦（2021）

1.3.6 对现有研究的评述

纵观现有文献，学者们已经做了大量的工作，为本书的研究奠定了坚实的理论基础。主要可以概括为以下几点：

（1）在理论研究上，有关高质量发展的内涵界定，学者们从不同视角进行了广泛研究，多数学者基于新发展理念视角进行定义，但目前尚未达成共识。一些学者并未从马克思主义政治经济学的视角出发来讨论高质量发展的理论内涵，将高质量发展简单地与西方经济学中的"经济增长质量"等同起来，试图使用某个单独的统计指标来度量高质量发展水平，如劳动生产率（陈诗一等，2018）、全要素生产率对经济增长的贡献份额（徐现祥等，2018）以及第二、三产业就业人员占比（汪增洋等，2019）等。尽管这些单独的指标不能充分反映高质量发展水平，但依然可以为构建高质量发展测度体系提供丰富的参考与启示（张涛，2020）。

（2）在研究方法上，有关黄河流域高质量发展和黄河流域农业高质量发展水平的评价，绝大多数学者均采用建立指标体系、确定指标权重的思路展开评价，但基于不同研究视角，对于指标体系中基准层的选择多种多样，研究结果之间的可比性较差。目前尚未形成对高质量发展的有效测度方法，这正是中国经济学者所面临的重大问题之一（张涛，2020）。学者们能够达成一致的观点是：现有的单独指标不足以表征高质量发展水平，测度高质量发展水平需要构建专门的高质量发展测度体系（魏敏等，2018）。

对于单指标评价方法，目前学界对全要素生产率的界定和测算还有争议，不同学者的测算结果差异较大。全要素生产率难以全面反映生产要素的经济效果和资源配置状况。单纯用全要素生产率指标不能揭示高质量发展的全貌，推动高质量发展需要构建多维复合的评价体系。张涛（2020）认为，理解高质量发展的理论内涵，需要从马克思主义政治经济学的视角出发，简单地将高质量发展视为西方经济学现有任一概念的别名都是不合适的。高质量发展是能够满足人民日益增长的美好生活需要的发展，其内涵会随着生产力水平和经济社会发展水平的提升而不断丰富。高质量发展内涵丰富，难以用单一指标加以衡量。现有统计核算体系内任意的单独指标都不能用于测度高质量发展水平，需要专门构建合适的高质量发展测度体系。

对于指标体系评价方法，构建中国经济高质量发展测度体系成为近些年研究的热点。国际货币基金组织（IMF）开发了一个仅包含经济基本面与社会发展两个维度的测度体系，用于衡量发展中国家的经济发展水平（Mlachila等，2017）。一些国内学者借鉴并拓展了这个指标体系，并用其测度中国经济高质量发展水平（师博等，2018；徐瑞慧，2018）。这些评价指标体系各具特色，但还存在如下一些问题：一是过程指标与结果指标混同，二是同类指标重复，三是有些指标测度和数据取得较为困难（李金昌等，2019）。然而，较少的指标体系维度使其只能测度经济发展水平，没有考虑到社会生活的其他领域，无法充分反映高质量发展的全面性。

（3）现有研究对于黄河流域农村高质量发展水平的评价相对不足，迫切需要深入研究。

（4）在数据来源上，有学者采用截面数据展开研究，也有学者采用面板数据展开研究。

（5）现有更多研究侧重于高质量发展水平测度，对于其影响因素、动力机制等问题研究相对不足。

1.4 研究思路和技术路线

1.4.1 研究区域界定

结合以上研究成果，本书分省级和县级 2 个层面对黄河流域农业农村高质量发展问题展开研究。在省级层面，以新发展理念为指导，以黄河流域空间范围内 9 个省份为研究区域，构建了包含创新、协调、绿色、开放、共享 5 个基本维度的农业高质量发展水平评价指标体系，对 2010—2019 年 9 个省份的农业高质量发展水平进行测度。在县级层面，参照学者提出的"黄河流域共涉及 9 省份 69 个地级市（州、盟）329 个县（旗、市），其中全部位于黄河流域内的县（旗、市）共有 236 个"的观点，在考虑数据可得性的基础上，选取黄河流域 9 个省份中 181 个县（市、区）作为研究区域（山东选取了 16 个县，内蒙古选取了 13 个县，宁夏选取了 15 个县，甘肃选取了 36 个县，山西选取了 24 个县，河南选取了 20 个县，陕西选取了 49 个县；鉴于黄河在四川与青海的途径范围相对较小，在四川仅选取了 3 个县，青海仅选取了 5 个县）展开评价。

1.4.2 研究思路

本书以 2019 年 9 月习近平总书记在黄河流域生态保护和高质量发展座

谈会上的讲话精神为指引，结合黄河流域 9 个省份农村经济的实际情况，以农业高质量发展水平和农村高质量发展为中心，在广泛借鉴现有相关研究文献结论的基础上，依据新发展理念，分别从黄河流域农业高质量发展和农村高质量发展 2 个视角展开研究。首先，提出了农业农村高质量发展的理论框架，包括农业农村高质量发展的内涵、特征、类型、影响因素、动力机制等；其次，构建了评价黄河流域农业高质量发展水平和农村高质量发展水平的测度模型及测定方法；再次，分别运用黄河流域省级和县级数据展开实证研究，找出之间的差距和主要的差别之处，并在此基础上分析其面临的障碍因素；最后，提出提升黄河流域农业高质量发展水平和农村高质量发展水平的对策建议。

1.4.3 技术路线

本书的技术路线见图 1-1。

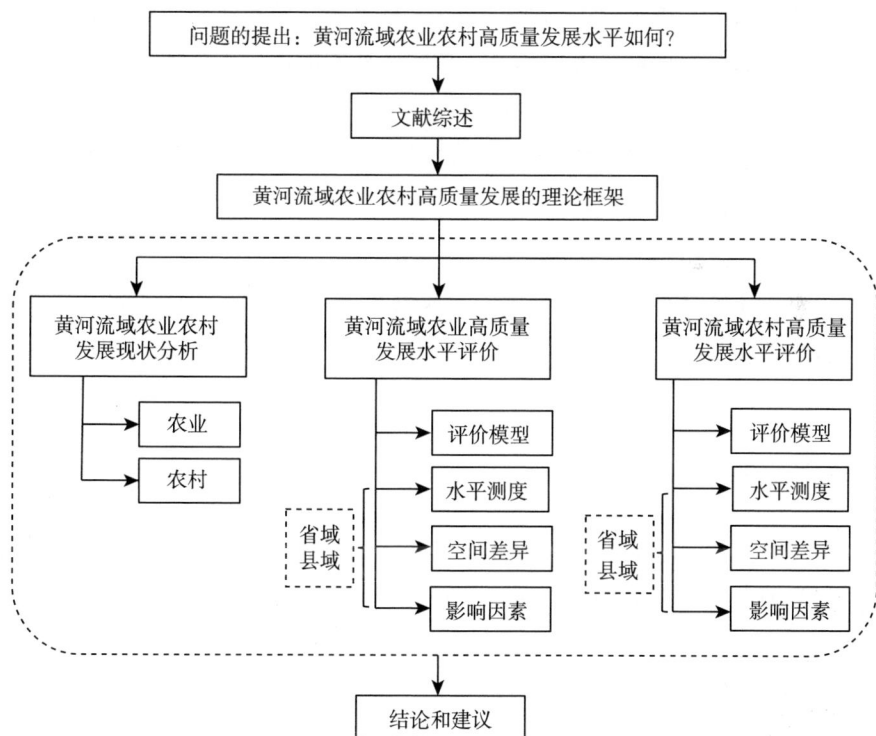

图 1-1 技术路线

1.5 研究方法和数据来源

1.5.1 研究方法

（1）文献研究法

在中国知网和 ScienceDirect 数据库（https：//www. sciencedirect. com）下载了大量文献，广泛收集国家、省级和县级层面有关黄河流域高质量发展的信息资料，进行仔细研读，广泛借鉴现有相关研究成果，为本书提供了研究思路。

（2）模糊综合评价法

黄河流域农业农村高质量发展是一个系统工程，涉及不同主体、不同产业、不同结构等。本书以此为基础，分别从黄河流域农业高质量发展和黄河流域农村高质量发展两个方面出发，构建了初始的评价指标体系，后经过专家讨论进行删选，并结合数据的可得性，最后构建了评价指标体系。在此基础上，采用定量分析和定性分析相结合的方法，分别确定了评价指标的权重，构建了具体的评价模型。

（3）比较分析法

通过对比才能发现差异和问题。本书在具体执行中，参照全国平均水平、省域平均水平、县域平均水平等，分别对黄河流域农业高质量发展和黄河流域农村高质量发展两个方面展开对比，从而发现问题。

1.5.2 数据来源

本书研究主题是黄河流域农业农村高质量发展，省级黄河流域农业农村高质量发展评价指标数据分别源于各省 2011—2020 年《统计年鉴》、2011—2020 年《中国统计年鉴》以及 2011—2020 年《中国农村统计年鉴》等，县级黄河流域农业农村高质量发展评价指标数据分别源于各县 2011—2020 年《国民经济和社会发展统计公报》、各县 2011—2020 年《统计年鉴》以及 2011—2020 年《中国住户调查年鉴》等。具体如下：

（1）中国知网和 ScienceDirect 数据库发表的文献资料。

（2）国家统计年鉴，如《中国统计年鉴》（2000—2020）、《中国农村统计年鉴》（2000—2020）。

（3）省级统计年鉴，如《青海统计年鉴》（2000—2020）、《四川统计年鉴》（2000—2020）、《甘肃统计年鉴》（2000—2020）、《宁夏统计年鉴》（2000—2020）、《内蒙古统计年鉴》（2000—2020）、《山西统计年鉴》（2000—2020）、《陕西统计年鉴》（2000—2020）、《河南统计年鉴》（2000—2020）和《山东统计年鉴》（2000—2020）。

（4）中共中央、国务院、各省份、各县有关黄河流域高质量发展的政策文件等。

（5）纳入本书研究范围的黄河流域 9 省份中 181 个县（市、区）的县级统计年鉴和统计公报。

2 农业农村高质量发展理论基础

2.1 高质量发展的内涵、特征及类型

2.1.1 内涵

高质量发展的内涵丰富，当前文献主要从不同视角展开分析，大体可归为以下几类：

（1）基于新发展理念视角的高质量发展

朱启贵（2018）将高质量发展概括为以下6个方面：一是贯彻新发展理念，二是坚持质量第一、效益优先，三是以供给侧结构性改革为主线，四是供给体系和产业结构迈向中高端，五是国民经济创新力和竞争力显著增强，六是能够很好满足人民日益增长的美好生活需要。林兆木（2018）认为，经济高质量发展就是商品和服务质量普遍持续提高，投入产出效率和经济效益不断提高，创新成为第一动力，绿色成为普遍形态，坚持深化改革开放，共享成为根本目的。

师博（2018）认为，结合创新、协调、绿色、开放、共享的新发展理念，新时代高质量发展的内涵可概括为：具有增速稳定和结构合理的经济增长基础，并能产生社会友好型和生态友好型的发展成果，最终服务于富强民主文明和谐美丽的社会主义现代化强国和人的全面发展。温涛等（2019）认为，高质量发展作为一种以新发展理念为指导的经济发展状态，强调创新、协调、绿色、开放、共享，是以效率和质量为导向，以更高质量、更有效率、更加公平、更可持续为目标，要求摒弃过去以经济增长数量为准则的发

展方式，转向以投资效率、创新驱动、产业升级、消费拉动等多维度衡量准则的发展方式。党的十九大报告将高质量发展描述为更高质量、更有效率、更加公平、更可持续的发展。石华平和易敏利（2020）认为，高质量发展是一种新的发展方式，是创新成为第一动力、协调成为内生特点、绿色成为普遍状态、开放成为必由之路、共享成为根本目的的发展，是体现创新、协调、绿色、开放、共享理念的融合发展，也是生产要素投入低、资源配置效率高、资源环境成本低、经济社会效益好的质量型发展。高帆（2022）在已有研究的基础上，进一步阐述了创新、协调、绿色、开放、共享的新发展理念与高质量发展的逻辑关系，即应推进创新作为第一动力、协调是内生特点、绿色形成普遍形态、开放成为必由之路、共享成为根本目的的高质量发展，通过创新、协调、绿色、开放、共享 5 个关键词形成一个系统化的高质量发展内涵体系。

（2）基于当前社会主要矛盾视角的高质量发展

赵昌文（2017）、程承坪（2018）认为，一是通过识别经济社会发展中突出的不平衡、不充分问题来界定高质量发展，二是以是否有利于解决新时代我国社会主要矛盾、是否有利于解决发展不平衡不充分问题、是否有利于满足人民日益增长的美好生活需要为根本标准来判断高质量发展。李金昌等（2019）从社会主要矛盾的两个方面"人民日益增长的美好生活需要"和"不平衡不充分的发展"着手，构建了由经济活力、创新效率、绿色发展、人民生活、社会和谐 5 个部分共 27 项指标构成的高质量发展评价指标体系。金碚（2018）认为，高质量发展是能够更好满足人民不断增长的真实需要的经济发展方式、结构和动力状态。张涛（2020）认为，高质量发展的内涵显然应具有较强的动态性，其理论内涵会随着生产力水平和经济社会发展水平的提升而不断丰富，故可以将其抽象地概括为能够满足人民日益增长的美好生活需要的发展。美好生活需要不仅是物质性的要求，而是更多地表现为对获得全面发展的渴望；此外，人民的美好生活需要是"日益增长"的，人对于全面发展的要求会随着经济社会的不断发展而逐渐提高，会在一些需要得到满足后提出更高层次的需要，会期待更高质量的发展，始终不会达到完全满足的状态。可见追求高质量发展是一项永无止境的持续性事业，高质量发展的内涵也会持续不断地加以丰富。高质量发展涵盖的范围并不局限于经济领域，而是全面覆盖政治、文化、生态、社会等各个领域，即便某个指标能够很好地度量经济增长质量，其依然无法用于全方位测度高质量发展水平，研究高质量发展需要构建专门的测度体系。逄锦聚等（2019）认为，高质量发展是能满足人民美好生活需要的、共享的发展，是创新和效率提高的发展，是国民经济比例、结构协调和经济发展方式优化的发展，是绿色的、人与自然和谐相处的发展，是开放的发展。

同时，也有学者认为，研究高质量发展应同时兼顾社会主要矛盾变化和新发展理念。安淑新（2018）认为应该从社会主要矛盾变化和新发展理念角度、宏中微观角度、供求和投入产出角度、问题角度全面分析高质量发展的内涵。张宇婷（2022）认为，高质量发展是体现新发展理念的发展，高质量发展与新发展理念是内在统一的。应立足于经济社会发展全局、顺应时代发展潮流的生产方式转变，并不仅侧重于生产力或者生产关系的某一个方面，推动高质量发展必须协调好二者的关系，实现生产力发展和生产关系变革的有机统一。任保平等（2022）指出，高质量发展的目标在于解决经济发展过程中的不充分和不平衡问题，其内涵可进一步聚合为创新、协调、绿色、开放、共享5个维度的新发展理念。

此外，部分学者进一步明确了社会主要矛盾变化与高质量发展之间的相互关系。高帆（2022）认为，社会主要矛盾转化对经济发展方向和方式具有决定性影响。高质量发展以创新、协调、绿色、开放、共享为理念指引，形成了一个包含动力、特征、形态、路径和目标的完整体系，其内涵丰富、立意高远、举措清晰，且对社会主要矛盾中的需求维度（人民日益增长的美好生活需要）和供给维度（不平衡不充分的发展）均具有极强的瞄准性。韩雷（2022）认为，高质量发展是中国新的发展阶段和战略目标，强调以人民为中心的发展理念，通过不断提高市场配置资源效率，持续增进人民福利、化解社会矛盾，实现经济和社会的高效运作。

（3）基于经济视角的高质量发展

冯莉和曹霞（2018）认为，高质量发展的内涵包括3点：第一，必须在实体经济的发展中，调整经济结构，转变经济发展目标，推动中国"质"造和中国"智"造；第二，让创新成为推动高质量发展的动力；第三，将高质量发展的出发点和落脚点定位于保障和改善民生，高质量发展是以人为本的发展。张军扩（2018）认为，高质量发展强调从高速度到高质量的转变，强调从增长到发展的变化，要区分"转向"与"转为"的不同含义。杜欢等（2022）认为，高质量发展是具有丰富内涵的总体性概念，是全面的发展，是社会整体发展和个人发展的有机结合，是考虑当前资源约束性的、绿色的、可持续的发展。在高质量发展中，经济高质量发展是全面发展的基石。首先是保证经济高质量发展，进而是社会高质量发展和环境高质量发展，最终是为了实现人的高质量发展。任晓（2018）认为，高质量发展就是更高水平、更有效率、更加公平、更可持续的发展，即完成从规模的"量"到结构的"质"、从"有没有"到"好不好"的转变。刘友金等（2018）提出，要想实现高质量发展，就必须坚持创新引领、发挥大国优势和主导价值链分工等战略，避免经济发展陷入"悲惨增长"。吕薇（2018）认为，实现高质量发展，一要提高全要素生产率，二要持续加强保障和改善民生水平，三要保持经济运行的稳定性、可持续性和低风险。李伟（2018）将高质量发展的内涵分为需求、供给、经济循环、投入产出、资源配置和收入分配等方面，认为高质量发展意味着高质量的供给、高质量的需求、高质量的配置、高质量的投入产出、高质量的收入分配和高质量的经济循环。徐赟（2018）认为，高质量发展要更好地发挥能动要素的作用，要实现绿色发展和经济增长结构优化，产品服务质量要上台阶，经济增长成果分配要更加公平公正。麻智辉（2018）认为，高质量发展就是资源配置效率和微观生产效率大幅提高，创新成为引领经济发展的第一动力，战略性新兴产业、高新技术产业比重不断提高，实现由低技术含量、低附加值产品为主向高技术含量、高附加值产品为主转变，实现由高成本、低效益向低成本、高效益转变，实现由高排放、高污染向循环经济和环境友好型经济转变。金碚（2018）从经济学的角度分析高速增长阶段与高质量发展阶段的不同，提出高质量发展阶段有区别于高速发展阶段的新动力机制，这种新动力机制的供给侧是创新引领，需求侧是人民向往。杨永春等（2020）认为，在中国，高质量发展特指中国经济由高速增长阶段转向高质量发展阶段，如由粗放型发展模式转向集约型发展模式，通过内需扩大、升级以及创新能力提升，共同促进中国经济发展方式转型。孔文师（2022）认为，高质量发展是生产要素投入少、资源配置效率高、资源环境成本低、经济社会效益好的发展。从经济发展的角度，高质量发展采用综合性的指标体系，不仅包括效率的高低，还包括资源配置的公平性、环境的可持续发展等方面。毛汉英（2020）认为，高质量发展是指一个地区经济社会发展到一定阶段，为提高全要素生产率和建设现代化经济体系而采取的转变发展方式、优化经济结构、转换增长动力等重大举措，以实现更高质量、更有效率、更加公平、更可持续的发展。高培勇等（2020）认为，高质量发展是一个总括性理念，经济高质量是社会高质量和治理高质量的输出。经济高质量的基础是中等收入群体扩大再生产，通过就业能力提升和消费结构升级，中等收入群体充当了经济高质量与社会高质量的纽带，也是决定要素质量升级的关键环节。高质量经济社会需要高质量治理结构支撑。安树伟和李瑞鹏（2019）认为，高质量发展不仅要注重经济的高质量发展，而且要注重社会、生态等方面的高质量发展。由此可见，高质量发展强调经济高质量发展、社会高质量发展和生态高质量发展 3 个方面。

（4）基于经济建设、政治建设、文化建设、社会建设、生态文明建设"五位一体"协调发展视角的高质量发展

胡敏（2018）认为高质量发展不应该只存在于经济领域，也可以拓展到民生和生态等领域。任保平和文丰安（2018）认为高质量发展阶段比高速增长阶段有更高的要求，高质量发展的内涵包括：经济发展高质量、改革开放高质量、城乡建设高质量、生态环境高质量、人民生活高质量。张军扩等（2019）认为，高质量发展是以满足人民日益增长的美好生活需要为目标的高效率、公平和绿色可持续的发展，是经济建设、政治建设、文化建设、社会建设、生态文明建设"五位一体"的协调发展。赵剑波等（2019）认为，高质量发展的内涵具有系统性，体现在多个维度，可以从系统平衡观、经济发展观、民生指向观 3 个视角来理解，高质量发展意味着物质文明、政治文明、精神文明、社会文明、生态文明等得到全面提升。由此可见，从系统论视角看，强调系统平衡观、经济发展观、民生指向观；从内容看，强调物质文明、政治文明、精神文明、社会文明、生态文明等 5 个方面。简新华和聂

长飞（2019）认为，高质量发展应该是"四高一好"的发展：产品和服务质量高、经济效益高、社会效益高、生态效益高、经济发展状态好。安树伟和李瑞鹏（2020）认为，高质量发展不仅要注重经济高质量发展，而且要注重社会、生态等方面的高质量发展，其内涵具有多维性、系统性、动态性和长期性。孔文师（2022）认为，高质量发展不仅是经济的高质量发展，而且是通过经济发展质量的提高产生福利效应，从而带动社会全方位的发展。高质量发展在新发展理念的正确指导下，统筹好经济、政治、文化、社会、生态文明各个领域，可将其看作一个具有内在联系的有机系统。因此，高质量发展的内涵不仅是指经济领域的发展，也是从经济领域拓展到社会发展的各个方面，并且协调好社会各领域之间的关系，满足社会高质量发展的目标。

（5）基于狭义和广义视角的高质量发展

刘迎秋（2018）认为，狭义的高质量发展是指以产品高质量为主导的生产发展；广义的高质量发展既包括社会再生产过程的高质量发展，也包括社会经济生活全过程的高质量发展。

（6）基于微观、中观和宏观视角的高质量发展

王一鸣（2018）认为，可以从微观层面的产品和服务质量、中观层面的产业和区域发展质量、宏观层面的国民经济整体质量和效益来考察发展质量。姚冬琴（2018）认为，高质量发展是从微观到结构，从结构到动力再到整个经济社会的发展。汪同三（2018）认为，微观层次的高质量发展是确保产品和服务满足消费者的质量需求；宏观层次的高质量发展包括4点，一要贯彻落实新发展理念，二要提高总体经济的投入产出效益，三要进一步增强对各类经济风险的预判和识别，四要进一步增强应对重大突发事件的能力。

（7）基于质量和发展视角的高质量发展综述

高质量发展是中国由高速增长阶段转向高质量增长阶段确定发展思路、制定经济政策、实施宏观调控的根本要求，必须深刻认识、全面领会、真正落实。作为一种新的发展方式，高质量发展的目标是提质增效、构建现代化经济体系、满足人民对于美好生活的追求。推动高质量发展，关键是把握高质量发展的内涵。首先需要明确质量和发展的内涵。

①质量。从词义上看，质量在物理学中是指物体所具有的一种物理属

性，是物质的量的量度。《辞海》里对"质量"有2种解释：一是把度量物体所含物质多少的物理量，即物体惯性大小的度量称为质量；二是把事物、产品或工作的优劣程度称为质量。质量的字面含义是产品的优劣程度。

一般采用事物、产品或工作的优劣程度这一角度的解释进行经济社会研究。经济学意义上描述的是产品所具有的使用价值足以满足消费者的需要。美国著名的质量管理专家朱兰（J. M. Juran）博士从顾客角度出发，提出产品质量就是产品的适用性，即产品在使用时能成功地满足用户需要的程度。用户对产品的基本要求就是适用，适用性恰如其分地表达了质量的内涵。美国质量管理专家克劳斯比从生产者的角度出发，曾把质量概括为"产品符合规定要求的程度"；美国的质量管理大师德鲁克认为，质量就是满足需要；全面质量控制的创始人菲根堡姆认为，产品或服务质量是指营销、设计、制造、维修中各种特性的综合体。显然，质量的含义与人的需要紧密联系（张涛，2020）。2005年国际标准化组织（ISO）颁布了ISO9000：2005，其中将质量定义为：一组固有特性满足要求的程度。

②发展。在《现代汉语词典（第7版）》中，发展具有3层含义：一是指事物由小到大、由简单到复杂、由低级到高级的变化；二是扩大（组织、规模等）；三是为扩大组织而吸收新的成员。《现代汉语（第七版）》将发展定位为事物从出生开始不断更新、不断进步的变化过程。发展是一种运动状态，从物理学意义上讲，运动是绝对的，而静止是相对的，因此发展是一个具有相对性的绝对的运动状态。一方面，判断事物的发展状态需要参照系，因而发展具有相对性；另一方面，所有事物都在不断更替、不断变化，绝对静止的物体是不存在的，因而发展具有绝对性。

作为一种运动状态，发展具有正向和负向之分。显然积极正向的发展是我们所追求的目标。那么发展好与坏的标准是什么？一般认为事物发展源于事物联系的普遍性，其根源于事物内部的矛盾性。因此，发展的方向以及动力机制需要从现有矛盾中去寻找。如果解决了现有矛盾，则是积极正向的发展，反之则是消极负向的发展。从该意义上讲，当今社会所追求的发展方向或发展目标是：解决既有矛盾的积极正向的发展。

经济发展是指追求自身利益最大化的人们通过不断的技术经济组织和社会经济制度创新，使其经济总福利在经济总规模持续扩张过程中得以不断改善。经济发展的内容包括 3 个方面：一是经济社会结构性的转变，如城乡人口结构、产业结构、就业结构、社会阶层结构、收入分配结构等的深刻变化；二是经济社会质的方面的改善，如生活质量改善、生态环境改善、人口文化水平和素质的提高、人力资本积累以及经济增长注重效益性等；三是国民经济量的增长和扩张，如增长速度、人均国民生产总值等指标的变化。发展是经济与社会循序渐进的变革过程，始终是中国建设与改革的重要主题（张涛，2020）。

③高质量发展。党的十八大以后，面对错综复杂的国际环境和艰巨繁重的国内改革发展稳定任务，以习近平同志为核心的党中央系统提出并全面阐述了新发展理念，将党的发展思想升华到了新的境界。其中，创新发展居于新发展理念的首要和引领地位，协调发展要求正确处理发展中的重大关系，绿色发展要求实现可持续性发展，开放发展要求中国经济深度参与全球经济治理并提高制度性话语权，共享发展要求做到发展为了人民、发展依靠人民、发展成果由人民共享（张涛，2020）。党的十九大报告指出，中国特色社会主义进入新时代，我国社会主要矛盾已经转化为人民日益增长的美好生活需要和不平衡不充分的发展之间的矛盾，我国经济由高速增长阶段转向高质量发展阶段（张涛，2020）。党的二十大报告指出，高质量发展是建设社会主义现代化国家的首要任务。发展是党执政兴国的第一要务。2020 年中央 1 号文件指出"推进农业高质量发展"。2021 年中央 1 号文件对新发展阶段优先发展农业农村、全面推进乡村振兴作出总体部署，明确指出"以推动高质量发展为主题"。2021 年 3 月发布的"十四五"规划明确了高质量发展的总方针，在实施乡村建设行动、健全城乡融合发展体制机制等方面提出新要求，其核心是提高农业质量效益和竞争力。2022 年中央 1 号文件提出，聚焦产业促进乡村发展，扎实稳妥推进乡村建设，立足新发展阶段、贯彻新发展理念、构建新发展格局、推动高质量发展，促进共同富裕，坚持和加强党对"三农"工作的全面领导。

高质量发展，既是促进经济持续健康发展的必然要求，也是适应我国社会主要矛盾变化和全面建成小康社会、全面建设社会主义现代化国家的必然要求，更是遵循经济规律发展的必然要求。高质量发展是可以很好满足人民日益增长的美好生活需要的发展，是体现新发展理念的发展，是创新成为第一动力、协调成为内生特点、绿色成为普遍形态、开放成为必由之路、共享成为根本目的的发展，是中国经济发展的升级版。推动高质量发展，就要建设现代化经济体系，这是我国发展的战略目标。实现这一战略目标，必须牢牢把握高质量发展的要求，坚持质量第一、效益优先；牢牢把握工作主线，坚定推进供给侧结构性改革；牢牢把握基本路径，推动质量变革、效率变革、动力变革；牢牢把握着力点，加快建设实体经济、科技创新、现代金融、人力资源协同发展的产业体系；牢牢把握制度保障，构建市场机制有效、微观主体有活力、宏观调控有度的经济体制。高质量经济被视为高质量社会和高质量治理的输出，且作为更高质量阶梯的生产力基础（高培勇等，2020）。高质量发展是中国共产党发展思想的最新成果，其形成并非一朝一夕，而是经历了长时间的积淀、探索与实践，凝结了几代中国共产党人的心血与智慧（马建堂，2019）。

高质量发展的研究对象是"发展质量"而非"产品质量"，是经济社会发展质量而非制造业发展质量（赵剑波等，2019）。高质量发展分为 3 个层面：第一个层面体现新发展理念，第二个层面强调以人民为中心的新发展理念，第三个层面强调高质量政府和以人民为中心的新发展理念。这三层含义相互联系，逐渐深入。就第一个层面而言，高质量发展是以新发展理念为基础，实现经济发展质量的一种经济形态；就第二个层面而言，以人民为中心是中国社会经济发展的根本出发点，要积极发展以人民为中心的广义人力资本服务体系、社会保障体系、医疗卫生体系、教育体系等，满足人民对美好生活的不断需求；就第三个层面而言，需要深化"放管服"改革，正确处理好政府与市场的关系，这就要求把政府和市场有机结合起来，使"有为政府"与"有效市场"各司其职、协同发展、共同发力，从而实现资源的有效配置，推动经济高质量发展（袁晓玲等，2019）。

高质量经济社会发展，需要高质量治理结构支撑，为了应对转型风险，中国治理结构应从进取性制度建设和防御性制度建设两方面着手，并要求政府职能转向促进高质量体系的协同上来。进取性的治理以激发市场活力、培育创新能力为核心，防御性的治理以社会保护为核心，两者共同构筑起稳健发展的屏障。

关于高质量发展的内涵，学术界尚未统一，但在核心要义上基本达成共识。徐学敏在1998年定义了经济发展质量，认为经济发展质量在本质上就是，用最小的投入或者最大的产出达到效率最大化。高质量发展是以质量和效益为价值取向的发展，是创新、协调、绿色、开放、共享的新发展理念的高度聚合，是一种新的发展方式，是对现有发展方式和战略的又一次提升；同时也是一种新的发展战略，是对现行经济战略的统领和提升（田秋生，2018）。高质量发展既是发展观念的转变，也是增长模式的转型，更是对民生水平的关注（赵剑波等，2019）。

有关高质量发展的界定，必须了解以下几点：①切入点。立足解决人民日益增长的美好生活需要和不平衡不充分的发展之间的矛盾这一社会主要矛盾。②理念。要坚持新发展理念，即创新、协调、绿色、开放、共享。其中，创新成为引领发展的第一动力、协调是经济高质量发展的内在要求、绿色是经济高质量发展的必然要求、开放是国家繁荣的必由之路、共享是中国特色社会主义的本质要求（王锋等，2021）。高质量发展是创新、协调、绿色、开放、共享新发展理念的高度融合。③中心。坚持以供给侧结构性改革为主线，实现质量第一，效率和效益优先。④目标。追求发展的更高质量、更有效率、更加公平、更可持续。推动我国经济健康持续发展，更好地满足人民群众多样化、多层次、多方面的需求。推动发展方式转变，实现产业体系和产业结构的转型升级，打造环境友好型经济（任保平，2018）。⑤定位。高质量发展是一种新的发展理念、新的发展方式和新的发展战略，是生产要素投入低、资源配置效率高、资源环境成本低、经济社会效益好的质量型发展；高质量发展强调从高速度到高质量的转变，强调从增长到发展的变化。⑥范围。高质量发展并不局限于经济领域，而是全面覆盖政治、文化、生态、社会等各个领域。⑦落脚点。高质量发展是坚持以人为本的发展，以保障和改善民生为目标。

综上所述，高质量发展是指立足解决人民日益增长的美好生活需要和不平衡不充分的发展之间的矛盾，坚持创新、协调、绿色、开放、共享新发展理念，创新是第一动力、协调是内生特点、绿色是普遍形态、开放是必由之路、共享是根本目的，以保障和改善民生为落脚点，涵盖经济、政治、文化、生态、社会等各个领域，坚持以供给侧结构性改革为主线，实现质量第一，效率和效益优先，追求社会发展的更高质量、更有效率、更加公平、更可持续的一种新的发展方式和新的发展战略。以推动高质量发展为主题，统筹发展和安全，守牢国家粮食安全底线，实现农业农村生产生活方式绿色低碳转型，是农业农村现代化建设的重要内容。

此外，要科学把握高质量发展的内涵，还必须把握以下几点：①经济增长质量不同于高质量发展。第一，"增长"的概念外延远远小于"发展"，而且"高"强调质量水平的高级程度。第二，经济增长质量和高质量发展虽然都着眼于质量，但前者侧重从"增长"的视角揭示经济成效的品质优劣，后者强调从"发展"的视角反映经济成效的质量等级（钞小静，2009）。第三，相对于经济增长质量，高质量发展的要求更高、范围更广、内涵更丰富，是对前者的思想理论升华。第四，高质量发展包含了经济增长质量，是整体与部分的关系。②高速增长与高质量发展是经济社会发展的2个不同阶段。党的十九大报告作出"我国经济已由高速增长阶段转向高质量发展阶段"的重要论断。可见，高速增长与高质量发展对应的是经济社会发展的2个不同阶段。高速增长旨在解决的问题是"落后的社会生产"，强调的是数量与规模的快速扩张，淡化质量因素。在高速增长阶段，学者们多用GDP或其增长率来度量全社会产品与服务的增加，这是因为不同产品的特殊使用价值无法直接加总，价格可以很方便地将其加总为同一量纲，与人们仅关心商品交换价值的价值观也能保持一致（张涛，2020）。进入高质量发展阶段以后，人们将会更加注重产品本身的使用价值而非其货币度量值，回归经济发展的本真性，关注的重点将放回到产品质量是否合意、是否能够满足自身的真实需要。高质量发展阶段有区别于高速发展阶段的新动力机制。这种新动力机制的供给侧是创新引领，需求侧是人民向往（金碚，2018）。转向高质量发展阶段，需要解决复杂的多维问题，以经济建设为中心的内涵就发生了深刻的变化，建设现代化经济体系被认为是转向高质量发展阶段国家经济建设的总纲领（刘志彪，

2018)。高质量发展的本质性特征具有多维性和丰富性，是能够更好满足人民不断增长的真实需要的经济发展方式、结构和动力状态（金碚，2018），是经济持续健康稳定发展的必然要求。当然，高速增长与高质量发展之间存在一定的共性内容，两者在本质上描述的都是全社会产出产品使用价值的增加量，高质量发展是在高速增长基础之上的更高质态的发展（张涛，2020）。

2.1.2 特征

（1）综合性

也称系统性。高质量发展包含经济、政治、文化、生态、社会等各个领域，意味着经济建设、政治建设、文化建设、社会建设、生态文明建设"五位一体"的协调发展。不能让某一方面掉队，需要着重解决在现实发展中的不平衡不充分的问题。同时，高质量发展体现在多个维度，如系统平衡观、经济发展观、民生指向观等。

（2）动态性

高质量发展具有较强的动态性，其理论内涵会随着生产力水平和经济社会发展水平的提升而不断丰富。人民的美好生活需要是日益增长的，人对于全面发展的要求会随着经济社会的不断发展而逐渐提高，会在一些需要得到满足后提出更高层次的需要，期待更高质量的发展，始终不会达到完全满足的状态。可见追求高质量发展是一项永无止境的持续性事业，高质量发展的内涵也会持续不断地加以丰富。

（3）结构性

高质量发展立足解决人民日益增长的美好生活需要和不平衡不充分的发展之间的矛盾，坚持创新、协调、绿色、开放、共享新发展理念，其中，创新成为第一动力、协调成为内生特点、绿色成为普遍形态、开放成为必由之路、共享成为根本目的。高质量发展是创新、协调、绿色、开放、共享新发展理念的高度融合，必须强调其内部结构的协同性。

（4）多维性

进入新时代，中国经济由高速增长阶段转向高质量发展阶段。尽管经济发展的"高质量"方向是一个相当模糊的概念表达，其根本性质决定了其量值的不精确特征，但将创新、协调、绿色、开放、共享以及效率、质量、结构、安全、可持续等因素进行科学量化和指标化后作为高质量发展成就和状况的显示性指标，表现在战略方向上就是政策目标多元性（金碚，2019）。

2.1.3 类型

（1）从高质量发展的评价范围分，有区域的高质量发展、产业的高质量发展（如农业的高质量发展）和微观组织的高质量发展（如企业的高质量发展）。

（2）从高质量发展的城乡关系分，有城市高质量发展和农村高质量发展。韩世元认为，城市经济发展质量是各类生产要素进行配置并相互作用的结果，城市高质量发展是经济增长给环境和社会带来的发展。农村高质量发展是实施乡村振兴战略的重要体现，是促进城乡融合发展的重要推动力，是数字乡村建设的重要保障（马东俊，2022）。

（3）从高质量发展的行政界线分，有跨行政界线的高质量发展（如流域的高质量发展）和在某一行政界线之内的高质量发展（如某省份的高质量发展）。

2.1.4 影响因素

高质量发展受经济发展阶段的影响。实现高质量发展，必须准确判断现阶段中国经济发展的基本态势和特点。当前，中国经济增长正处于由高速发展向高质量发展转变的新常态，正处于加快转变经济发展方式的关键时期。质量已成为中国经济和社会建设的重点和核心要素。随着中国经济进入新常态，支撑中国经济增长的传统优势正在减弱。打造品牌影响力，推进产业迈向中高端水平，保持经济中高速增长，质量提升极为关键。从经济发展的角度看，质量是经济发展的前提和基础。提高产品和服务质量可以增强消费者信心，促进消费需求。产业结构调整的核心是提高供给的质量水平，高端制造业、战略性新兴产业和现代服务业的发展对供给结构优化的关键作用在于提高质量竞争力。因此，实现高质量发展，需要把提高质量作为新常态下经济发展的目标和内生动力。根据中国经济发展的阶段性特征，可以判断高质量发展是"道路创新"，经济增长的范式要在"中等收入"条件下切换到更高的要求（赵剑波等，2019）。

在新的发展阶段，原有适应高速增长阶段的体制机制不仅难以继续支撑高质量发展，而且在一些方面制约高质量发展。中国商品市场的市场化程度较高，要素市场改革尚未完成，与高质量发展的要求仍有较大差距，同时资源配置效率仍有较大提升潜力；质量保障体系不健全，产品和服务的质量有待提高；创新体系整体效能不足，产业自主创新能力短板犹存；宏观政策的制定和落实机制尚待完善，政府越位和缺位的问题依然存在；区域协同发展机制不健全，国土空间发展均衡性不足；发展成果分享机制不完善，基本公共服务均等化任重道远；生态环境体制不完善，发展的可持续性有待提高。在由高速增长阶段转向高质量发展阶段的过程中，面临的问题更复杂，制约因素更突出，发展对体制机制的要求更严苛。我国经济发展进入新时代，适用于高速增长阶段的体制机制的某些方面不利于实现经济社会高效、公平、可持续发展的目标，迫切需要建立适合高质量发展阶段特点的体制机制（张军扩等，2019）。

2.2 高质量发展的理论演化

高质量发展最初在经济层面表现为经济效益的不断提升、成本不断下降和单位产品产值对生态环境的影响不断降低，这涉及新古典经济学的集约经济、集聚经济、生态经济等概念，以及集聚经济理论、内生经济增长理论、产业集群理论、产业升级和转型理论、行为理论、环境制度理论、演化经济学理论、复杂适应系统理论等，已形成激进学派、新经济社会学派、新政治经济学派、新制度经济学派等四大理论流派（Martin，2000；Yeung，2005；Levy，2008）。

随着研究的不断深化，可持续发展成为高质量发展的主体内容，包括环境友好型社会和社会正义等方面。其中，社会正义主要是指资源分配、福利分享等的合理性和公正性，环境友好型社会涉及资源环境友好型社会体系、资源节约型城乡建设、土地利用战略等方面（丁军强等，2009）。

随着可持续发展研究的深化，环境"库兹涅茨"曲线、循环经济理论、绿色发展理论、低碳经济理论、协调发展理论等逐步发展起来，成为社会经济层面高质量发展的核心理论。绿色转型包括绿色转型概念和理论、资源型区域的绿色转型等（张仙鹏等，2018），使生态环境与经济增长之间的协同发展成为可能，也为粗放型生产模式提供了转型方向（吴利学等，2019）。

高质量发展表现在由资源密集型、劳动密集型产业为主向技术密集型、知识密集型产业为主转变，产品结构由低技术含量、低附加值产品为主向高技术含量、高附加值产品为主转变，经济效益由高成本、低效益向低成本、高效益的方向转变，发展方式由高排放、高污染向循环经济和环境友好型经济转变，增长动力由劳动力、土地、资本等传统要素驱动转向技术、数据等新兴要素驱动（陆大道等，2019；吴利学等，2019；张占斌，2022）。

在中国，高质量发展特指中国经济由高速增长阶段转向高质量发展阶段，如由粗放型发展模式转向集约型发展模式，通过内需扩大、升级以及创新能力提升，共同促进中国经济发展方式的转型。高质量发展受经济发展阶段、社会文化环境、政策法律环境的约束，以要素质量、创新动力、质量技术为基础条件，是充分、均衡的发展，包含发展方式、发展结果、民生共享等多个维度的增长和提升（赵剑波等，2019）。

高质量发展应从系统平衡观、经济发展观、民生指向观3个视角加以衡量，体现在宏观经济、产业、企业层面，目标包括经济转型、结构调整、动力优化、风险可控、共同富裕、环境优化等。应着力构建现代化的经济体系，继续保持经济发展总体规模优势，提升要素投入质量和转换创新动力，坚持走绿色均衡发展的新型工业化道路，让经济发展成果更多更公平地惠及全体人民，不断促进社会公平正义（赵剑波等，2019）。

2.3 流域高质量发展

2.3.1 内涵

流域是一种特殊类型的区域，上中下游之间有着密切的关系（Wang等，2006）。流域经济以江河为纽带，以交通干线为骨架，通过整合和优化流域内的各种资源形成分工与协作（杨永春等，2020）。

流域的发展一般具有层次性，大致可分3个层次：一是生态环境良好但社会经济发展水平低下的发展模式，如前工业化社会时期；二是生态环境大幅度退化或生态服务价值弱化，但社会经济快速增长的发展模式，如工业化早期的国家或地区；三是生态环境良好且社会经济发展处于发达状态的发展模式，如当代的欧美发达国家（杨永春等，2020）。

流域高质量发展指以整个流域为研究对象，以促进整个流域经济与社会、生态、环境的高质量协调发展为目标，以创新为动力，从增长稳定性、发展均衡性、环境协调性、社会公平性等维度展开评价，着重考察流域经济活力、创新力、竞争力以及社会经济系统与生态环境系统协同发展的社会经济发展模式。

中国总体上尚缺乏流域尺度的社会经济发展规划、协调发展规划、统筹规划、环境治理规划、生态保护规划等，另外还需推动域内绿色城市、低碳城市、生态城市、智慧城市等的建设。例如，基于"一带一路"倡议等，黄河流域产业发展应按照"调结构、控规模、优布局、提效率、促保护"进行（金凤君等，2020）；将流域系统视为生命共同体，持续探索和推动新时代流域性的新型工业化、新型城镇化的新模式和新路径，且上中下游地区的推进策略可能有差异（赵建吉等，2020）。

对流域高质量发展水平的评估，需要注意以下几点（杨永春等，2020）：

（1）流域高质量发展受经济发展阶段的影响

要准确判断现阶段国家及流域经济发展的基本状况与特征，以及影响高质量发展的要素质量。由高速增长阶段转向高质量发展阶段，中国经济需化解结构性矛盾和突破资源环境瓶颈（吴利学等，2019），流域高质量发展更是如此。

（2）注意不同流域的异质性

中国大多数流域的社会经济组织并非按照流域空间尺度进行，一些流域更存在非流域性质的经济带，如果以通航能力及客运、货运、能源运输能力等作为"纽带功能"来衡量，或者以拥有金融、物流等作为"龙头功能""枢纽功能"的特大城市或大城市群来衡量，则中国经济层面上不存在"黄河经济带"（陆大道，2019）。

（3）流域高质量发展是一个渐进的系统工程

一般地，流域高质量发展涉及流域的承载力评价、生态保护、空间格局、国土规划和整治、水土资源优化、生态服务价值评估、生态补偿机制、发展协调及其策略等方面的内容（杨永春等，2020）。中国大多数流域的高质量发展显然是需要较长时间的一个系统工程，尤其需探索适合地方的高质量发展模式，建立起良好的产业体系和高质量的持续经济增长。

2.3.2 国外实践

20世纪60—70年代起，美国以田纳西河流域整治为重点，开创了流域高质量发展的先河，即从水利水电、交通体系、产业布局、城镇发展等各方面进行了协同规划和建设，促进了流域的可持续发展（陈湘满，2000）。随后日本、德国等也开始实施以区域高质量发展为本质的国土开发和整治规划（杨永春等，2020）。

实际上，西方发达国家流域治理的重点在于关注供水水源地、严重的环境与生态问题等，即通过沿岸各国、各地建立协作机制，整治污染，进行生态环境的综合治理，如莱茵河流域综合整治规划进行了流域污染治理和生态恢复等（王思凯等，2018）。同时，国际贸易理论、国际地域分工理论、国际产业转移理论、全球价值链理论、全球网络理论、新经济地理学理论等提出后，迅速拓展了人们对区域高质量发展的认知，即应在全球尺度审视和理解流域高质量发展中的资源配置、要素流动、产业转移和升级、生态治理等关键问题（杨永春等，2020）。

2.4 黄河流域高质量发展内涵及特征

2.4.1 内涵

党的十九大以来，高质量发展成为新时代国家现代化建设的重要战略，黄河流域高质量发展与新时代高质量发展基调保持高度一致，同时由于黄河流域的独特区位特征与特殊因素，其高质量发展内涵具有一定的特殊性，侧重点更加鲜明（韩君等，2021）。黄河流域的发展问题成为全面推进乡村振兴、实现区域协调发展的重要问题。良好的生态环境是黄河流域高质量发展的基础，黄河流域的高质量发展是立足于生态环境保护基础上的发展，既要包含经济社会发展，更要注重生态环境保护，是经济社会发展和生态环境保护的协调统一，对生态保护的充分重视正是黄河流域高质量发展内涵的关键所在（徐辉等，2020）。周清香等（2020）从动力转换、结构优化、成果共享、环境保护4个维度构建黄河流域高质量发展综合评价指标体系，测算黄河流域高质量发展程度。黄河流域高质量发展依据自身条件、利用发展机遇，把生态保护放在优先位置，坚持水资源的刚性约束，遵循"资源-经济-环境"协调系统发展观，通过分类发展、分类施策，发挥黄河流域在经济发展过程中的优势（宋洁，2021）。安树伟等（2020）认为黄河流域高质量发展体现在生态优先、市场有效、动能转换、产业支撑、区域协调、以人为本6个方面。实现黄河流域生态保护和高质量发展，应综合考虑经济、社会、生态等多方面因素，把黄河流域打造为贯通东西的生态经济带，使其成为我国经济发展的重要支撑。黄河流域经济高质量发展应是一个提升经济增长效率及持续性，实现经济、社会、生态良性互动的发展过程（张震等，2022）。黄河流域的高质量发展包括分类发展、协同发展、绿色发展、创新发展和开放发展等主要发展内涵（任保平等，2022）。这些学者都强调黄河流域高质量发展是为了满足人民日益增长的美好生活需要，以保护黄河流域生态环境为前提，构建新发展格局，推动经济、社会、生态高质量发展。

结合高质量发展的定义，结合黄河流域的本质特征，本书对黄河流域高质量发展的界定如下：所谓黄河流域高质量发展，是指综合考虑经济、社会、生态等多方面因素，坚持"绿水青山就是金山银山"的理念，坚持生态优先、区域协调、绿色发展，本着保护优先的原则，在经济发展起决定性作用和创新驱动下，提升经济增长效率及持续性，实现经济、社会、生态的良性互动，实现经济发展、科技创新和生态环境等不同系统之间的协同发展，最终实现区域协调发展。

2.4.2 特征

2021年10月8日国务院印发的《黄河流域生态保护和高质量发展规划

纲要》中指出，黄河流域最大的短板是高质量发展不充分。由于黄河流域各地区要素禀赋、地理环境、发展能力、政策导向、产业结构、绿色投入等方面具有异质性，使得黄河流域高质量发展存在严重的不平衡不充分问题。从经济社会发展和生态安全2个角度出发，构建经济发展、创新驱动、民生改善、环境状况、生态状况5个维度的评价指标体系，发现黄河流域高质量发展水平基本呈现"两边高、中间低"的空间分布特征（徐辉等，2020）。黄仁全（2022）通过分析黄河流域9省区的数据，发现在空间上黄河流域高质量发展呈现"东高西低、南高北低"的格局，在时间上黄河流域高质量发展水平保持稳定的增长态势。黄敦平和叶蕾（2022）综合评价黄河干流与一级支流流经的58个地级市的经济发展质量水平，认为黄河流域各地级市经济发展质量总体水平不高，且黄河流域上中下游的高质量发展水平呈现梯度递增的空间分布规律。陈明华等（2022）基于高质量发展指数测度黄河流域高质量发展的不平衡与不充分水平，认为黄河流域高质量发展的空间非均衡性显著，呈现"东高西低"的空间分布格局。郝金莲等（2022）以黄河流域66个市级单元为研究对象，认为高水平城市主要集中在省会城市和黄河下游地区，低水平城市主要分布在中西部地区；且黄河流域高质量发展水平之间的差距先缩小后增大再缩小，后逐渐趋于平衡。

2.4.3 实施路径

2019年9月以来，随着黄河流域生态保护和高质量发展战略的提出，相关研究成果不断出现，从宏观层面探讨了如何推进黄河流域生态保护和高质量发展战略的实施。实施黄河流域生态保护和高质量发展战略，应综合考虑经济、社会以及生态等多方面因素。任保平（2022）提出黄河流域生态保护和高质量发展战略实现路径包括：在绿色环保等领域依靠国家战略科技力量，积极探索和开辟新的技术路线，依靠企业技术创新实现黄河流域高质量发展新动能培育以及推动全流域合作发展和协同创新。基于目前黄河流域产业发展对于生态环境的胁迫特征，为实现全流域的生态环境保护和高质量发展，在处理好"三大关系"、保障"五大安全"的目标指引下，从"调结构、控规模、优布局、提效率、促保护"的思路出发，提出相关对策建议，实现产业高质量发展与生态环境保护的双重协调（金凤君等，2020）。王兆华等（2022）立足区域优势、因地制宜优化区域产业协同发展，提出明确战略定位、依托产业优势促进区域协同优化布局，是实现黄河流域高质量发展的基础。张伟丽等（2022）提出加快构建黄河流域生态保护和高质量发展协调机制，充分利用黄河流域地级市之间的网络关系，从流域整体和个体角度统筹规划，打破行政区划和部门分割的限制，跨流域配置资源，进一步增强黄河流域经济生态协调发展的整体性和联动性。黄河是中华民族的母亲河，在中国经济社会发展和生态安全方面具有十分重要的地位。以推动绿色低碳转型为重要抓手，全面加强黄河流域生态环境保护，推动全流域高质量发展是当前的重要任务。

2.5 农业高质量发展的内涵及特征

2.5.1 内涵

"十四五"时期推动农业农村高质量发展，必须突出问题导向、目标导向、需求导向和市场导向，遵循农业农村现代化发展规律和市场发展规律，创新市场导向思维、城乡融合思维、全面振兴思维以及贫困治理思维，为进一步实现农业农村现代化奠定坚实的基础。农业是国民经济的重要基础，进入新时代，中国经济由高速增长阶段向高质量发展阶段转变，实现农业高质量发展已经成为社会经济发展的必然要求。近年来，中共中央、国务院以及相关国家部委关于农业高质量发展已经下发了一系列文件，对推进农业高质量发展作出了具体部署（表2-1）。

表2-1 2017年以来推动农业高质量发展的部分政策文件

编号	发布时间	文件名称	发文单位
1	2017年9月	《关于创新体制机制推进农业绿色发展的意见》	中共中央办公厅、国务院办公厅
2	2018年1月	《关于大力实施乡村振兴战略加快推进农业转型升级的意见》	农业部

（续）

编号	发布时间	文件名称	发文单位
3	2018 年 12 月	《关于促进农产品精深加工高质量发展若干政策措施的通知》	农业农村部等 15 部门
4	2019 年 2 月	《国家质量兴农战略规划（2018—2022 年）》	农业农村部等 7 部门
5	2019 年 5 月	《关于加快推进农用地膜污染防治的意见》	农业农村部等 6 部门
6	2019 年 7 月	《关于推动"四好农村路"高质量发展的指导意见》	交通运输部等 8 部门
7	2019 年 9 月	《关于加快农业保险高质量发展的指导意见》	财政部等 4 部门
8	2020 年 2 月	《关于推动返乡入乡创业高质量发展的意见》	国家发展改革委等 19 部门
9	2020 年 3 月	《新型农业经营主体和服务主体高质量发展规划（2020—2022 年）》	农业农村部
10	2020 年 7 月	《关于加强农业科技社会化服务体系建设的若干意见》	科技部等 7 部门
11	2021 年 1 月	《关于全面推进乡村振兴加快农业农村现代化的意见》	中共中央、国务院
12	2021 年 5 月	《关于加快农业全产业链培育发展的指导意见》	农业农村部
13	2021 年 8 月	《"十四五"全国农业绿色发展规划》	农业农村部等 6 部门
14	2022 年 2 月	《"十四五"推进农业农村现代化规划》	国务院
15	2022 年 2 月	《中共中央 国务院关于做好 2022 年全面推进乡村振兴重点工作的意见》	中共中央、国务院
16	2022 年 6 月	《农业农村减排固碳实施方案》	农业农村部、国家发展改革委

农业高质量发展是国民经济高质量发展的一个重要组成部分。农业高质量发展主要表现为产业体系完备、市场竞争力增强、资源配置趋优、产业结构合理、各类主体活力十足。农业高质量发展是更加注重资源节约、生态保育、环境友好和质量高效的农业绿色发展，是以资源环境承载力为基准，以资源利用节约高效为基本特征，以生态保育为根本要求，以环境友好为内在属性，以绿色产品供给有力为重要目标的人与自然和谐共生的发展新模式（魏琦等，2018）。农业高质量发展是在遵循农业发展客观规律

的基础上，适应我国主要矛盾转变的必然要求与选择。农业高质量发展是以提升农业质量效益和竞争力为目标，涵盖高标准农产品、高生产效益农业产业、高效完备生产经营体系、高品质市场竞争力等方面的综合体（杜志雄等，2021）。

对于农业高质量发展的内涵现在还没有统一的概念，不同的学者虽然有不同的理解，但是也存在共识，大多数是从高质量发展内涵和农业产业 2 个角度出发来定义的。

（1）基于高质量发展内涵视角界定

刘涛等（2020）认为，农业高质量发展是体现新发展理念的发展，是创新成为第一动力、协调成为内生特点、绿色成为普遍形态、开放成为必由之路、共享成为根本目的的发展。王兴国和曲海燕（2020）认为，农业高质量发展的内涵包括以满足人民日益增长的美好生活需要为根本目的、以新发展理念为基本遵循、以质量和效益为价值取向。常璇和王国敏（2021）认为，农业高质量发展是更有效率、更高质量、更加公平、更可持续的发展。王梦菲（2021）认为，农业高质量发展是转变经济发展方式的基本要求，是创新驱动的发展，是促进人的全面发展的发展，是可持续的发展。高强（2022）认为，我国农业高质量发展要以安全为本底，在产品供给和产业发展的基础上，逐步拓展至生态、康养、人文与社会四大功能。农业高质量发展是从为增长而生产转向为福利而转型，并在扎实推进共同富裕的目标任务下，转化为满足人民群众日益增长的多方面美好生活需要的发展。张默和孙科（2022）将农业高质量发展的内涵概括为，在经济增长的基础上，农业经济结构和农村社会结构进一步优化，对外开放程度进一步扩大，生态环境得到改善，自然资源的消耗强度得到降低，更加注重人民生活的获得感，让更多的人享受到改革开放的福祉。

（2）基于农业产业视角界定

柯炳生（2018）认为，农业高质量发展应实现产品质量、生态质量、结构质量的统一，即要提高农产品的质量与安全性，保护生态环境以促进农业的可持续发展，促进农业产品结构、区域结构、要素结构、组织结构、贸易结构的综合协调发展。钟钰（2018）认为，农业高质量发展包括高标准要求

45

的农产品、高生产效益的农业产业、高效完备的生产经营体系、高品质的国际竞争力。夏显力等（2019）认为，高质量农业是一个包含产业体系、生产体系、经营体系的有机整体，产业体系是高质量农业的结构骨架，生产体系是高质量农业的动力支撑，经营体系是高质量农业的运行保障。产业体系和生产体系体现的是生产力的要求，而经营体系体现的是生产关系的要求。孙江超（2019）认为，农业高质量发展应当满足以下3个条件：一是农业供给应当满足市场多元化的需求，随着人们收入水平和生活水平的提高，人们消费结构出现变化，从关注农产品数量转向关注农产品品种、品质、品牌，对农业的期望也从满足"吃饱吃好"向提供休闲、体验、观光、文化等多功能拓展；二是农业经营应当具有较高效益，和其他产业一样，农业应当在价格与成本方面不断改善，不断增加农产品附加值，拓宽盈利空间，从而吸引先进要素在农业集聚，增强农业的竞争实力；三是农业发展要具有可持续性，农业发展应当注重先进技术和先进设备在农业中的推广，通过技术、制度、组织、服务方面的创新，促进生产要素循环利用，打造绿色高效农业，从拼资源拼投入的传统农业向集约化可持续的现代农业转型。黄修杰等（2020）认为，农业高质量发展就是深入推进农业结构调整，优化生产力布局，突出农业发展的绿色化、优质化、特色化、品牌化，既要产得出、产得优，也要卖得出、卖得好，不断提升我国农业综合效益和竞争力。谢艳乐和祁春节（2020）认为，农业高质量发展是指农业实现产品质量高、产业效益高、生产效率高、经营者素质高、国际竞争力高、农民收入高的发展，强调经济效益、生态效益等综合效益的提升。张露和罗必良（2020）认为，中国农业高质量发展的本质在于保产（提升土地生产率）、高效（增加劳动生产率）、减量（保护资源环境）和增收（拓宽农业功能）。冷功业（2021）认为，农业高质量发展是更加注重资源节约、更加注重环境友好、更加注重农产品质量、更加注重增加农民收入的发展。王可山等（2020）认为，农业高质量发展就是要加快构建现代农业产业体系、生产体系、经营体系，实现"四高一强"，即产品质量高、产业效益高、生产效率高、经营者素质高、国际竞争力强，以生产优质农产品为目标，以农民增收为目的（赫修贵，2019），满足社会各方对农业供给的基本要求和美好需求，在寻求经济增长的同时更加强调发展成果惠及大众。李旖（2022）认为，农业高质量发展是由许多体系交织形成的大体系，其中涉及种植、生产、运营等，生产体系是其动力来源，经营体系是其运行保障。要实现农业高质量发展，需要建立一支高质量人才发展队伍，需要将技术作为核心力量，而农业技术的广泛应用需要资金的支持。杜志雄等（2022）认为，农业高质量发展是在遵循农业发展客观规律的基础上，适应我国社会主要矛盾转变的必然要求与选择。

　　结合高质量发展的定义，结合农业的本质特征，本书对农业高质量发展的界定如下：农业高质量发展，是指立足解决人民日益增长的美好生活需要和不平衡不充分的发展之间的矛盾，以农业自然再生产和经济再生产有机融合为出发点，坚持农业创新发展、农业协调发展、农业绿色发展、农业开放发展、农业共享发展，以农业供给侧结构性改革为主线，实现质量第一、效率和效益优先，追求农业更高质量、更有效率、更加公平、更可持续的一种新的农业发展方式和农业发展战略。农业高质量发展的研究深深根植于高质量发展的创新、协调、绿色、开放、共享的新发展理念。

2.5.2 特征

　　纵观现有文献，不同学者对农业高质量发展特征的归纳不同，见表 2-2。

表 2-2　农业高质量发展特征的不同观点

序号	农业高质量发展特征	来源
1	绿色发展引领、供给提质增效、规模化生产、产业多元融合	辛岭和安晓宁（2019）
2	农产品供给充足且质量得到提升、生产效率提高、产业效益提升、竞争力增强、能够实现人与自然的和谐相处	黄修杰等（2020）
3	高标准的农业产品、高效益的农业产业、高效完备的农业经营体系、高质量的国际竞争力	钟钰（2018）
4	提高品牌意识、完善品牌农产品质量标准体系、推进农业规模化发展、以市场导向发展特色农业，延长产业链，促进农业产业结构优化和提高农产品的附加值，最终达到增加农民收入的直接目的，同时推动农业的可持续发展	徐大佑和童甜甜（2020）

（续）

序号	农业高质量发展特征	来源
5	产品质量高、产业效益高、生产效率高、经营者素质高、农民收入高、绿色发展水平高和国际竞争力高	黄修杰和储霞玲（2020）
6	较高的市场化、品牌化水平，具有较高的特产化、融合化水平，具有较高的精确化、智能化水平，具有较高的生态化、绿色化水平，具有较高的职业化、专业化水平	高强（2020）
7	农业供给要满足市场多元化的需求、农业经营具有较高效益、农业发展要具有可持续性	杜志雄等（2021）

由以上研究可以看出，农业高质量发展首先要符合农业现代化的要求，遵循规模化、集约化、科技化、产业化、绿色化的基本生产要求，重点突出产品质量、产业效益、生产效率、经营者素质、农民收入、绿色发展水平和国际竞争力等方面的内容。传统农业发展方式重视扩大规模、注重增加产量、轻视环境影响，而农业高质量发展是与时俱进的、体现新发展理念的发展。从当前和今后很长时期的发展趋势来看，农业高质量发展应包括农业供给要满足市场多元化的需求、农业经营要具有较高的效益、农业发展要具有可持续性等条件。孙江超（2019）认为农业高质量发展具有3个典型的特征：高标准、高效益、可持续。在经济层面上，高质量发展具有经济效益不断提升、生活成本不断下降、单位产品产值对环境影响不断降低等特征。综合来看，农业高质量发展的特征包括绿色发展引领、供给提质增效、生产规模化、产业多元融合等方面（杜志雄等，2021；辛岭等，2019）。

（1）绿色发展引领

农业生产要素投入的增加以及产业规模的扩大是农业高速增长的重要表现，而对于农业高质量发展而言，可持续发展、绿色高效是农业高质量发展的主要目标。农业高质量发展是环境负面影响最小、资源利用效率最高，实现经济效益、社会效益、生态效益协调并重的发展。优美的生态环境是农业农村的发展优势和永恒财富，绿色是农业高质量发展的普遍形态。顺应经济可持续发展和全面绿色转型的时代潮流，农业高质量发展应把低碳循环发展摆在突出位置，不断增加生态产品和服务供给，实现农产品的生态化和乡村生态的产品化。因此，农业高质量发展要按照绿色发展的要求强化资源环境保护，发展循环农业、生态农业，满足人民对优美生态环境和美好生活的追求。

（2）供给提质增效

农业的首要功能是保障农产品供给，而当前供给与需求之间的不匹配导致了中国经济发展质量不高。供给侧方面，低端产品供给过剩，而中高端产品有效供给不足；需求侧方面，人民日益增长的美好生活需要没有得到有效满足。供给和需求的错配造成了效率低下、资源浪费、质量不高等制约经济发展的短板。农业高质量发展必然要求增加高品质农产品供给，要求农业由增产向提质转变，促进资源要素的优化配置和高效流动，提高农业全要素生产率，尤其是要在保证粮食供给稳定的基础上进一步提升农产品质量，引导种植大户、家庭农场、农民专业合作社、龙头企业等新型农业经营主体提升农产品供给质量水平，将农业生产经营活动引入市场化轨道（高强，2022），进一步强调农产品品牌建设，不断加大优质农产品的供给力度，促进农产品市场供给与需求的匹配度。

（3）生产规模化

农业高质量发展对规模化发展具有强烈需求，利用现代化技术嵌入传统农业生产要素，提高传统生产要素配置效率，尤其是要搭建数字化的土地要素流转平台，提高土地流转活力和土地资源配置效率，满足农业高质量发展对土地经营规模化发展的需求，稳定农业生产，促进农村可持续发展。农业规模生产是提升农业生产力水平、促进现代农业发展的重要基础，也是降低生产成本、提高农业生产效率及国际竞争力的重要条件（杜志雄等，2021）。创新是农业高质量发展的第一动力，要以要素驱动转化为创新驱动来实现农业高质量发展，推动规模化经营的农业高质量发展。

（4）产业多元融合

农村产业多元融合通过对一二三产业边界进行模糊化，促进交易成本降低以及溢出的农业利润内部化，培育了新业态、新模式和新的利益增长点，是促进要素向农业高效渗透、提升农业效益、促进农民分享融合成果的创新。实现农业高质量发展要求推广新模式、新业态，加快农村一二三产业融合，促进新要素与传统农业的有机融合、环境与效益的有机统一。推进农村一二三产业融合，促进了农业农村资源要素的优化配置，推动了优势要素向农业生产聚集，推动了农业产业链的延伸、产业范围的扩大、产业功能的拓展，扩展了农业产业和农产品附加值的增加途径，促进了农业产业结构升级。农村产业多元融合能够更好地促进农民增收、农民增效和农村繁荣，推动农业高质量发展。

2.5.3 影响因素

农业发展受农产品质量安全、农业信息化水平、农业标准化生产以及农业资源保护等因素影响。如何推动农业规模化产业化建设、提高农业信息化水平、保护农业资源以及提高农产品质量等，均是农业高质量发展的影响因素（张鸿等，2021）。夏显力等（2019）从产业体系、生产体系和经营体系3个角度探讨了影响农业高质量发展的影响因素：农业产业结构失衡，高质量农产品供给不足、产业融合路径不畅与产业衔接方式单一并存，农业产业链效益较低、生产要素成本持续高涨与国外农产品低价挤压并存，主要农产品市场竞争力下滑；科技支撑能力有待进一步提高，农业科技社会化服务体系急需完善以及耕地资源约束趋紧，农业可持续生产面临较大的挑战；土地流转交易缓慢，农户经营规模较小以及农业经营者素质整体不高，新型农业经营主体缺乏动态适应能力与灵活反应能力，发展质量有待进一步提升。孙江超（2019）分析我国农业高质量发展过程中存在的困境，发现存在小农户经营与规模化生产、高成本投入与增加效益、基础薄弱与快速发展以及追逐高产与环境保护之间的矛盾。孙康等（2022）以河北、山东、河南为研究对象，提出影响农业高质量发展水平的因素包括经济发展水平、城镇化水平、财政支农水平、科技水平、产业结构、工业化水平、自然灾害水平、对外开放水平等，通过实证分析得出影响不同省份农业高质量发展水平的主要推动因素。

2.6 农村高质量发展的内涵及特征

2.6.1 内涵

农村高质量发展是实施乡村振兴战略的重要体现，是促进城乡融合发展的重要推动力，是数字乡村建设的重要保障（马东俊，2022）。乡村振兴战略是一项系统工程，其中，农村高质量发展是实施乡村振兴战略的重要目标之一。要把振兴乡村作为实现中华民族伟大复兴的一个重大任务，以更大的决心、更明确的目标、更有力的举措，书写好中华民族伟大复兴的"三农"新篇章。高耿子（2020）从城乡融合发展的新思路出发，认为农村高质量发展要正确处理好工农城乡关系，使城乡在政治经济体制、法律制度、公共资源配置、社会治理、社会保障、公共服务、文化认同等方面产生相应的变革，从而实现农业全面升级、农村全面进步、农民全面发展。张俊（2020）认为，根据新发展理念和乡村振兴战略，乡村高质量发展应是乡村经济、社会、绿色、文化、生活水平、生态环境和城乡融合的综合发展。霍达（2020）认为，农村经济高质量发展的内涵主要表现为：第一，实现农村与城市间的一二三产业融合发展；第二，实现农业经济发展与生态环境保护的有机统一；第三，科学有效地解决好"三农"问题；第四，稳定粮食生产，保障农产品供应和粮食安全。张鸿（2021）认为，农村高质量发展的内涵主要包括：建设数字乡村，解决基本医疗养老问题，建设绿色乡村，政府服务好。齐文浩和张越杰（2021）认为，农村高质量发展内涵包括农村经济发展模式的创新、弱化城乡二元结构壁垒、农业生产稳定、农村可持续发展。

结合高质量发展的定义，结合农村的本质特征，本书对农村高质量发展的界定如下：所谓农村高质量发展，是指立足解决人民日益增长的美好生活需要和不平衡不充分的发展之间的矛盾，坚持农村创新发展、农村协调发展、农村绿色发展、农村开放发展、农村共享发展，以保障和改善农民生活为落脚点，以农村产业发展、农村绿色发展、农村人才发展、农村组织发展和农村文化发展为着力点，兼顾公平与效率，追求农村社会经济发展更高质量、更加公平、更有效率和更可持续的一种农村新的发展方式和新的发展战略。

2.6.2 特征

陈明星（2020）认为农村高质量发展的特征有：政府引导与市场主导的科学统筹，乡村振兴与新型城镇化的协调推进，脱贫攻坚与乡村振兴的有效衔接，从绝对贫困治理到相对贫困治理。政府在乡村振兴中扮演了非常重要的角色，特别是政府基层工作人员为乡村振兴付出了很大的努力。农村高质量发展是一个综合性概念，应系统全面地进行考虑。①农村的主要对象是农民，按照以人为本的理念，农村的高质量发展应该有更高的社会生活水平。②农村依赖的基础是农业，农业现代化程度也是衡量高质量发展水平的重要方面。③农村基础设施反映了居民对高质量物质生活的需求。④良好的居住环境体现了农村居民与自然和谐共处、良性发展（于长立等，2022）。

农业农村高质量发展既是实现农业农村现代化、全面建成社会主义现代化强国的必由之路，也是破解"三农"发展系列难题、实现乡村全面振兴的必然要求（董志勇等，2022）。基于此，本书认为农村高质量发展具有如下特征：①科学统筹城乡资源分配，实现城乡融合发展；②兼顾政府引导与市场主导；③坚持农村创新发展、农村协调发展、农村绿色发展、农村开放发展、农村共享发展，以农村产业发展、农村绿色发展、农村人才发展、农村组织发展和农村文化发展为着力点；④兼顾公平与效率；⑤是一种更高质量、更加公平、更有效率和更可持续的农村新的发展方式和新的发展战略。

2.6.3 影响因素

农村经济发展路径比较单一、产业结构升级缓慢等问题越来越成为农村经济发展的限制。张鸿等（2021）识别了农村高质量发展的影响因素，涉及农村发展政策环境、农业发展、医疗养老、生态环境、政府服务5个方面。马东俊（2022）基于数字乡村战略背景，提出政策环境、信息化水平和治理方式是影响农村高质量发展的因素。姬志恒（2021）通过分析中国农业农村高质量发展的驱动机制，发现农业农村高质量发展受到城市化、产业结构升级、市场化程度和科技创新能力等因素的影响，且各因素的驱动效应具有空间异质性，具体而言：①城市化进程在中东部地区表现出显著为正的影响；②产业结构升级在中部地区表现出显著为正的影响，东部地区和东北地区产业结构升级对农业农村高质量发展存在一定下行压力；③市场化程度和科技创新能力对农业农村高质量发展的影响在各地区影响均显著为正；④交通基础设施在东部地区和东北地区影响显著为正；⑤环境规制的影响在各地区均需要进一步彰显。孙海燕（2022）指出：乡村产业的本质、内涵和方向没有厘清，没有统筹好产业整体布局和地方特色之间的关系；农业转移人口市民化导致农村人口比重下降，村庄缺人气、缺活力、缺生机，村庄空心化、农户空巢化、农民老龄化程度不断加剧；小农户家庭经营与适度规模经营对立的误区等一系列问题。实现全国范围内的高水平城镇化是实现我国农村高质量发展的一项重要工作，目前我国城镇化发展不均衡、西部地区发展明显落后于东部地区、城乡居民收入差距大、农民居民的教育观念滞后、农业科技应用水平较低等一系列因素制约着农村高质量发展（苏轩等，2022）。

3 黄河流域农业农村发展现状分析

党的十九大正式提出乡村振兴战略，随后一系列相关文件相继发布，我国农业农村发展迎来新机遇。乡村振兴是一项全方位、多层次、宽领域的综合工程，将乡村振兴摆在我国社会主义现代化建设的重要位置，有助于促进农业高质高效、乡村宜居宜业、农民富裕富足。

3.1 农业投入

结合上文分析的黄河流域资源禀赋和农业高质量发展的内涵，此处从农业生产条件、农业生产资料投入、农业技术投入、农业资金投入等4方面入手，分析黄河流域内各个省份农业农村发展现状，探究黄河流域农业农村高质量发展的路径。

3.1.1 农业生产条件

结合相关研究成果，此处的农业生产条件主要用农田有效灌溉率、耕地复种指数和农村就业结构指标进行分析。

（1）农田有效灌溉率

改善农田水利条件，增加有效灌溉面积是提高农业综合生产能力的有效手段。农田有效灌溉率是区域内有效灌溉面积（千公顷）与总耕地面积（千公顷）的比率，图3-1为2019年黄河流域农田有效灌溉率的总体状况。

由图3-1可知，2019年9省份农田有效灌溉率的平均值高于全国平均水平，其中：山东、河南、四川农田有效灌溉率分别达到了69.65%、

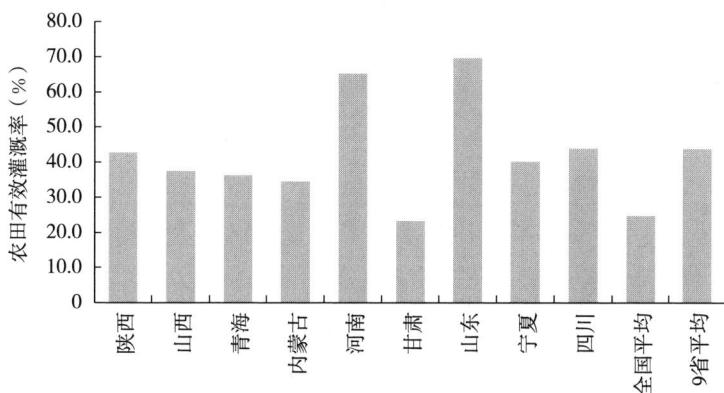

图 3-1　2019 年黄河流域农田有效灌溉率

65.29％、43.93％，均高于 9 省份平均值（43.71％）；陕西、宁夏、山西、青海、内蒙古的农田有效灌溉率低于 9 省份平均水平，但高于全国平均水平（24.84％）；甘肃农田有效灌溉率为 23.36％，为 9 省份中最低水平。

图 3-2 呈现了 2010—2019 年黄河流域农田有效灌溉率的变化趋势。由图 3-2 可知，2010—2019 年山东、河南农田有效灌溉率基本呈现稳定状态，年平均涨幅仅为 0.83％、0.57％；四川农田有效灌溉率在 2010—2013 年一直保持较高水平，2014 年大幅度下降，2015 年之后稳定在 40％左右；陕西、山西、宁夏、甘肃农田有效灌溉率 10 年间保持稳定状态，变化幅度较小；青海农田有效灌溉率 2010—2012 年稳定在 42％左右，2013—2014 年均有大幅度下降，2015—2019 年稳定在 35％左右；内蒙古农田有效灌溉率 2012—2013 年有所下降，2014—2019 年逐步回升。

（2）耕地复种指数

多熟种植是中国作物种植制度的重要特征，是提高粮食产量、进行多种经营的一个重要途径。本书以耕地上全年内农作物的总播种面积（万公顷）与耕地面积（万公顷）的比值衡量耕地复种指数。图 3-3 呈现了 2019 年黄河流域耕地复种指数的整体状况。由图 3-3 可知，黄河流域 9 省份耕地复种指数的平均值为 1.140，低于全国耕地复种指数平均水平 1.230，依据耕地复种指数的高低，总体上呈现出"河南（1.798）＞山东（1.445）＞四川（1.441）＞青海（0.942）＞宁夏（0.885）＞山西（0.869）＞

内蒙古（0.794）＞甘肃（0.713）"的分布态势。

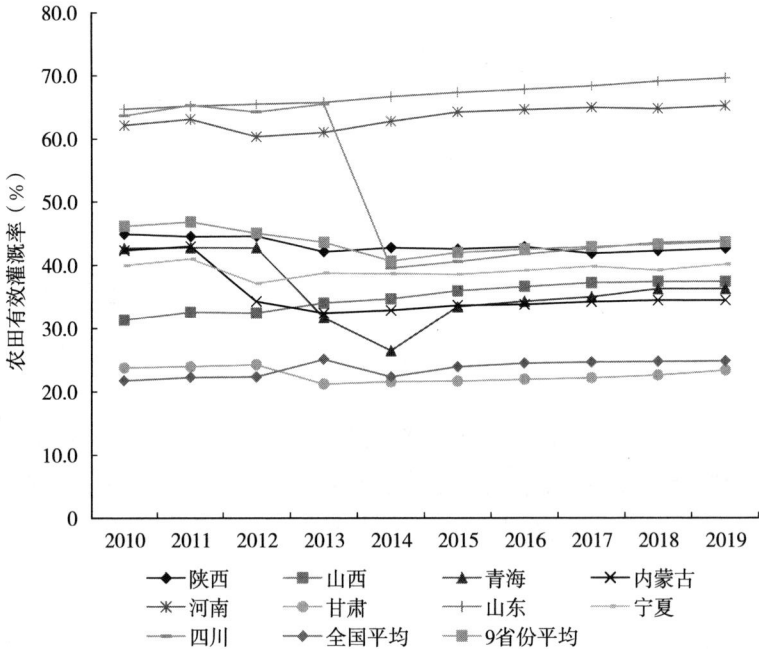

图 3-2 2010—2019 年黄河流域农田有效灌溉率

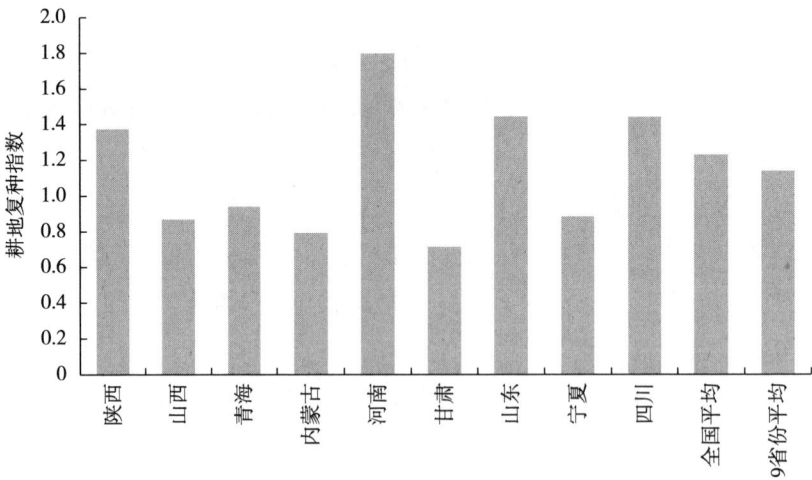

图 3-3 2019 年黄河流域耕地复种指数

图 3-4 呈现了 2010—2019 年黄河流域耕地复种指数的变化趋势。从 9 省份平均值看，2010—2014 年黄河流域耕地复种指数呈明显下降趋势，2015 年后下降程度趋于平缓；四川耕地复种指数 2010—2013 年呈缓慢上升趋势，2014 年迅速下降，2015—2019 年呈现缓慢上升趋势；内蒙古、甘肃、宁夏的耕地复种指数分别从 2010 年的 1.243、0.806、1.063 降低至 2019 年的 0.794、0.713、0.885，总体呈现下降趋势；陕西、山西、青海、河南、山东的耕地复种指数 10 年间变化幅度较小，总体呈现平稳状态。

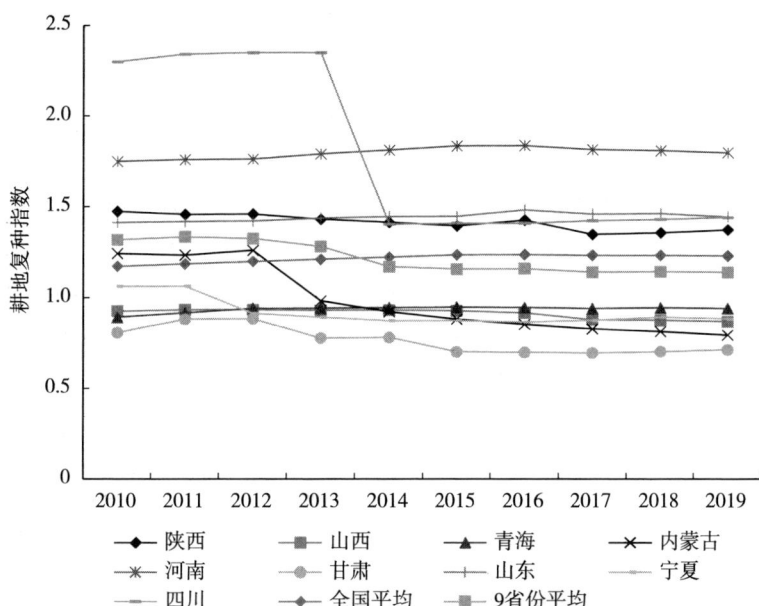

图 3-4　2010—2019 年黄河流域耕地复种指数

（3）农村就业结构

图 3-5 呈现了 2019 年黄河流域农村就业结构。农村就业结构指农村非农就业者占农村劳动力总数的比重。由图 3-5 可知，9 省份农村就业结构不尽相同，农村就业结构从高到低依次为：河南、四川、甘肃、内蒙古、宁夏、山东、山西、青海、陕西。与 9 省份平均水平相比，河南、四川、甘肃、内蒙古高于 9 省份平均水平，宁夏、山东、陕西、青海、陕西 5 省份的农村就业结构在 9 省份平均水平之下。与全国平均水平相比，除陕西外，其他省份 2019 年农村就业结构均高于全国平均水平。

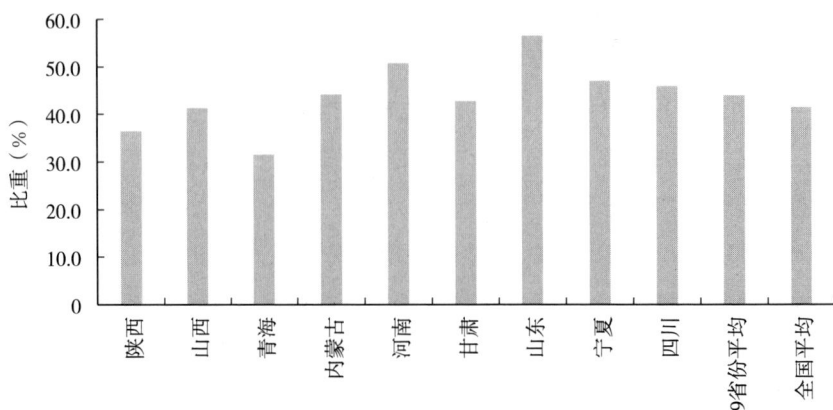

图 3-5　2019 年黄河流域农村就业结构

图 3-6 呈现 2010—2019 年黄河流域农村就业结构的变化情况。由图可知，10 年间黄河流域农村就业结构总体呈现上升趋势，其中：河南、山东、四川、宁夏、内蒙古 5 省份农村就业结构持续上升，甘肃农村就业结构2010—2011 年稳步上升、2012 年急剧上升、2013 年回落后持续上升，山西农村就业结构较为稳定，青海农村就业结构呈现波动下降趋势，陕西2010—2018 年农村就业结构持续下降、2019 年较大幅度上升。

2010—2019 年黄河流域农村就业结构 9 省份平均值呈缓慢上升趋势。与9 省份平均水平相比，河南 2010—2019 年农村就业结构均高于 9 省份平均水平，山西除 2019 年外其余年份该比例均高于 9 省份平均水平，山东、四川除2012 年外其余年份该比例均高于 9 省份平均水平，内蒙古、宁夏 2010—2015年该比例低于 9 省份平均水平、其余年份均高于平均水平，陕西除 2010 年、2011 年外其余年份均低于 9 省份平均水平，甘肃除 2010 年、2011 年、2019年外其余年份该比例均高于 9 省份平均水平，青海 2010—2019 年农村就业结构均低于 9 省份平均水平。

2010—2019 年全国农村就业结构平均水平呈上升趋势。与全国平均水平相比，四川、河南、山西、山东、四川、甘肃 6 省 2010—2019 年农村就业结构均高于全国平均水平，陕西 2010—2014 年该比例高于全国平均水平、其余年份均低于全国平均水平，内蒙古仅 2014 年该比例低于全国平均水平，

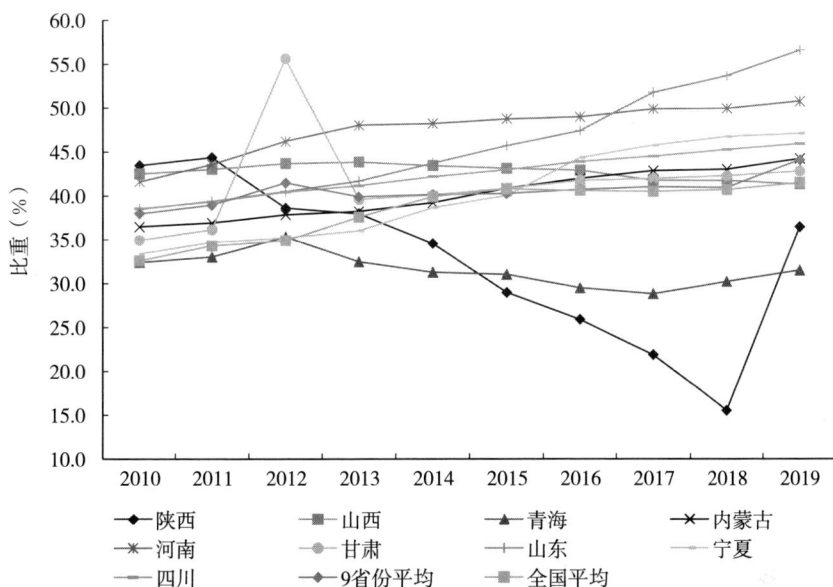

图 3-6 2010—2019 年黄河流域农村就业结构

宁夏 2010—2012 年、2016—2019 年该比例高于全国平均水平、其余年份低于全国平均水平，青海除 2012 年外该比例均低于全国平均水平。

3.1.2 农业生产资料投入

结合相关研究成果，此处的农业生产资料投入主要用化肥施用量、农药施用量和农膜使用量指标进行分析。

（1）化肥施用量

以化肥施用量（百吨）与播种面积（千公顷）的比值衡量农村亩均化肥施用量。图 3-7 呈现 2019 年黄河流域农村亩均化肥施用量。由图可知，9省份农村亩均化肥施用量存在差异，依据其数量由高到低依次排序为：宁夏、陕西、河南、山东、青海、山西、内蒙古、四川、甘肃。与9省份平均水平相比，宁夏、陕西农村亩均化肥施用量远高于9省份平均水平，河南略高于9省份平均水平，其余省份则低于9省份平均水平。与全国平均水平相比，宁夏、陕西农村亩均化肥施用量远高于全国平均水平，河南略高于全国平均水平，其他省份均低于全国平均水平。

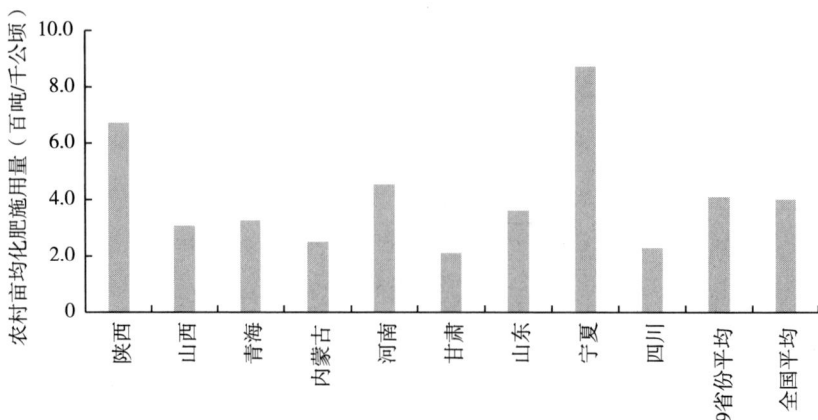

图 3-7 2019 年黄河流域农村亩均化肥施用量

图 3-8 呈现 2010—2019 年黄河流域农村亩均化肥施用量的变化情况。由图可知，10 年间黄河流域农村亩均化肥施用量总体呈平稳态势，其中：宁夏、陕西 10 年间该施用量远高于其他省份且均呈倒 U 形，青海 10 年间该施用量呈倒 U 形且 2015 年为最高点，河南、陕西 10 年间该施用量较为稳定，山东、四川 10 年间该施用量呈缓慢下降趋势，内蒙古、甘肃该施用量呈缓慢波动下降趋势。

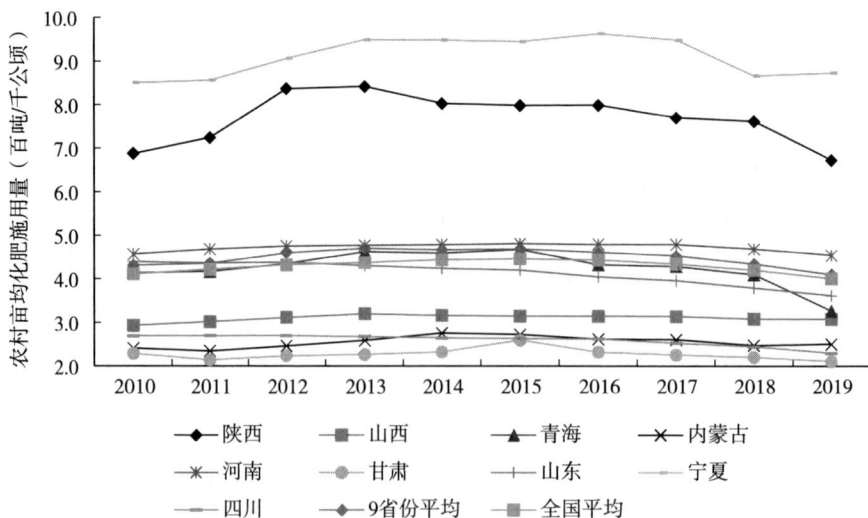

图 3-8 2010—2019 年黄河流域农村亩均化肥施用量

2010—2019年黄河流域农村亩均化肥施用量9省份平均值呈倒U形，峰值为2015年。与9省份平均水平相比，宁夏、陕西2010—2019年农村亩均化肥施用量远高于9省份平均水平，河南、青海、山东3省10年间该施用量接近于9省份平均水平，其余省份10年间该施用量均低于9省份平均水平。

2010—2019年全国农村亩均化肥施用量平均水平呈倒U形，峰值为2015年。与全国平均水平相比，宁夏、陕西2省份2010—2019年农村亩均化肥施用量远高于全国平均水平，河南、青海、山东3省10年间该施用量接近于全国平均水平，其余省份10年间该施用量均低于全国平均水平。

（2）农药施用量

图3-9呈现2019年黄河流域农村亩均农药施用量。由图可知，9省份农村亩均农药施用量差异性较大，农村亩均农药施用量从高到低依次为：山东、甘肃、河南、山西、四川、陕西、内蒙古、青海、宁夏。与9省份平均水平相比，山东、甘肃、河南、陕西4省农村亩均农药施用量高于9省份平均水平，其余5省份则低于平均水平。与全国平均水平相比，山东、甘肃2省农村亩均农药施用量略高于全国平均水平，其余省份均远低于全国平均水平。

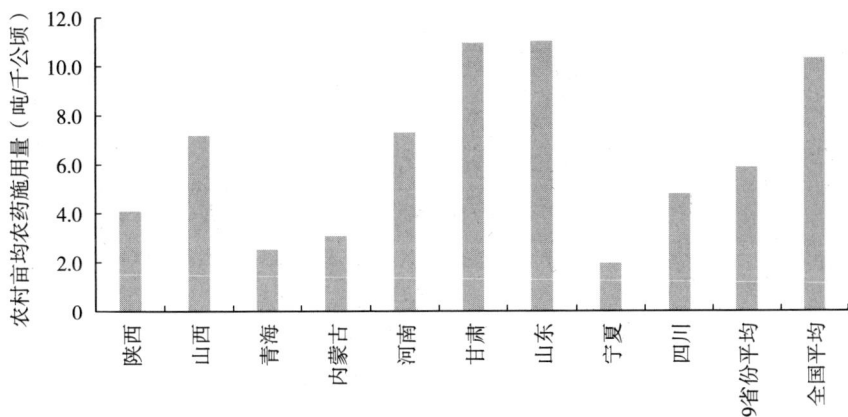

图3-9 2019年黄河流域农村亩均农药施用量

图 3-10 呈现 2010—2019 年黄河流域农村亩均农药施用量的变化情况。由图可知，10 年间黄河流域农村亩均农药施用量总体呈倒 U 形，其中：甘肃、山东 2 省 10 年间该施用量远高于其他省份，且甘肃 10 年间该施用量呈倒 U 形，峰值为 2015 年；山东、河南、四川 10 年间该施用量持续下降；山西、内蒙古 2 省份该施用量呈倒 U 形，峰值均出现在 2015 年；青海 10 年间该施用量呈波动下降趋势，且 2012 年降幅较大，2013 年有所回升；陕西 10 年间该施用量呈缓慢波动上升趋势，且 2012 年有较大涨幅，2013 年回落；宁夏 10 年间该施用量较为稳定。

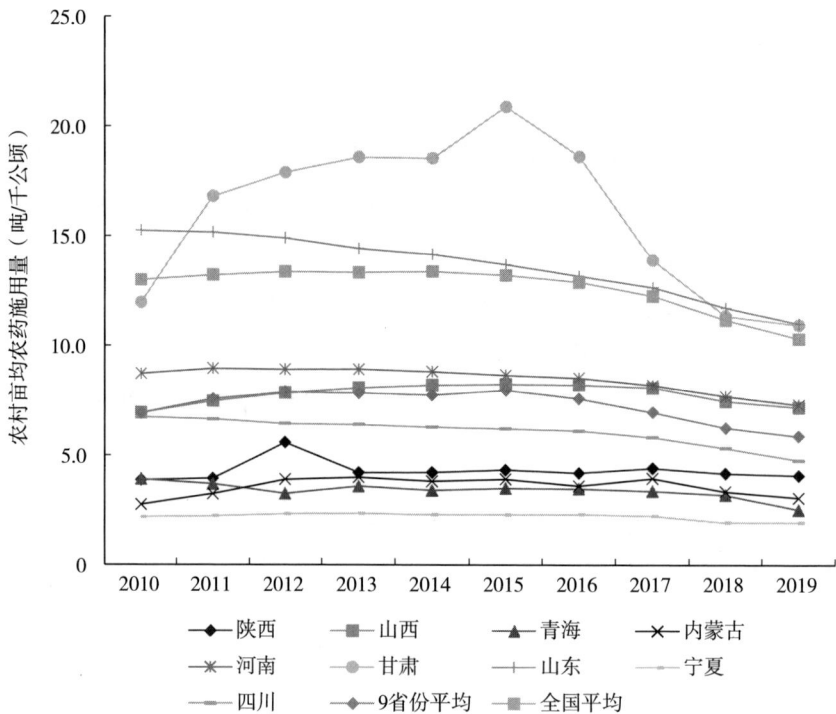

图 3-10　2010—2019 年黄河流域农村亩均农药施用量

2010—2019 年黄河流域农村亩均农药施用量 9 省份平均值呈缓慢下降趋势。与 9 省份平均水平相比，甘肃、山东 2 省 2010—2019 年农村亩均农药施用量远高于 9 省份平均水平，河南 10 年间该施用量略高于 9 省份平均水平，山西 10 年间该施用量接近于 9 省份平均水平，其余省份 10 年间该施用量均低于 9 省份平均水平。

2010—2019 年全国农村亩均农药施用量平均水平呈缓慢下降趋势。与全国平均水平相比，甘肃除 2010 年外 2011—2019 年农村亩均农药施用量均高于全国平均水平，山东 10 年间该施用量接近于全国平均水平，其余省份10 年间该施用量均低于全国平均水平。

（3）农膜使用量

以农膜使用量（吨）与播种面积（千公顷）的比值衡量单位面积农膜使用量。图 3-11 呈现了 2019 年黄河流域单位面积农膜使用量的基本状况，由图可知，黄河流域农膜使用量的 9 省份平均值高于全国平均水平；甘肃、山东的单位面积农膜使用量相对较高，高于 9 省份平均水平；四川、青海、宁夏的单位面积农膜使用量低于 9 省份平均水平，但高于全国平均水平；山西、内蒙古、陕西、河南的单位面积农膜使用量相对较低。

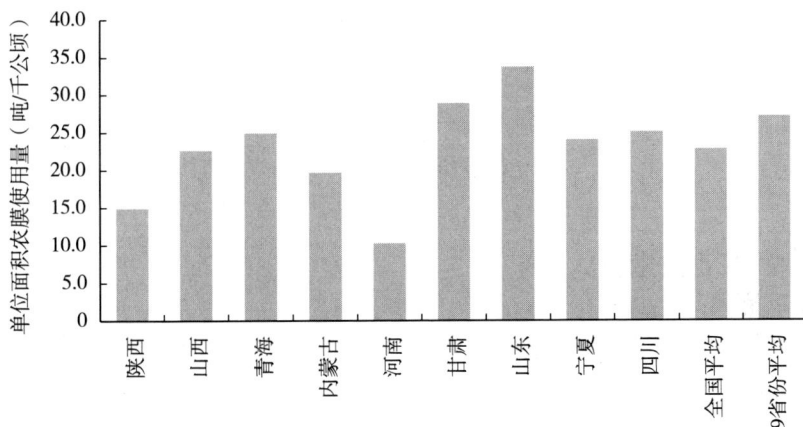

图 3-11　2019 年黄河流域单位面积农膜使用量

图 3-12 呈现了 2010—2019 年黄河流域单位面积农膜使用量的变化趋势。由图可知，黄河流域单位面积农膜使用量 9 省份平均值在 2010—2016 年总体呈现上升趋势，2017—2019 年有所下降。各省份的变化趋势存在差异：山东单位面积农膜使用量从 2010 年的 42.69 吨/千公顷连续降低至 2019 年的 33.724 吨/千公顷，年均降幅为 2.57％；其他省份总体呈上升趋势，根据年均涨幅的大小排序，依次为青海（5.06％）、内蒙古（3.27％）、

宁夏（3.23％）、陕西（2.97％）、山西（2.89％）、甘肃（2.60％）、四川（2.23％）、河南（0.06％）。

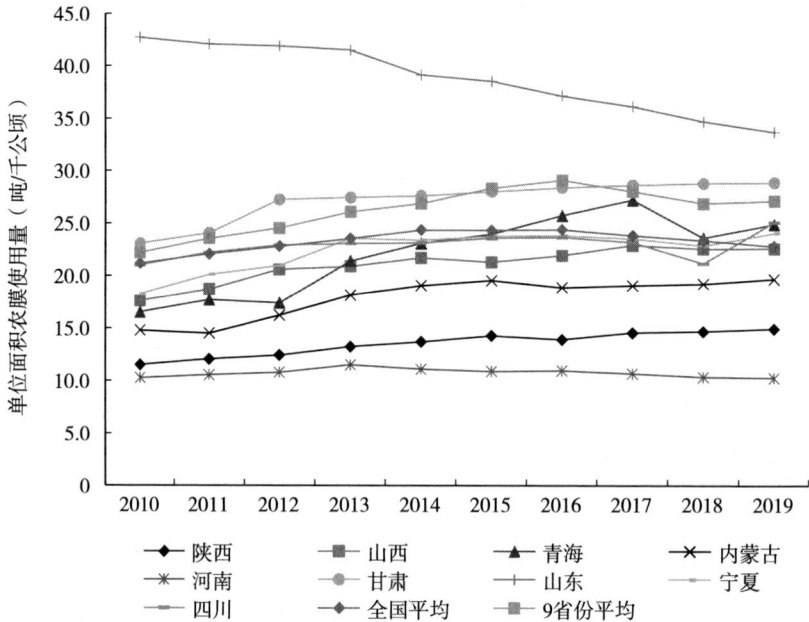

图3-12　2010—2019年黄河流域单位面积农膜使用量

3.1.3 农业技术投入

结合相关研究成果，此处的农业技术投入主要用节水灌溉面积比重和农业机械化程度指标进行分析。

（1）节水灌溉面积比重

发展节水灌溉是缓解农业用水矛盾、增加农业产量、改善生态环境的重要举措，有助于加快我国传统农业向现代农业转变。此处的节水灌溉面积比重，即节水灌溉面积（千公顷）与耕地面积（千公顷）的比值。图3-13呈现了2019年黄河流域节水灌溉面积比重的基本状况。

由图3-13可知，山东、陕西、宁夏、内蒙古节水灌溉发展速度较快，节水灌溉面积比重均高于9省份平均值，同时高于全国平均水平，其他省份节水灌溉面积比重相对较低。

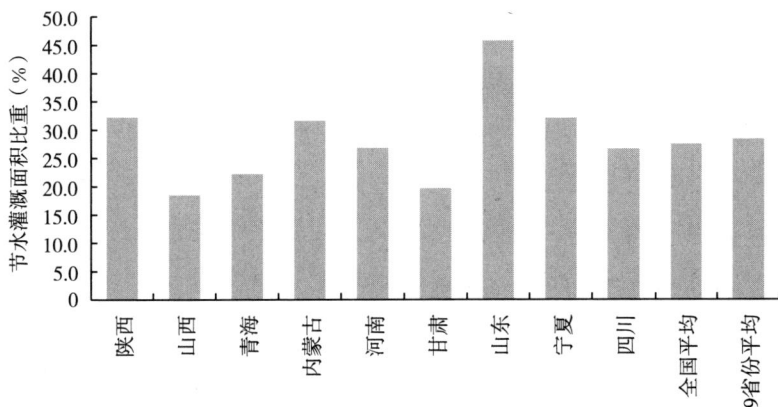

图 3 - 13　2019 年黄河流域节水灌溉面积比重

　　图 3 - 14 呈现了 2010—2019 年黄河流域节水灌溉面积比重的变化趋势。从 9 省份节水灌溉面积比重的平均值看，10 年间的比重基本稳定在 25% 左右，与 2010 年相比，2011 年的比重有所提高，2012—2013 年比重连续降低，2014 年及之后节水灌溉面积比重有所回升；山东节水灌溉面积比重值呈现持续增长态势；四川该比重在 2010—2013 年实现了持续增长，2014 年大幅度下降，2015—2019 年稳步回升；陕西节水灌溉面积比重稳定在 30% 左右，变化幅度较小；内蒙古、宁夏该比重变化趋势基本相同，2011 年节水灌溉面积比重值高于 2010 年，但均在 2012—2013 年大幅度下降，2014—2019 年逐步回升；山西、甘肃、青海、河南的节水灌溉面积比重均在 15%～20% 波动变化。

　　（2）农业机械化程度

　　农业机械化是促进农业高效生产的重要保障。以机械总动力（千瓦）占耕地面积（公顷）的比值对农业机械化程度进行表征。图 3 - 15 呈现了 2019 年黄河流域农业机械化程度。

　　由图 3 - 15 可知，黄河流域农业机械化 9 省份平均值与全国平均水平基本相当，差异较小；山东、河南作为粮食主产区，承担着保障国家粮食安全的重任，农业机械化水平远高于其他省份；陕西、青海、四川农业机械化程度与全国平均水平基本相当；山西、内蒙古、甘肃、宁夏农业机械化进程相

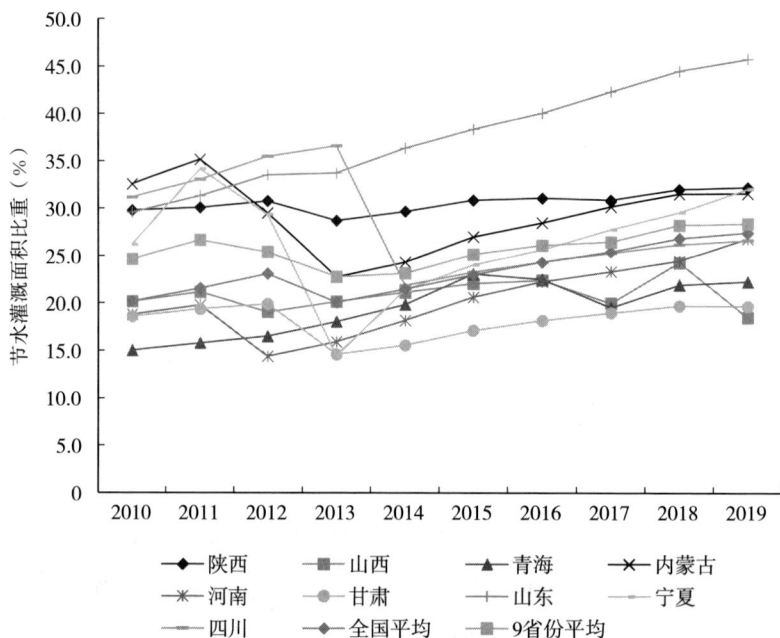

图 3-14 2010—2019 年黄河流域节水灌溉面积比重

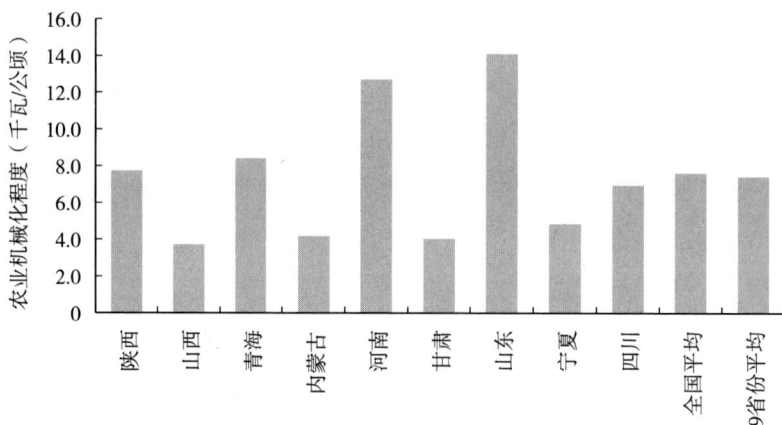

图 3-15 2019 年黄河流域农业机械化程度

对缓慢,农业机械化程度低于 9 省份平均水平。

图 3-16 呈现了 2010—2019 年黄河流域农业机械化程度的变化趋势。从 9 省份平均值看,2010—2015 年黄河流域农业机械化程度总体有所提高,

2016 年呈现出明显的下降趋势，2017—2019 年则有所回升。各省份也呈现出与 9 省份平均值一致的变动规律，具体而言：山东、河南 10 年间农业机械化程度一直保持在 9 省份前列，相比较而言，山东 2016 年的农业机械化下降幅度（26.67%）大于河南（15.86%）；四川的农业机械化程度在 2010—2013 年持续上升，2014 年出现大幅下降，2015—2019 年有所回升但上升幅度较小，平均年涨幅仅为 2.47%；陕西、宁夏 10 年间的农业机械化程度变动趋势与 9 省份平均值的变动差异不大；青海农业机械化水平呈现稳步缓慢上升趋势，平均年涨幅为 1.87%；甘肃与内蒙古 10 年间农业机械化程度呈现小幅度波动趋势，其值总体稳定在 4 千瓦/公顷。

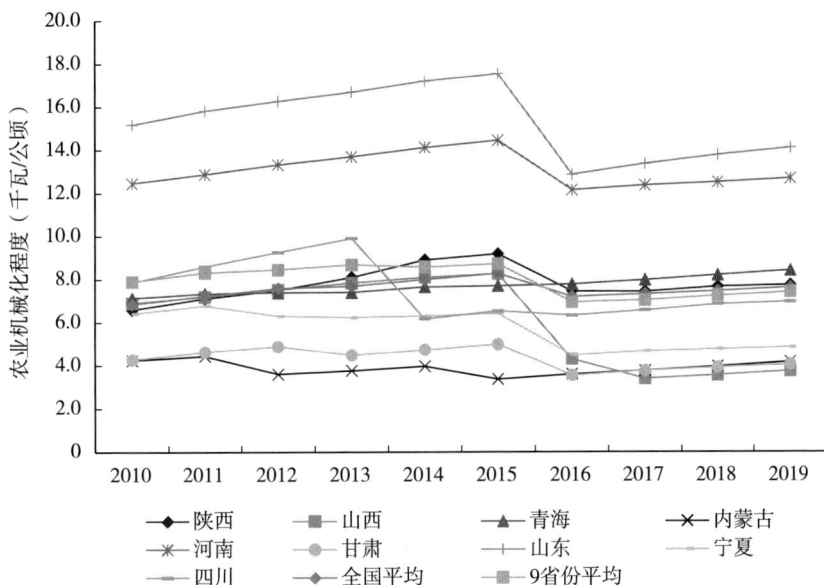

图 3-16 2010—2019 年黄河流域农业机械化程度

3.1.4 农业资金投入

结合相关研究成果，此处的农业资金投入主要用农业贷款、财政支农力度、第一产业完成投资增长率和农村投资结构指标进行分析。

（1）农业贷款

以短期贷款（万元）与耕地面积（公顷）的比值衡量单位耕地面积短期

贷款。图 3-17 呈现了 2019 年黄河流域单位耕地面积短期贷款的基本状况。由图可知，黄河流域单位耕地面积短期贷款的 9 省份平均值为 19.26 万元/公顷，低于全国平均水平 36.54 万元/公顷；山东、陕西、河南这一指标值相对较高，分别为 38.44 万元/公顷、28.44 万元/公顷、25.34 万元/公顷，均高于 9 省份平均水平；四川、宁夏、青海、山西、甘肃、内蒙古这一指标值相对较低。

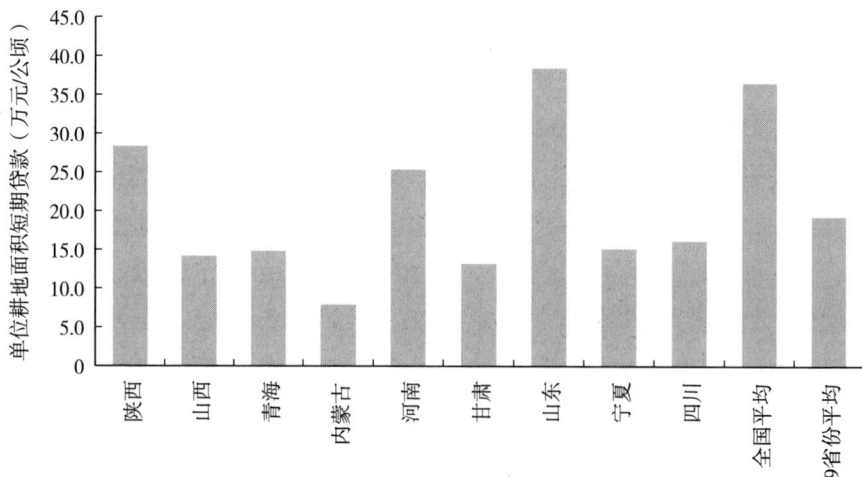

图 3-17　2019 年黄河流域单位耕地面积短期贷款

图 3-18 呈现了 2010—2019 年黄河流域单位耕地面积短期贷款的变化趋势。由图可知，黄河流域 9 省份单位耕地面积短期贷款总体呈现上升趋势，9 省份平均值从 2010 年的 11.03 万元/公顷上升到 2019 年的 19.26 万元/公顷，年均涨幅为 6.61%；宁夏、内蒙古、陕西、山东、河南的年均涨幅相对较高，分别为 11.01%、9.09%、8.95%、8.69%、6.70%，均高于 9 省份平均值的涨幅；青海、山西、四川、甘肃这一指标值的年均涨幅相对较小。

（2）财政支农力度

财政支农是指国家财政对农业、农村、农民的支持，是国家财政支持农业、农村、农民的主要手段，是国家与农民分配关系的重要内容之一。以农林水财政支出（万元）与第一产业从业人数（人）的比重来衡量人均财政支农力度。

图 3-19 呈现了 2019 年黄河流域人均财政支农力度。由图可知，青海、内蒙古、宁夏人均财政支农力度较大，可能的原因在于这 3 个省份地处西部

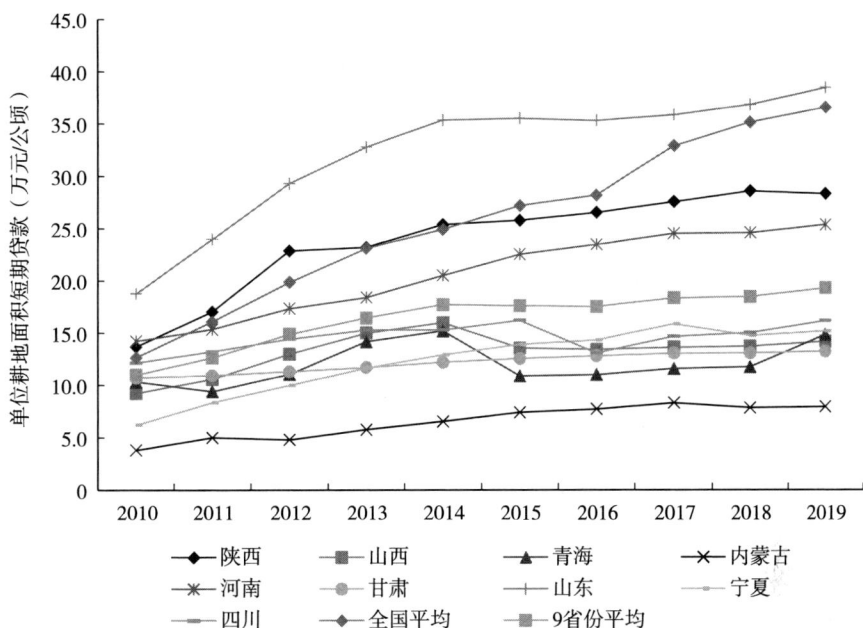

图 3-18 2010—2019 年黄河流域单位耕地面积短期贷款

地区，第一产业从业人数相对较少，故计算所得的人均财政支农力度较大；山西、陕西、甘肃人均财政支农力度低于 9 省份平均水平；河南、山东人均财政支农力度相对较低，可能与 2 省同为粮食主产区，人口众多、第一产业从业人员规模庞大有关。

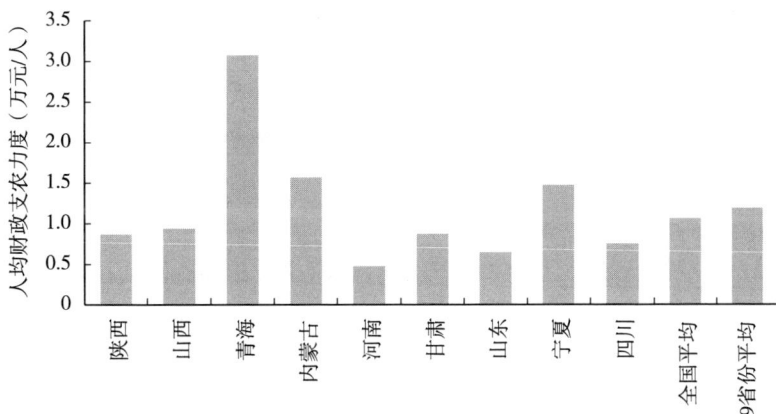

图 3-19 2019 年黄河流域人均财政支农力度

图 3-20 呈现了 2010—2019 年黄河流域人均财政支农力度变化趋势。从 9 省份平均值看，黄河流域人均财政支农力度 9 省份平均值从 2010 年的 0.454 万元/人上升到 2019 年的 1.186 万元/人，平均年涨幅为 11.34%，总体呈上升趋势，各省份的人均财政支农力度与 9 省份平均值遵循同样的变化趋势。从各省份 10 年间的平均涨幅看，甘肃、四川、内蒙古、河南、山东、山西、陕西的平均涨幅相对较大，均高于 9 省份平均值的涨幅，分别为 17.63%、17.14%、14.39%、14.16%、14.06%、13.33%、12.25%；青海、宁夏的平均年涨幅相对较小，分别为 8.85%、8.47%。

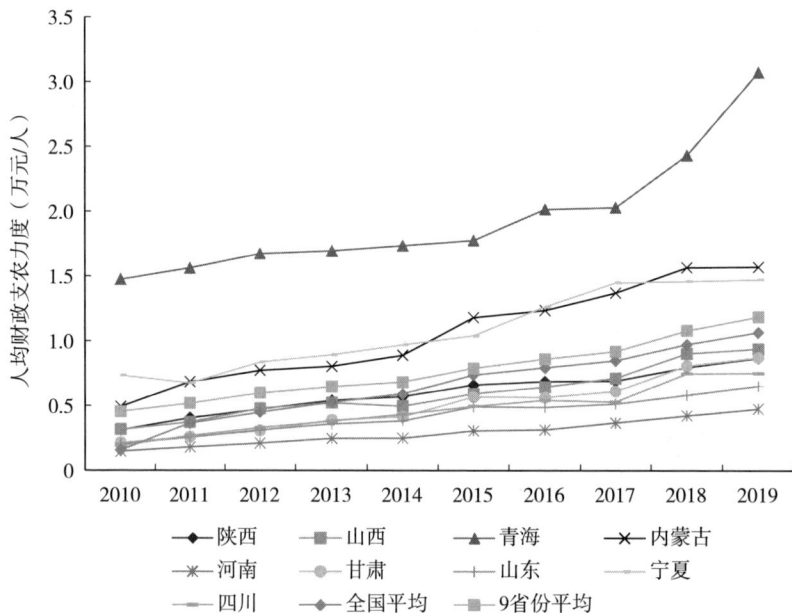

图 3-20　2010—2019 年黄河流域人均财政支农力度

（3）第一产业完成投资增长率

2019 年黄河流域各省份第一产业完成投资增长率的计算方法为：

$$第一产业完成投资增长率 = \frac{本期第一产业完成投资 - 上期第一产业完成投资}{上期第一产业完成投资} \times 100\%$$

具体计算结果见图 3-21。

由图 3-21 可知，2019 年黄河流域第一产业完成投资增长率 9 省份平

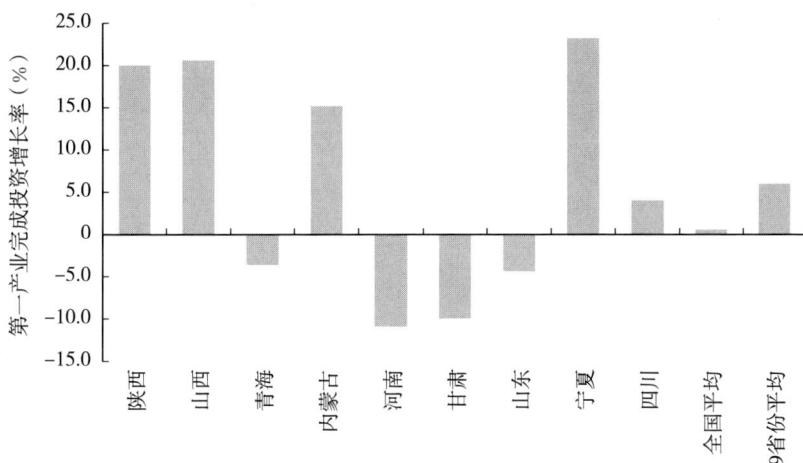

图 3-21　2019 年黄河流域第一产业完成投资增长率

均值为 6.01%。各省份这一增长率存在较大差异，其中：宁夏、山西、陕西、内蒙古第一产业完成投资增长率分别为 23.20%、20.60%、20.00%、15.14%，均高于 9 省份平均水平；四川的增长率为 4.00%，低于 9 省份平均水平，但高于全国平均水平（0.60%）；青海、山东、甘肃、河南的第一产业投资增长率均为负值。

图 3-22 呈现了 2010—2019 年黄河流域第一产业完成投资增长率的变动趋势。由图可知，2010—2019 年黄河流域第一产业完成投资增长率整体上呈波动变化趋势，各年份、各省份之间的差异较大。从 9 省份平均值看，黄河流域第一产业完成投资增长率在 2010—2014 年呈波动增长趋势、从 10.18% 增长至 32.20%，在 2015—2019 年总体呈波动下降趋势、从 32.0% 波动降低至 6.01%；山西这一增长率在 2010—2013 年呈快速增长趋势，2014 年高达 116.57%，2014—2015 年快速下降，2015 年为负值，2016 年回升至 21.57% 后，2017—2018 年再次跌为负值，2019 年为正；宁夏第一产业完成投资增长率同样呈现波动增长趋势，2010 年、2011 年、2013 年及 2018 年的增长率均为负值，其他年份均为正值；甘肃 2010—2011 年、2012—2013 年、2017—2018 年的第一产业完成投资增长率均呈现出正向增长趋势，2011—2012 年、2014—2017 年、2018—2019 年的第一产业完成投

资增长率呈现下降趋势，其中最大值为 75.85%，最小值为−43.69%；青海第一产业完成投资增长率在 2010—2011 年、2012—2015 年、2017—2018 年呈现增长趋势，2011—2012 年、2015—2017 年、2018—2019 年呈现下降趋势；内蒙古第一产业完成投资增长率在 2010—2014 年稳步上升，2015 年降低为负值，2016—2019 年逐渐回升；四川 2010—2011 年这一增长率为负值，2012—2019 年均为正值，但总体呈现下降趋势；陕西第一产业完成投资增长率 10 年间均为正值，在 35% 上下呈现波动趋势；河南这一增长率 2010—2016 年总体呈现上升趋势，2017—2019 年呈下降趋势；山东第一产业完成投资增长率在 2010—2011 年、2012—2014 年、2015—2019 年均呈下降趋势，在 2011—2012 年、2014—2015 年呈上升趋势。

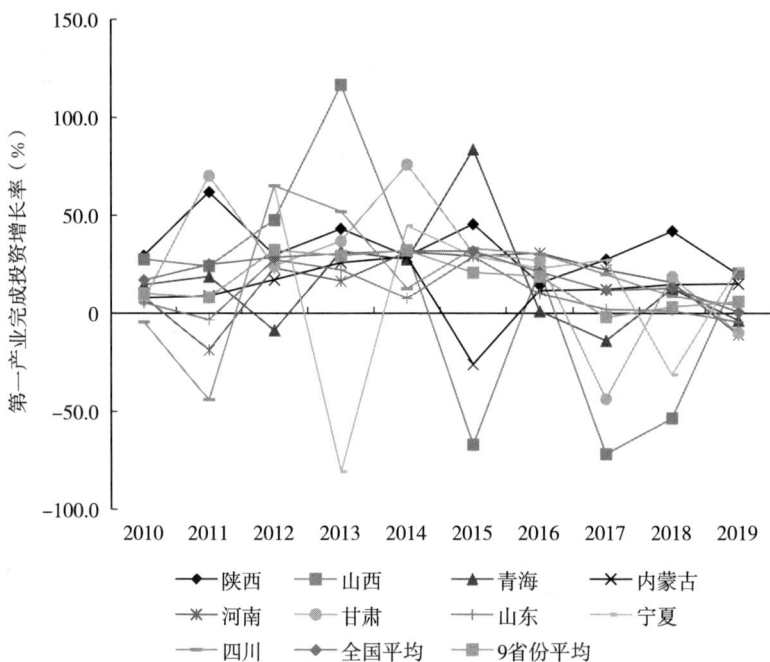

图 3-22　2010—2019 年黄河流域第一产业完成投资增长率

（4）农村投资结构

农村投资结构指农村居民农林牧渔业固定投资占农村居民固定投资的比重。图 3-23 呈现 2019 年黄河流域农村投资结构。9 省份农村投资结构差异性较大，农村投资结构从高到低依次为：内蒙古、宁夏、陕西、山东、山西、甘肃、四川、河南、青海，其中内蒙古、宁夏2省份该比例远高于其他省份。与9省份平均水平相比，内蒙古、宁夏、陕西3省份2019年农村投资结构高于9省份平均水平，其余省份位于9省份平均水平以下。与全国平均水平相比，内蒙古、宁夏、陕西、山东4省份2019年农村投资结构位于全国平均水平以上，而其他省份均低于全国平均水平。

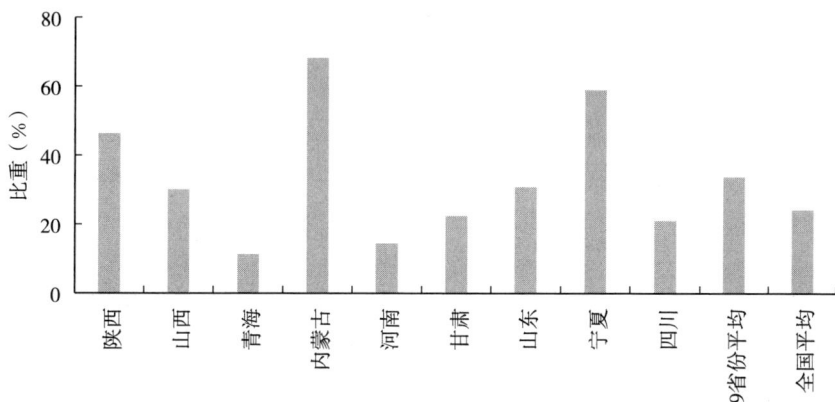

图3-23　2019年黄河流域农村投资结构

　　图3-24呈现2010—2019年黄河流域农村投资结构的变化情况。由图可知，10年间黄河流域农村投资结构具有较强波动性，其中：四川、河南、青海3省该比例呈现缓慢上升趋势，陕西、宁夏、甘肃、山西4省份该比例呈现波动上升趋势；内蒙古2010—2012年该比例持续上升，2012年急剧下降，2013年有所回升后又下降，2015—2017年该比例处于平稳，2018年急剧上升，2019年有所回落；四川2010—2011年该比例上升，2012—2014年持续下降，2015—2019年缓慢上升。

　　2010—2019年黄河流域农村投资结构9省份平均值呈波动上升趋势。与9省份平均水平相比，内蒙古、山东2省份10年间农村投资结构均高于9省份平均水平，甘肃、青海、河南3省10年间农村投资结构均低于9省份平均水平；四川2010—2012年农村投资结构高于9省份平均水平，其余年份均低于9省份平均水平；山西2016—2018年农村投资结构高于9省份平均水平，其余年份均低于9省份平均水平；宁夏除2015年、2019年农村投

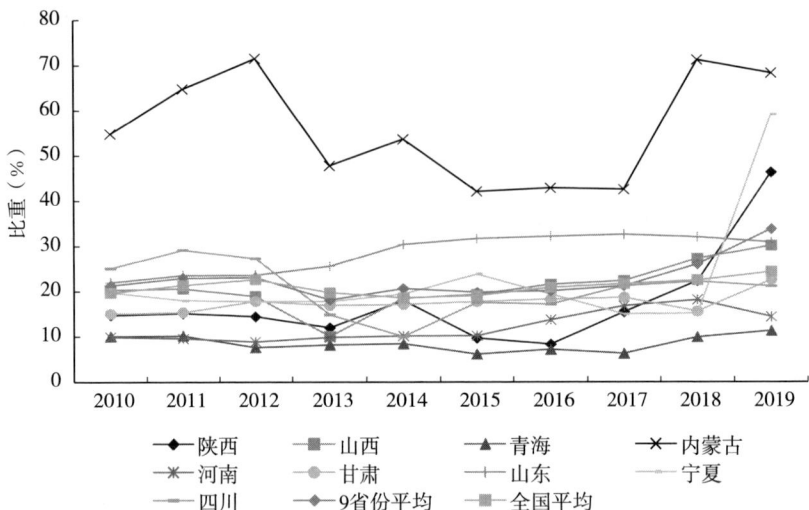

图 3 - 24   2010—2019 年黄河流域农村投资结构

资结构高于 9 省份平均水平外，其余年份均低于 9 省份平均水平；陕西除
2019 年外，其余年份农村投资结构均低于 9 省份平均水平。

2010—2019 年全国农村投资结构较为平稳。与全国平均水平相比，内
蒙古、山东 2 省份 2010—2019 年农村投资结构均高于全国平均水平，青海、
河南、甘肃 3 省 10 年间农村投资结构均低于全国平均水平，四川 2010—
2012 年农村投资结构高于全国平均水平、其余年份均低于全国平均水平，
宁夏除 2015 年、2019 年农村投资结构高于全国平均水平外其余年份均低于
全国平均水平，陕西 2010—2014 年农村投资结构低于全国平均水平、
2015—2019 年农村投资结构则高于全国平均水平，山西除 2011—2014 年农
村投资结构低于全国平均水平外其余年份均高于全国平均水平。

3.2 农业产出

农业产出主要用农业生产产值、农业灾害、农业生产效率指标进行分析。

3.2.1 农业生产产值

结合相关研究成果，此处的农业生产产值主要用粮食单产水平、种植业

产值占比、养殖业产值占比、渔业产值占比、农产品加工业产值占比、农林牧渔服务业产值占比、单位耕地面积第一产业完成增加值和第一产业产值占比指标进行分析。

（1）粮食单产水平

保证粮食产量对保障粮食安全具有重要意义。以粮食总产量（吨）与粮食播种面积（公顷）的比值衡量粮食单产。图 3 - 25 呈现了 2019 年黄河流域粮食单产，2019 年黄河流域各省份粮食单产与全国平均水平基本接近。具体而言，山东、河南的粮食单产均高于全国平均水平，四川、宁夏的粮食单产低于全国平均水平但高于 9 省份平均水平，甘肃、内蒙古、陕西、山西、青海的粮食单产相对低于 9 省份平均水平。

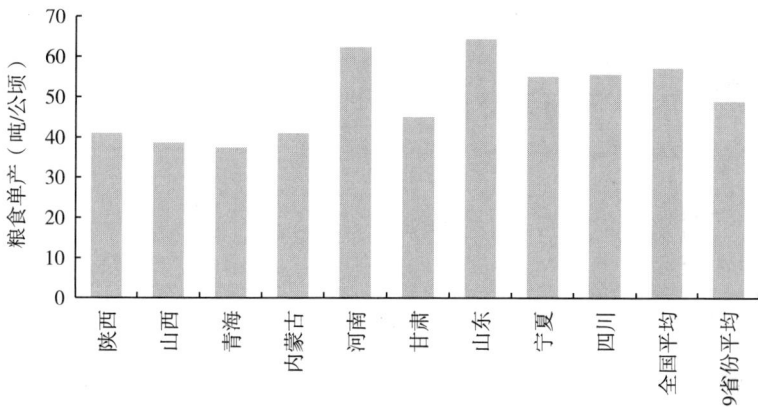

图 3 - 25　2019 年黄河流域粮食单产

图 3 - 26 呈现了 2010—2019 年黄河流域粮食单产的变化趋势。由图可知，黄河流域粮食单产 9 省份平均值基本保持与全国粮食单产平均值一致的变化趋势，总体较为平稳，增长幅度较小。具体而言，山东粮食单产在 2010—2016 年保持小幅度持续上升趋势，2016 年有所下降，2017—2019 年保持基本稳定状态；内蒙古粮食单产在 2010—2013 年呈现增长趋势，2014—2016 年逐年下降，2017—2019 年逐年回升；其他省份均保持稳定上升趋势。

（2）种植业产值占比

以种植业产值（万元）占农林牧渔业总产值（万元）的比重衡量种植业

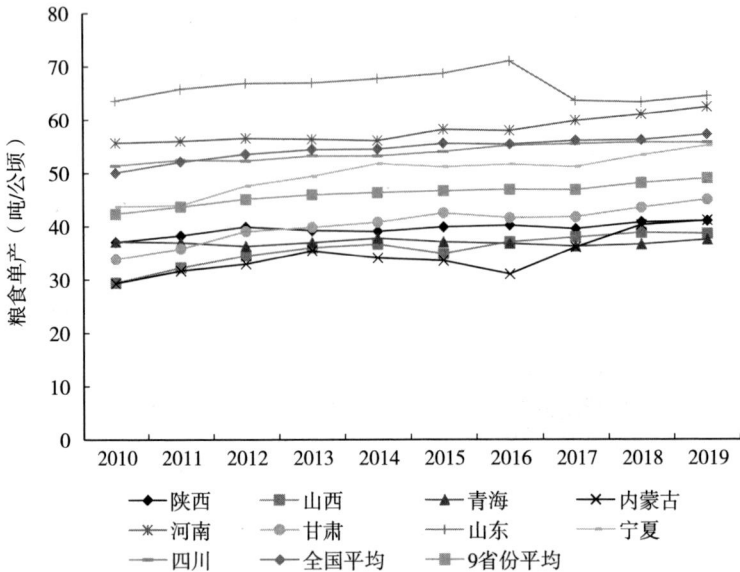

图 3-26 2010—2019 年黄河流域粮食单产

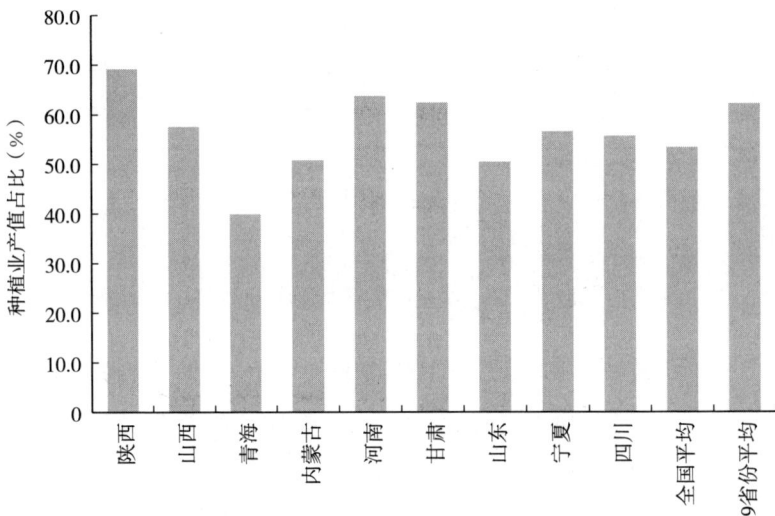

图 3-27 2019 年黄河流域种植业产值占比

产值占比。由图 3-27 可知，黄河流域种植业占比的 9 省份平均值为 62.16％；陕西、河南、甘肃种植业产值占比分别为 69.15％、63.67％、62.35％，均高于 9 省份平均水平；山西、宁夏、四川的种植业产值占比分别为 57.59％、56.58％、55.71％，低于 9 省份平均水平，但高于全国平均水平 52.29％；内蒙古、山东、青海的这一比值分别为 50.73％、50.47％、39.89％，低于 9 省份平均水平及全国平均水平。

图 3-28 呈现了 2010—2019 年黄河流域种植业产值占比的变化趋势。由图可知，黄河流域各省份种植业产值占比变化趋势不一，但整体变化幅度较小。从 9 省份平均值看，黄河流域种植业产值占比从 2010 年的63.50％降低至 2019 年的 62.16％，年涨幅为负值，即年均下降幅度为0.23％；四川、河南、陕西、内蒙古种植业产值占比呈现增长趋势，年涨幅分别为 1.14％、0.93％、0.53％、0.40％；山西、山东、甘肃、宁夏、青海这一比值总体呈下降趋势，年降幅分别为 0.77％、0.93％、1.04％、1.10％、1.46％。

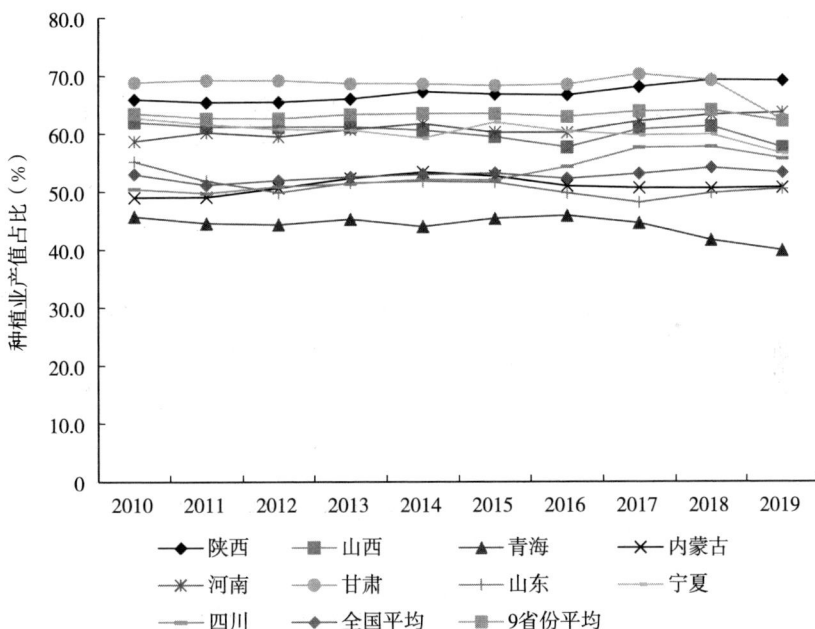

图 3-28 2010—2019 年黄河流域种植业产值占比

（3）养殖业产值占比

以养殖业产值（万元）占农林牧渔业总产值（万元）的比重衡量养殖业产值占比。图 3-29 呈现了 2019 年黄河流域养殖业产值占比状况。由图可知，黄河流域养殖业产值占比 9 省份平均值为 33.17%；西部省份养殖业产值占比较高，青海、宁夏、四川比值分别为 55.21%、33.82%、33.56%，均高于 9 省份平均值 33.17%；山西、河南养殖业产值占比分别为 29.42%、27.12%，略高于全国平均水平 26.67%；内蒙古、山东、陕西、甘肃的养殖业产值占比相对较低，分别为 25.43%、24.94%、21.41%、20.96%。

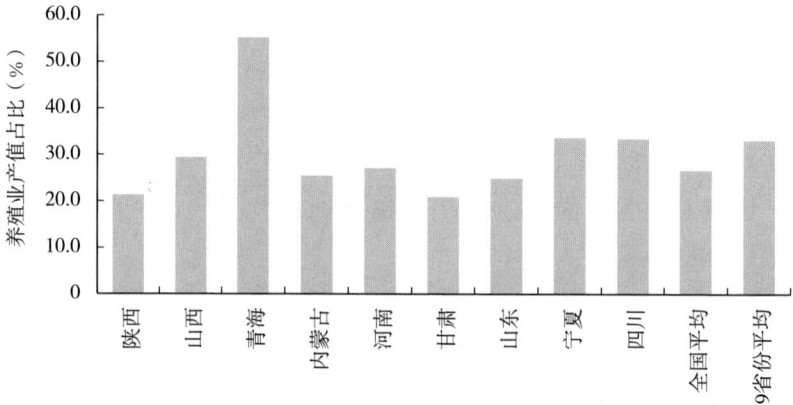

图 3-29　2019 年黄河流域养殖业产值占比

　　图 3-30 呈现了 2010—2019 年黄河流域养殖业产值占比的变化趋势。由图可知，黄河流域 9 省份平均水平总体呈下降趋势，与全国平均水平的变化趋势基本保持一致。内蒙古这一比值在 2010—2014 年呈大幅度下降趋势，2015—2016 年有所回升，2017—2019 年再次连续下降；青海这一比值总体呈现平稳的变化趋势；甘肃这一比值从 2010 年的 15.63% 上升至 2019 年的 20.96%，总体呈现小幅度上升趋势；其他省份这一比值均呈现小幅度下降趋势。

　　（4）渔业产值占比

　　以渔业产值（万元）占农林牧渔业总产值（万元）的比重衡量渔业产值占比。由图 3-31 可知，黄河流域渔业产值占比 9 省份平均水平仅为 3.93%，低于全国平均水平 10.14%。山东渔业产值占比为 14.45%，远高于其他地区；其他省份按照比值高低排序，依次为四川 3.34%、宁夏 2.98%、河南 1.38%、陕西 0.89%、内蒙古 0.87%、青海 0.86%、山西 0.43%、甘肃 0.11%。

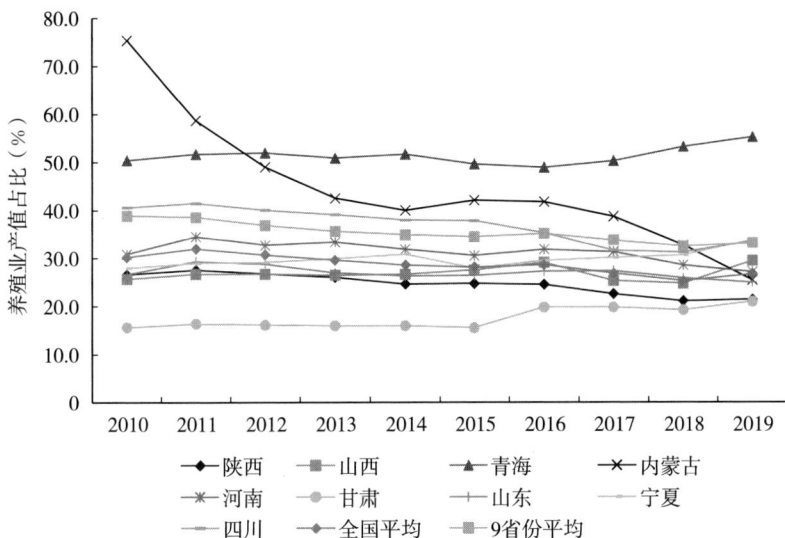

图 3-30　2010—2019 年黄河流域养殖业产值占比

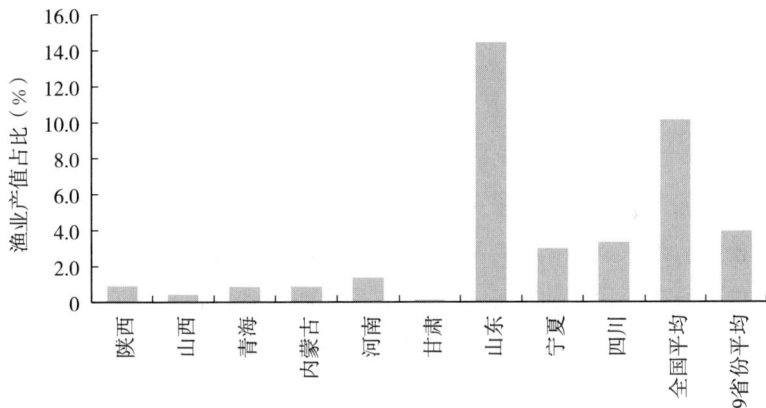

图 3-31　2019 年黄河流域渔业产值占比

　　图 3-32 呈现了 2010—2019 年黄河流域渔业产值占比的变化趋势。由图可知，黄河流域渔业产值 9 省份平均水平总体平稳，有小幅度上涨，年涨幅为 1.60%；山东这一比值在 2010—2012 年大幅度增长，2013—2017 年总体平稳，2018—2019 年有所下降；青海、陕西、甘肃、河南、宁夏、山东的涨幅均大于 9 省份平均水平，内蒙古、四川的涨幅低于全国平均水平；山

西的比值总体呈下降趋势，年降幅为 2.51%。

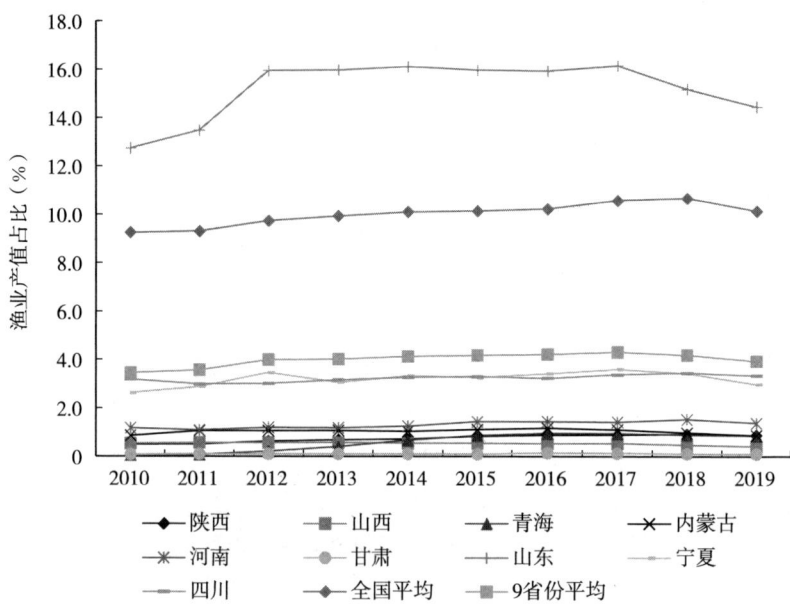

图 3-32　2010—2019 年黄河流域渔业产值占比

（5）农产品加工业产值占比

图 3-33 呈现 2019 年黄河流域农产品加工业产值占比。由图可知，9 省份农产品加工业产值占比存在较大差异，农产品加工业产值从高到低依次为：内蒙古、山东、河南、陕西、宁夏、山西、甘肃、青海、四川。与 9 省份平均水平相比，内蒙古、山东、河南、陕西 4 省份该比重高于 9 省份平均水平，其他省份低于 9 省份平均水平，其中甘肃、青海、四川农产品加工业产值占比显著低于其他省份。与全国平均水平相比，黄河流域 9 省份农产品加工业产值占比均低于全国平均水平。

图 3-34 呈现了 2010—2019 年黄河流域农产品加工业产值占比的变化趋势。由图可知，10 年间黄河流域农产品加工业产值占比基本呈现平稳态势，其中：陕西、山西、四川 3 省该比值呈现缓慢上升趋势；山东、甘肃 2 省 2010—2015 年该比值缓慢上升，2015 年后该比值不断下降；河南 2010—2016 年该比值持续上升，2016 年后该比值不断下降；宁夏 10 年间该比值呈倒 U 形，2010—2013 年该比值缓慢上升，2014 年急剧上升后又

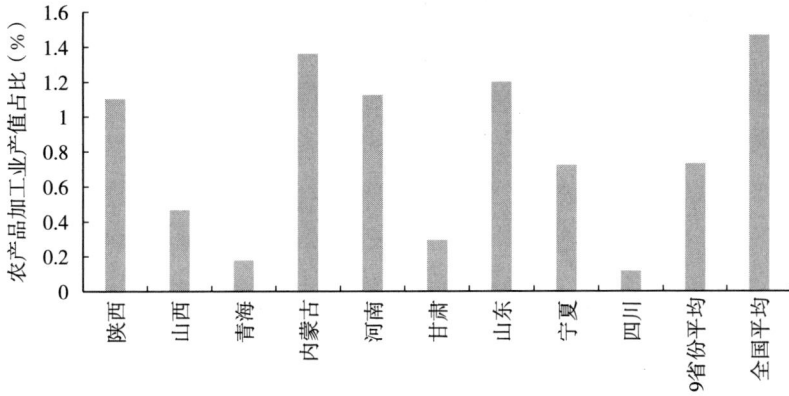

图 3 - 33　2019 年黄河流域农产品加工业产值占比

趋于平缓，2017 年该比值急剧下降，之后缓慢下降；青海 2010—2015 年
该比值呈现波动上升趋势，2016—2018 年逐渐下降，2019 年有所回升；
内蒙古 2010—2014 年该比值逐渐下降，2015—2019 年该比值呈现平稳上
升趋势。

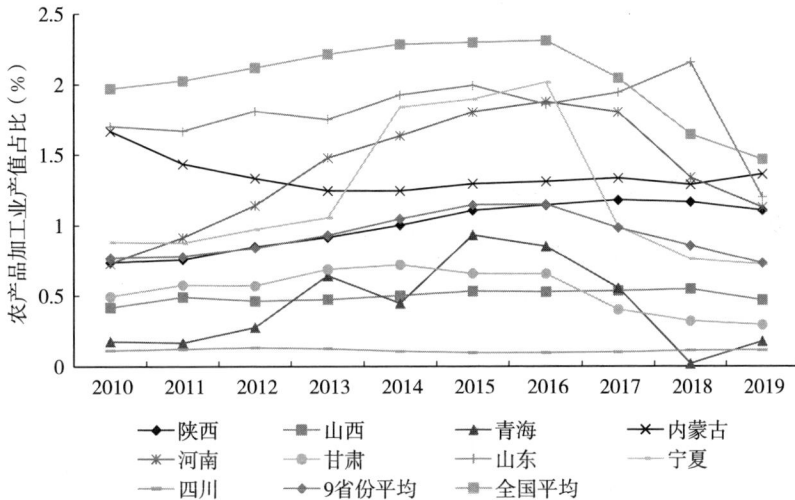

图 3 - 34　2010—2019 年黄河流域农产品加工业产值占比

2010—2019 年黄河流域农产品加工业产值占比 9 省份平均水平呈倒 U
形，峰值为 2015 年。与 9 省份平均水平相比，山东、河南、内蒙古 3 省份
2010—2019 年农产品加工业产值占比均高于 9 省份平均水平，陕西 2010—

2015 年该比值低于 9 省份平均水平、2015 年后该比值则高于 9 省份平均水平，宁夏除 2018 年该比值低于 9 省份平均水平外其余年份均高于 9 省份平均水平。

2010—2019 年全国农产品加工业产值占比平均水平呈倒 U 形，峰值为 2015 年。与全国平均水平相比，除 2018 年山东农产品加工业产值占比高于全国平均水平外，黄河流域 9 省份 10 年间该比值均低于全国平均水平。

（6）农林牧渔服务业产值占比

以农林牧渔服务业产值（万元）占农林牧渔业总产值（万元）的比重衡量农林牧渔服务业产值占比。图 3 - 35 呈现了 2019 年黄河流域农林牧渔服务业产值占比，由图可知，黄河流域 2019 年农林牧渔服务业产值占比 9 省份平均值为 4.69%，各省份之间的差异较大。陕西、河南、山东、陕西、宁夏农林牧渔服务业产值占比较大，高于 9 省份平均水平；甘肃、内蒙古、四川、青海这一比值较小。

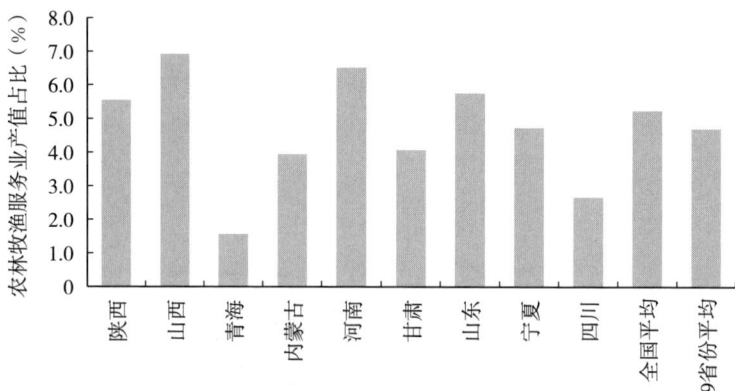

图 3 - 35 2019 年黄河流域农林牧渔服务业产值占比

图 3 - 36 呈现了 2010—2019 年黄河流域农林牧渔服务业产值占比的变化趋势。由图可知，黄河流域农林牧渔服务业产值占比 9 省份平均值从 2010 年的 3.49% 上升至 2019 年的 4.69%，呈稳定增长趋势，但涨幅较小，年均涨幅仅为 3.38%。青海这一比值从 2010 年的 1.93% 下降至 2019 年的 1.56%，是黄河流域唯一一个这一比值负增长的省份；其他省份按照比值增长幅度排序，依次为内蒙古 7.85%、河南 6.99%、四川 4.47%、山东 4.03%、山西 2.43%、宁夏 2.22%、甘肃 2.18%、陕西 1.66%。

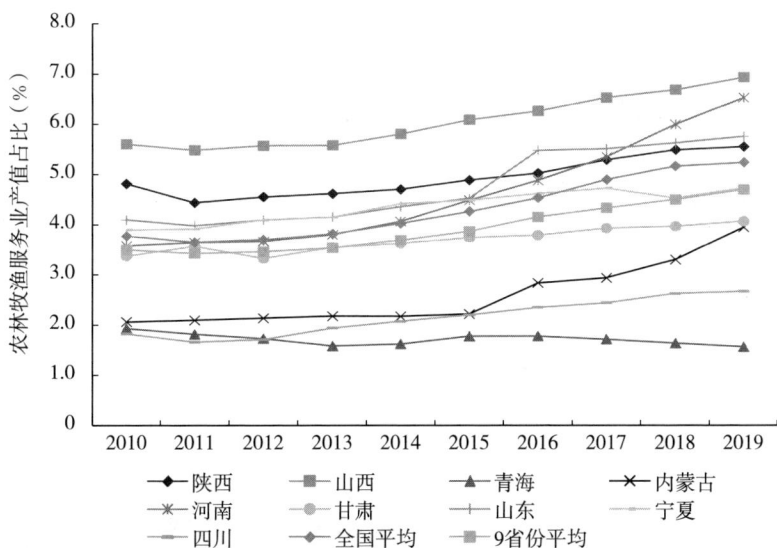

图 3-36 2010—2019 年黄河流域农林牧渔服务业产值占比

（7）单位耕地面积第一产业完成增加值

以地区内第一产业完成增加值（万元）与耕地面积（公顷）的比值衡量这一指标。图 3-37 呈现了 2019 年黄河流域单位耕地面积第一产业完成增加值。可以看出，黄河流域 9 省份这一指标值均低于全国平均水平；四川、山东、陕西、河南、青海这一指标值相对较高，高于 9 省份平均水平；宁夏、内蒙古、甘肃、山西的单位耕地面积第一产业完成增加值则相对较低。

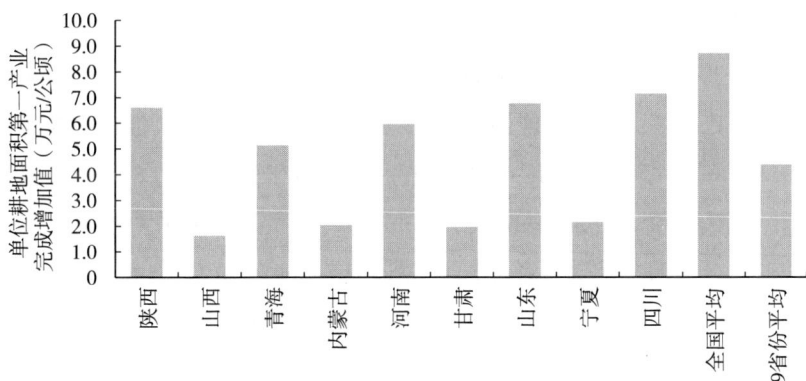

图 3-37 2019 年黄河流域单位耕地面积第一产业完成增加值

图 3-38 呈现了 2010—2019 年黄河流域 9 省份单位耕地面积第一产业完成增加值的变化趋势。从 9 省份平均值看，黄河流域 9 省份这一指标的平均值总体呈上升趋势，但其年增幅为 5.40%，小于全国平均水平的增长幅度 6.87%。各省份这一指标值均呈增长态势，具体而言，陕西、四川、宁夏、甘肃的年增幅较大，分别为 8.22%、6.66%、5.52%、5.59%；河南、青海、山东、内蒙古、山西的增幅相对较小，分别为 4.83%、4.78%、4.68%、3.55%、2.42%。

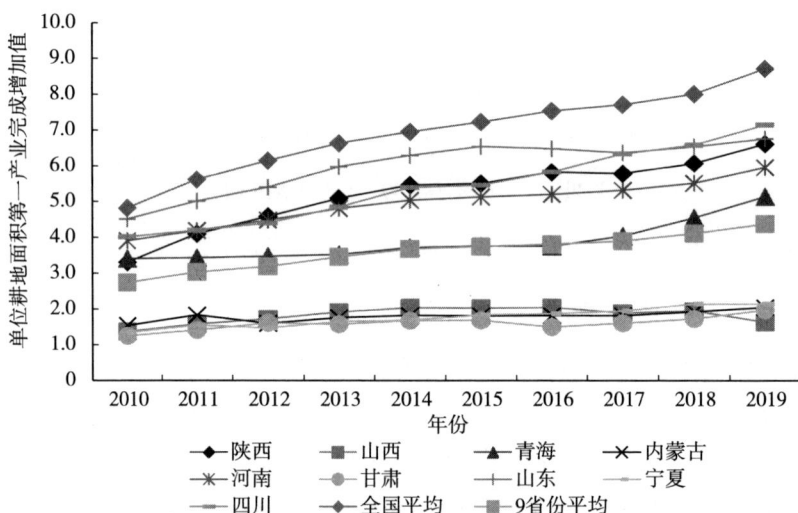

图 3-38 2010—2019 年黄河流域单位耕地面积第一产业完成增加值

（8）第一产业产值占比

以第一产业产值（万元）占农林牧渔业总产值（万元）的比重衡量第一产业产值占比。图 3-39 呈现了 2019 年黄河流域第一产业产值占比的基本状况。由图可知，黄河流域第一产业产值占比 9 省份平均值为 87.28%；四川、宁夏这一比值较高，分别为 97.33%、95.27%，高于全国平均水平 94.76%；陕西、河南、山西、甘肃、山东第一产业产值占比分别为 94.45%、94.24%、93.68%、92.29%、92.25%，低于全国平均水平但高于 9 省份平均水平；青海、内蒙古这一比值相对较低，分别为 66.45%、59.61%。

图 3-40 呈现了 2010—2019 年黄河流域第一产业产值占比的变化趋势。

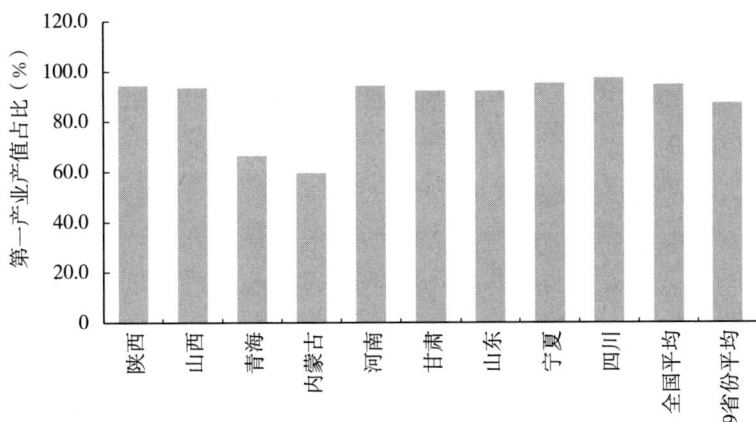

图 3-39　2019 年黄河流域第一产业产值占比

由图可知，黄河流域第一产业产值占比较为稳定，总体上有一定的下降趋势，但下降幅度较小，年均降幅为 0.06%；内蒙古、甘肃第一产业产值占比实现了正向增长，年涨幅分别为 0.02%、0.59%；其他省份均呈现下降趋势，根据下降幅度的大小排序，依次为山东 0.43%、河南 0.19%、宁夏 0.10%、四川 0.10%、山西 0.09%、陕西 0.09%、青海 0.07%。

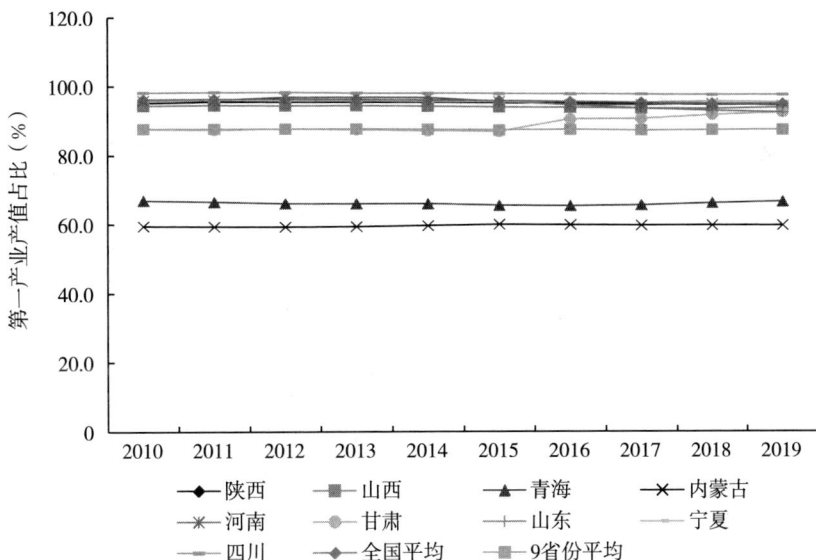

图 3-40　2010—2019 年黄河流域第一产业产值占比

3.2.2 **农业灾害**

结合相关研究成果，此处的农业灾害主要用农作物受灾比例和农作物成灾率指标进行分析。

（1）农作物受灾比例

图 3 - 41 呈现了 2019 年黄河流域农作物受灾比例。由图可知，2019 年黄河流域 9 省份农作物受灾比例差异性较大，农作物受灾比例从高到低依次为山西、陕西、山东、内蒙古、河南、青海、四川、甘肃、宁夏，其中山西 2019 年农作物受灾比例远高于其他省份。与 9 省份平均水平相比，山西、陕西、山东、内蒙古 4 省份的农作物受灾比例高于 9 省份平均水平，其他 5 省份则低于 9 省份平均水平。与全国平均水平相比，山西、陕西、山东、内蒙古 4 省份农作物受灾比例高于全国平均水平，其他省份均低于全国平均水平。

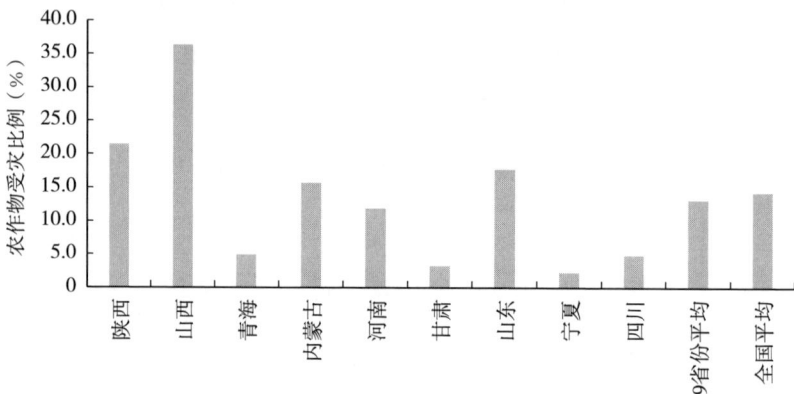

图 3 - 41　2019 年黄河流域农作物受灾比例

图 3 - 42 呈现 2010—2019 年黄河流域农作物受灾比例的变化情况。由图可知，10 年间黄河流域农作物受灾比例总体呈波动下降趋势，其中：四川 10 年间该比例呈波动下降趋势，且 2010—2014 年波动幅度较大；青海 10 年间该比例呈波动下降趋势，且 2010—2012 年、2015—2018 年有较大波动；陕西、宁夏、甘肃 3 省份 10 年间该比例呈波动下降趋势，且波动幅度较大；山东 10 年间该比例呈波动下降趋势，且 2014—2017 年有较大波动；内蒙古 10 年间该比例呈 "N" 字形，2010—2013 年该比例逐渐下降，2014—

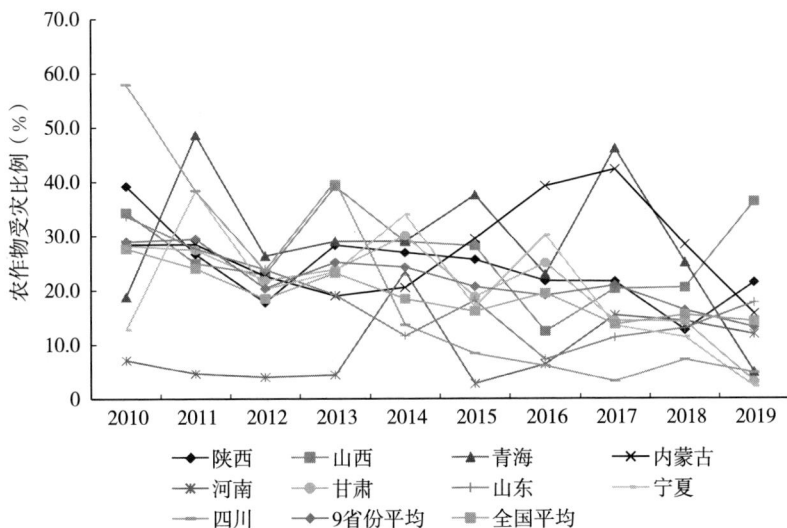

图 3-42　2010—2019 年黄河流域农作物受灾比例

2017 年该比例持续上升，2017 年后该比例持续下降；山西 2010—2012 年该比例持续下降，2013 年涨幅较大，2014—2016 年该比例持续下降，2017 年后该比例又呈上升趋势；河南 2010—2013 年该比例逐渐下降，2014 年有较大涨幅，2015 年回落，2015—2017 年该比例逐渐上升，2017 年后该比例呈下降趋势。

2010—2019 年黄河流域农作物受灾比例 9 省份平均值呈波动下降趋势。与 9 省份平均水平相比，河南 10 年间农作物受灾比例均低于 9 省份平均水平；四川 2010—2013 年该比例高于 9 省份平均水平，其余年份则低于 9 省份平均水平；青海除 2010 年、2019 年外，其余年份该比例均高于 9 省份平均水平；陕西除 2011 年、2012 年、2018 年外，其余年份该比例均高于 9 省份平均水平；山东除 2010 年、2012 年外，其余年份该比例均低于 9 省份平均水平；山西除 2011 年、2016 年外，其余年份该比例均高于 9 省份平均水平；内蒙古除 2010—2011 年、2013—2014 年外，其余年份该比例均高于 9 省份平均水平；甘肃除 2012 年、2014 年、2016 年外，其余年份该比例均低于 9 省份平均水平；宁夏除 2011 年、2014 年、2016 年外，其余年份该比例均低于 9 省份平均水平。

2010—2019 年全国农作物受灾比例平均水平呈波动下降趋势。与全国平均水平相比，青海除 2010 年外，其余年份农作物受灾比例均高于全国平均水平；陕西除 2012 年、2018 年外，其余年份该比例均高于全国平均水平；山西除 2016 年外，其余年份该比例均高于全国平均水平；内蒙古除 2013 年外，其余年份该比例均高于全国平均水平；甘肃除 2018 年、2019 年外，其余年份该比例均高于全国平均水平；宁夏除 2010 年、2017—2019 年外，其余年份该比例均高于全国平均水平；河南除 2014 年、2017 年外，其余年份该比例均低于全国平均水平；四川 2010—2013 年该比例高于全国平均水平，2014—2019年则低于全国平均水平；山东 2010—2012 年、2015 年、2019 年该比例高于全国平均水平，其余年份该比例均低于全国平均水平。

（2）农作物成灾率

图 3-43 呈现了 2019 年黄河流域农作物成灾率的整体状况，农作物成灾率以"成灾面积/受灾面积"进行表征。由图可知，2019 年黄河流域农作物成灾率 9 省份平均值为 11.83%，低于全国平均水平 14.55%；山西、陕西、山东的农作物成灾率分别为 21.32%、16.90%、14.82%，均高于全国平均水平；宁夏的农作物成灾率为 12.37%，低于全国平均水平，但高于 9省份平均水平；四川、河南、青海、内蒙古、甘肃的农作物成灾率相对较低。

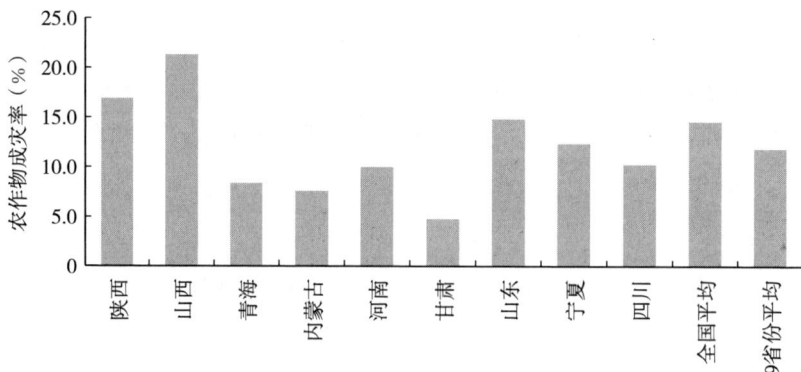

图 3-43　2019 年黄河流域农作物成灾率

图 3-44 呈现了 2010—2019 年黄河流域农作物成灾率的变化趋势。总体而言，黄河流域农作物成灾率变化趋势不稳定，总体呈现波动趋势。从

9 省份平均值看，2010—2012 年黄河流域农作物成灾率 9 省份平均值呈现下降趋势，2012—2018 年呈现波动增加趋势，2019 年有所降低；陕西、山西、内蒙古、甘肃的总体变化趋势相同，均在 2010—2017 年呈现波动增加趋势，但增幅相对较小，2018 年农作物成灾率大幅度上升，2019 年有所下降；其他省份的农作物成灾率总体呈现波动上升趋势。

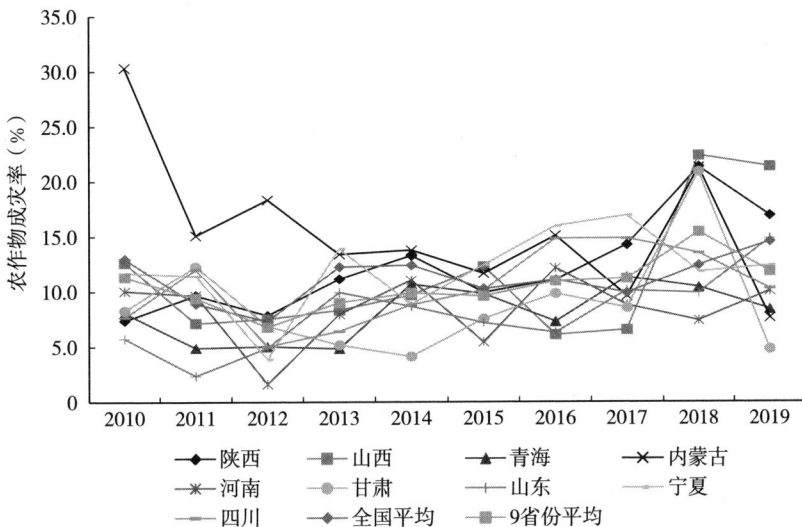

图 3 - 44 2010—2019 年黄河流域农作物成灾率

3.2.3 农业生产效率

结合相关研究成果，此处的农业生产效率主要用农村土地生产率、农村劳动生产率、农村资本生产率和第一产业劳动生产率指标进行分析。

（1）农村土地生产率

图 3 - 45 呈现了 2019 年黄河流域农村土地生产率水平状况。由图可知，2019 年黄河流域农村土地生产率 9 省份平均水平和全国农村土地生产率平均水平相差较小，但是 9 省份之间的农村土地生产率水平分化较为明显。其中，山东、河南、宁夏、四川 4 省份的农村土地生产率高于 9 省份平均水平，而甘肃、陕西、山西、青海、内蒙古的农村土地生产率远低于 9 省份平均水平，并且山东和河南 2019 年的农村土地生产率水平远高于其余省份的

农村土地生产率水平。

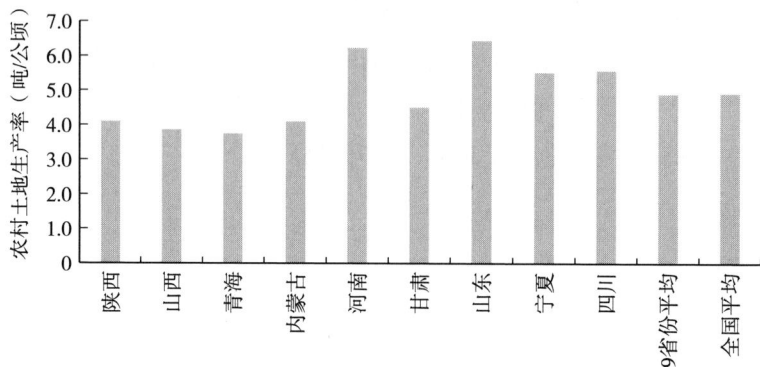

图 3‐45 2019 年黄河流域农村土地生产率

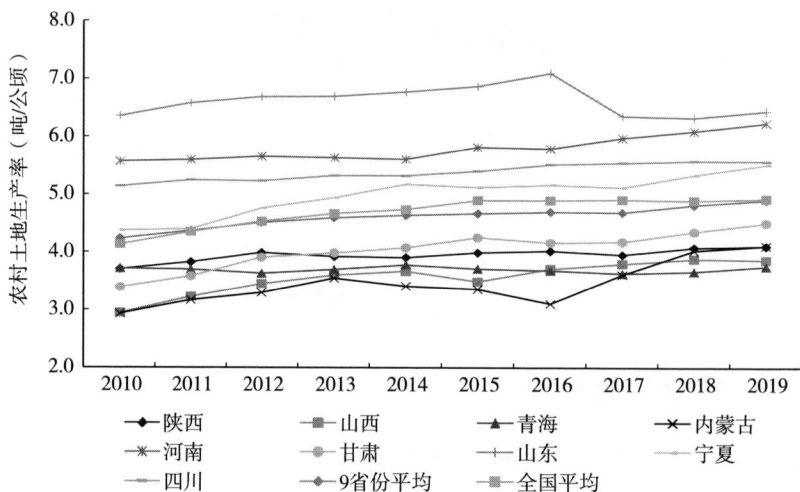

图 3‐46 2010—2019 年黄河流域农村土地生产率

图 3‐46 呈现了 2010—2019 年黄河流域农村土地生产率的变化趋势。由图可知，10 年间黄河流域 9 省份农村土地生产率水平基本持平，陕西、山西、青海、河南、甘肃、宁夏、四川这一比率呈现缓慢上升趋势，内蒙古这一比率呈现波动上升趋势，而山东 2010—2016 年农村土地生产率持续上升、2017 年农村土地生产率急剧下降、之后稍有回升。2010—2019 年黄河流域农村土地生产率 9 省份平均水平呈上升趋势，与 9 省份平均水平相比，山

东、河南、四川、宁夏的农村土地生产率水平高于9省份平均水平，而其余省份该比率10年间均低于平均水平。2010—2019年全国农村土地生产率平均水平呈上升趋势，与全国平均水平相比，10年间山东、河南、四川、宁夏农村土地生产率高于全国平均水平，其余省份该比率均低于全国平均水平。

（2）农村劳动生产率

图3-47呈现了2019年黄河流域农村劳动生产率水平状况。由图可知，2019年黄河流域各省份农村劳动生产率水平存在较大差异，9省份农村劳动生产率水平从高到低依次为：内蒙古、山东、四川、陕西、河南、宁夏、青海、山西、甘肃。与9省份农村劳动生产率平均水平相比，内蒙古、山东、四川、陕西4省份的农村劳动生产率水平高于9省平均水平，其余省份的农村劳动生产率均低于9省份平均水平。与全国平均水平相比，黄河流域9省份农村劳动生产率水平均低于全国平均水平。

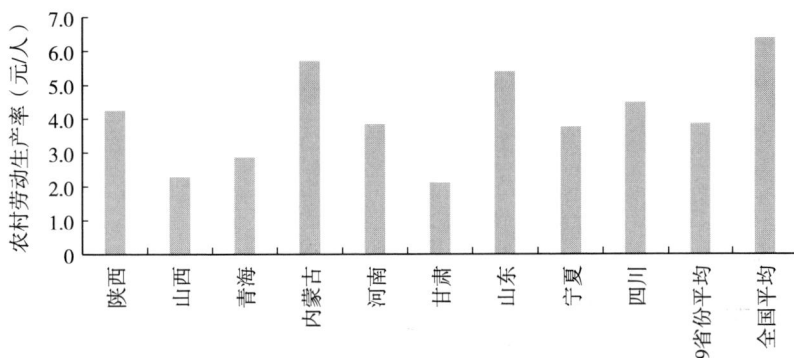

图3-47 2019年黄河流域农村劳动生产率

图3-48呈现了2010—2019年黄河流域农村劳动生产率水平的变化趋势。由图可知，10年间黄河流域农村劳动生产率水平呈现稳步上升趋势。内蒙古、山东、陕西、四川4省份的农村劳动生产率10年间普遍高于9省份农村劳动生产率平均水平，而其他省份10年间的农村劳动生产率普遍低于9省份农村劳动生产率平均水平。与全国平均水平相比，2010—2015年内蒙古和山东的农村劳动生产率高于全国平均水平，但从2015年起2省份的农村劳动生产率逐渐低于全国平均水平；10年间其余7个省份的农村劳动生产率均低于全国平均水平，且与全国农村劳动生产率平均水平差距逐渐增大。

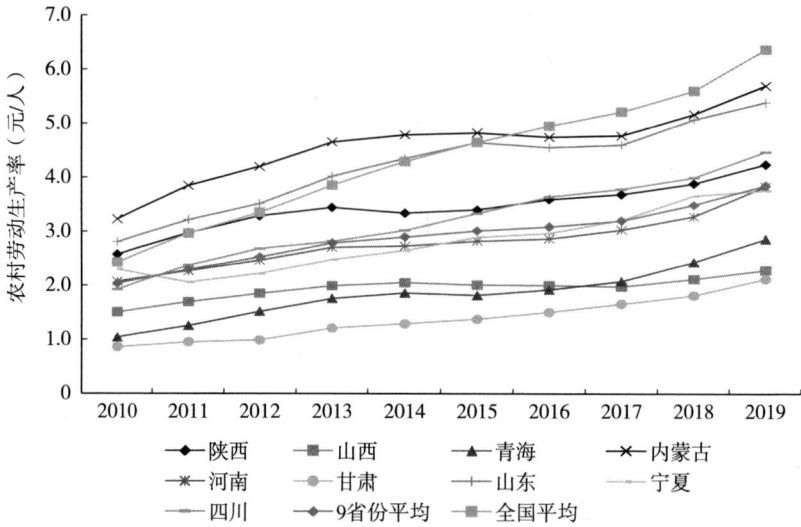

图 3-48　2010—2019 年黄河流域农村劳动生产率

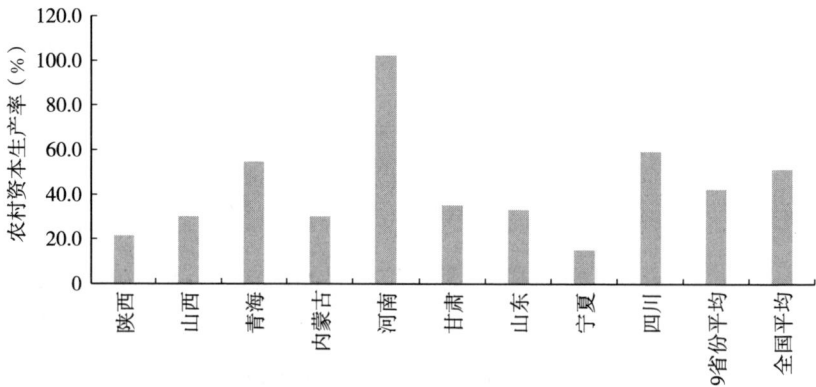

图 3-49　2019 年黄河流域农村资本生产率

（3）农村资本生产率

图 3-49 呈现了 2019 年黄河流域农村资本生产率水平状况。由图可知，2019 年黄河流域 9 省份农村资本生产率水平存在较大差异，生产率从高到低依次为：河南、四川、青海、甘肃、山东、内蒙古、山西、陕西、宁夏。总体而言，黄河流域 9 省份平均水平低于全国平均水平。其中，河南农村资本生产率远高于 9 省份平均水平及全国平均水平，青海和四川农村资本生产率略高于 9 省份平均水平及全国平均水平；其余省份均低于 9 省份平均水平及全国平均水平，

且宁夏农村资本生产率最低，并与9省份平均水平及全国平均水平差距较大。

图3-50呈现了2010—2019年黄河流域农村资本生产率水平的变化趋势。由图可知，2010—2015年9省份平均农村资本生产率呈现稳步上升趋势，2015年之后9省份平均农村资本生产率逐步下降。全国农村资本生产率平均水平10年间呈现稳步上升趋势，并且与9省份平均农村资本生产率相差不大。内蒙古、甘肃、宁夏、山西、山东5省份农村资本生产率普遍低于9省份平均水平和全国平均水平，且10年间波动幅度较小，呈稳步发展态势；河南、陕西、青海、四川4省农村资本生产率普遍高于9省份平均水平和全国平均水平，且10年间波动幅度较大。其中，河南和四川农村资本生产率在2010—2014年呈现稳步增长趋势，并分别于2015年和2014年出现下降趋势，2019年2省农村资本生产率水平出现回升；陕西和青海农村资本生产率在2010—2016年呈现波动上升趋势，并分别于2016年和2017年出现大幅度下降，陕西农村资本生产率于2018年下降到全国平均水平之下。

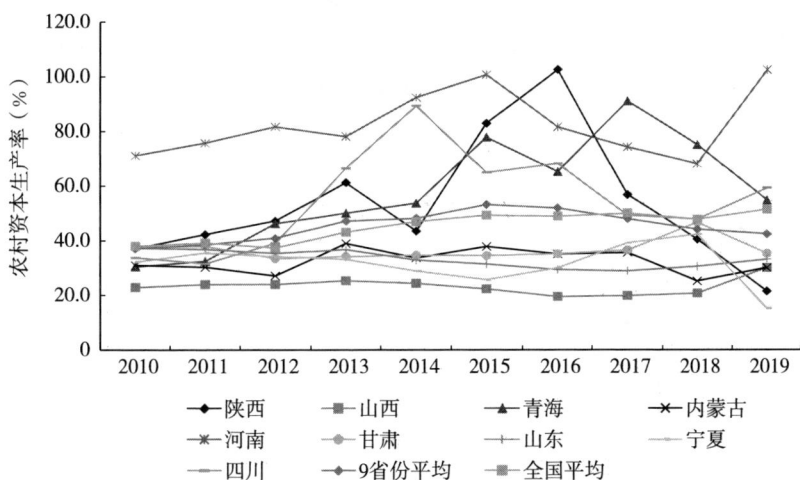

图3-50 2010—2019年黄河流域农村资本生产率

（4）第一产业劳动生产率

图3-51呈现了2019年黄河流域第一产业劳动生产率，以第一产业产值（万元）与第一产业从业人员（人）的比值表征这一指标。

由图3-51可知，黄河流域第一产业劳动率9省份平均值低于全国平均

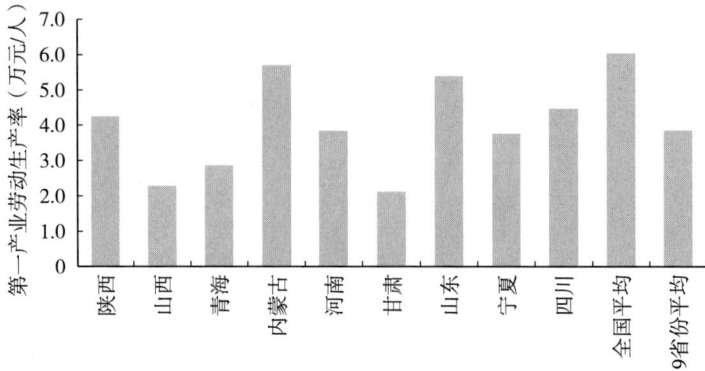

图 3-51 2019 年黄河流域第一产业劳动生产率

水平。具体而言，内蒙古、山东、四川、陕西的第一产业劳动生产率均高于
9 省份平均水平，河南、宁夏、青海、山西、甘肃的第一产业劳动生产率低
于 9 省份平均水平。

图 3-52 呈现了 2010—2019 年黄河流域第一产业劳动生产率的变化趋
势。从 9 省份平均值看，2010—2019 年黄河流域第一产业劳动生产率总体
呈上升趋势，但年涨幅小于全国平均水平的涨幅，故与全国第一产业劳动生
产率平均水平的差距有所增加。具体而言，山东、内蒙古第一产业劳动生产
率在 2010—2015 年呈现上升趋势，2015—2017 年有所下降，2017—2019 年

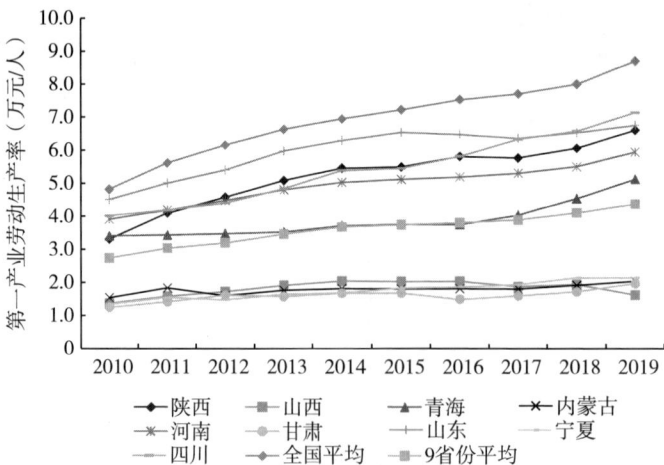

图 3-52 2010—2019 年黄河流域第一产业劳动生产率

逐渐回升；陕西第一产业劳动生产率在 2010—2013 年逐年上升，2014 年小幅度下降，2015—2019 年稳步上升；青海、山西、宁夏、河南、甘肃、四川的第一产业劳动生产率总体呈现稳定上升趋势。

3.3 农业科技

创新是激发事物发展的新动力。要打破传统的农业发展模式，解放农业发展的内生动力，就必须进行农业创新。随着中国经济发展步入新常态，实现农业产业转型升级及其创新发展，既是大势所趋，也是乡村振兴战略取得成功的关键（吴捷等，2021）。在不同的资源禀赋条件下，黄河流域内各省份都在积极开展农业创新体系建设，其中农业科技发展水平是表征农业农村创新体系的重要因素，因此从农业科技视角分析农业农村高质量创新发展过程。借鉴相关研究成果，此处农业科技主要用农业科技人员、农业科技投入、农业科技产出指标进行分析。

3.3.1 农业科技人员

结合相关研究成果，此处的农业科技人员主要用农业劳动者教育水平和农业科技人员比率指标进行分析。

（1）农业劳动者教育水平

发展现代化农业需要具有现代化素质的农业劳动者，这必然要求不断提高农业劳动者的教育水平。以农业劳动力平均受教育年限（年）对农业劳动者教育水平进行表征。图 3-53 呈现了 2019 年黄河流域农业劳动者教育水平。

由图 3-53 可知，从 9 省份平均值看，2019 年黄河流域农业劳动者平均受教育年限为 7.78 年；具体而言，9 省份农业劳动者教育水平差异较小，呈现出"山西＞陕西＞河南＞内蒙古＞山东＞宁夏＞四川＞甘肃＞青海"的分布态势；与全国平均水平相比，黄河流域农业劳动者教育水平 9 省份平均值低于全国平均水平。

图 3-54 呈现了 2010—2019 年黄河流域农业劳动者教育水平的变化趋势。总体而言，黄河流域农业劳动者教育水平不断提高，呈现平稳增长的趋

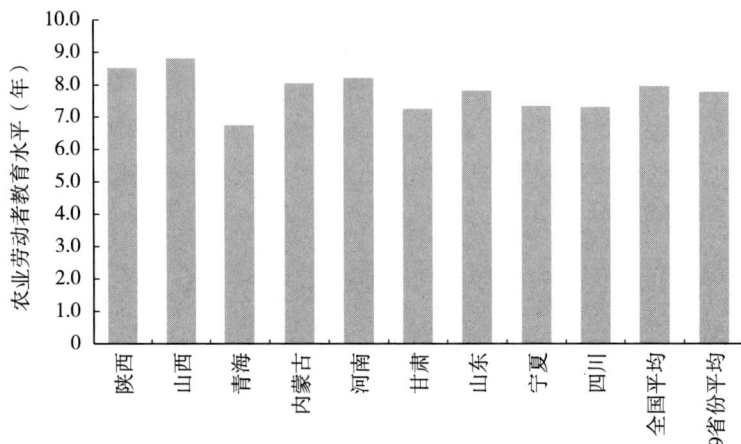

图 3-53　2019 年黄河流域农业劳动者教育水平

势，但增幅相对有限，就 9 省份平均值而言，10 年间的平均涨幅仅为 0.46%。具体而言，青海、山西、陕西、甘肃农业劳动者教育水平分别从 2010 年的 6.25 年、8.27 年、8.04 年、6.94 年增长到 2019 年的 6.75 年、8.82 年、8.52 年、7.25 年，平均年增幅分别为 0.92%、0.73%、0.67%、0.51%，其他省份涨幅则相对较低。

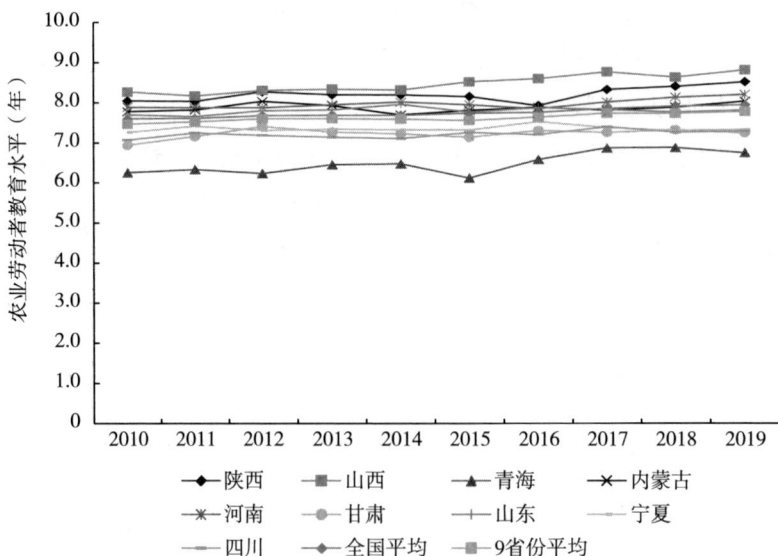

图 3-54　2010—2019 年黄河流域农业劳动者教育水平

（2）农业科技人员比率

农业科技人员比率是地区农业创新投入水平的重要体现，以农业科技人员数量（人）占第一产业从业人员数量（万人）的比重，即每万名第一产业从业人员中的农业科技人员数进行表征。图3-55呈现了2019黄河流域农业人员科技比率。

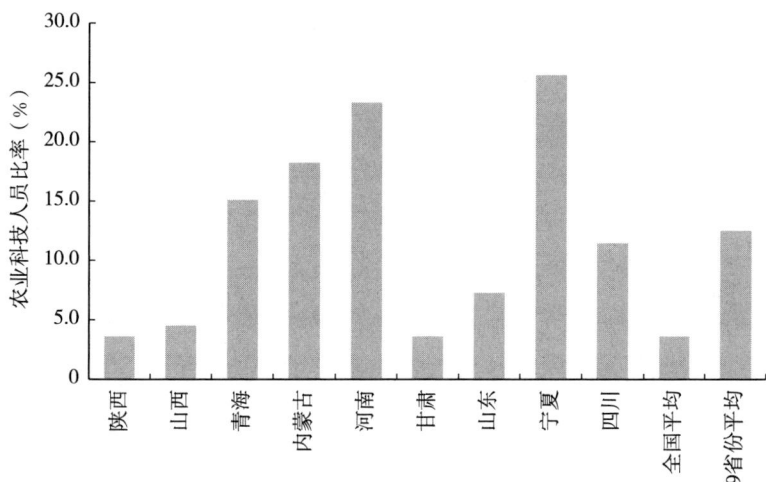

图3-55 2019年黄河流域农业科技人员比率

由图3-55可知，2019年黄河流域各省份农业科技人员比率存在较大差异，宁夏、河南、内蒙古、青海的农业科技人员比率高于黄河流域9省份平均水平，四川、山东、山西、陕西、甘肃的农业科技人员比率低于黄河流域9省份平均水平，但9省份农业科技人员比率均高于全国平均水平。

图3-56呈现了2010—2019年黄河流域农业科技人员比率的变化状况。从9省份平均值的变化趋势看，2010—2019年黄河流域整体农业科技人员比率变化不大，稳定在11%左右，且均高于全国平均水平。从各省份的变动状况看，宁夏该比率呈现波动上升趋势，其值总体稳定在20%~25%；河南该比率呈现出逐年上升趋势；山东、四川该比率总体呈下降趋势，其中山东的下降幅度较大，从2010年的22.44%降低至2019年的7.26%；内蒙古该比率呈现波动变化趋势，2010—2014年其农业科技人员比率由18.67%

波动下降至 11.34％，2014—2019 年该比率由 11.34％波动上升至 18.23％；青海农业科技人员比率在 2010—2014 年实现了大幅度上升，2015—2016 年该比率在 15％上下有小幅度波动；甘肃该比率总体呈上升趋势；山西与陕西农业科技人员比率变动较小，比率值总体稳定在 4％左右。

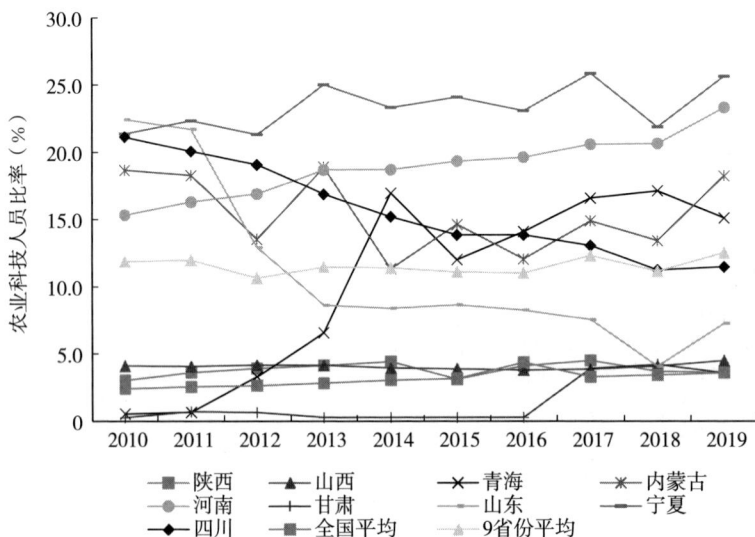

图 3-56 2010—2019 年黄河流域农业科技人员比率

3.3.2 农业科技投入

结合相关研究成果，此处的农业科技投入主要用农业科研经费投入占比和农村人均 R&D 经费支出指标进行分析。

（1）农业科研经费投入占比

农业科学研究是社会公益性事业，农业科研经费投入的增加可以促进农业科研事业的发展。以农业科研经费投入（百万元）与农业财政总投入（百万元）的比值进行表征。图 3-57 呈现了 2019 年黄河流域农业科研经费投入占比状况。

由图 3-57 可知，黄河流域农业科研经费投入占比 9 省份平均值为 5.399％；9 省份具体差异较大，陕西、山东、河南农业科研经费投入占比值远高于 9 省份平均水平，分别为 14.641％、12.456％、8.668％，其他省

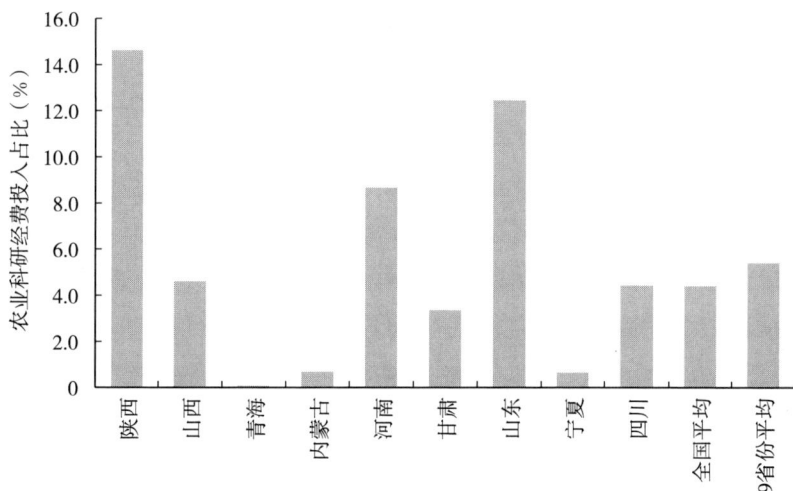

图 3-57　2019年黄河流域农业科研经费投入占比

份则低于 9 省份平均水平；与全国平均水平相比，除陕西、山东、河南外，山西、四川的农业科研经费投入占比分别为 4.601%、4.421%，高于全国平均水平（4.409%）。

图 3-58 呈现了 2010—2019 年黄河流域农业科研经费投入占比的变化趋势。由图可知，陕西、山东、河南农业科研经费投入占比呈现逐年增长的趋势，其中山东的涨幅最大，年平均涨幅为 123.76%；山西该比值 2010—2014 年实现了稳步增长，2015—2016 年有所下降，2017—2018 年逐步回升；四川农业科研经费投入占比呈现稳步增长的趋势；青海、内蒙古、宁夏的农业科研经费投入占比整体较为平稳，变化幅度较小。

（2）农村人均 R&D 经费支出

图 3-59 呈现了 2019 年黄河流域农村人均 R&D 经费支出情况。由图可知，2019 年黄河流域 9 省份农村人均 R&D 经费支出存在较大差异，各省份依据经费支出从高到低依次为：山东、陕西、四川、河南、宁夏、内蒙古、山西、甘肃、青海。与 9 省份平均经费支出相比，陕西、河南、山东、四川 4 省农村人均 R&D 经费支出高于 9 省份平均水平，其余省份均低于 9 省份平均水平。与全国平均水平相比，黄河流域 9 省份农村人均 R&D 经费支出均低于全国平均水平。

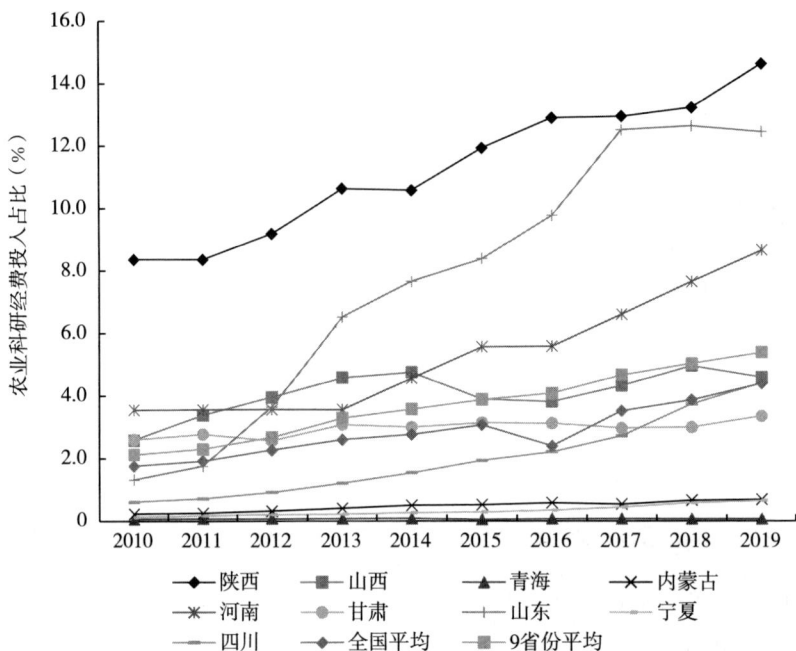

图 3-58　2010—2019 年黄河流域农业科研经费投入占比

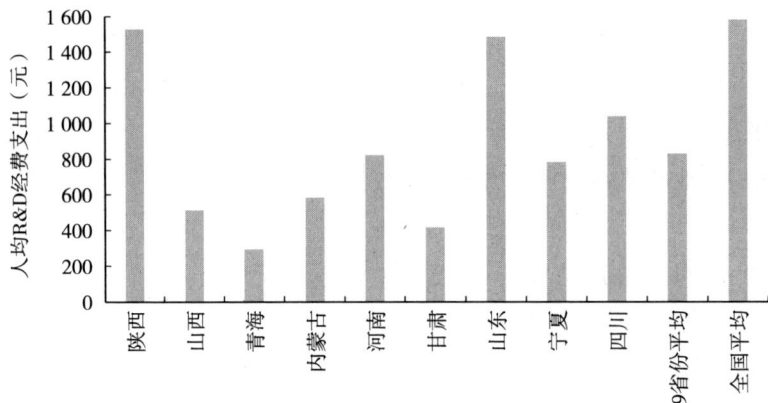

图 3-59　2019 年黄河流域农村人均 R&D 经费支出

　　图 3-60 呈现了 2010—2019 年黄河流域农村人均 R&D 经费支出情况的变化趋势。由图可知，10 年间 9 省份农村人均 R&D 经费支出情况总体呈现上升趋势，陕西、四川、宁夏、甘肃 4 省份呈现稳步上升趋势，山

西、内蒙古、青海、河南等省份呈现波动上升趋势，而山东 2010—2017
年农村人均 R&D 经费支出持续上升、2017—2019 年该项支出呈现下降
趋势。

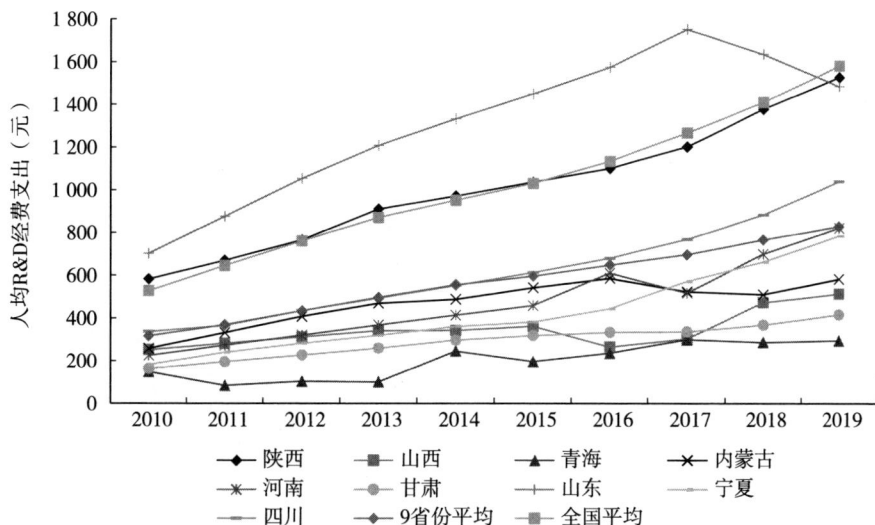

图 3-60　2010—2019 年黄河流域农村人均 R&D 经费支出

2010—2019 年黄河流域农村人均经费 R&D 支出 9 省份平均值呈上升趋
势。与 9 省份平均值相比，山东、陕西人均经费支出情况高于 9 省份平均水
平，四川人均经费支出情况从 2014 年起高于 9 省份平均水平，而其他省份
10 年间该项支出均低于 9 省份平均水平。

2010—2019 年全国农村人均 R&D 经费支出平均水平持续上升。与全
国平均水平相比，至 2018 年山东农村人均 R&D 经费支出高于全国平均水
平，而 2019 年低于全国平均水平；至 2015 年陕西农村人均 R&D 经费支出
高于全国平均水平，2016—2019 年低于全国平均水平；其他省份 10 年间该
项支出均低于全国平均水平。

3.3.3 农业科技产出

结合相关研究成果，此处的农业科技产出主要用农业科技人员人均农业
专利数和农业科技人员人均专利授权数指标进行分析。

（1）农业科技人员人均农业专利数

农业专利是产生于种植业、林业、畜牧业和渔业等产业，包括与其直接相关的产前、产中、产后服务的专利。以农业专利授权数（件）与农业科技人员（人）的比值来衡量农业科技人员人均农业专利数。图3-61是2019年黄河流域农业科技人员人均农业专利的拥有状况。

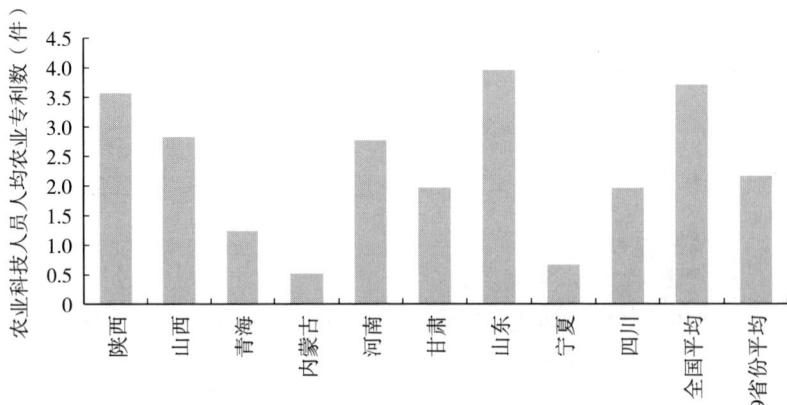

图3-61　2019年黄河流域农业科技人员人均农业专利数

由图3-61可知，黄河流域农业科技人员人均农业专利数9省份平均值约为2件，少于全国平均水平（3.71件）；山东、陕西、山西、河南农业科技人员人均农业专利数分别为3.96件、3.57件、2.83件、2.77件，均高于9省份平均值；甘肃、四川、青海农业科技人员人均专利数分别为1.97件、1.97件、1.24件，低于9省份平均值；宁夏、内蒙古农业科技人员人均农业专利数不足1件。

图3-62呈现了2010—2019年黄河流域农业科技人员人均农业专利数的变化趋势。由图可知，黄河流域农业科技人员人均农业专利数总体呈逐年上升趋势，各省份涨幅存在一定差异。从9省份平均值看，人均农业专利数从2010年的0.83件上升到2019年的2.17件，平均年涨幅为11.32%；甘肃、内蒙古、宁夏、青海、山东、四川的农业科技人员人均农业专利数从2010年的0.19件、0.08件、0.19件、0.37件、1.29件、0.73件增加至2019年的1.97件、0.52件、0.67件、1.24件、3.96件、1.97件，平均年涨幅分别为37.24%、26.75%、25.76%、15.08%、13.60%、13.07%，

均高于全国平均水平的年涨幅；陕西、山西、河南的年涨幅相对较低，分别为 10.19%、9.32%、4.63%。

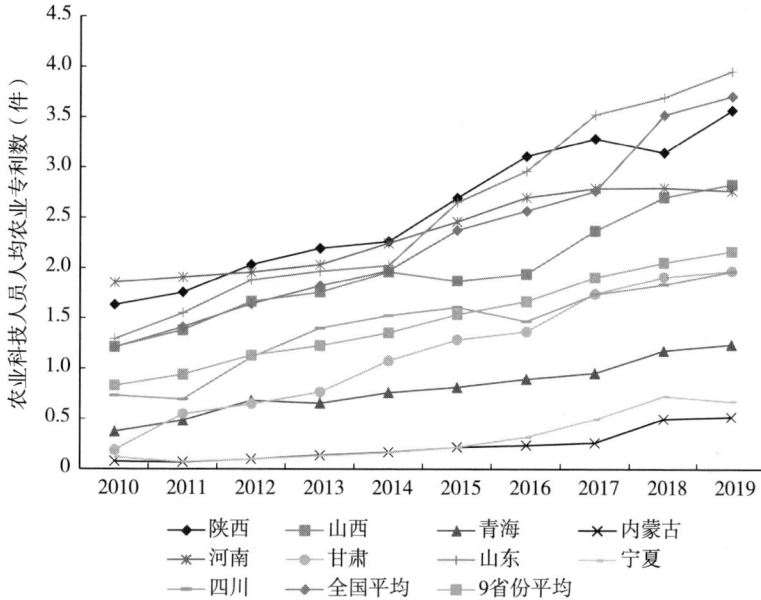

图 3-62　2010—2019 年黄河流域农业科技人员人均农业专利数

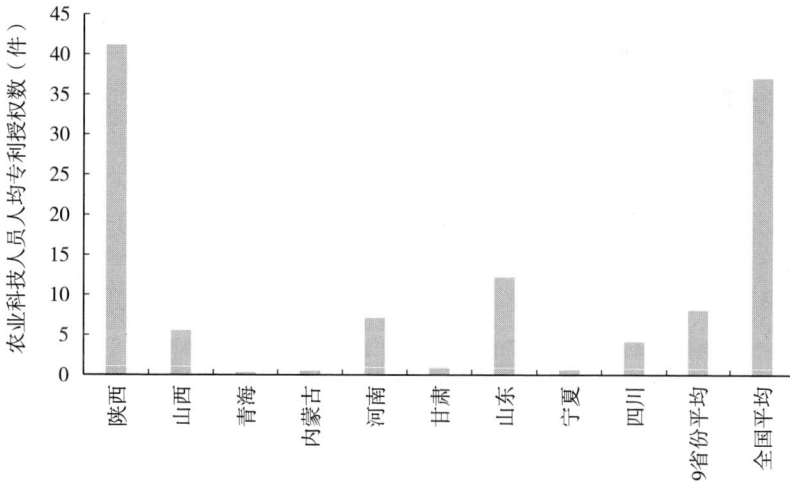

图 3-63　2019 年黄河流域农业科技人员人均专利授权数

（2）农业科技人员人均专利授权数

图 3-63 呈现了 2019 年黄河流域农业科技人员人均专利授权数情况。由图可知，2019 年黄河流域 9 省份农业科技人员人均专利授权数存在较大差异，9 省份授权数量从高到低依次为：陕西、山东、河南、山西、四川、甘肃、宁夏、内蒙古、青海。陕西农业科技人员人均专利授权数量显著高于 9 省份平均水平，山东农业科技人员人均专利授权数略高于 9 省份平均水平，其余省份均低于 9 省份平均水平。与全国平均水平相比，除陕西外，黄河流域其他省份农业科技人员人均专利授权数均显著低于全国平均水平。

图 3-64 呈现了 2010—2019 年黄河流域农业科技人员人均专利授权数的变化趋势。由图可见，10 年间 9 省份农业科技人员人均专利授权数平均水平基本呈现上升趋势，但是各省份之间存在较大差异。陕西 2010—2019 年农业科技人员人均专利授权数持续增长，2016 年该数量有较大幅度增长，在 2017 年回落，之后逐年上升；山东农业科技人员人均专利授权数 2010—

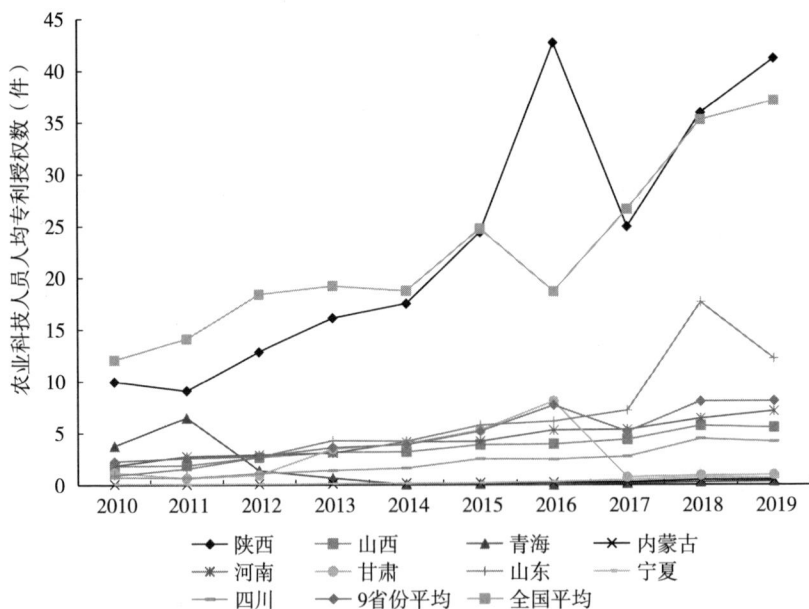

图 3-64　2010—2019 年黄河流域农业科技人员人均专利授权数

2017 年逐年上升，2017—2018 年增幅显著，在 2019 年回落；青海 2010—2011 年农业科技人员人均专利授权数有所增长，且高于 9 省份平均水平，但 2012 年农业科技人员人均专利授权数急剧下降且长期处于 9 省份平均水平之下；其余省份 10 年间农业科技人员人均专利授权数平稳增长，但均低于 9 省份平均水平。与全国平均水平相比，除陕西 2016 年、2019 年农业科技人员人均专利授权数高于全国平均水平外，10 年间黄河流域 9 省份该数据均显著低于全国平均水平。

3.4 农业贸易

扩大开放是新时代中国发展的战略决策，是促进中国经济转型升级的重要推力。党的十九届四中全会提出，实施更大范围、更宽领域、更深层次的全面开放，推动制造业、服务业、农业扩大开放，拓展对外贸易多元化，加快自由贸易试验区、自由贸易港等对外开放高地建设（于敏等，2020）。推动农业对外开放是我国农业参与国际竞争、开拓发展空间、实现农业现代化、推动乡村振兴的需要。"一带一路"倡议为黄河流域农业开放发展带来新机遇。随着"一带一路"基础设施互联互通的不断推进，亚欧非物流运输大通道将会被打通。同时，贸易畅通也在不断推进当中，我国正在与沿线多国商谈自贸协定，以期建立高标准的自由贸易区网络。因此随着"一带一路"的深入推进，黄河流域农业与沿线农业国将存在大量的合作机会，将为黄河流域农业企业"走出去"和"引进来"带来重大机遇（张延升，2020）。其中，农业贸易关系着我国国计民生、经济增长和社会稳定。黄河流域地区作为我国主要农产品生产区，其农业贸易不仅关乎区域经济社会发展和农业农村高质量建设，也事关中国农业贸易地位。结合现有研究，此处的农业贸易主要用农产品贸易条件和农产品进出口依存度指标进行分析。

3.4.1 农产品贸易条件

结合相关研究成果，此处的农产品贸易条件主要用农业 FDI 强度、主要农产品商品率指标进行分析。

（1）农业 FDI 强度

以农业 FDI 数额（万元）与农业总产值（十亿元）的比值衡量地区农业 FDI 强度。图 3-65 呈现了 2019 年黄河流域农业 FDI 强度的整体状态。由图可知，黄河流域农业 FDI 强度 9 省份平均值为 25.81，远低于全国水平 45.32；山东、河南、山西农业 FDI 强度分别为 41.85、30.58、27.32，高于 9 省份平均值；内蒙古、宁夏、四川、陕西、青海、甘肃的农业 FDI 强度相对较低。

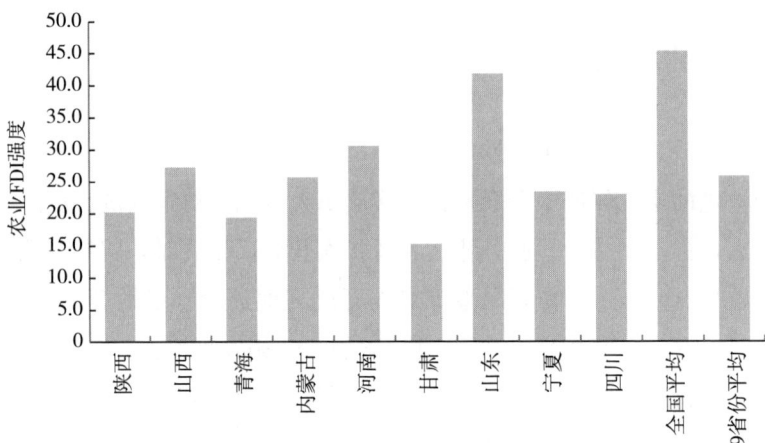

图 3-65　2019 年黄河流域农业 FDI 强度

图 3-66 呈现了 2010—2019 年黄河流域农业 FDI 强度的变化趋势。从 9 省份平均值看，黄河流域农业 FDI 强度整体呈现平稳状态，年均涨幅仅为 0.02%。各省份变化趋势存在差异：内蒙古、甘肃、山东的农业 FDI 强度总体呈现上升趋势，年均涨幅分别为 8.29%、1.69%、1.46%；河南、宁夏、山西、四川、青海、陕西的农业 FDI 强度总体呈现下降趋势，降低幅度较小，年均降幅分别为 0.10%、0.31%、0.44%、0.53%、0.96%、3.01%。

（2）主要农产品商品率

以农产品成交额占农业总产值的比重衡量主要农产品商品率。图 3-67 呈现了 2019 年黄河流域主要农产品商品率的状况。由图可知，黄河流域主要农产品商品率 9 省份平均值为 22.17%，低于全国平均水平 30.10%；宁

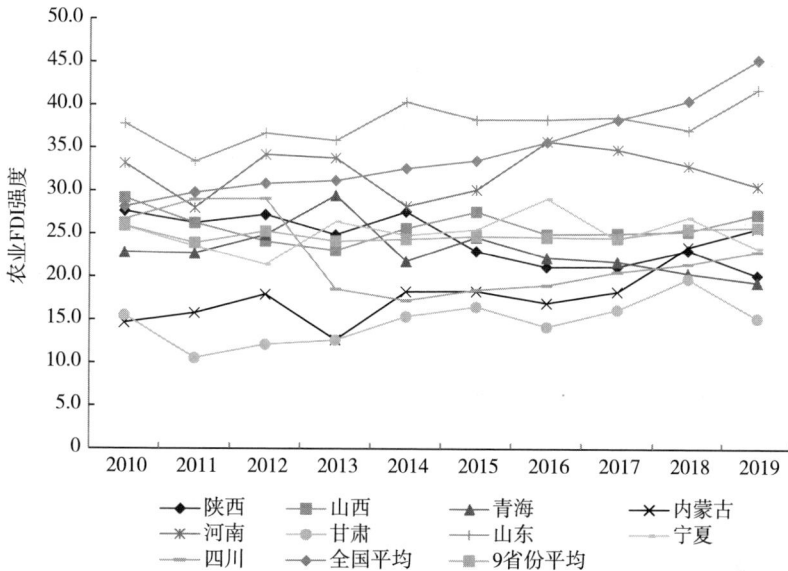

图 3-66　2010—2019 年黄河流域农业 FDI 强度

夏、四川、陕西、山东的主要农产品商品率均高于 9 省份平均值，分别为 33.33％、31.85％、30.39％和 28.84％；山西、河南、内蒙古、青海、甘肃的主要农产品商品率相对较低。

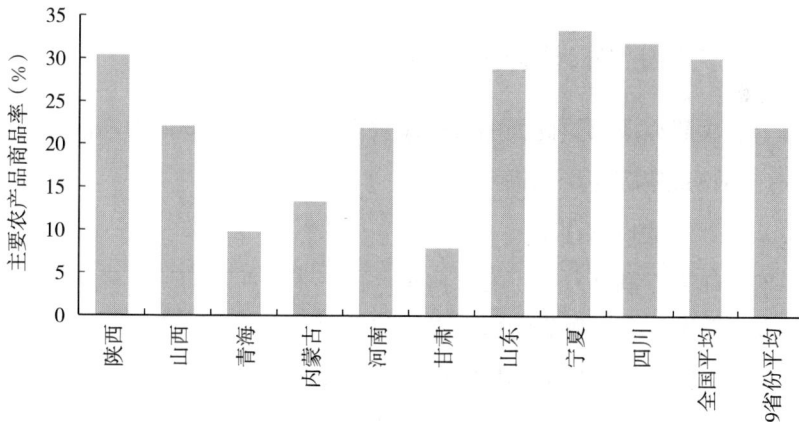

图 3-67　2019 年黄河流域主要农产品商品率

图 3-68 呈现了 2010—2019 年黄河流域主要农产品商品率的变化趋势。由图可知，黄河流域主要农产品商品率 9 省份平均值从 2010 年的 15.84％

上升到 2019 年的 22.17%，呈现逐年上升趋势；内蒙古、河南、宁夏、四川、陕西、青海主要农产品商品率的年均涨幅均为正；山东、山西、甘肃主要农产品商品率的年均涨幅均为负，总体呈现下降趋势。

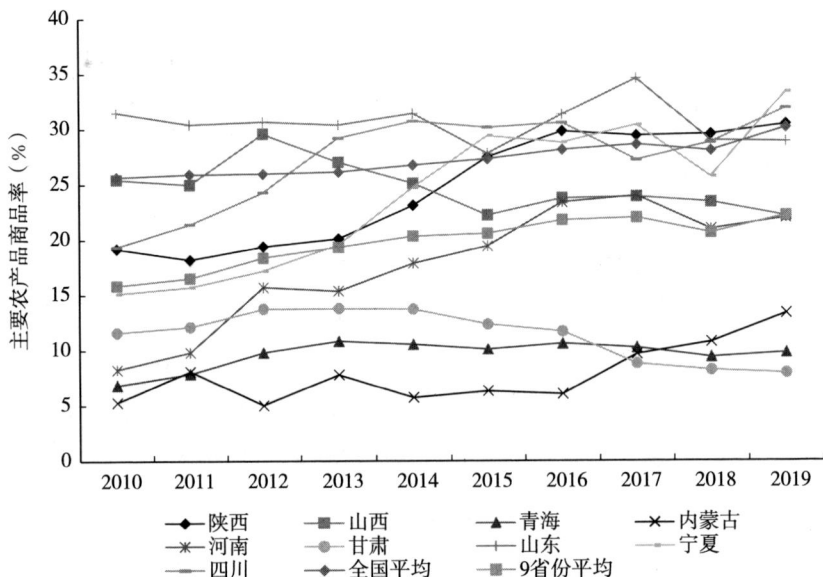

图 3-68　2010—2019 年黄河流域主要农产品商品率

3.4.2 农产品进出口依存度

结合相关研究成果，此处的农产品进出口依存度主要用农产品进口依存度、农产品出口依存度指标进行分析。

（1）农产品进口依存度

以农产品进口额（万元）与农业总产值（千万元）的比值来衡量农产品进口依存度。图 3-69 呈现 2019 年黄河流域农产品进口依存度。由图可知，9省份农产品进口依存度存在较大差距，9 省份农产品进口依存度从高到低依次为山东、内蒙古、陕西、河南、宁夏、四川、甘肃、山西、青海，其中山东农产品进口依存度远高于其他省份。与 9 省份平均水平相比，山东农产品进口依存度远高于 9 省份平均水平，其余省份均低于 9 省份平均水平。与全国平均水平相比，除山东外，其余省份农产品进口依存度远低于全国平均水平。

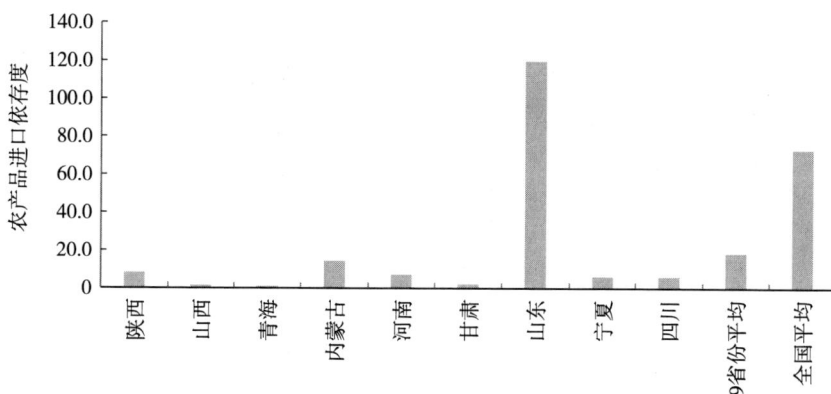

图 3－69　2019 年黄河流域农产品进口依存度

　　图 3－70 呈现 2010—2019 年黄河流域农产品进口依存度的变化情况。由图可知，10 年间黄河流域 9 省份农产品进口依存度基本平稳，其中：山东 10 年间该指标呈 N 形，2010—2014 年该指标呈上升趋势，2014—2016 年有所下降，2017—2019 年有所回升，且山东 10 年间该指标均远高于其他省份；河南 10 年间该指标呈波动下降趋势，内蒙古、四川、陕西、宁夏、甘肃、青海 6 省份 10 年间该指标呈波动上升趋势；山西 10 年间该指标呈倒 U 形，峰值为 2014 年。

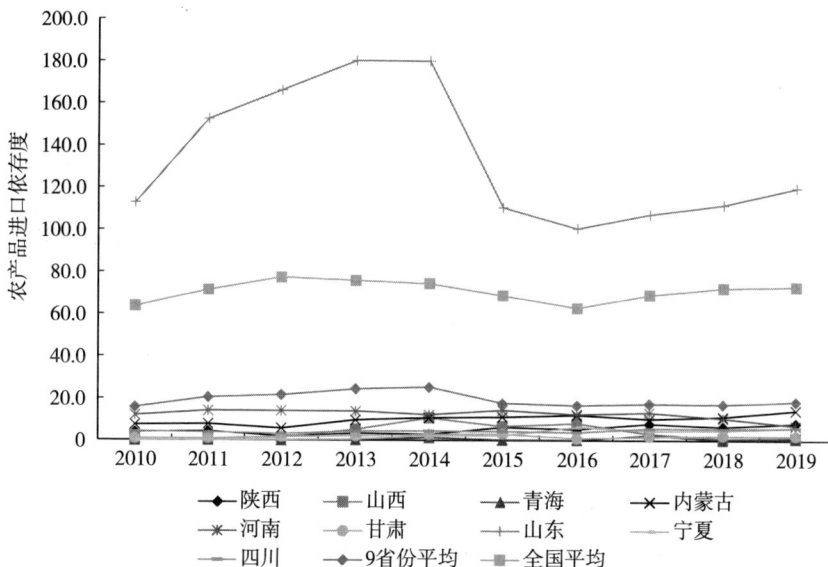

图 3－70　2010—2019 年黄河流域农产品进口依存度

2010—2019 年黄河流域农产品进口依存度 9 省份平均值较为稳定。与 9 省份平均水平相比，山东 10 年间农产品进口依存度高于 9 省份平均水平，其余省份 10 年间该指标均低于 9 省份平均水平。

2010—2019 年全国农产品进口依存度平均水平较为稳定。与全国平均水平相比，山东 10 年间农产品进口依存度远高于全国平均水平，其余省份 10 年间该指标均低于全国平均水平。

（2）农产品出口依存度

图 3-71 呈现 2019 年黄河流域农产品出口依存度。由图可知，9 省份农产品出口依存度存在较大差距，9 省份农产品出口依存度从高到低依次为山东、河南、内蒙古、甘肃、宁夏、山西、陕西、四川、青海，其中山东农产品出口依存度远高于其他省份。与 9 省份平均水平相比，除山东农产品出口依存度远高于 9 省份平均水平外，其余省份均低于 9 省份平均水平。与全国平均水平相比，山东农产品出口依存度远高于全国平均水平，其他省份均远低于全国平均水平。

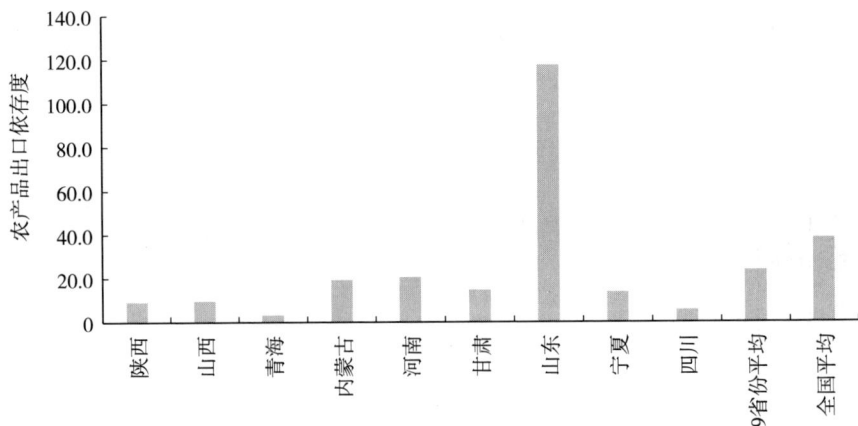

图 3-71　2019 年黄河流域农产品出口依存度

图 3-72 呈现 2010—2019 年黄河流域农产品出口依存度的变化情况。由图可知，10 年间黄河流域 9 省份农产品出口依存度基本平稳，其中：山东、青海 2 省 10 年间该指标较为稳定，且山东该指标远高于其他省份；陕西、甘肃、四川 3 省 10 年间该指标呈波动下降趋势，河南、内蒙古、山西

3 省份 10 年间该指标呈波动上升趋势；宁夏除 2014 年涨幅较大外，其余年份该指标较为稳定。

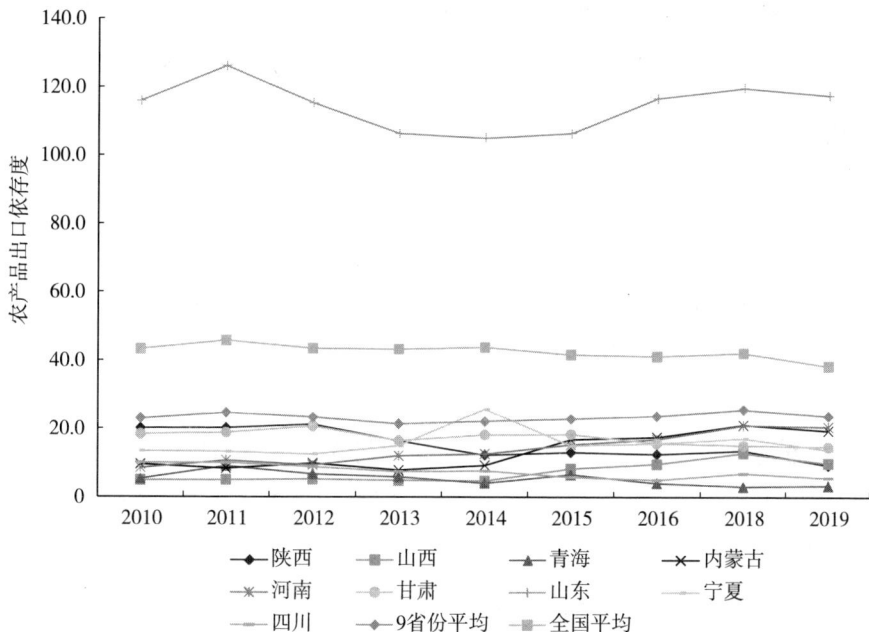

图 3-72　2010—2019 年黄河流域农产品出口依存度

2010—2019 年黄河流域农产品出口依存度 9 省份平均值较为稳定。与 9 省份平均水平相比，山东 2010—2019 年农产品出口依存度远高于 9 省份平均水平，宁夏除 2014 年外其余年份该指标均低于 9 省份平均水平，其余省份 10 年间该指标均低于 9 省份平均水平。

2010—2019 年全国农产品出口依存度平均水平较为稳定。与全国平均水平相比，山东 2010—2019 年农产品出口依存度远高于全国平均水平，其余省份 10 年间该指标均低于全国平均水平。

3.5 农村资源和能源利用

黄河流域地区农村资源和能源是农村经济、区域经济得以协调持续发展的重要物质基础。农村资源和能源的利用问题不仅影响着现存农村资源和能源的数量、质量与开发效率，还影响着未来资源和能源的物质基础，是黄河流域地区农业农村高质量发展的前提。

结合现有研究，此处的农村资源和能源利用主要用农村资源利用和农村能源利用指标进行分析。

3.5.1 农村资源利用

结合相关研究成果，此处的农村资源利用主要用农村人均电力消耗量、第一产业从业人员人均用电量、农村每万人太阳能热水器利用面积、万元农业增加值耗水量指标进行分析。

（1）农村人均电力消耗量

图 3-73 呈现 2019 年黄河流域农村人均电力消耗量。由图可知，9 省份农村人均电力消耗量不尽相同，9 省份农村人均电力消耗量从高到低依次为：内蒙古、陕西、山东、山西、河南、宁夏、甘肃、四川、青海。与 9 省份平均水平相比，内蒙古、陕西、山东、陕西、河南 5 省份农村人均电力消耗量高于 9 省份平均水平，其余省份则低于 9 省份平均水平。与全国平均水平相比，黄河流域 9 省份农村人均电力消耗量远低于全国平均水平。

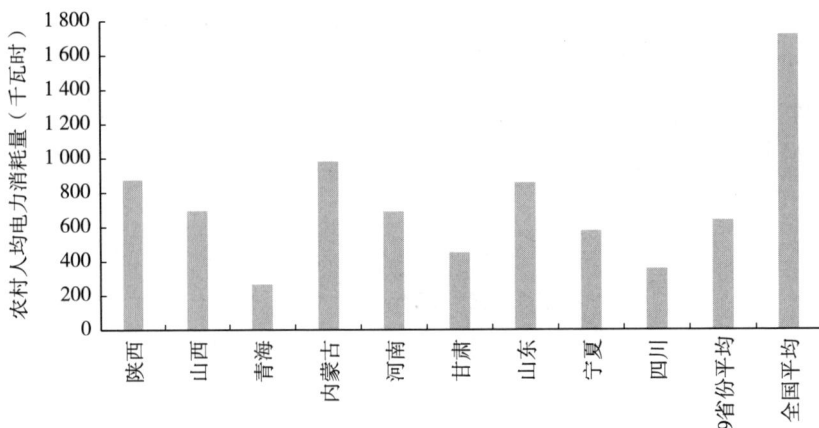

图 3-73　2019 年黄河流域农村人均电力消耗量

图 3-74 呈现 2010—2019 年黄河流域农村人均电力消耗量的变化情况。由图可知，10 年间黄河流域农村人均电力消耗量总体呈现上升趋势，其中：

山西、河南、宁夏、甘肃、四川、青海6省份10年间该消耗量持续上升，陕西、内蒙古2省份10年间该消耗量呈波动上升趋势；山东2010—2017年该消耗量持续上升，2017—2019年该消耗量缓慢下降。

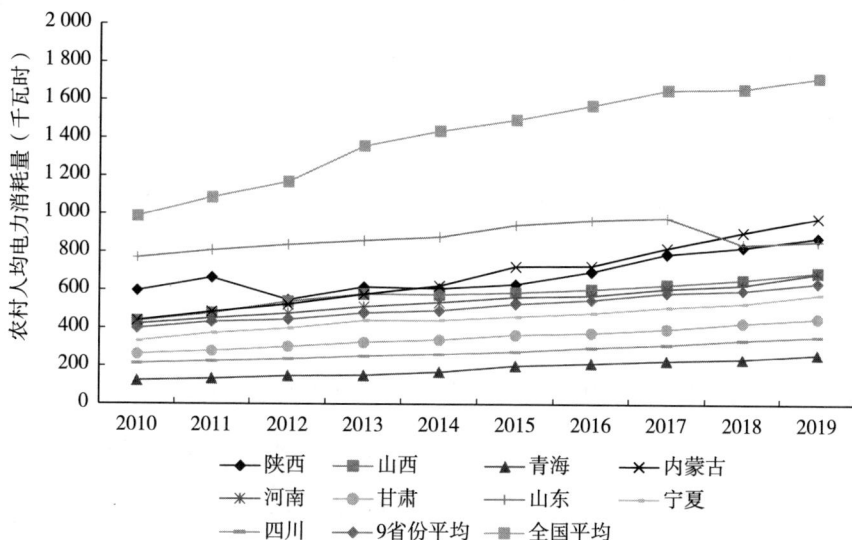

图3-74 2010—2019年黄河流域农村人均电力消耗量

2010—2019年黄河流域农村人均电力消耗量9省份平均值呈缓慢上升趋势。与9省份平均水平相比，山东、陕西、内蒙古3省份2010—2019年农村人均电力消耗量均高于9省份平均水平，山西、河南2省10年间该消耗量接近于9省份平均水平，宁夏、青海、四川、甘肃4省份10年间该消耗量均低于9省份平均水平。

2010—2019年全国农村人均电力消耗量平均水平呈上升趋势。与全国平均水平相比，2010—2019年黄河流域9省份农村人均电力消耗量均低于全国平均水平。

（2）第一产业从业人员人均用电量

以农村用电量（万千瓦时）与第一产业从业人员（万人）的比值衡量第一产业从业人员人均用电量。由图3-75可知，黄河流域第一产业从业人员人均用电量低于全国平均水平，具体而言：山东、陕西、内蒙古、河南、山西的第一产业从业人员人均用电量相对较高，均高于9省份平均水平；宁夏、甘肃、青海、四川的第一产业从业人员人均用电量相对较低。

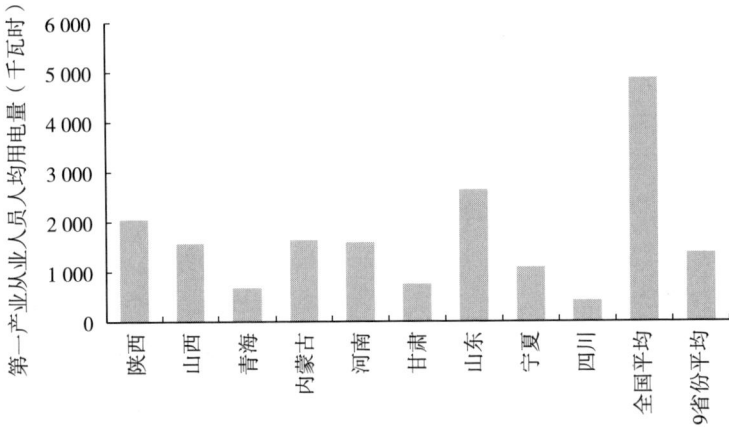

图 3-75 2019 年黄河流域第一产业从业人员人均用电量

图 3-76 呈现了 2010—2019 年黄河流域第一产业从业人员人均用电量的变化趋势。由图可知，黄河流域第一产业从业人员人均用电量 9 省份平均水平呈现逐年上涨趋势，年均涨幅为 5.81%；各省份保持与 9 省份平均水平一致的变化趋势，上涨幅度略有差异。陕西、青海这一指标的年均涨幅分别为 17.81%、9.60%，均高于全国第一产业从业人员人均用电量平均水平的涨幅 8.46%；内蒙古这一指标的涨幅为 7.73%，低于全国平均水平的涨幅，但高于 9 省份平均水平的涨幅；甘肃、河南、四川、山东、宁夏、山西第一产业从业人员人均用电量的涨幅相对较小。

（3）农村每万人太阳能热水器利用面积

图 3-77 呈现 2019 年黄河流域农村每万人太阳能热水器利用面积。由图可知，9 省份农村每万人太阳能热水器利用面积不尽相同，9 省份该利用面积从高到低依次为宁夏、山东、陕西、河南、甘肃、山西、内蒙古、四川、青海，其中宁夏农村每万人太阳能热水器利用面积远高于其他省份。与 9 省份平均水平相比，宁夏、山东该利用面积远高于 9 省份平均水平，其余省份则低于 9 省份平均水平。与全国平均水平相比，宁夏、山东该利用面积远高于全国平均水平，其他省份均低于全国平均水平。

图 3-78 呈现 2010—2019 年黄河流域农村每万人太阳能热水器利用面

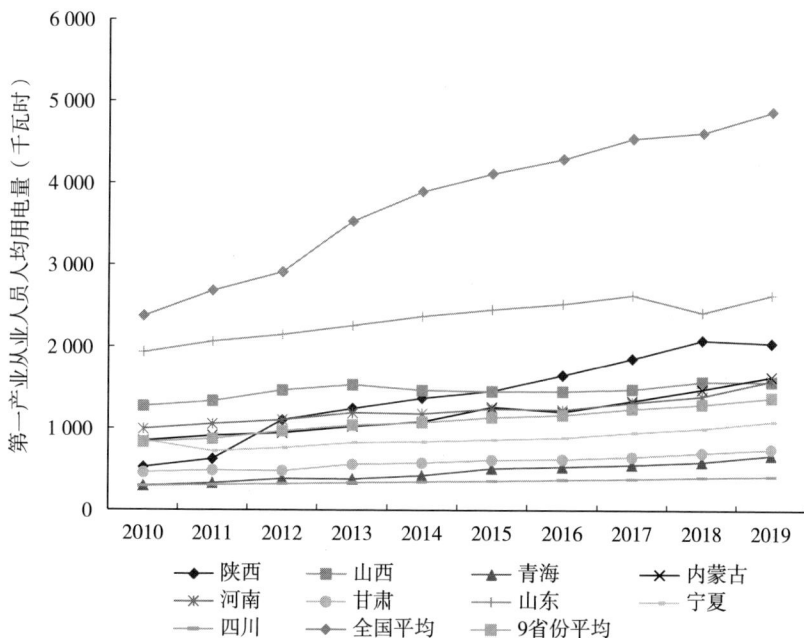

图 3-76　2010—2019 年黄河流域第一产业从业人员人均用电量

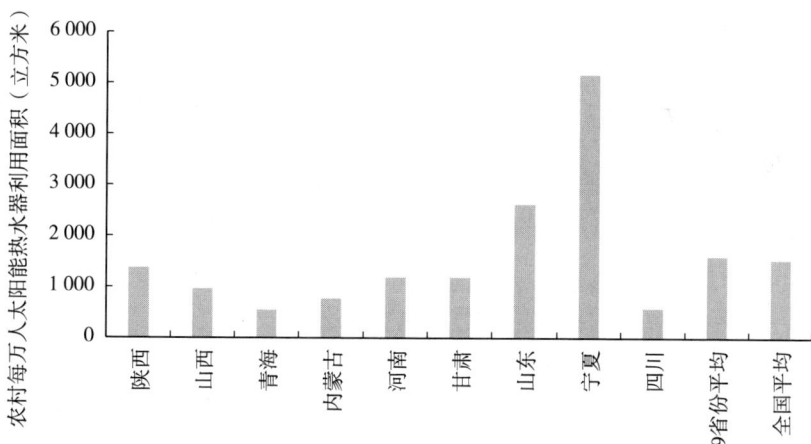

图 3-77　2019 年黄河流域农村每万人太阳能热水器利用面积

积的变化情况。由图可知，10 年间黄河流域农村每万人太阳能热水器利用面积总体呈上升趋势，其中：山东、陕西、河南、甘肃、内蒙古、四川 6 省份 10 年间该利用面积均呈持续上升趋势，青海 10 年间该利用面积呈波动上升趋势；宁夏 2010—2014 年该利用面积平稳上升，2015—2018 年该利用面积有较大涨幅，2019 年该利用面积有所回落；山西 2010—2016 年该利用面积平稳上升，2016—2019 年该利用面积有较大降幅。

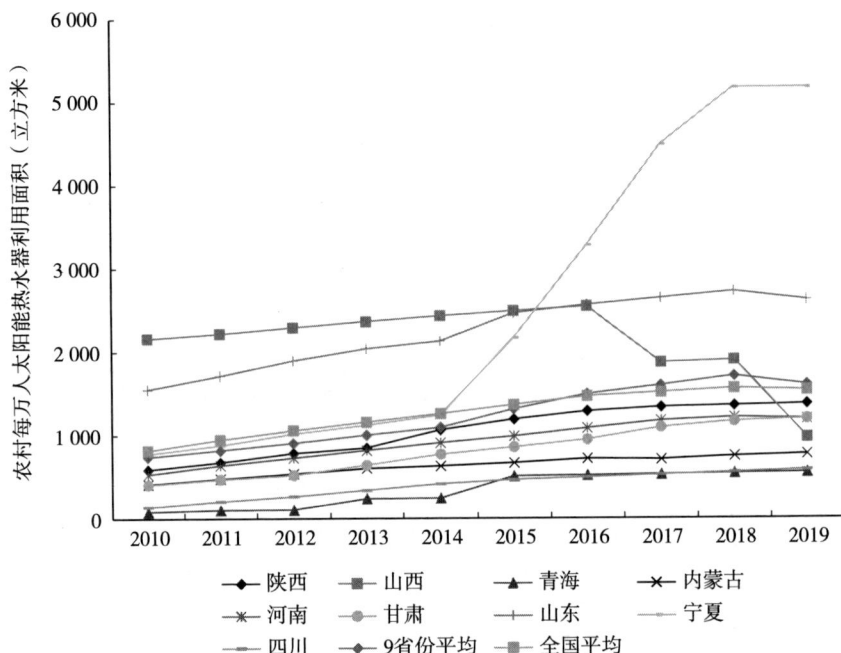

图 3-78 2010—2019 年黄河流域农村每万人太阳能热水器利用面积

2010—2019 年黄河流域农村每万人太阳能热水器利用面积 9 省份平均水平呈上升趋势。与 9 省份平均水平相比，山东、宁夏两省份 2010—2019 年农村每万人太阳能热水器利用面积均高于 9 省份平均水平，山西除 2019 年外其余年份该利用面积均高于 9 省份平均水平，其余省份 10 年间该利用面积均低于 9 省份平均水平。

2010—2019 年全国农村每万人太阳能热水器利用面积平均水平呈上升趋势。与全国平均水平相比，山东 2010—2019 年农村每万人太阳能热水器利用面积均高于全国平均水平，山西除 2019 年外其余年份该利用面积均高于全国平均水平，宁夏除 2010—2014 年该利用面积低于全国平均水平外其余年份均高于全国平均水平，其余省份 10 年间该利用面积均低于全国平均水平。

（4）每万元农业增加值耗水量

以农业用水量（立方米）与农业增加值（万元）的比值衡量每万元农业增加值耗水量。由图 3-79 可知，2019 年黄河流域每万元农业增加值的 9 省份平均耗水量计算值为 839 立方米，高于全国平均水平 563 立方米；宁夏、青海每万元农业增加值耗水量分别为 2 348 立方米、1 616.7 立方米，远高于 9 省份平均值；甘肃、山西、内蒙古的计算值分别为 780 立方米、753 立方米、737 立方米，均低于 9 省份平均值，但高于全国平均水平；山东、四川、陕西、河南每万元农业增加值耗水量分别为 450 立方米、353.8 立方米、263 立方米、251 立方米，均低于 9 省份平均值及全国平均水平。

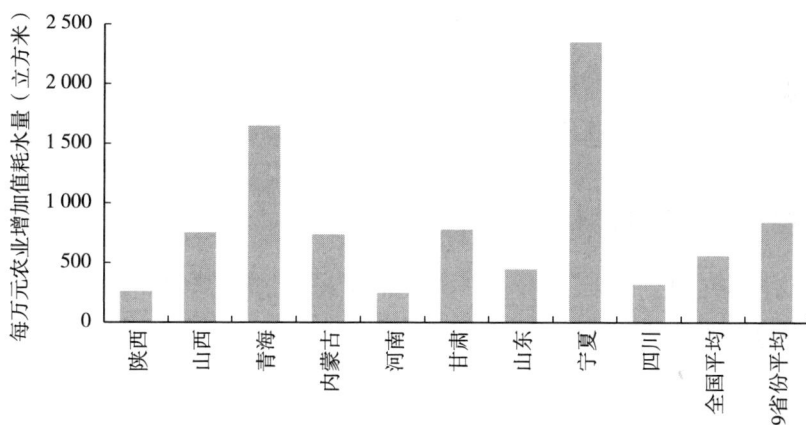

图 3-79 2019 年黄河流域每万元农业增加值耗水量

图 3-80 呈现了 2010—2019 年黄河流域每万元增加值耗水量的变化趋势。由图可知，黄河流域 9 省份平均值从 2010 年的 1 292 立方米下降至 2019 年的 839 立方米，总体呈现下降趋势，与全国指标的变化趋势保持一致；青海、四川每万元农业增加值耗水量分别从 2010 年的 951.6 立方米、316.8 立方米上升至 2019 年的 1 616.7 立方米、353.8 立方米，年均分别上涨 6.57%、2.35%；其他省份的指标值均呈现下降趋势，根据年均降幅的大小排序，依次为甘肃 8.83%、陕西 8.31%、宁夏 6.94%、山东 5.34%、内蒙古 5.32%、河南 4.63%、山西 2.32%。

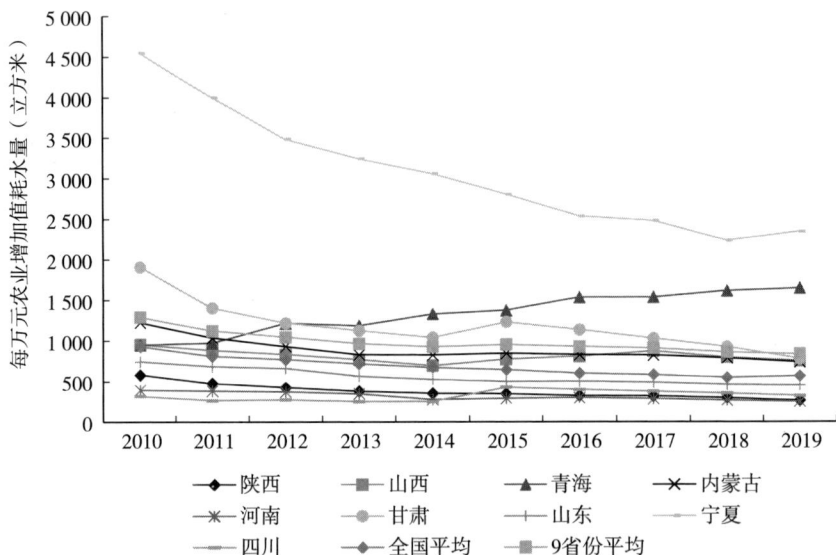

图 3-80 2010—2019 年黄河流域每万元农业增加值耗水量

3.5.2 农村能源利用

结合相关研究成果，此处的农村能源利用主要用农用柴油使用强度、农业中间消耗量、万元农业 GDP 耗能指标进行分析。

（1）农用柴油使用强度

以农用柴油量（吨）与播种面积（万公顷）的比值衡量地区农用柴油使用强度。图 3-81 呈现了 2019 年黄河流域农用柴油使用强度的状况。由图可知，黄河流域农用柴油使用强度 9 省份平均值为 644 吨/万公顷，低于全国平均水平 1 165 吨/万公顷；宁夏、山东的农用柴油使用强度分别为 1 865 吨/万公顷、1 259 吨/万公顷，均高于全国平均水平；内蒙古、河南的农用柴油使用强度分别为 871 吨/万公顷、682 吨/万公顷，均低于全国平均水平，但高于 9 省份平均水平；四川、陕西、青海、山西、甘肃的农用柴油使用强度相对较低。

图 3-82 呈现了 2010—2019 年黄河流域农用柴油使用强度的变化趋势。由图可知，黄河流域农用柴油使用强度 9 省份平均水平整体处于稳定状态，

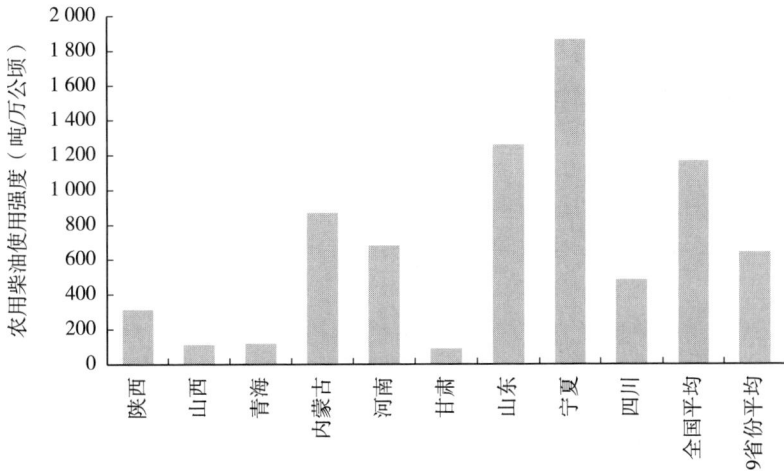

图 3-81 2019 年黄河流域农用柴油使用强度

变化幅度较小，年均降幅为 0.40%；河南、山东的农用柴油使用强度整体呈现下降趋势，年均降幅分别为 1.08%、3.43%；其他省份总体呈现上升趋势，依据涨幅的大小排序，依次为陕西 4.24%、山西 3.59%、甘肃1.76%、宁夏 1.27%、四川 0.68%、青海 0.34%、内蒙古 0.07%。

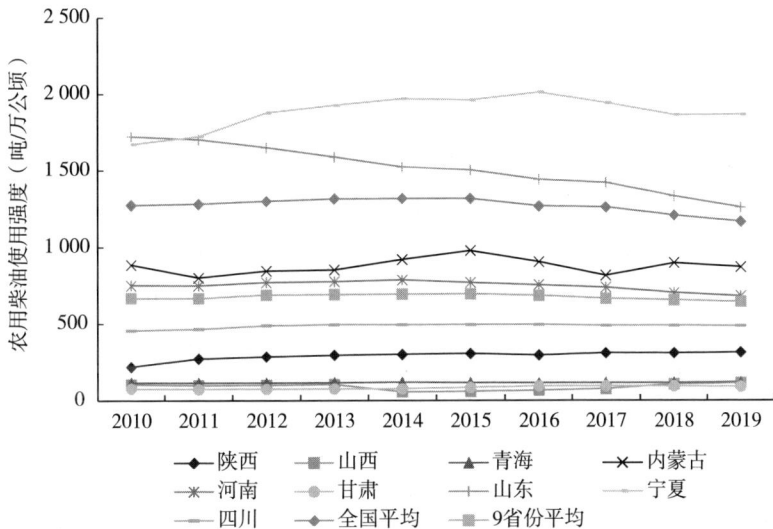

图 3-82 2010—2019 年黄河流域农用柴油使用强度

（2）农业中间消耗量

以投入产出直接消耗系数衡量农业中间消耗量，图 3 - 83 呈现了 2019 年黄河流域农业中间消耗量。由图可知，2019 年黄河流域农业中间消耗量 9 省份平均值为 39.17％，与全国平均水平 40.40％的差异较小；宁夏、河南、甘肃、山西的农业中间消耗量较大，高于 9 省份平均水平；陕西、山东、四川、内蒙古、青海的农业中间消耗量相对较小。

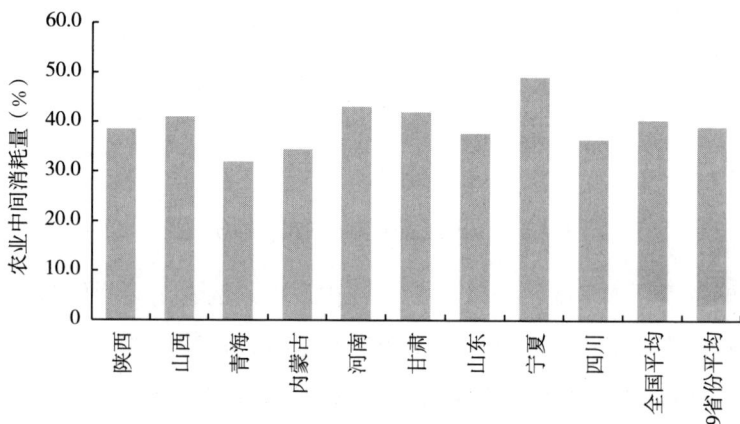

图 3 - 83　2019 年黄河流域农业中间消耗量

图 3 - 84 呈现了 2010—2019 年黄河流域农业中间消耗量的变化趋势。从 9 省份平均值看，黄河流域农业中间消耗量 9 省份平均值从 2010 年的 44.24％降低至 39.17％，总体呈现下降趋势；陕西、宁夏的农业中间消耗量分别从 2010 年的 37.60％、48.09％上升至 2019 年的 38.60％、49.11％，总体呈现上升趋势，年均涨幅分别为 0.29％、0.23％；其他省份均呈现不同程度的下降趋势，根据降幅的大小排序，依次为河南 3.37％、山东 3.01％、内蒙古 2.05％、山西 1.47％、四川 0.71％、青海 0.23％、甘肃 0.21％。

（3）每万元农业 GDP 耗能

以农业用电量（千瓦时）与农业增加值（万元）的比值衡量每万元农业 GDP 耗能。由图 3 - 85 可知，2019 年黄河流域每万元农业 GDP 耗能 9 省份平均值为 651.2 千瓦时，低于全国平均水平；山东、山西、陕西、河南的每万元农业 GDP 耗能相对较高，分别为 1 418 千瓦时、918 千瓦时、768 千瓦

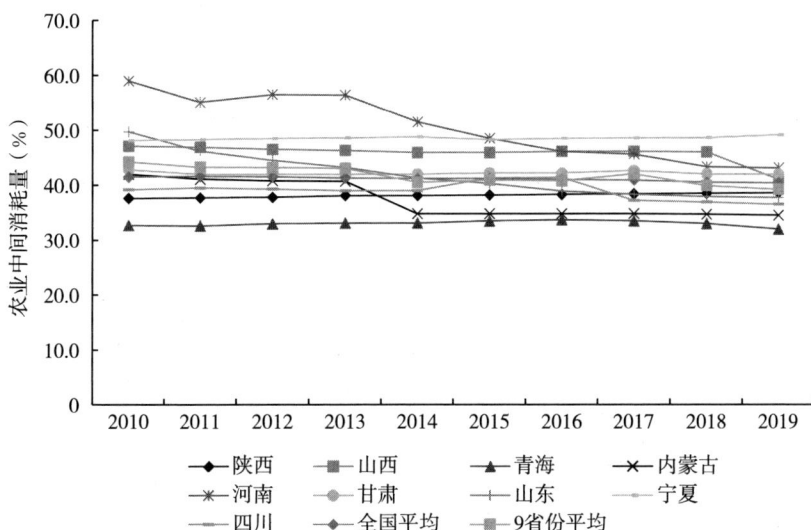

图 3-84 2010—2019 年黄河流域农业中间消耗量

时、728 千瓦时,均高于 9 省份平均水平;青海、甘肃、宁夏、内蒙古、四川的每万元农业 GDP 耗能相对较低,均低于 9 省份平均水平。

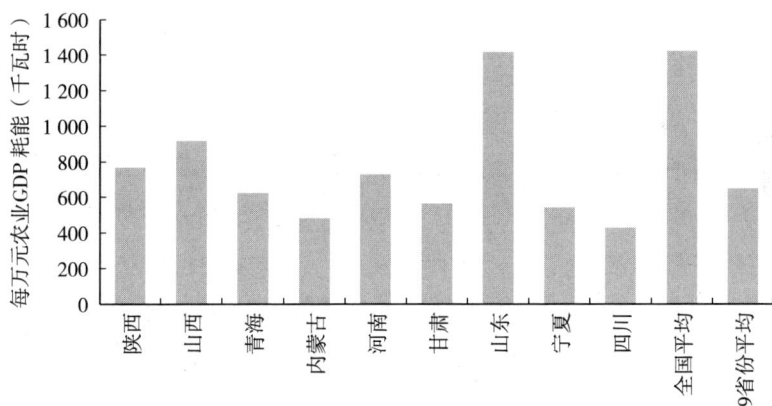

图 3-85 2019 年黄河流域每万元农业 GDP 耗能

图 3-86 呈现了 2010—2019 年黄河流域每万元农业 GDP 耗能的变化趋势。由图可知,黄河流域每万元农业 GDP 耗能总体呈现下降趋势,降幅较小;陕西、四川、内蒙古、山西每万元农业 GDP 耗能总体呈现上升趋势,

年均涨幅分别为 7.08%、3.84%、1.23%、0.21%；青海、河南、宁夏、山东、甘肃这一指标值 10 年间总体为下降趋势，年均降低幅度分别为 1.05%、1.61%、2.56%、3.73%、3.83%。

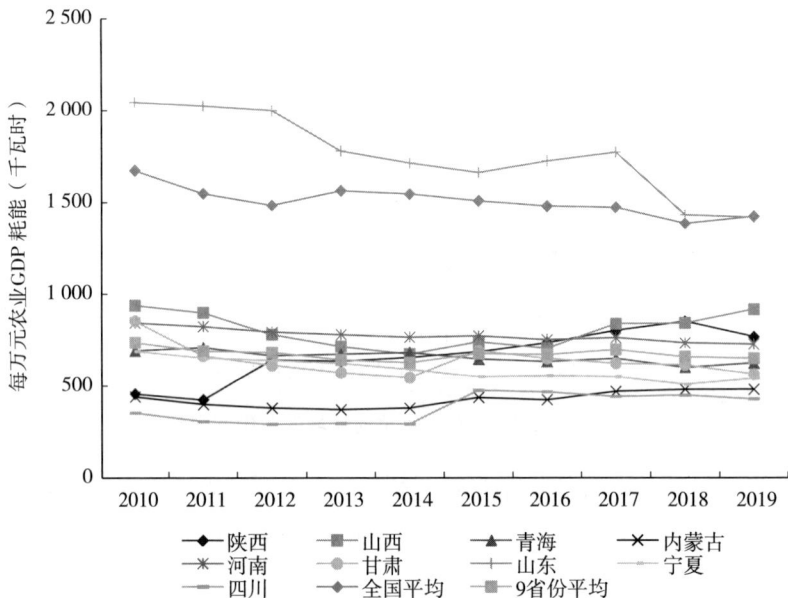

图 3 - 86　2010—2019 年黄河流域每万元农业 GDP 耗能

3.6 农村环境保护

　　虽然黄河流域地区农村经济快速发展，但是农村环境状况仍然不容乐观。黄河流域区域发展历程表明，生态环境可持续发展对于经济持续稳定增长和社会生活品质提升具有重要意义。因此，推进流域内农村环境保护成为实现黄河流域农业农村高质量发展的关键环节。本部分通过分析当前流域内农村环境保护现状，为推进流域内农村环境保护提供建议参考。

　　结合现有研究成果，此处的农村环境保护主要用农村生产环境治理和农村生活环境治理指标进行分析。

3.6.1 农村生产环境治理

结合相关研究成果，此处的农村生产环境治理主要用农村亩均农药减排量、农村亩均化肥减排量、污水治理投资强度和单位耕地面积农业废水排放水平指标进行分析。

（1）农村亩均农药减排量

图 3-87 呈现 2019 年黄河流域农村亩均农药减排量。由图可知，9 省份农村亩均农药减排量有较大差异，9 省份农村亩均农药减排量从高到低依次为：河南、内蒙古、山东、四川、青海、山西、甘肃、宁夏、陕西。其中，河南农村亩均农药减排量远高于其他省份，陕西农村亩均农药使用量高于 2018 年。与 9 省份平均水平相比，河南、内蒙古 2 省份农村亩均农药减排量高于 9 省平均水平，其余省份则低于 9 省份平均水平。与全国平均水平相比，河南、内蒙古、山东 3 省份农村亩均农药减排量高于全国平均水平，其他省份均低于全国平均水平。

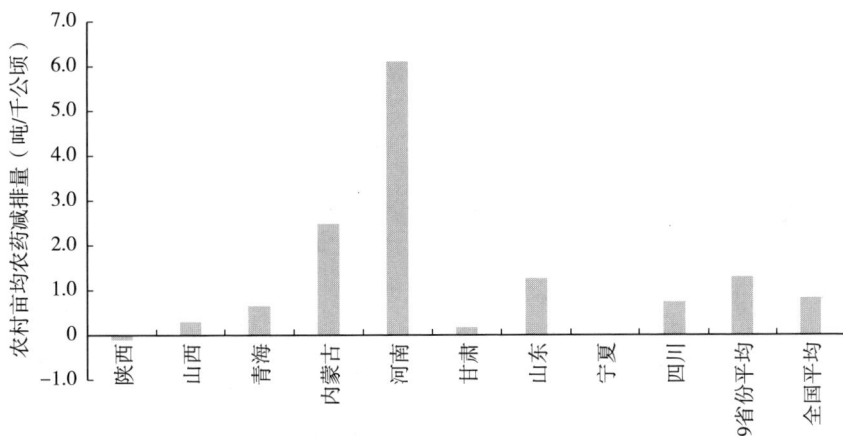

图 3-87　2019 年黄河流域农村亩均农药减排量

图 3-88 呈现 2010—2019 年黄河流域农村亩均农药减排量的变化情况。由图可知，10 年间黄河流域 9 省份农村亩均农药减排量总体呈上升趋势，其中：四川、宁夏、陕西、山西、青海、山东 6 省份 10 年间该指标呈缓慢上升趋势；河南 10 年间该指标呈波动上升趋势，且 2017—2019 年涨幅较

大；甘肃 10 年间该指标呈波动上升趋势，且 2017—2019 年降幅较大；内蒙古 10 年间该指标呈波动上升趋势，且波动较大。

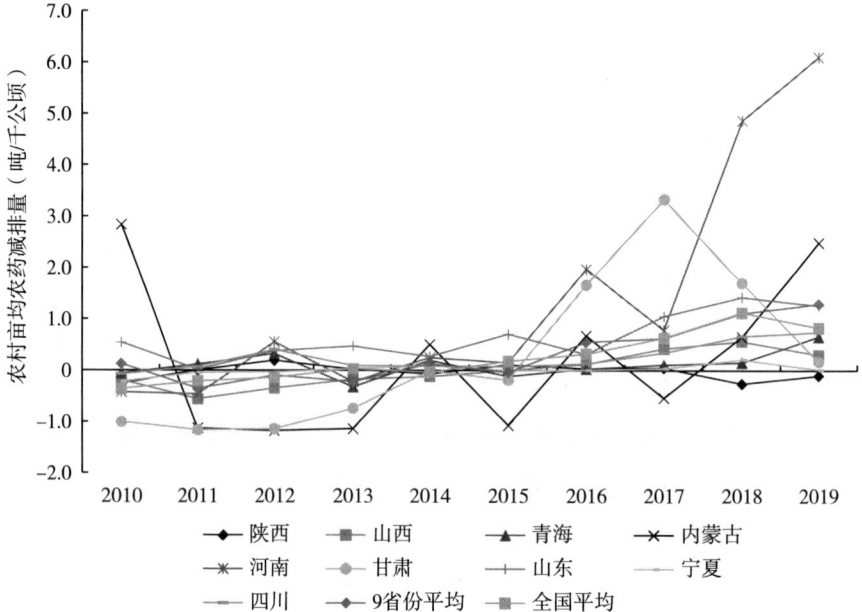

图 3 - 88　2010—2019 年黄河流域农村亩均农药减排量

2010—2019 年黄河流域农村亩均农药减排量 9 省份平均值呈波动上升趋势。与 9 省份平均水平相比，内蒙古 2010 年、2014 年、2016 年、2019 年该指标高于 9 省份平均水平，其余年份该指标均低于 9 省份平均水平；河南除 2010 年、2011 年外，其余年份该指标均高于 9 省份平均水平；甘肃 2016—2018 年该指标高于 9 省份平均水平，其余年份均低于 9 省份平均水平；山东除 2016 年外，其余年份该指标均高于 9 省份平均水平；青海 2010—2012 年该指标高于 9 省份平均水平，其余年份均低于 9 省份平均水平；山西 10 年间该指标均低于 9 省份平均水平；陕西 2011—2013 年该指标高于 9 省份平均水平，其余年份均低于 9 省份平均水平；河南 10 年间该指标均高于 9 省份平均水平；四川 10 年间该指标接近于 9 省份平均水平。

2010—2019 年全国农村亩均农药减排量平均水平呈缓慢上升趋势。与全国平均水平相比，甘肃 2016—2018 年该指标高于全国平均水平，山东 10 年间该指标均高于全国平均水平，四川 2010—2014 年该指标高于全国平均水平，山西除 2010 年外其余年份该指标均低于全国平均水平，宁夏、青海 2 省份除 2010—2012 年、2014 年该指标高于全国平均水平外其余年份均低于全国平均水平，陕西 2010—2013 年该指标高于全国平均水平，河南除 2010 年、2011 年、2013 年外其余年份该指标均高于全国平均水平，内蒙古除 2010 年、2014 年、2016 年该指标高于全国平均水平外其余年份均低于全国平均水平。

（2）农村亩均化肥减排量

图 3-89 呈现 2019 年黄河流域农村亩均化肥减排量。由图可知，9 省份农村亩均化肥减排量存在较大差异性，9 省份农村亩均化肥减排量从高到低依次为：青海、河南、四川、内蒙古、山西、山东、甘肃、宁夏、陕西，其中青海、河南、四川 3 省农村亩均化肥减排量远高于其他省份。与 9 省份平均水平相比，青海、河南、四川 3 省农村亩均化肥减排量高于 9 省份平均水平，其他省份则低于 9 省份平均水平。与全国平均水平相比，青海、河南 2 省农村亩均化肥减排量远高于全国平均水平，其他省份均低于全国平均水平。

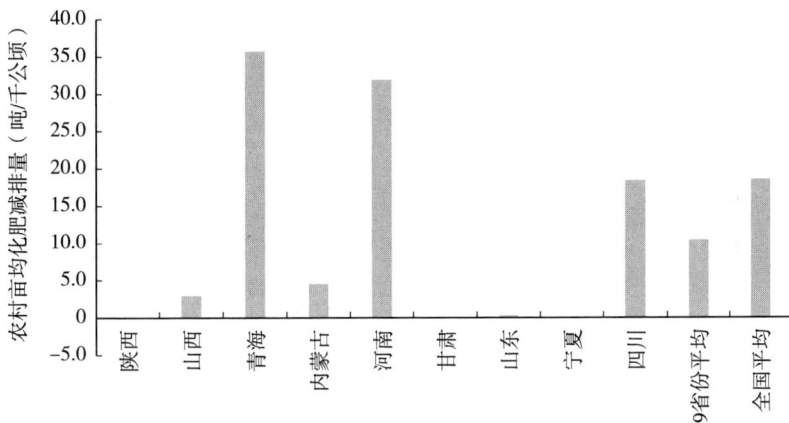

图 3-89　2019 年黄河流域农村亩均化肥减排量

图 3-90 呈现 2010—2019 年黄河流域农村亩均化肥减排量的变化情况。由图可知，10 年间黄河流域 9 省份农村亩均化肥减排量呈波动上升趋势，其中：山东、甘肃、陕西 3 省 10 年间该指标较为稳定，且接近于 0；青海、宁夏 2 省份 10 年间该指标呈波动上升趋势，且波动较大；四川、山西 2 省 10 年

间该指标呈波动上升趋势；河南 10 年间该指标呈上升趋势，其中 2012—2015
年增长幅度较为缓慢；内蒙古 10 年间该指标呈 U 形，最小值为 2014 年。

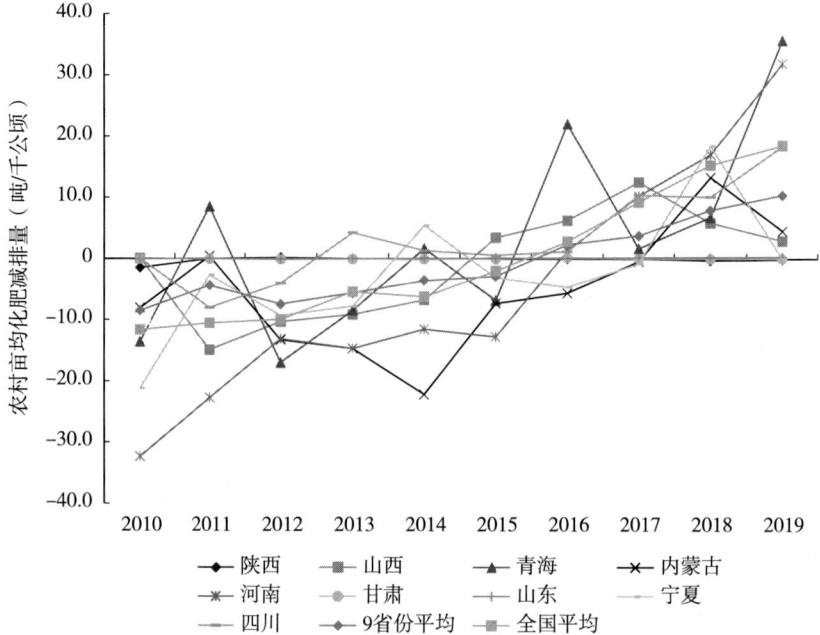

图 3-90　2010—2019 年黄河流域农村亩均化肥减排量

　　2010—2019 年黄河流域农村亩均化肥减排量 9 省份平均值呈波动上升。
与 9 省份平均水平相比，山东、甘肃、陕西 3 省 2010—2015 年该指标高于
9 省份平均水平，其余年份低于 9 省份平均水平；青海 2011 年、2016 年、
2019 年该指标高于 9 省份平均水平，其余年份均低于 9 省份平均水平；宁
夏 2011 年、2015 年、2018 年该指标高于 9 省份平均水平，其余年份均低于
9 省份平均水平；四川除 2011 年、2016 年、2018 年外，其余年份该指标均
高于 9 省份平均水平；山西 2010 年、2015—2017 年该指标高于 9 省份平均
水平，其余年份均低于 9 省份平均水平；河南 2010—2016 年该指标低于 9
省份平均水平，其余年份均高于 9 省份平均水平；内蒙古 2010—2011 年该
指标高于 9 省份平均水平，2012—2019 年低于 9 省份平均水平。

　　2010—2019 年全国农村亩均化肥减排量呈上升趋势。与全国平均水平相
比，山东、甘肃、陕西 3 省 2010—2015 年该指标高于全国平均水平，其余年

份低于全国平均水平；青海 2011 年、2016 年、2019 年该指标高于全国平均水平，宁夏 2011 年、2015 年、2018 年该指标高于全国平均水平；四川除 2016 年、2018 年外，其余年份该指标均高于全国平均水平；山西 2010 年、2014—2017 年该指标高于全国平均水平，其余年份均低于全国平均水平；河南 2010—2016 年该指标低于全国平均水平，其余年份均高于全国平均水平；内蒙古 2010—2011 年、2018 年该指标高于全国平均水平，其余年份均低于全国平均水平。

（3）污水治理投资强度

以污水治理投资（元）与农业总产值（元）的比值衡量地区污水治理投资强度。图 3 - 91 呈现了 2019 年黄河流域污水治理投资强度的基本状况。由图可知，黄河流域污水治理投资强度 9 省份平均水平低于全国平均水平；山西、河南的污水治理投资强度相对较大，且高于全国平均水平；四川的污水治理投资强度低于全国平均水平，但高于 9 省份平均水平；青海、山东、甘肃、内蒙古、宁夏、陕西的污水治理投资强度相对低于 9 省份平均水平。

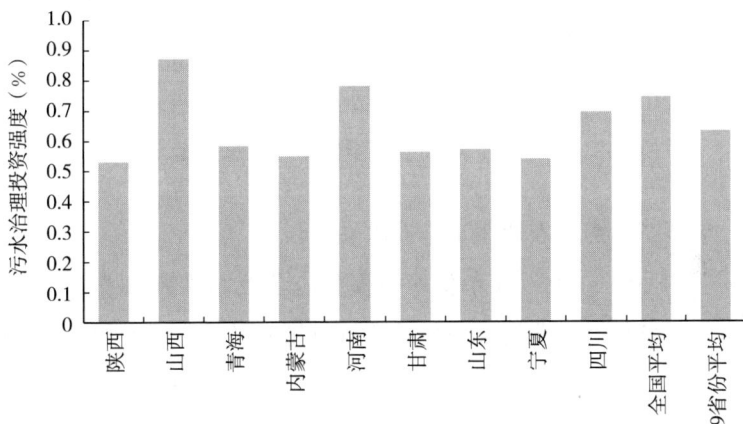

图 3 - 91　2019 年黄河流域污水治理投资强度

图 3 - 92 呈现了 2010—2019 年黄河流域污水投资治理强度的变化趋势。由图可知，黄河流域污水投资治理强度呈现波动变化状态。从 9 省份平均值看，其 2010—2012 年呈现下降趋势，2013—2014 年呈现上升趋势，2015—2016 年小幅度下降，2017—2019 年有所回升，总体变化幅度不大，年均涨幅仅 0.01％；山东污水治理投资强度总体呈现降低趋势，年均降低 2.16％；

其他省份的指标值总体呈现上升趋势，依据年均涨幅的大小，依次为山西4.25%、河南3.58%、陕西2.48%、四川2.27%、甘肃1.40%、内蒙古0.74%、青海0.71%、宁夏0.66%。

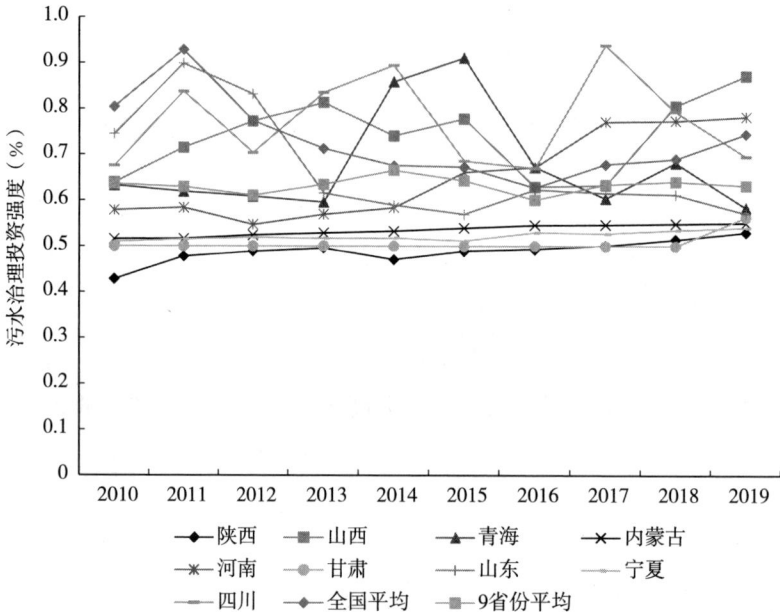

图3-92 2010—2019年黄河流域污水治理投资强度

（4）单位耕地面积农业废水排放水平

图3-93呈现了2019年单位耕地面积农业废水排放水平，计算方法为"（农业氨氮排放量＋农业污染源化学需氧量排放量）/耕地面积"。由图可知，黄河流域单位耕地面积农业废水排放水平9省份平均水平低于全国平均水平。其中，山东的指标值为14.19吨/万公顷，高于全国平均水平14.08吨/万公顷；山西、陕西、四川的指标值分别为12.20吨/万公顷、10.26吨/万公顷、9.58吨/万公顷，均高于9省份平均值8.32吨/万公顷；河南、青海、宁夏、内蒙古、甘肃的单位耕地面积农业废水排放水平相对较低。

图3-94呈现了2010—2019年黄河流域单位耕地面积农业废水排放水平的变化趋势。从9省份平均值看，黄河流域单位面积农业废水排放水平从2010年的13.04吨/万公顷降低至2019年的8.32吨/万公顷，总体呈下降

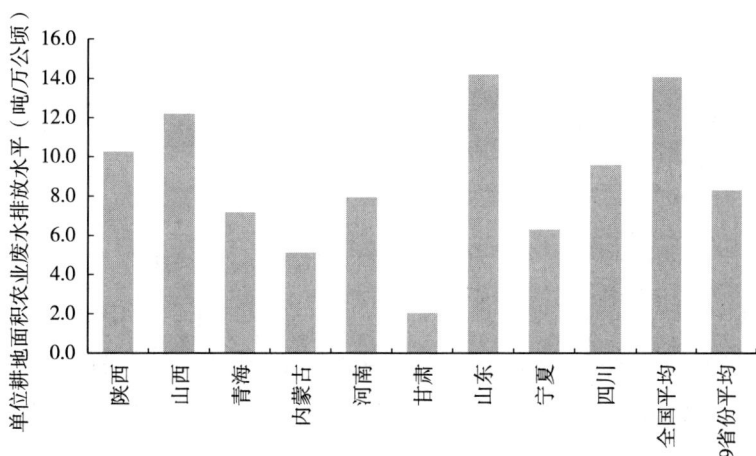

图 3-93 2019 年黄河流域单位耕地面积农业废水排放水平

趋势；山西、内蒙古、宁夏、四川、甘肃的单位耕地面积农业废水排放水平降低幅度较大，年均降幅分别为 7.10%、6.45%、5.57%、5.08%、5.01%，均高于 9 省份平均值的年降幅 4.82%；陕西、河南、山东、青海单位耕地面积农业废水排放水平的降低幅度相对较小。

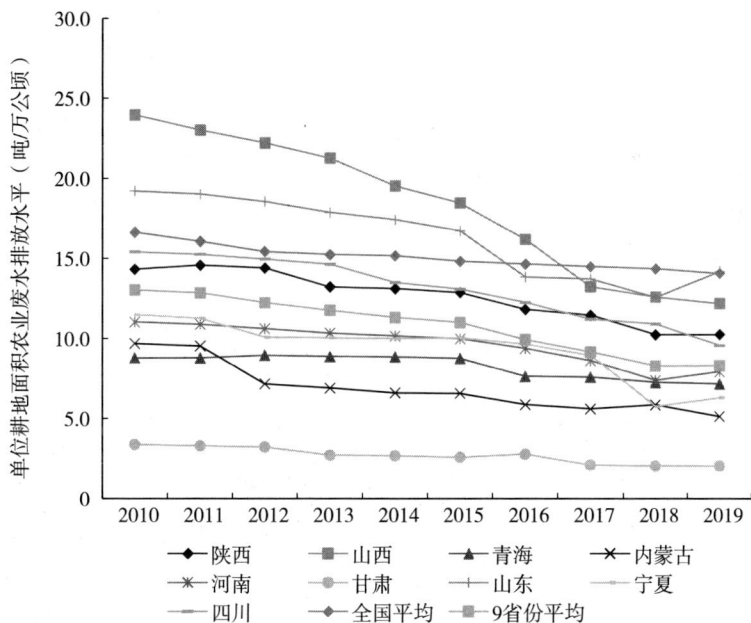

图 3-94 2010—2019 年黄河流域单位耕地面积农业废水排放水平

3.6.2 农村生活环境治理

结合相关研究成果，此处的农村生活环境治理主要用森林覆盖率、水土流失治理面积占比和农村污水治理强度指标进行分析。

（1）森林覆盖率

图3-95呈现了2019年黄河流域森林覆盖率的整体状况。由图可知，黄河流域森林覆盖率9省份平均值为22.83%，与全国平均水平22.96%基本接近；陕西、四川、河南的森林覆盖率相对较高，分别为43.01%、39.63%、25.40%；内蒙古、山西、山东、宁夏、甘肃、青海的森林覆盖率相对低于9省份平均水平。

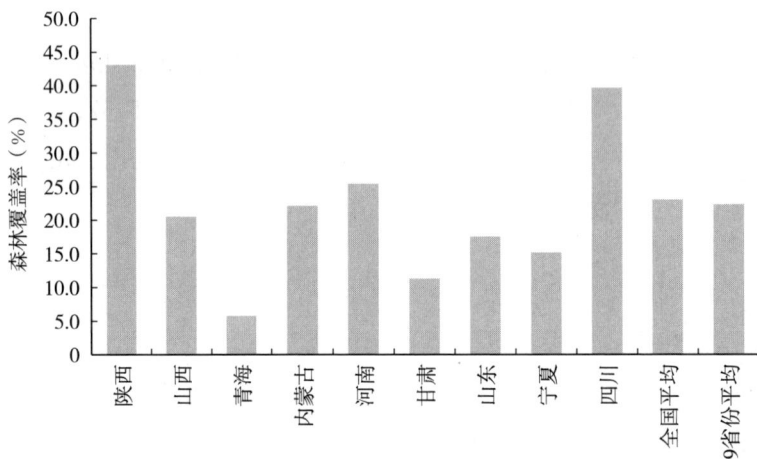

图3-95　2019年黄河流域森林覆盖率

图3-96呈现了2010—2019年黄河流域森林覆盖率的变化趋势。由图可知，黄河流域各省份森林覆盖率呈现稳中有升的趋势。具体而言，山西、宁夏、河南、四川的森林覆盖增加值较大，分别增加了6.38%、5.36%、5.20%、4.81%，均高于9省份森林覆盖率平均水平的增加值3.16%；内蒙古、青海、甘肃、山东森林覆盖率的增加值相对较小，分别为2.10%、1.64%、1.25%、0.91%、0.79%。

（2）水土流失治理面积占比

以水土流失治理面积（万公顷）占农用地面积（万公顷）的比例衡量水

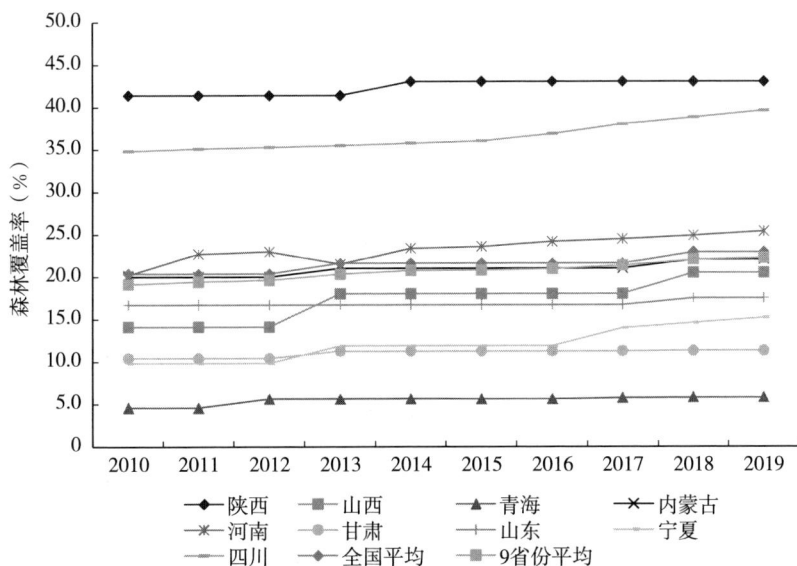

图 3-96　2010—2019 年黄河流域森林覆盖率

土流失治理面积占比。图 3-97 呈现了 2019 年黄河流域水土流失治理面积
占比的基本状况。由图可知，2019 年黄河流域 9 省份平均水土流失治理面
积约占农用地面积的 40％；山西、宁夏、甘肃、陕西的水土流失治理面积
占比较高，分别为 70.74％、62.78％、51.63％、42.57％，均高于 9 省份
平均水平；山东、青海、四川、河南、内蒙古水土流失治理面积占比相对
较低。

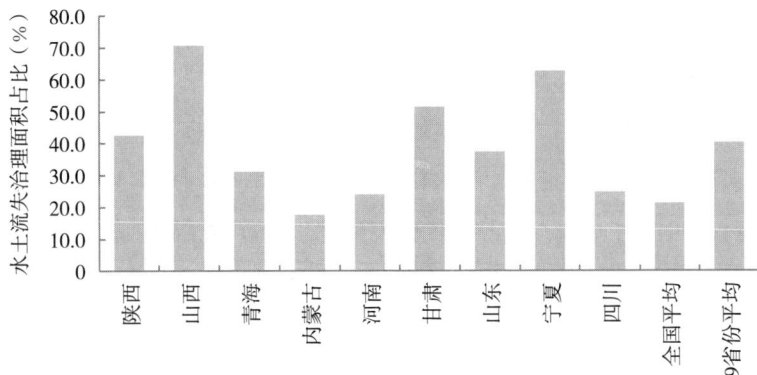

图 3-97　2019 年黄河流域水土流失治理面积占比

图 3-98 呈现了 2010—2019 年黄河流域水土流失治理面积占比的变化趋势。由图可知，黄河流域水土流失治理面积占比总体呈现上升趋势，其中：山西、宁夏的比值分别在 2012 年、2013 年存在小幅度降低；陕西、山东、河南的比值在 2013 年存在大幅度下降，之后的年份有所回升，但增幅较小；甘肃、青海、四川、内蒙古的水土流失治理面积占比均呈现稳定上升趋势。

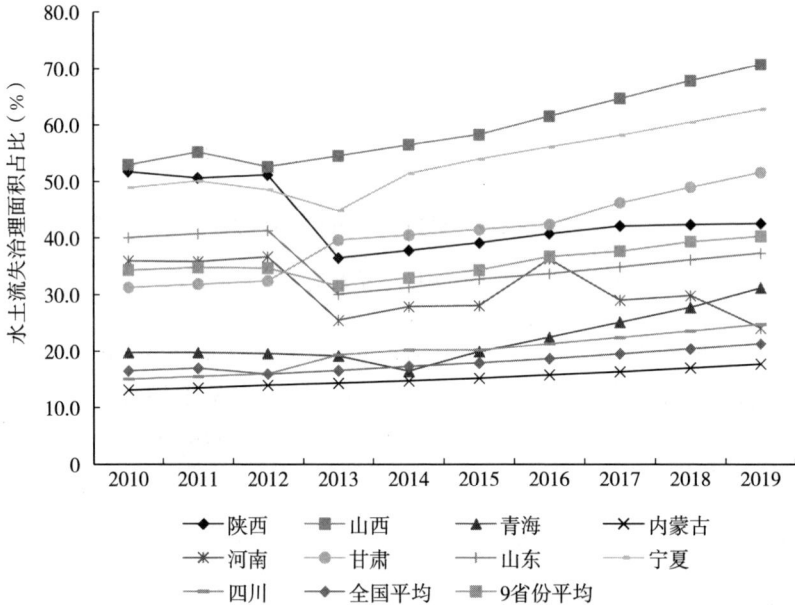

图 3-98 2010—2019 年黄河流域水土流失治理面积占比

（3）农村污水治理强度

图 3-99 呈现 2019 年黄河流域农村污水治理强度。由图可知，9 省份农村污水治理强度不尽相同，9 省份农村污水治理强度从高到低依次为：山西、河南、四川、青海、山东、甘肃、内蒙古、宁夏、陕西。与 9 省份平均水平相比，山西、河南、四川 3 省农村污水治理强度高于 9 省份平均水平，其他 6 省份则低于 9 省份平均水平。与全国平均水平相比，山西、河南 2 省农村污水治理强度高于全国平均水平，其他省份均低于全国平均水平。

图 3-100 呈现 2010—2019 年黄河流域农村污水治理强度的变化情况。

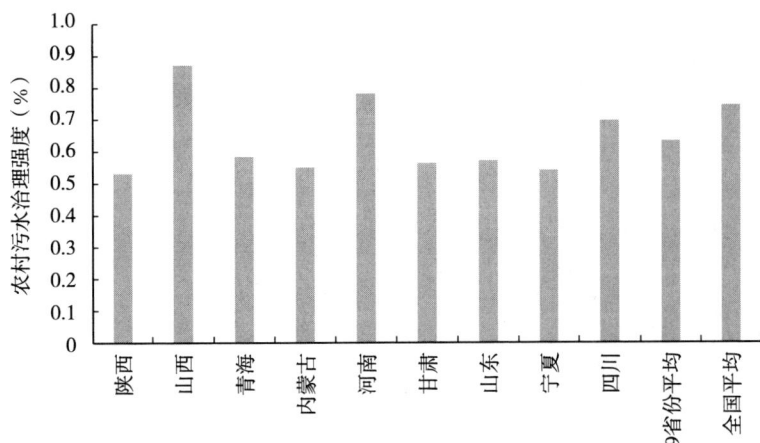

图 3-99　2019 年黄河流域农村污水治理强度

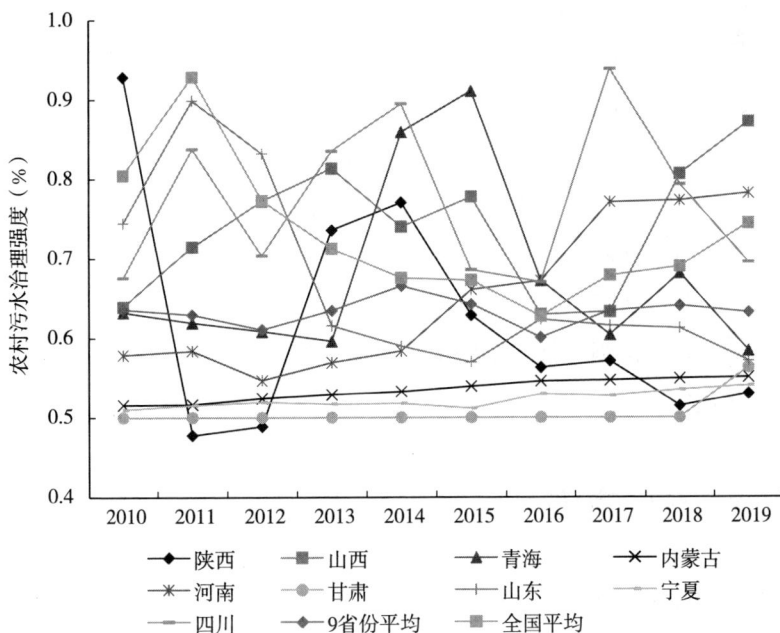

图 3-100　2010—2019 年黄河流域农村污水治理强度

由图可知，10 年间黄河流域农村污水治理强度较为波动，其中：内蒙古、宁夏、甘肃 3 省份 10 年间该强度较为稳定；陕西 10 年间该强度波动较大，2011 年有较大降幅，2012—2014 年该强度逐渐上升，2015—2019 年该强度呈持续下降趋势；河南 10 年间该强度呈持续上升趋势，山东 10 年间该强度呈现波动下降趋势，山西、青海、四川 3 省 10 年间农村污染治理强度波动性较大。

2010—2019 年黄河流域农村污水治理强度 9 省份平均值较为稳定。与 9 省份平均水平相比，四川、山西 2 省 2010—2019 年农村污水治理强度均高于 9 省份平均水平，内蒙古、宁夏、甘肃 3 省份 10 年间该强度均低于 9 省份平均水平，陕西除 2010 年、2013—2014 年外其余年份该强度均低于 9 省份平均水平，山东除 2010—2012 年、2016 年外其余年份该强度均低于 9 省份平均水平，青海除 2014—2016 年外其余年份该强度均低于 9 省份平均水平，河南除 2010—2014 年该强度低于 9 省份平均水平外其余年份该强度均高于 9 省份平均水平。

2010—2019 年全国农村污水治理强度呈波动下降趋势。与全国平均水平相比，内蒙古、宁夏、甘肃 3 省份 2010—2019 年农村污水治理强度均低于全国平均水平，山东除 2012 年外其余年份该强度均低于全国平均水平，四川除 2010—2012 年、2019 年外其余年份该强度均高于全国平均水平，山西除 2010—2012 年、2017 年该强度低于全国平均水平外其余年份均高于全国平均水平，青海除 2014—2016 年外其余年份该强度均低于全国平均水平，陕西除 2010 年、2013—2014 年外其余年份该强度均低于全国平均水平，河南 2010—2015 年该强度低于全国平均水平、2016—2019 年该强度高于 9 省份全国平均水平。

3.7 农村基础设施和公共服务

消除贫困、改善民生、逐步实现共同富裕，是社会主义的本质要求（李景景，2016）。当前，黄河流域地区社会主要矛盾的突出表现就是城乡发展不平衡，乡村发展不充分。农村基础设施的持续发展是促进农村经济增长、推动农村生态文明建设的主要内容和具体手段。随着新型城镇化建设的不断推进，黄河流域地区的农村基础设施建设和公共服务供给发展潜力巨大。全面分析黄河流域内农村基础设施建设和公共服务供给状态，是制定可持续发展和高质量发展各阶段目标必不可少的工作。

结合现有研究成果，此处的农村基础设施和公共服务主要用农村基础设施和农村公共服务指标进行分析。

3.7.1 农村基础设施

结合现有研究成果，此处的农村基础设施主要用农村每万人公共交通拥有量和农村互联网普及率指标进行分析。

（1）农村每万人公共交通拥有量

图 3 - 101 呈现 2019 年黄河流域农村每万人公共交通拥有量。由图可知，9 省份农村每万人公共交通拥有量不尽相同，9 省份农村每万人公共交通拥有量从高到低依次为：四川、山西、宁夏、河南、山东、陕西、青海、内蒙古、甘肃。与 9 省份平均水平相比，四川、山西、宁夏、河南 4 省份该拥有量高于 9 省份平均水平，其余 5 省份均低于 9 省份平均水平。与全国平均水平相比，仅四川该拥有量高于全国平均水平，其他省份均低于全国平均水平。

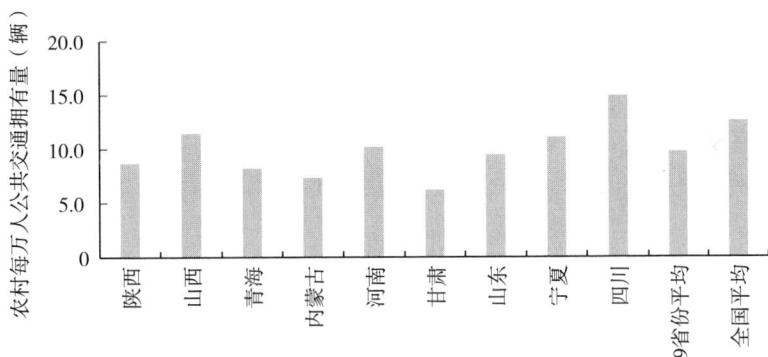

图 3 - 101　2019 年黄河流域农村每万人公共交通拥有量

图 3 - 102 呈现 2010—2019 年黄河流域农村每万人公共交通拥有量的变化情况。由图可知，10 年间黄河流域农村每万人公共交通拥有量呈上升趋势，其中：河南、山西、陕西、甘肃 4 省 10 年间该拥有量呈持续上升趋势；宁夏、四川、山东、青海、内蒙古 5 省份 10 年间该拥有量呈波动上升趋势，

且四川波动性较大。

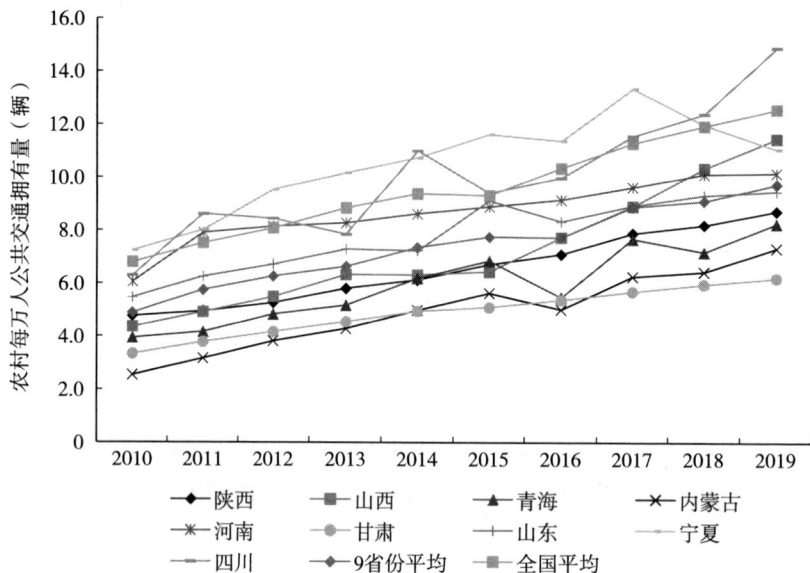

图 3-102　2010—2019 年黄河流域农村每万人公共交通拥有量

2010—2019 年黄河流域农村每万人公共交通拥有量的平均值呈上升趋势。与 9 省份平均水平相比，宁夏、四川、河南 3 省份 2010—2019 年农村每万人公共交通拥有量均高于 9 省份平均水平；山东除 2019 年外，其余年份该拥有量均高于 9 省份平均水平；陕西、青海、内蒙古、甘肃 4 省份 10 年间该拥有量均低于 9 省份平均水平；山西 2010—2016 年该拥有量低于 9 省份平均水平，2017—2019 年该拥有量高于 9 省份平均水平。

2010—2019 年全国农村每万人公共交通拥有量平均水平呈上升趋势。与全国平均水平相比，山东、陕西、山西、青海、内蒙古、甘肃 6 省份 2010—2019 年农村每万人公共交通拥有量均低于全国平均水平，宁夏除 2019 年外其余年份该拥有量均高于全国平均水平，河南除 2012 年外其余年份该拥有量低于全国平均水平，四川除 2010 年、2013 年、2016 年该拥有量低于全国平均水平外其余年份均高于全国平均水平。

（2）农村互联网普及率

以每百户农村居民家庭年底电脑拥有情况衡量农村互联网普及率。

图 3-103 呈现了 2019 年黄河流域农村互联网普及率的基本状况。由图可知，黄河流域农村互联网普及率 9 省份平均水平为 24.31 台/百户，低于全国平均水平 27.50 台/百户；山东、河南、山西的农村互联网普及率相对较高，高于全国平均水平；内蒙古、宁夏的农村互联网普及率低于全国平均水平，但高于 9 省份平均水平；甘肃、四川、青海、陕西的农村互联网普及率相对较低。

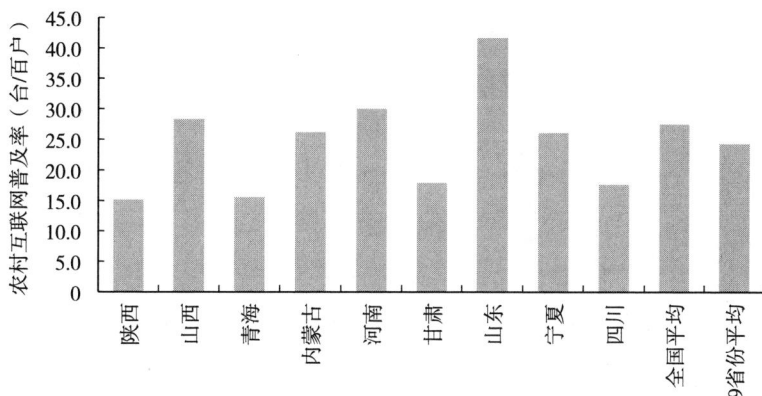

图 3-103　2019 年黄河流域农村互联网普及率

图 3-104 呈现了 2010—2019 年黄河流域农村互联网普及率的变化趋势。由图可知，从 9 省份平均值看，黄河流域农村互联网普及率在 2010—2016 年呈现大幅上升趋势，2017—2018 年有所下降，2019 年有所回升，总体呈上升趋势，年均涨幅为 17.50%。各省份的农村互联网普及率总体呈上升趋势，其中：内蒙古、甘肃、山西、河南的农村互联网普及率的年均增幅较大，分别为 28.39%、26.25%、22.03%、20.38%；青海、四川、陕西、宁夏、山东的农村互联网普及率的年均增幅相对较低。

3.7.2 农村公共服务

结合现有研究成果，此处的农村公共服务主要用每百名乡村学生拥有教师数量、农村人均教育支出、乡镇卫生院服务人口规模、农村每万人拥有卫生床位数和农村每十万人文化服务机构数指标进行分析。

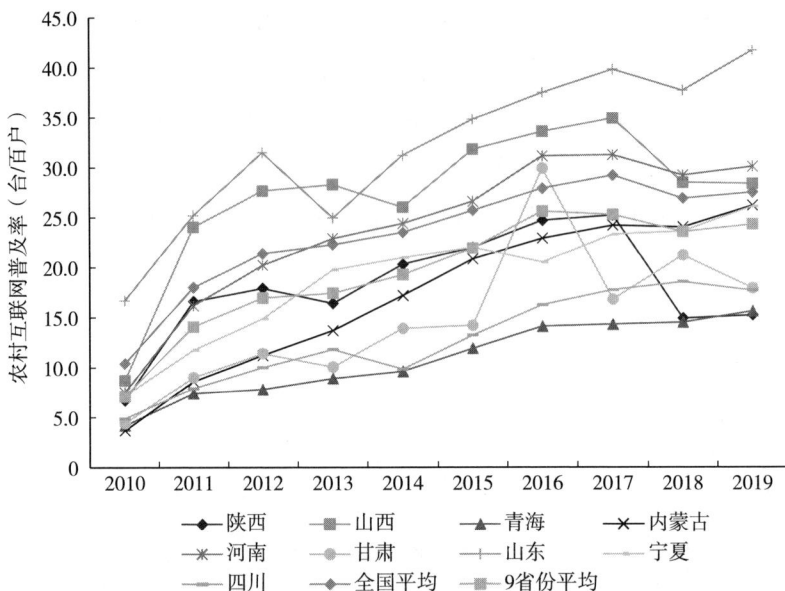

图 3-104　2010—2019 年黄河流域农村互联网普及率

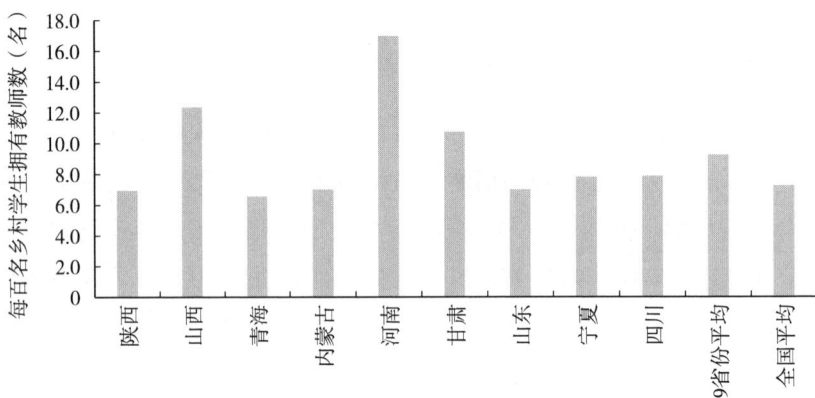

图 3-105　2019 年黄河流域每百名乡村学生拥有教师数量

（1）每百名乡村学生拥有教师数量

图 3-105 呈现 2019 年黄河流域每百名乡村学生拥有教师数量。由图可知，9 省份每百名乡村学生拥有教师数量存在差异，该数量从高到低依次为：河南、山西、甘肃、四川、宁夏、内蒙古、山东、陕西、青海。其中，河南该数量远高于其他省份。与 9 省份平均水平相比，河南、山西、甘肃 3

省该数量高于 9 省份平均水平，其他 6 省份则低于 9 省份平均水平。与全国平均水平相比，河南、山西、甘肃、四川、宁夏 5 省份该数量高于全国平均水平，其余省份均低于全国平均水平。

图 3-106 呈现 2010—2019 年黄河流域每百名乡村学生拥有教师数量的变化情况。由图可知，10 年间黄河流域每百名乡村学生拥有教师数量总体呈缓慢上升趋势，其中：山西、四川 2 省 10 年间该数量呈缓慢下降趋势，宁夏、内蒙古、陕西、山东、青海 5 省份 10 年间该数量呈缓慢上升趋势，甘肃、河南 2 省 10 年间该数量持续上升且增长幅度较大。山西、河南每百名乡村学生拥有教师数量远高于其他省份。

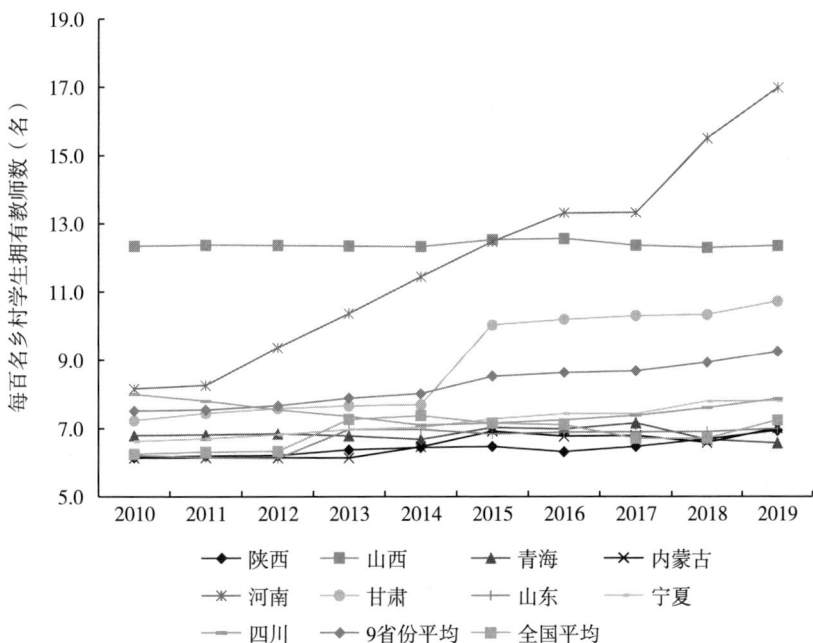

图 3-106　2010—2019 年黄河流域每百名乡村学生拥有教师数量

2010—2019 年黄河流域每百名乡村学生拥有教师数量 9 省份平均值呈上升趋势。与 9 省份平均水平相比，山西、河南 2 省 2010—2019 年每百名乡村学生拥有教师数量均高于 9 省份平均水平，四川除 2010—2011 年外其余年份该数量均低于 9 省份平均水平，甘肃 2010—2014 年该数量低于 9 省份平均水平、2015—2019 年该数量均高于 9 省份平均水平，其余省份 10 年间该数量均低于 9 省份平均水平。

2010—2019 年全国每百名乡村学生拥有教师数量呈缓慢上升趋势。与全国平均水平相比，山西、河南、甘肃 3 省 2010—2019 年每百名乡村学生拥有教师数量均高于全国平均水平；四川 2013—2015 年该数量低于全国平均水平，其余年份均高于全国平均水平；宁夏除 2013—2014 年外，其余年份均高于全国平均水平；青海 2010—2012 年、2017 年该数量高于全国平均水平，其余年份均低于全国平均水平；山东除 2017 年、2018 年外，其余年份该数量低于全国平均水平；内蒙古除 2017 年外，其余省份该数量均低于全国平均水平；陕西 10 年间该数量均低于全国平均水平。

（2）农村人均教育支出

图 3 - 107 呈现 2019 年黄河流域农村人均教育支出水平。由图可知，9 省份农村人均教育支出存在差异，各省份农村人均教育支出从高到低依次为：内蒙古、河南、山东、宁夏、甘肃、山西、陕西、四川、青海。与 9 省份平均水平相比，内蒙古、河南、甘肃、山东、宁夏的农村人均教育支出高于 9 省份平均水平，陕西、山西、青海、四川的农村人均教育支出低于 9 省份平均水平。与全国平均水平相比，仅内蒙古农村人均教育支出高于全国平均水平，其余省份均低于全国平均水平。

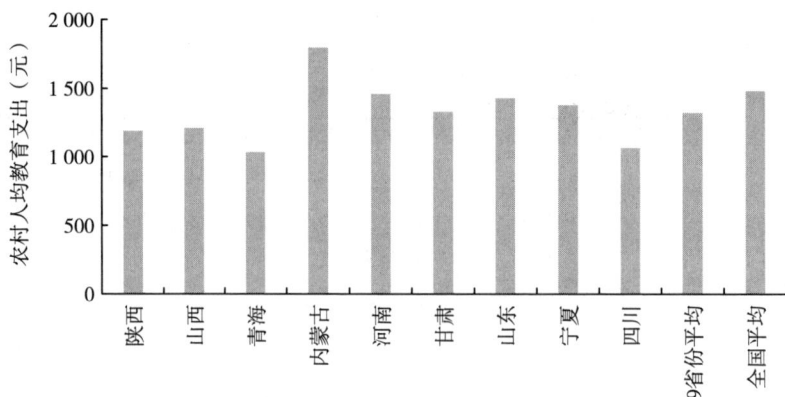

图 3 - 107　2019 年黄河流域农村人均教育支出

图 3 - 108 呈现 2010—2019 年黄河流域农村人均教育支出的变化趋势。由图可知，9 省份农村人均教育支出均呈现上升趋势。内蒙古 2013 年农村

人均教育支出涨幅较大；陕西农村人均教育支出水平呈现波动上升，在2018年小幅下降。

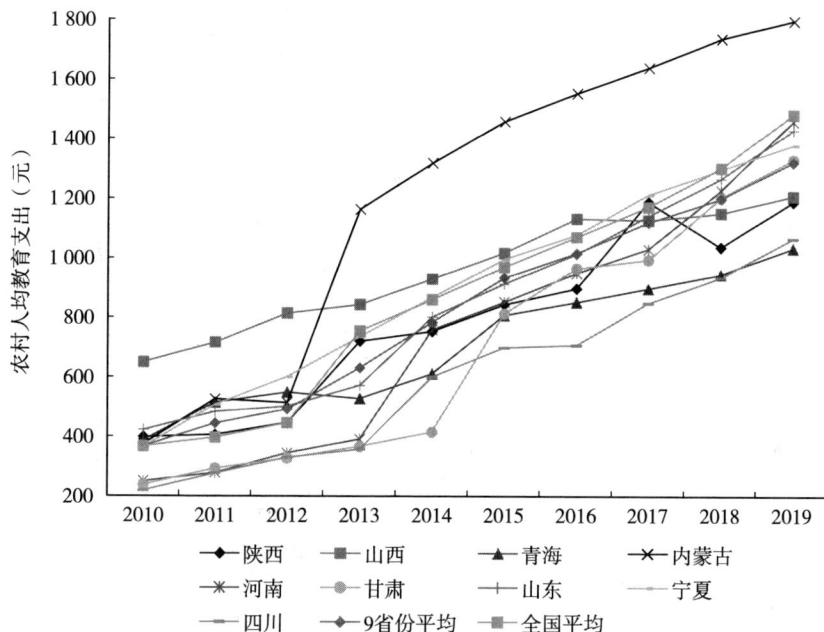

图 3-108 2010—2019 年黄河流域农村人均教育支出

2010—2019 年黄河流域农村人均教育支出 9 省份平均值呈持续上升趋势。与 9 省份平均水平相比，甘肃、青海、四川 2010—2019 年农村人均教育支出高于其余省份，其他省份均低于 9 省份平均水平。

2010—2019 年全国农村人均教育支出水平持续上升。与全国平均水平相比，2010—2012 年除青海、河南、甘肃的农村人均教育支出低于全国平均水平外，其余省份均高于全国平均水平；2013—2019 年内蒙古、山西的农村人均教育支出高于全国平均水平，宁夏农村人均教育支出与全国平均水平基本持平，而其余省份均低于全国平均水平。

（3）乡镇卫生院服务人口规模

以农村人口数量（万人）与乡镇卫生院数量（个）的比值衡量乡镇卫生院服务人口规模。图 3-109 呈现了 2019 年黄河流域乡镇卫生院服务人口规模的总体状况。由图可知，黄河流域乡镇卫生院服务人口规模 9 省份平均值为 1.45（万人/个），与全国平均水平 1.53（万人/个）差距不大；山东、河南乡镇卫生院服务人口规模相对较大，分别为 3.30（万人/个）、2.50（万人/个），均高于 9 省份平均水平；宁夏、四川、山西、陕西、甘肃、内蒙古、青海指标值相对较低。

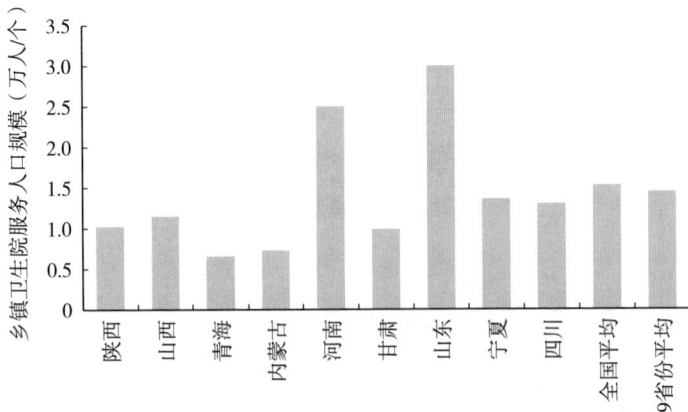

图 3-109 2019 年黄河流域乡镇卫生院服务人口规模

图 3-110 呈现了 2010—2019 年黄河流域乡镇卫生院服务人口规模的变化趋势。由图可知，黄河流域乡镇卫生院服务人口规模总体呈现下降趋势。从 9 省份平均值看，黄河流域乡镇卫生院服务人口规模从 2010 年的 1.66（万人/个）下降到 2019 年的 1.45（万人/个），年均下降 1.49%；山西、河南、甘肃、青海、陕西、山东乡镇卫生院服务人口规模的下降速度相对较快，年均降幅分别为 3.20%、2.23%、2.22%、1.67%、1.66%、1.56%；内蒙古、四川、宁夏乡镇卫生院服务人口规模的下降趋势相对平缓，年均降幅分别为 1.34%、0.97%、0.41%。

（4）农村每万人拥有卫生床位数

图 3-111 呈现 2019 年黄河流域农村每万人拥有卫生床位数。由图可知，9 省份农村每万人拥有卫生床位数不尽相同，各省份该数量从高到低依次为：河南、内蒙古、四川、陕西、山西、甘肃、山东、青海、宁夏。与 9 省份平均水平相比，河南、内蒙古、四川、陕西、山西、甘肃 6 省份该数量高于 9 省份平均水平，其余省份则低于 9 省份平均水平。与全国平均

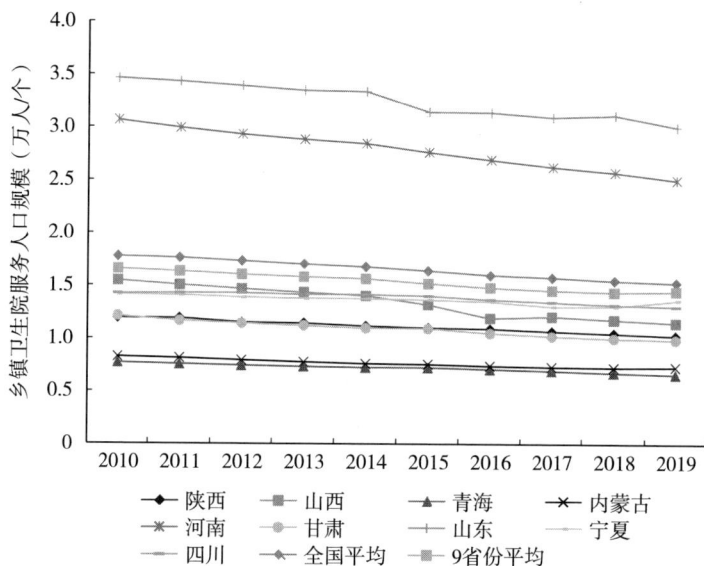

图 3-110 2010—2019 年黄河流域乡镇卫生院服务人口规模

水平相比，仅河南该数量高于全国平均水平，其他省份均低于全国平均水平。

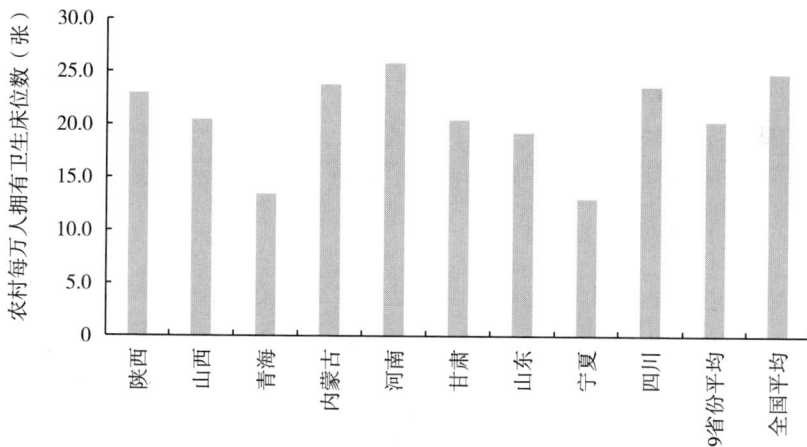

图 3-111 2019 年黄河流域农村每万人拥有卫生床位数

图 3-112 呈现 2010—2019 年黄河流域农村每万人拥有卫生床位数的变化情况。由图可知，10 年间黄河流域 9 省份农村每万人拥有床位数总体呈

上升趋势，其中：甘肃、宁夏、青海、山西、河南、内蒙古、四川7省份10年间该数量持续上升，陕西、山东2省10年间该数量呈现波动上升趋势。青海、宁夏2省10年间该数量远低于其他省份。

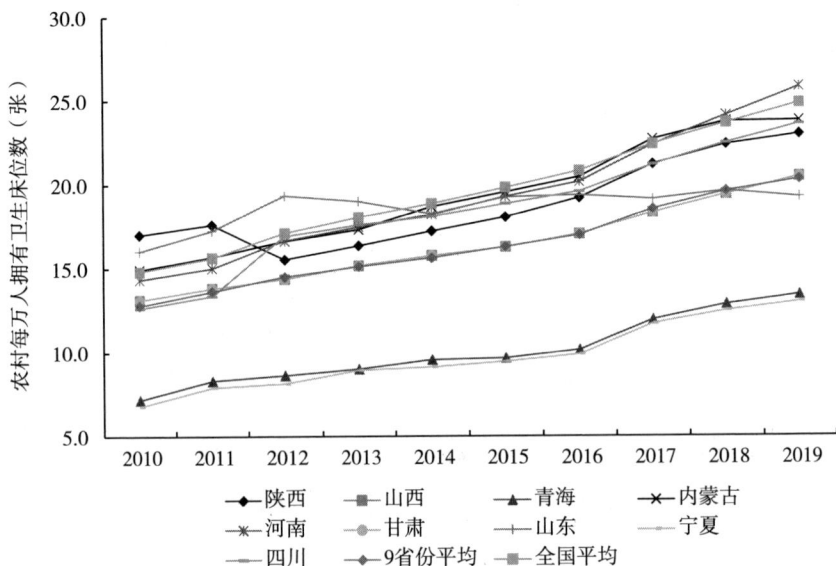

图3-112 2010—2019年黄河流域农村每万人拥有卫生床位数

2010—2019年黄河流域农村每万人拥有卫生床位数9省份平均值呈上升趋势。与9省份平均水平相比，青海、宁夏2省份2010—2019年农村每万人拥有卫生床位数均低于9省份平均水平，陕西、内蒙古、河南3省份10年间该数量均高于9省份平均水平，甘肃、山西2省10年间该数量接近于9省份平均水平，山东除2019年外其余年份该数量均高于9省份平均水平，四川除2010—2011年外其余年份该数量均高于9省份平均水平。

2010—2019年全国农村每万人拥有卫生床位数呈上升趋势。与全国平均水平相比，内蒙古2010—2019年农村每万人拥有卫生床位数接近于全国平均水平；河南除2018—2019年外，其余年份该数量均低于全国平均水平；陕西除2010—2011年外，其余年份该数量均低于全国平均水平；山东2010—2013年该数量高于全国平均水平，2014—2019年该数量均低于全国平均水平。

（5）农村每十万人文化服务机构数

图 3-113 呈现 2019 年黄河流域农村每十万人文化服务机构数。由图可知，农村每十万人文化服务机构数存在差异性，各省份该数量从高到低依次为：青海、内蒙古、甘肃、山西、陕西、宁夏、四川、河南、山东。其中，河南、山东该数量远低于其他省份。与 9 省份平均水平相比，青海、内蒙古、甘肃、山西 4 省份该数量高于 9 省份平均水平，其余省份该数量则低于 9 省份平均水平。与全国平均水平相比，除河南、山东外的其余省份该数量均高于全国平均水平。

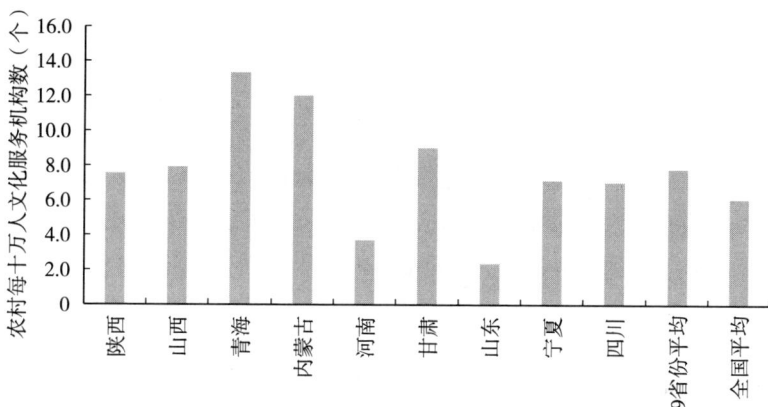

图 3-113　2019 年黄河流域农村每十万人文化服务机构数

图 3-114 呈现 2010—2019 年黄河流域农村每十万人文化服务机构数的变化情况。由图可知，10 年间黄河流域农村每十万人文化服务机构数总体呈现上升趋势，其中：青海、甘肃、山西、四川、宁夏、河南、山东 7 省份 10 年间该数量呈持续上升趋势；内蒙古 10 年间该数量呈正 U 形，2010—2011 年该数量呈下降趋势，2012—2019 年该数量呈上升趋势，2011 年为最低点；陕西 10 年间该数量呈倒 U 形，2010—2014 年该数量呈上升趋势，2015—2019 年该数量呈下降趋势，峰值为 2014 年。

2010—2019 年黄河流域农村每十万人文化服务机构数 9 省份平均水平呈上升趋势。与 9 省份平均水平相比，青海、内蒙古、甘肃 3 省份

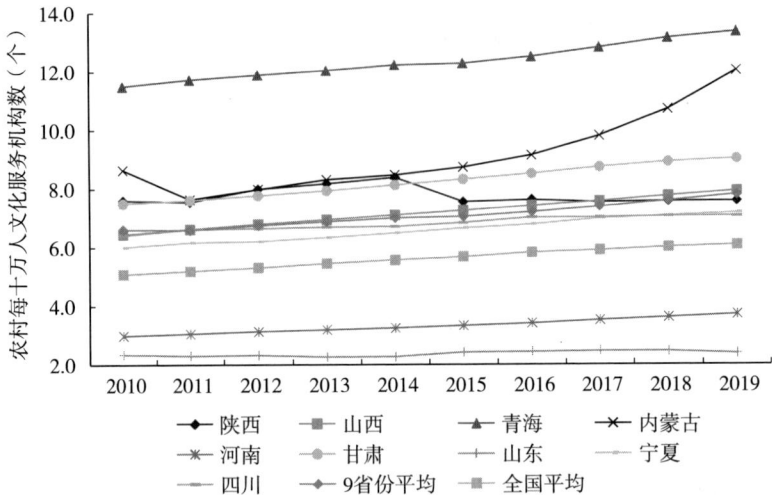

图 3-114　2010—2019 年黄河流域农村每十万人文化服务机构数

2010—2019 年农村每十万人文化服务机构数均高于 9 省份平均水平；陕西除 2019 年外，其余年份该数量均高于 9 省份平均水平；山西除 2010 年外，其余年份该数量均高于 9 省份平均水平；其余省份 10 年间该数量均低于 9 省份平均水平。

2010—2019 年全国农村每十万人文化服务机构数呈上升趋势。与全国平均水平相比，河南、山东 2 省 2010—2019 年农村每十万人文化服务机构数均低于全国平均水平，其余省份 10 年间该数量均高于全国平均水平。

3.8 农村居民生活水平

农业农村高质量发展以生产优质农产品为目标，以农民增收为目的（赫修贵，2019），在满足社会各方对农业供给的基本要求和美好需求的同时，强调寻求经济增长、实现发展成果惠及大众。因此，提高农村居民生活水平是黄河流域农业农村高质量发展应有的题中之义。

结合现有研究成果，此处的农村居民生活水平主要用农村居民收入水平和农村居民生活条件指标进行分析。

3.8.1 农村居民收入水平

结合现有研究成果，此处的农村居民收入水平主要用农民人均可支配收入、农民人均可支配收入实际增长率和工资性收入占比指标进行分析。

（1）农民人均可支配收入

农民人均可支配收入是指反映农民家庭全部收入中能用于安排家庭日常生活的那部分收入。图3-115呈现了2019年黄河流域农民人均可支配收入的基本状况。由图可知，黄河流域农民人均可支配收入9省份平均值为13 567.28元，低于全国平均水平16 020.70元。山东农民人均可支配收入水平较高，为17 775.00元，高于全国平均水平；内蒙古、河南、四川的农民人均可支配收入分别为15 282.82元、15 163.74元、14 670.00元，均高于9省份平均水平；山西、宁夏、陕西、青海、甘肃的农民人均可支配收入相对低于9省份平均水平；各省份的农民人均可支配收入整体呈现"山东＞内蒙古＞河南＞四川＞山西＞宁夏＞陕西＞青海＞甘肃"的分布态势。

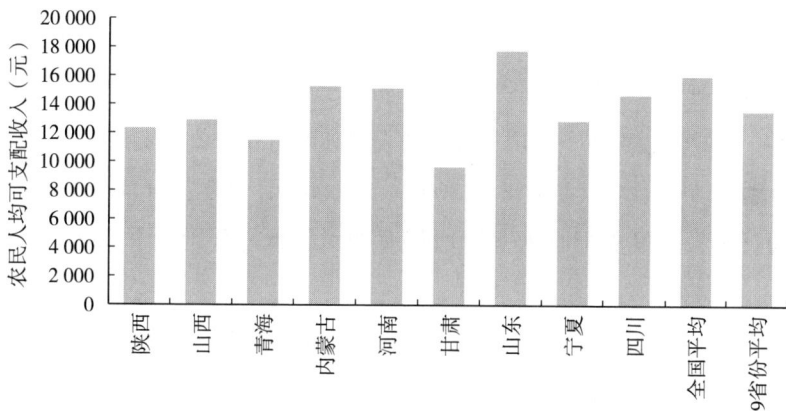

图3-115　2019年黄河流域农民人均可支配收入

图3-116呈现了2010—2019年黄河流域农民人均可支配收入的变化趋势。由图可知，黄河流域农民人均可支配收入呈现稳定上升趋势。各省份上升幅度差异不大，四川、青海、内蒙古、陕西、河南、山西的上涨幅度相对较大，甘肃、山东、宁夏的上涨幅度相对较小。

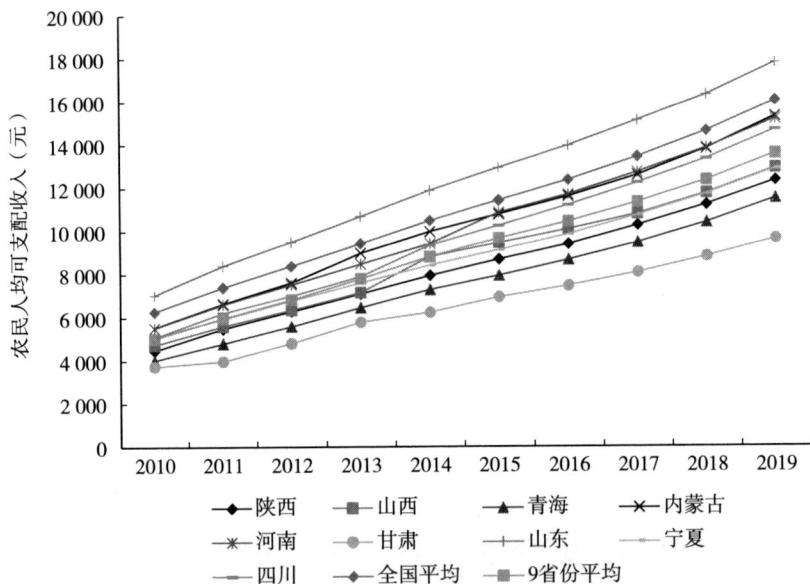

图 3-116　2010—2019 年黄河流域农民人均可支配收入

（2）农民人均可支配收入实际增长率

图 3-117 呈现了 2019 年黄河流域农民人均可支配收入实际增长率。由图可知，黄河流域该指标 9 省份平均值为 9.90%，相对高于全国平均水平 9.60%；内蒙古、青海、四川、陕西的农民人均可支配收入实际增长率相对较高，分别为 10.75%、10.64%、10.04%、9.93%；宁夏、山西、河南、甘肃、山东的农民人均可支配收入实际增长率相对较低，分别为 9.82%、9.80%、9.64%、9.37%、9.06%。

图 3-118 呈现了 2010—2019 年黄河流域农民人均可支配收入实际增长率的变化趋势。黄河流域农民人均可支配收入实际增长率 9 省份平均值呈现波动变化趋势，2010—2011 年增长率上涨，2012—2016 年呈大幅下降趋势，2017—2019 年呈上升趋势。9 省份的增长率也呈现与 9 省份平均值基本一致的变化趋势，各省在 2010—2015 年总体呈现大幅波动趋势，2016—2019 年变化趋势趋于一致，均小幅度上升。

（3）工资性收入占比

图 3-119 呈现了 2019 年黄河流域工资性收入占比的基本状况。由图可

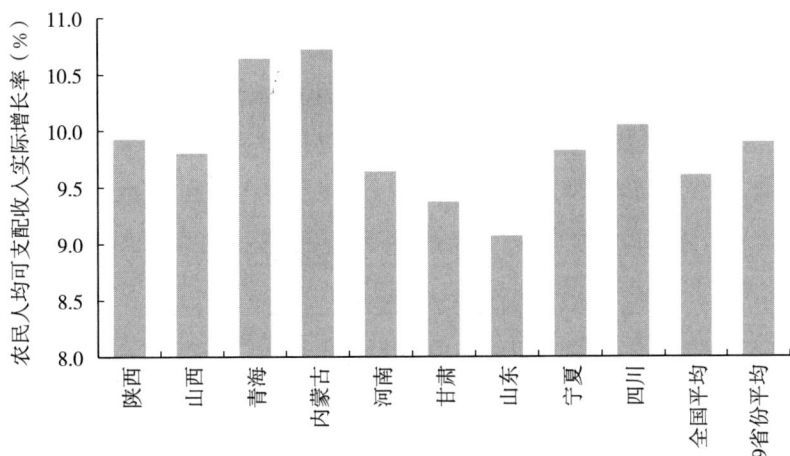

图 3-117　2019 年黄河流域农民人均可支配收入实际增长率

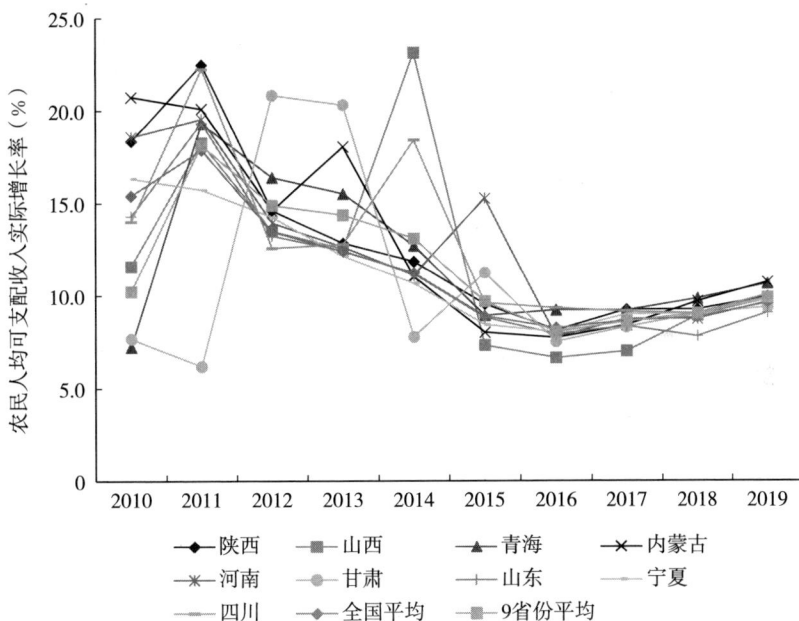

图 3-118　2010—2019 年黄河流域农民人均可支配收入实际增长率

知，黄河流域工资性收入占比 9 省份平均值为 35.29%；山西、山东的工资性收入占比相对较高，分别为 47.26%、42.84%，均高于全国平均水平 41.10%；陕西的工资性收入占比低于全国平均水平，但高于 9 省份平均水平；河南、青海、甘肃、宁夏、四川、内蒙古工资性收入占比相对较低。

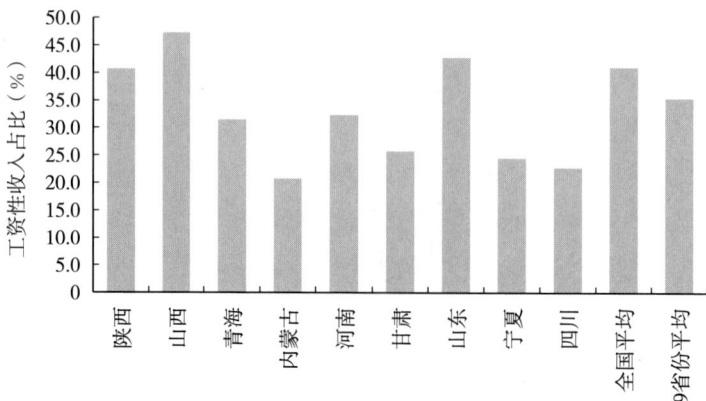

图 3-119 2019 年黄河流域工资性收入占比

图 3-120 呈现 2010—2019 年黄河流域工资性收入占比的变化趋势。从 9 省份平均值看，黄河流域工资性收入占比总体呈现小幅度上涨趋势，年均涨幅为 1.21%；内蒙古、青海、山东、河南、山西的工资性收入占比的上涨幅度相对较大，分别为 9.92%、2.96%、2.54%、2.50%、1.42%；陕西、宁夏的涨幅相对较小，分别为 0.75%、0.12%；四川、甘肃的工资性收入占比总体呈现下降趋势，降幅分别为 3.11%、7.18%。

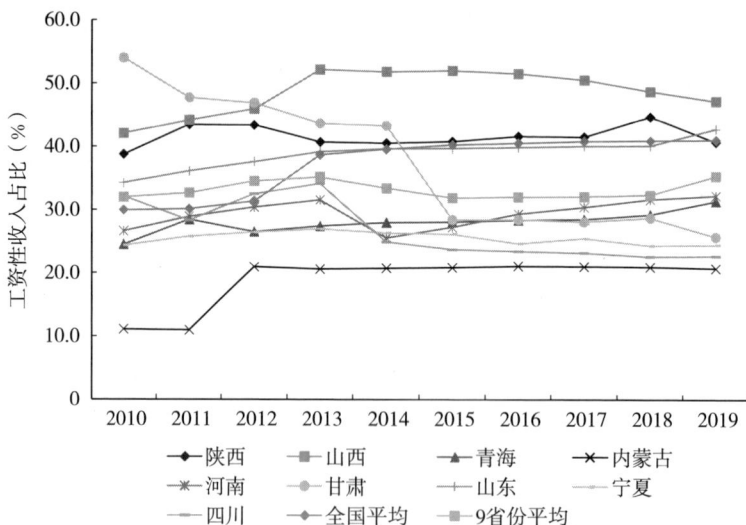

图 3-120 2010—2019 年黄河流域工资性收入占比

3.8.2 农村居民生活条件

结合现有研究成果，此处的农村居民生活条件主要用农村居民恩格尔系数、农村平均每百户彩色电视机数量、农村平均每百户计算机数量和农村低保人数占比指标进行分析。

（1）农村居民恩格尔系数

图3-121呈现了2019年黄河流域农村居民恩格尔系数的整体状况。由图可知，黄河流域农村居民恩格尔系数9省份平均值为28.46%，低于全国平均水平30.00%；四川、青海、甘肃的农村居民恩格尔系数相对较高，分别为34.71%、29.90%、28.60%；山西、山东、宁夏、内蒙古、河南、陕西的农村居民恩格尔系数相对较低。

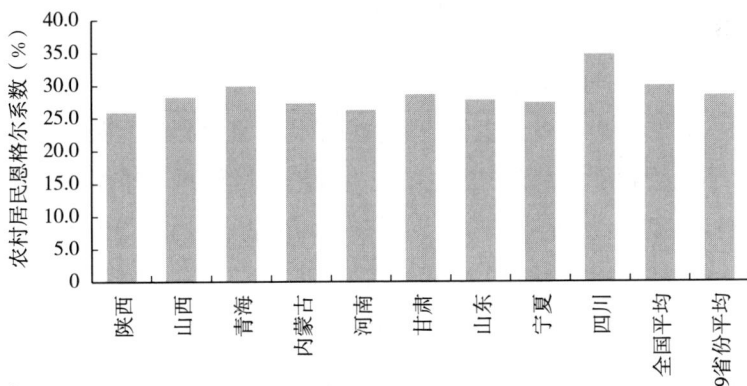

图3-121 2019年黄河流域农村居民恩格尔系数

图3-122呈现了2010—2019年黄河流域农村居民恩格尔系数的变化趋势。由图可知，黄河流域农村恩格尔系数整体呈现下降趋势。从9省份平均值看，黄河流域农村恩格尔系数从2010年的38.18%降低至2019年的28.46%，年均降幅为3.18%；河南、内蒙古、四川、宁夏、山东的农村居民恩格尔系数降幅较大，年均降幅分别为3.71%、3.67%、3.55%、3.50%、3.23%；山西、陕西、青海、甘肃农村居民恩格尔系数的下降幅度相对较小，分别为2.96%、2.91%、2.48%、1.74%。

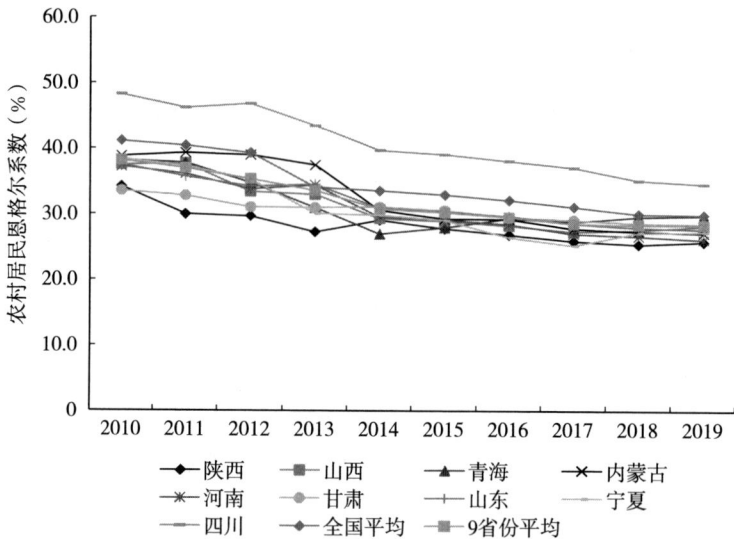

图 3-122　2010—2019 年黄河流域农村居民恩格尔系数

（2）农村平均每百户彩色电视机数量

图 3-123 呈现 2019 年黄河流域农村平均每百户彩色电视机数量。由图可知，9 省份农村平均每百户彩色电视机数量不尽相同，各省份该数量从高到低依次为：四川、河南、宁夏、山东、内蒙古、陕西、山西、甘肃、青海。与 9 省份平均水平相比，四川、河南、宁夏、山东、内蒙古 5 省份该数量高于 9 省份平均水平，其余省份则低于 9 省份平均水平。与全国平均水平相比，黄河流域 9 省份农村平均每百户彩色电视机数量均低于全国平均水平。

图 3-124 呈现 2010—2019 年黄河流域农村平均每百户彩色电视机数量的变化情况。由图可知，10 年间黄河流域 9 省份农村平均每百户彩色电视机数量总体呈波动上升趋势，其中：河南、宁夏、山东、山西、陕西 5 省份 10 年间该数量呈波动下降趋势，四川、内蒙古、甘肃 3 省份 10 年间该数量呈波动上升趋势；青海 2010—2018 年该数量呈倒 U 形，峰值为 2015 年，2019 年该数量有所回升。

2010—2019 年黄河流域农村平均每百户彩色电视机数量 9 省份平均值呈缓慢下降趋势。与 9 省份平均水平相比，河南、宁夏 2 省份 2010—2019

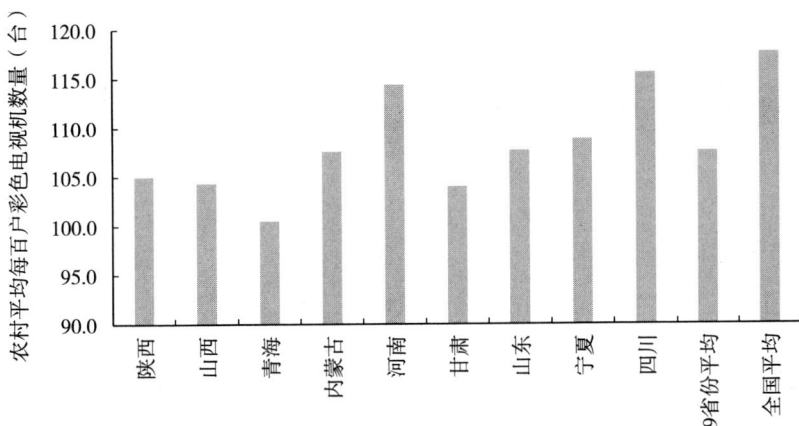

图 3-123　2019 年黄河流域农村平均每百户彩色电视机数量

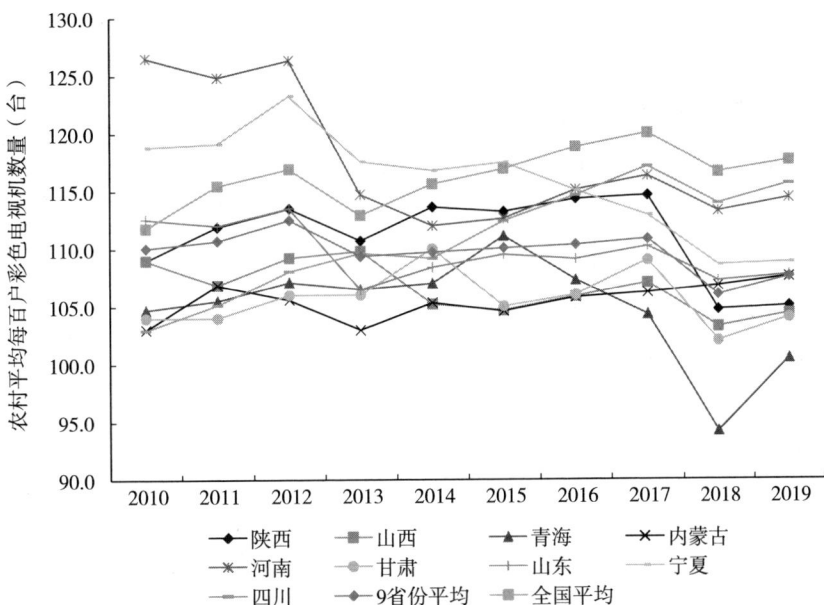

图 3-124　2010—2019 年黄河流域农村平均每百户彩色电视机数量

年农村平均每百户彩色电视机数量均高于 9 省份平均水平；山西、甘肃 2 省
10 年间该数量均低于 9 省份平均水平；山东 2010—2012 年、2018—2019 年
该数量高于 9 省份平均水平，其余年份均低于 9 省份平均水平；陕西 2010
年、2018—2019 年该数量低于 9 省份平均水平，其余年份均高于 9 省份平

均水平；四川 2010—2012 年、2014 年该数量低于 9 省份平均水平，其余年份均高于 9 省份平均水平；青海除 2015 年外，其余年份该数量均低于 9 省份平均水平；内蒙古除 2018—2019 年外，其余年份该比例均低于 9 省份平均水平。

2010—2019 年全国农村平均每百户彩色电视机数量呈波动上升趋势。与全国平均水平相比，河南 2010—2013 年农村平均每百户彩色电视机数量高于全国平均水平，其余年份均低于全国平均水平；宁夏 2010—2015 年该数量高于全国平均水平，其余年份均低于全国平均水平；山东除 2010 年外，其余年份该数量均低于全国平均水平；其余省份 10 年间该数量均低于全国平均水平。

（3）农村平均每百户计算机数量

图 3-125 呈现 2019 年黄河流域农村平均每百户计算机数量。由图可知，9 省份农村平均每百户计算机数量不尽相同，各省份农村平均每百户计算机数量从高到低依次为：山东、河南、山西、内蒙古、宁夏、甘肃、四川、青海、陕西。与 9 省份平均水平相比，山东、河南、山西、内蒙古、宁夏 5 省份农村平均每百户计算机数量高于 9 省份平均水平，其余省份低于 9 省份平均水平。与全国平均水平相比，山东、河南、山西 3 省农村平均每百户计算机数量高于全国平均水平，其他省份均低于全国平均水平。

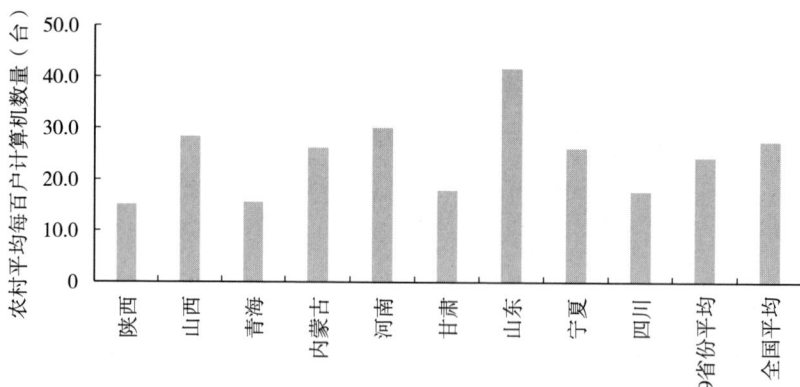

图 3-125　2019 年黄河流域农村平均每百户计算机数量

图 3-126 呈现 2010—2019 年黄河流域农村平均每百户计算机数量的变

化情况。由图可知，10年间黄河流域农村平均每百户计算机数量呈上升趋势，其中：青海、内蒙古、四川、宁夏、河南5省份10年间该拥有量呈波动上升趋势；山东10年间该数量呈波动上升趋势，但2013年有较大降幅；甘肃10年间该数量呈波动上升趋势，且2016年涨幅较大；陕西2010—2017年该数量呈波动上升趋势，且波动较大，2018—2019年该数量有所下降；山西2010—2017年该数量呈波动上升趋势，2018—2019年该数量有所下降。

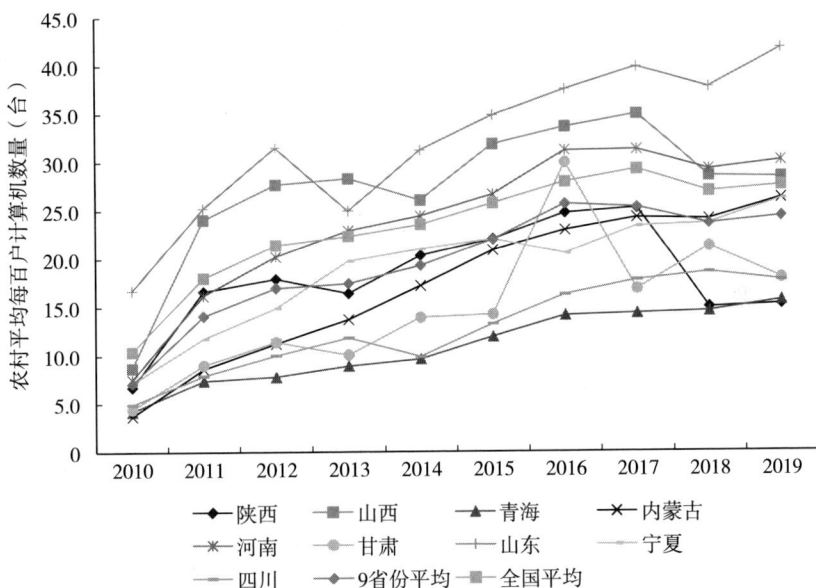

图3-126　2010—2019年黄河流域农村平均每百户计算机数量

2010—2019年黄河流域农村平均每百户计算机数量9省份平均值呈上升趋势。与9省份平均水平相比，山东、山西、河南3省2010—2019年农村平均每百户计算机数量均高于9省份平均水平，四川、甘肃、青海3省10年间该数量均低于9省份平均水平，内蒙古2010—2017年该数量低于9省份平均水平、2018—2019年该数量高于9省份平均水平，宁夏除2013—2014年、2019年外其余年份该数量均低于9省份平均水平，陕西除2011—2012年、2014年外其余年份该数量均低于9省份平均水平。

2010—2019年全国农村平均每百户计算机数量呈上升趋势。与全国平均水平相比，宁夏、陕西、内蒙古、甘肃、四川、青海6省份2010—2019

年农村平均每百户计算机数量均低于全国平均水平，山东 10 年间该数量均高于全国平均水平，山西除 2010 年外其余年份该数量均高于全国平均水平，河南 2010—2012 年该数量低于全国平均水平、2014—2019 年该数量则高于全国平均水平。

（4）农村低保人数占比

以农村低保人数占农村总人口数的比重衡量农村低保人数占比，图 3-127 呈现了 2019 年黄河流域农村低保人数占比的基本状况。由图可知，黄河流域农村低保人数占比 9 省份平均值为 8.19%，高于全国平均水平 6.26%；内蒙古、宁夏、青海、甘肃、山西的农村低保人数占比相对较高，分别为 13.86%、13.74%、10.43%、10.13%、6.37%；四川、陕西、河南、山东的农村低保人数占比相对较低，分别为 6.15%、5.45%、5.32%、2.32%，均低于全国平均水平。

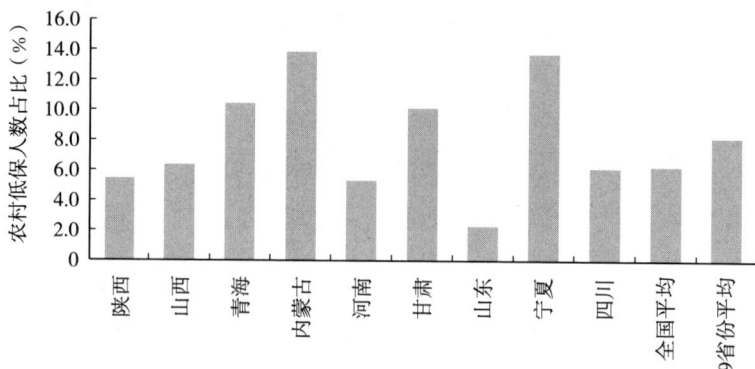

图 3-127　2019 年黄河流域农村低保人数占比

图 3-128 呈现了 2010—2019 年黄河流域农村低保人数占比的变化趋势。从 9 省份平均值看，黄河流域农村低保人数占比在 2010—2015 年呈现上升趋势，2016—2019 年呈现下降趋势。甘肃的农村低保人数占比从 2010 年的 19.98% 上升至 2015 年的 22.81%，2016 年后大幅度降低，2019 年甘肃的农村低保人数占比为 10.13%；宁夏的农村低保人数占比在 2010—2016 年呈现上升趋势，2017—2019 年小幅度下降；内蒙古的农村低保人数占比从 2010 年的 10.51% 上升至 2019 年的 13.86%；青海的农村低保人数占比

在 2010—2016 年呈现稳定上升趋势，2017—2019 年快速下降；其他省份总体较为稳定，且在 2015—2019 年呈现降低趋势。

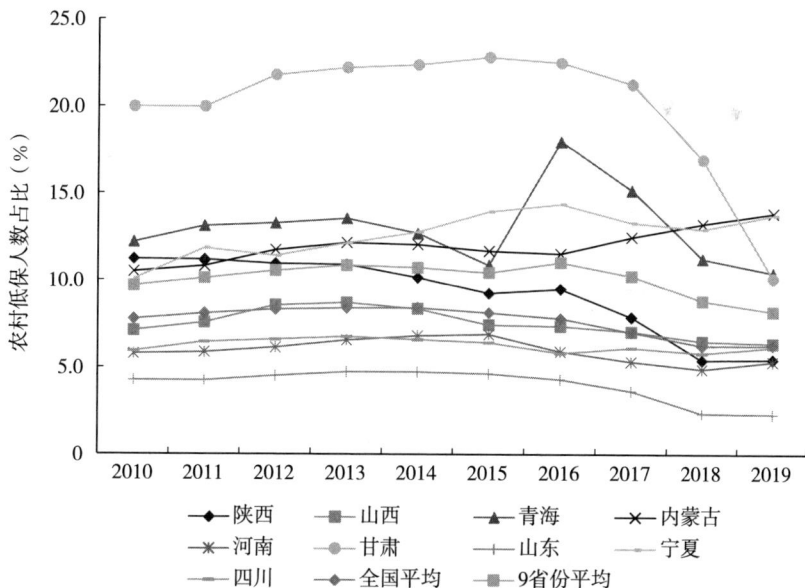

图 3-128　2010—2019 年黄河流域农村低保人数占比

3.9 城乡差异

全面推进乡村振兴背景下，推进乡村全面发展，有必要对农村的协调发展程度进行评价，以探究农村可持续发展路径（朱秀杰等，2022）。要切实推进农村发展，必须不断调整农业结构，加强对农村社会的管理，还要考虑到农村地区的经济发展现状，采取合理措施，推动农村地区可持续发展。要实现乡村振兴，必须对农村地区发展的空间规划进行重新审视。随着城乡一体化的发展，城乡发展的界线越来越模糊，但城乡二元制结构依然有效。目前一些城乡规划不合理，很容易导致城乡人口和外来人口的不平衡，以及农村人口和农业劳动力的不匹配。当前，黄河流域农村地区经济发展呈现出一种不均衡的发展态势，农村经济总体发展仍受农村收入水平和农村产业体制等因素的制约（滕颖慧，2022）。

借鉴相关研究成果，此处的城乡差异主要用城镇化率、城乡居民收入与消费差异、城乡居民教育水平差异、城乡居民医疗健康水平差异指标进行分析。

3.9.1 城镇化率

城镇化率是衡量地区内城镇化发展水平的重要指标，以城镇人口（万人）与总人口的比值（万人）衡量城镇化率。图 3-129 反映了 2019 年黄河流域城镇化率的基本状况。由图可知，2019 年黄河流域城镇化率 9 省份平均值为 61.55%，略高于全国平均水平 60.60%。河南城镇化率达 63.21%，高于 9 省份平均水平；其余省份按照城镇化率的高低排序，依次为：山西 59.55%、陕西 59.44%、青海 55.52%、四川 53.80%、内蒙古 53.37%、山东 50.06%、宁夏 49.86%、甘肃 48.49%。

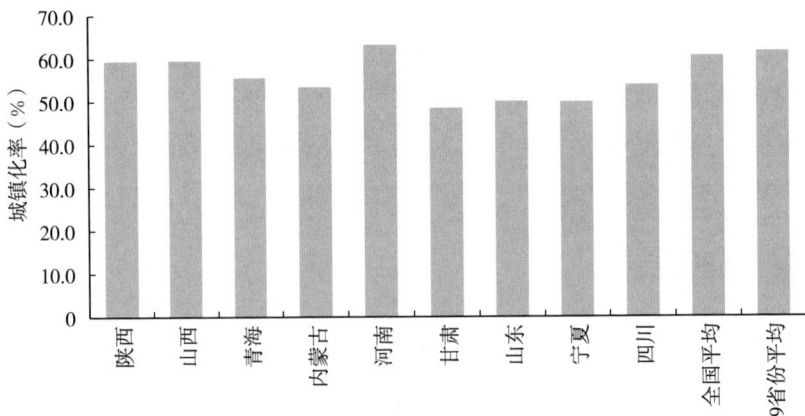

图 3-129　2019 年黄河流域城镇化率

图 3-130 呈现了 2010—2019 年黄河流域城镇化率的变化趋势。由图可知，黄河流域城镇化率呈稳定上升趋势，各省份上升幅度存在差异。从各省份年均涨幅看，河南、甘肃、四川、陕西的城镇化率分别从 2010 年的 38.82%、36.12%、40.20%、45.70% 上升至 2019 年的 63.21%、48.49%、53.80%、59.44%，年均涨幅分别为 5.85%、3.33%、3.29%、2.97%，均高于 9 省份平均涨幅水平（2.67%）；山东、青海、山西、内蒙古、宁夏城镇化

率的年均涨幅相对较低，分别为 2.48％、2.44％、2.41％、1.78％、0.65％。

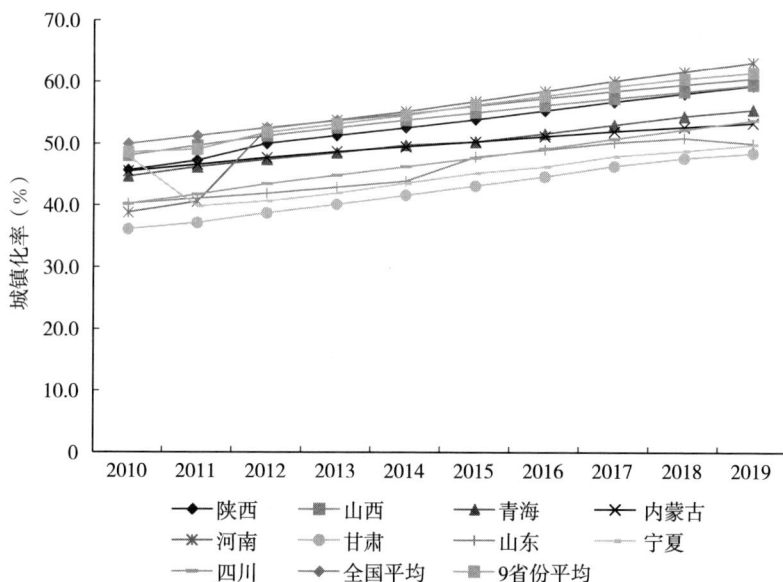

图 3－130　2010—2019 年黄河流域城镇化率

3.9.2 城乡居民收入与消费差异

借鉴相关研究成果，此处的城乡居民收入与消费差异主要用城乡居民人均可支配收入比、城乡居民人均消费支出比、城乡居民恩格尔系数比指标进行分析。

（1）城乡居民人均可支配收入比

城乡居民人均可支配收入比是衡量城乡收入差距的一个重要指标。选取城乡居民人均可支配收入比，即城市居民人均可支配收入（元）与农村居民人均可支配收入（元）的比值来反映城乡收入差距。图 3－131 呈现了 2019年黄河流域城乡居民人均可支配收入比的状况。由图可知，2019 年黄河流域城乡居民人均可支配收入比 9 省份平均值为 3，高于全国平均水平 2.64。甘肃的城乡居民可支配收入比为 3.36，高于 9 省份平均值；其他省份的城乡可支配收入比呈现出"青海（2.94）＞陕西（2.93）＞宁夏（2.67）＞内蒙古（2.67）＞山西（2.58）＞四川（2.46）＞山东（2.38）＞河南（2.26）"的分布态势。

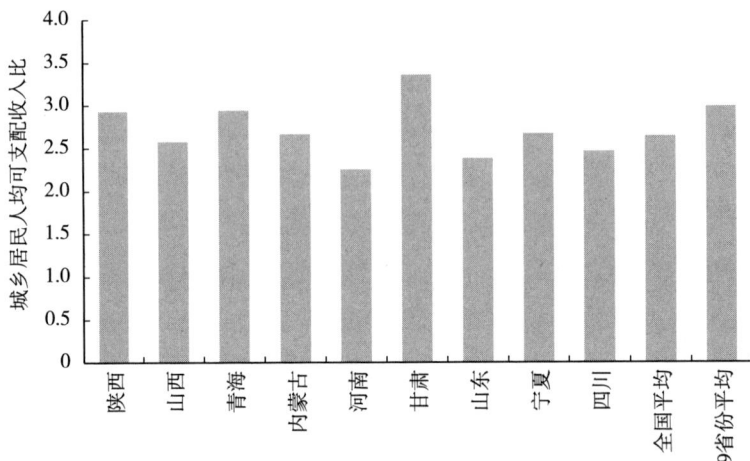

图 3 - 131　2019 年黄河流域城乡居民人均可支配收入比

图 3 - 132 呈现了 2010—2019 年黄河流域城乡居民人均可支配收入比的变化趋势。由图可知，2010—2019 年黄河流域城乡居民人均可支配收入比整体呈现逐年下降的趋势。具体而言，各省份之间存在细微差异：相较于2010 年，青海这一比值在 2011 年有所增加，2012—2015 年实现了这一比值的快速缩小，2016—2019 年比值降低幅度有所减缓，但总体仍呈现下降趋势；甘肃城乡居民可支配收入比与青海呈现相似的变化趋势，不同之处在于2013—2016 年其城乡居民可支配收入比呈现扩大趋势，2017 年之后逐年下降；其他省份的城乡居民收入比均呈现逐年下降趋势。从 10 年间的比值下降幅度看，河南、四川较为突出，年均降幅分别达 2.66％、2.26％，高于全国平均水平的年均降幅；内蒙古、陕西年均降幅分别为 1.99％、1.96％，均高于 9 省份平均值的降幅；山西、山东、宁夏、甘肃的降幅相对较小。

（2）城乡居民人均消费支出比

城乡居民人均消费支出综合反映了城乡居民生活消费水平。以城市居民人均消费支出（元）与农村居民人均消费支出（元）的比值衡量城乡居民人均消费支出比。图 3 - 133 呈现了 2019 年黄河流域城乡居民人均消费支出比

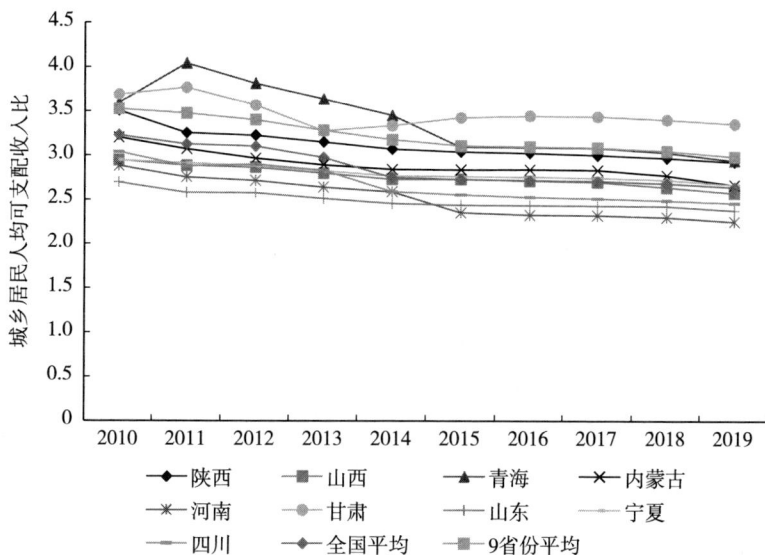

图 3 - 132   2010—2019 年黄河流域城乡居民人均可支配收入比

的状况。由图可知，黄河流域城乡居民人均消费支出比 9 省份平均值
（2.26）略高于全国平均水平（2.11）。甘肃城乡居民人均消费支出比
（2.52）高于 9 省份平均水平；山西、山东、陕西、宁夏的比值分别为
2.18、2.17、2.15、2.11，均高于全国平均水平；青海、河南、内蒙古、四
川的城乡居民人均消费支出比相对较低。

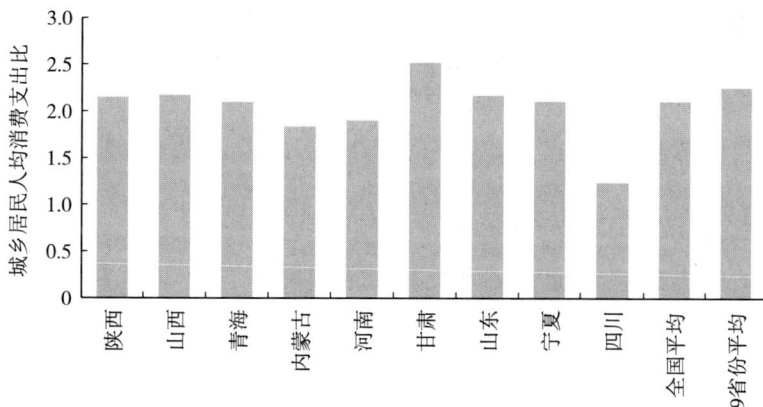

图 3 - 133   2019 年黄河流域城乡居民人均消费支出比

图 3-134 呈现了 2010—2019 年黄河流域城乡居民人均消费支出比的变化趋势。从 9 省份平均值看，2010—2019 年黄河流域城乡居民人均消费支出比不断缩小，与全国平均水平相比，2010—2012 年这一比值低于全国平均水平，2013—2019 年这一比值高于全国平均水平。具体而言，陕西城乡居民人均消费支出比在 2010—2012 年呈现下降趋势，2013 年上升至 2.53，2014—2019 年逐年下降，但仍高于 2010 年初始水平。其他省份均呈现逐年下降趋势，从比值的年均降幅看，呈现"四川 8.04%＞内蒙古 5.82%＞全国平均水平 5.55%＞河南 4.69%＞9 省平均水平 3.47%＞宁夏 3.04%＞山东 2.94%＞甘肃 1.65%＞山西 1.49%＞青海 1.47%"的态势。

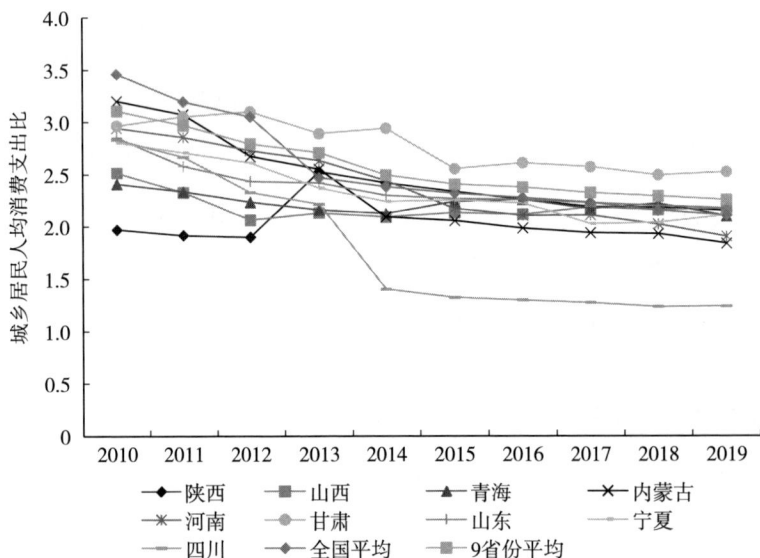

图 3-134　2010—2019 年黄河流域城乡居民人均消费支出比

（3）城乡居民恩格尔系数比

图 3-135 呈现了 2019 年黄河流域城乡居民恩格尔系数比的整体状况。由图可知，2019 年黄河流域城乡居民恩格尔系数比差异较小，且均小于全国平均水平。陕西、青海、甘肃、内蒙古、河南的城乡居民恩格尔系数比分别为 1.05、1.00、0.98、0.97、0.96，均大于 9 省份平均值 0.95；四川、山东、宁夏、山西的城乡居民恩格尔系数比分别为 0.94、0.94、0.89、

0.85，均低于9省份平均值。

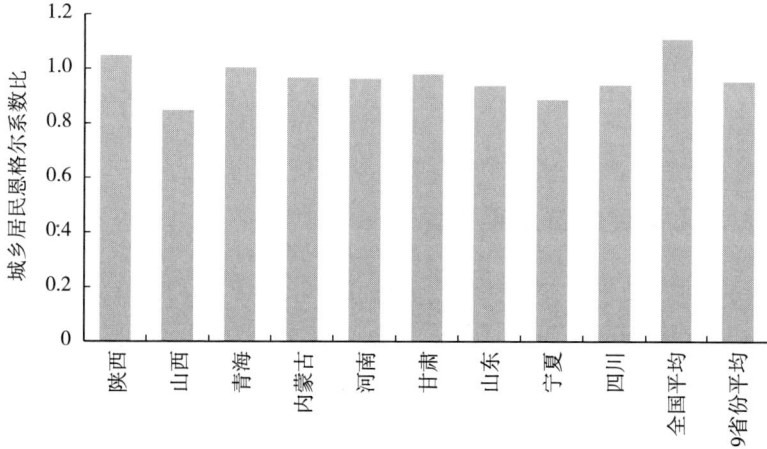

图3-135 2019年黄河流域城乡居民恩格尔系数比

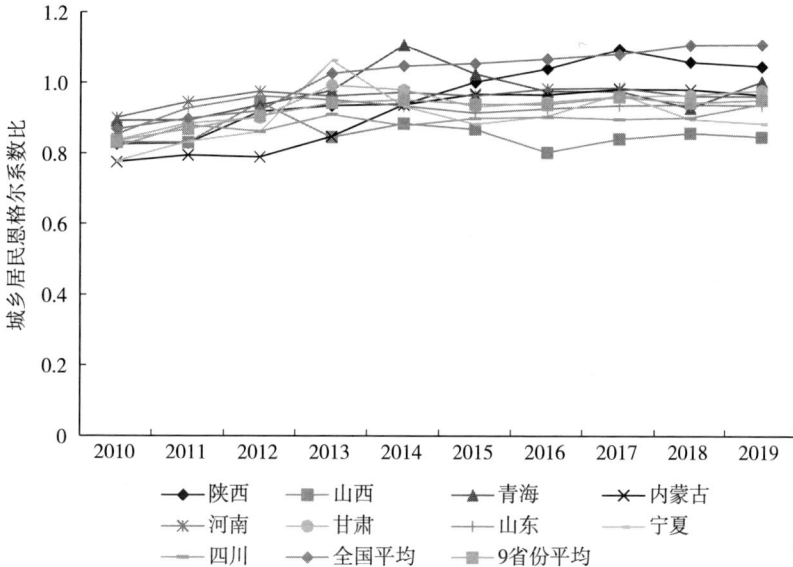

图3-136 2010—2019年黄河流域城乡居民恩格尔系数比

图3-136呈现了2010—2019年黄河流域城乡居民恩格尔系数比的变化趋势。由图可知，黄河流域城乡居民恩格尔系数比总体呈上升趋势，城镇与农村居民恩格尔系数差值逐年增加。从9省份平均值看，其年均涨幅为

1.49%，小于全国平均水平的年均涨幅 2.80%。从各省份具体变化趋势看，陕西、内蒙古、宁夏、甘肃、四川、青海的年均涨幅分别为 2.75%、2.54%、1.89%、1.84%、1.61%、1.50%，均高于 9 省份平均水平年均涨幅；山东、河南城乡居民恩格尔系数比的涨幅相对较低，分别为 1.08%、0.76%。

3.9.3 城乡居民教育水平差异

以每百名城镇学生拥有教师数量与每百名农村学生拥有教师数量的比值衡量城乡教育资源的协调度。图 3-137 呈现了黄河流域 2019 年城乡教育资源比状况。由图可知，黄河流域城乡教育资源比 9 省份平均值为 0.86，表明与农村地区相比，城镇教育资源较为紧张。山东、青海的比值分别为 0.95、0.92，均高于 9 省份平均水平；陕西、河南、四川、宁夏、甘肃、内蒙古、山西的比值相对较低，表明这些地区城乡教育资源协调度较低。

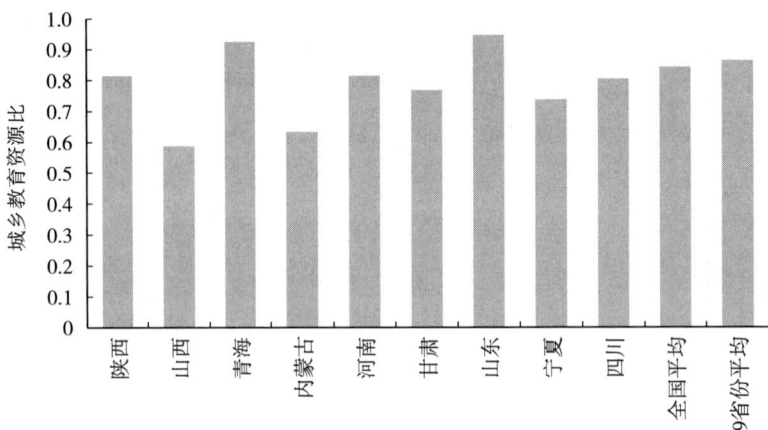

图 3-137 2019 年黄河流域城乡教育资源比

图 3-138 呈现了 2010—2019 年黄河流域城乡教育资源比状况的变化趋势。从 9 省份平均值看，黄河流域城乡教育资源比值整体平稳，从 2010 年的 0.91 降低至 2019 年的 0.86，仅下降了 0.05。各省份具体状况存在差异，山东、山西城乡教育资源比值整体变化不大，呈现平稳状态；四川、青海、内蒙古城乡教育资源比值有所提升，年均上涨 0.94%、0.60%、3.63%；

甘肃、宁夏、河南的城乡教育资源比值总体呈现下降趋势。

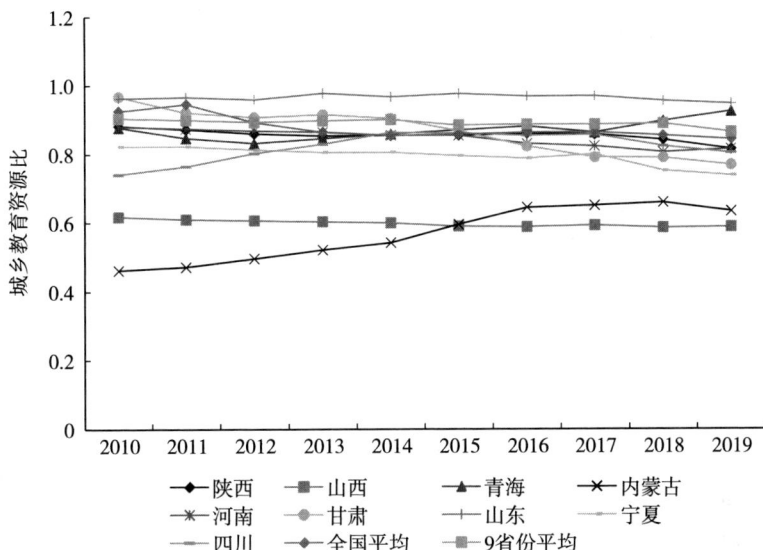

图 3 - 138 2010—2019 年黄河流域城乡教育资源比

3.9.4 城乡居民医疗健康水平差异

借鉴相关研究成果，此处的城乡居民医疗健康水平差异主要用城乡医务人员数量比、城乡医院床位数比、城乡居民养老机构数量比指标进行分析。

（1）城乡医务人员数量比

以城市卫生技术人员数量（人）与乡村卫生技术人员数量（人）的比值表征城乡医务人员数量比。由图 3 - 139 可知，黄河流域 9 省份平均城市卫生技术人员数量约为乡村卫生技术人员数量的 8 倍，各省份之间的差异较大。陕西城乡医务人员数量差距较大，比值为 13.00，高于全国平均水平 12.06；内蒙古、甘肃的比值分别为 11.98、9.82，均高于 9 省份平均水平 8.78；其他省份这一比值相对较低，表明这些地区城乡医务资源均低于全国平均水平和 9 省份平均水平。

图 3 - 140 呈现了 2010—2019 年黄河流域城乡医务人员数量比的变化趋势。从 9 省份平均值的变化趋势看，黄河流域城乡医务人员数量比总体呈现

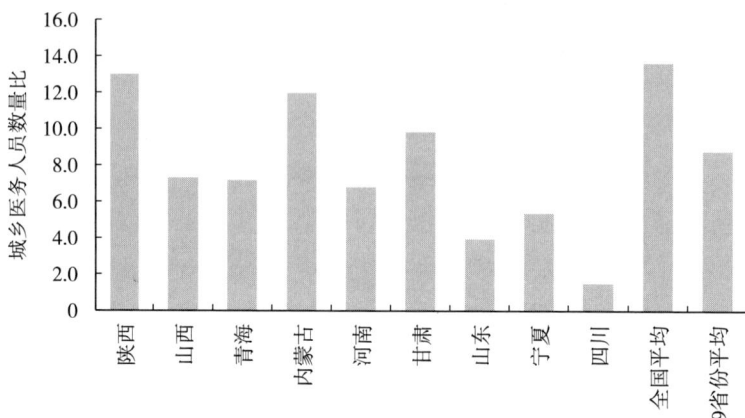

图 3-139 2019 年黄河流域城乡医务人员数量比

逐年增加趋势，年增长 7.05%。依据城乡医务人员数量比值的涨幅排序，9 省份从大到小依次为陕西 12.37%、河南 10.03%、甘肃 8.64%、山东 7.84%、内蒙古 7.45%、宁夏 6.71%、山西 6.60%、青海 2.81%，而四川是唯一实现比值降低的省份。

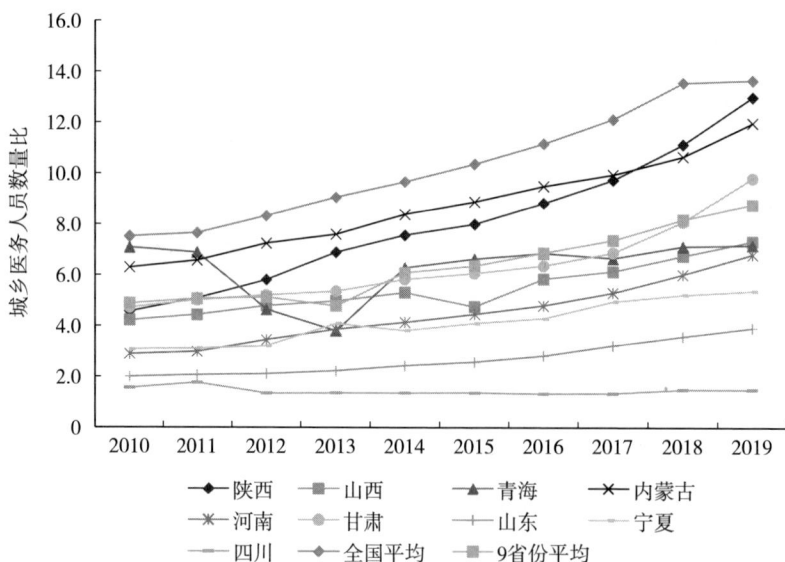

图 3-140 2010—2019 年黄河流域城乡医务人员数量比

（2）城乡医院床位数比

图 3-141 呈现了 2019 年黄河流域城乡床位数比的基本状况。由图可知，2019 年黄河流域城乡医院床位数比 9 省份平均值为 3.41，略高于全国平均水平 3.02。青海、四川、宁夏的比值分别为 6.00、5.95、3.91，均高于 9 省份平均水平；陕西、甘肃、内蒙古、河南、山西、山东的城乡医院床位数比相对较低，表明这些地区城乡医院硬件设备的差距相对较小。

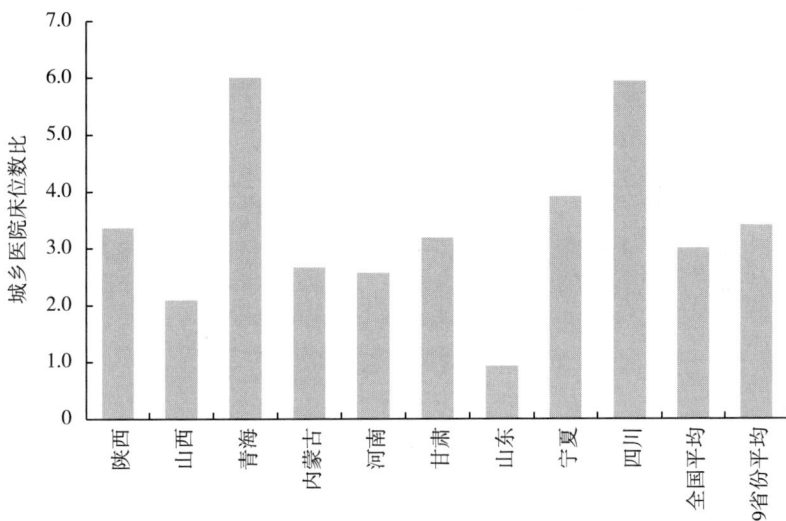

图 3-141　2019 年黄河流域城乡医院床位数比

图 3-142 呈现了 2010—2019 年黄河流域城乡医院床位数比的变化趋势。由图可知，黄河流域城乡医院床位数比 9 省份平均值从 2010 年的 3.23 增长至 2019 年的 3.41，变化幅度较小，整体处于平稳状态。四川这一比值 2010—2015 年呈现逐年上升趋势，2016—2019 呈现逐年下降趋势；青海这一比值 2010—2017 年呈上升趋势，2017—2019 有所下降；宁夏这一比值 2010—2011 年、2016—2019 年逐年下降，2011—2016 年为上升阶段；陕西这一比值呈现逐年上升趋势；其他省份基本保持平稳状态，变化幅度不大。

（3）城乡居民养老机构数量比

以每万人城市居民社会养老机构数（个）与每万人农村居民社会养老机构数（个）的比值来衡量城乡居民养老机构数量比。图 3-143 呈现了 2019

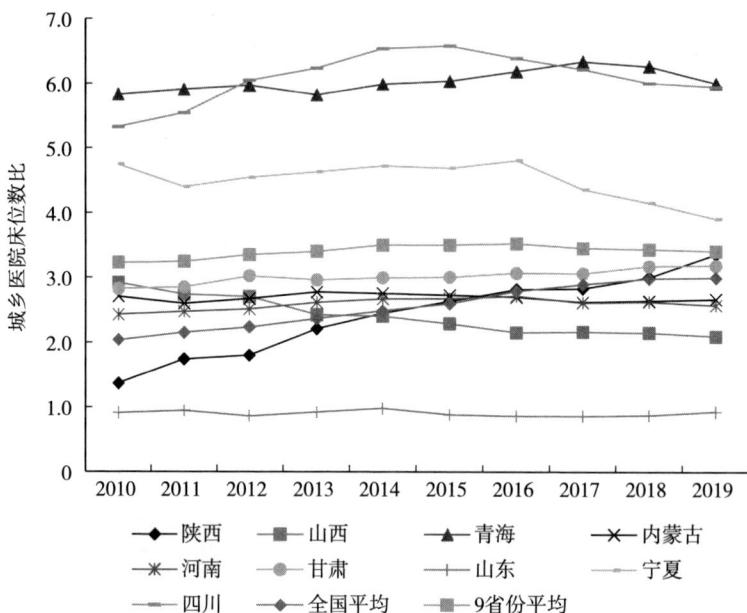

图 3-142　2010—2019 年黄河流域城乡医院床位数比

年黄河流域城乡居民养老机构数量比的基本情况。由图可知，黄河流域城乡居民养老机构数量比 9 省份平均值为 1.195，低于全国平均水平 1.329。宁夏、山西、河南这一比值较大，分别为 1.579、1.526、1.508，均高于 9 省份平均值；四川、甘肃、青海、内蒙古、陕西、山东的城乡居民养老机构数量比相对低于 9 省份平均值。

　　图 3-144 呈现了 2010—2019 年黄河流域城乡居民养老机构数量比的变化趋势。由图可知，黄河流域整体城乡居民养老机构数量比呈现逐年下降趋势，与全国平均水平逐渐趋于一致，各省份变化趋势差异较大。甘肃、内蒙古的城乡居民养老机构数量比呈现快速下降趋势，年均分别下降 21.65%、23.17%。青海、河南这一比值均呈现出大幅上升后又大幅下降的趋势。河南的比值最大值出现在 2012 年，为 10.027，2013 年之后迅速降低，并稳定在 1.5 上下。青海这一比值的最大值出现在 2013 年，为 6.841，而后逐年下降。宁夏这一比值 2010—2015 年呈现逐年下降趋势，2016—2019 年逐年增加。陕西、山东、山西、四川的比值变化整体较为稳定。

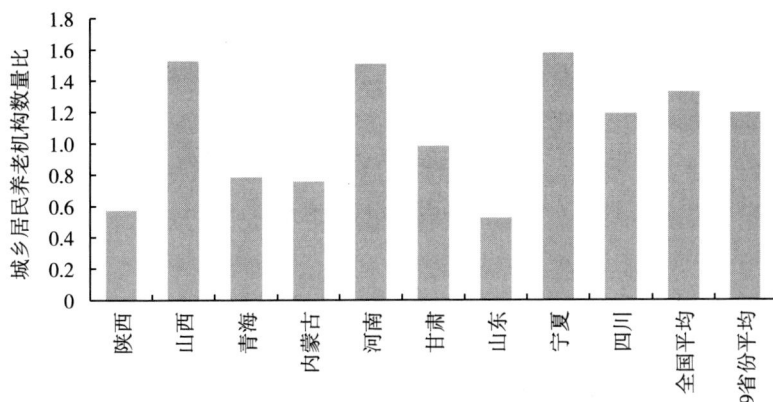

图 3-143　2019 年黄河流域城乡居民养老机构数量比

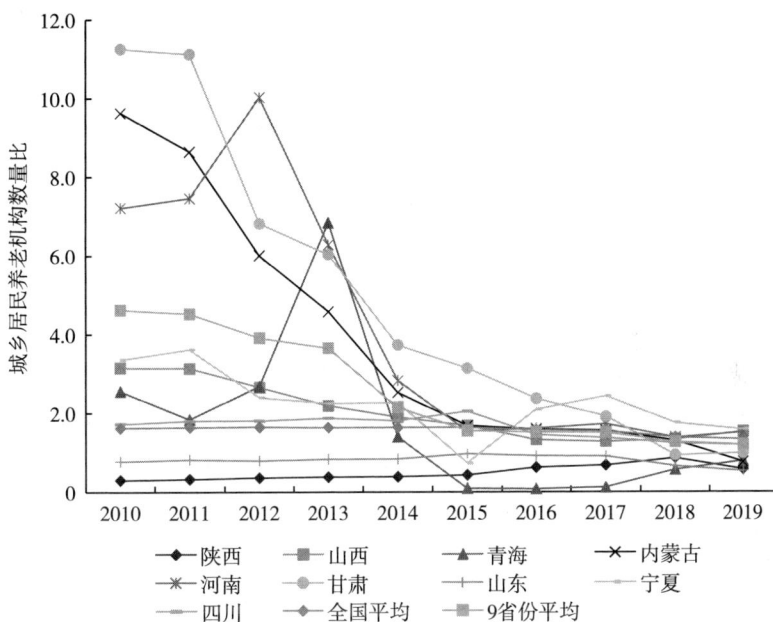

图 3-144　2010—2019 年黄河流域城乡居民养老机构数量比

4

黄河流域农业高质量
发展水平评价

　　本章内容主要包括四大部分，首先阐述黄河流域农业高质量发展水平的评价思路与评价原则，其次从理论上构建黄河流域农业高质量发展水平评价的框架，之后分别基于黄河流域 9 省份 2019 年数据（静态截面）和 2010—2019 年数据（动态面板）实证分析省级农业高质量发展水平，最后分别基于随机抽取的 181 个县（市、区）2019 年数据（静态截面）和 2010—2019 年数据（动态面板）实证分析县级农业高质量发展水平。

4.1 评价思路与原则

4.1.1 评价思路

　　确定指标体系是评价黄河流域农业高质量发展水平的首要步骤。黄河流域农业高质量发展是一个综合性较强的系统工程，是一个综合、复杂的问题。对农业高质量发展的评价既要考虑农业发展的自然环境基础，又要关注农业发展中的经济和生态成本，还要关注农业发展的效益、生态影响和社会影响。评价指标体系不能随意建立，需要遵守一些原则，方能保证评价指标的科学严谨。目前尚未形成对农业高质量发展的有效测度方法，这正是中国经济学者目前所面临的重大问题之一。学者们能够达成一致的观点是，理解农业高质量发展的理论内涵，需要从马克思主义政治经济学的视角出发，简单地将高质量发展视为西方经济学现有任意概念的别名都是不合适的。农业高质量发展测度体系构建应同时包含原则层面和技术层面。原则层面要求紧紧把握农业高质量发展的内涵,以发展思想为指导,确保农业高质量发展测度体系具备异质性、稳定性和动态性;技术层面要求以统计思想为总领,严格考察入选指标的透明性、可得性和简明性(张涛,2020)。农业高质量发展应重点围绕农产品质量、农业产业素质、农业国际竞争力、农业经营效益、农民收入及农村生态环境等多方面展开评价。

以新发展理念为高质量发展的评价准则,新发展理念是推动高质量发展的战略指引和根本遵循。①高质量发展是创新成为第一动力的发展。进入新常态以来,劳动力和资源环境约束愈发凸显,科技进步带来的生产率提高将成为取之不尽、用之不竭的驱动力量。高质量发展的根本是要依靠科技创新来不断破解发展难题,开创发展新局面。②高质量发展是协调成为内生特点的发展。改革开放以来,我国全方位发展和进步,但不平衡和不协调依然存在。就"三农"领域而言,协调发展既指城乡协调发展,促进农业现代化与新型城镇化相衔接,加快推进城乡发展一体化,又指农村一二三产业协调发展,形成农业与第二、三产业交叉融合的现代产业体系,建立惠农富农的利益联结机制。③高质量发展是绿色成为普遍形态的发展。在实现第二个百年奋斗目标的新征程中,绿色发展理念对高质量发展起引领作用。调整经济结构,转变发展方式必然要走绿色发展之路。④高质量发展是开放成为必由之路的发展。目前国际合作的基本态势是,原材料和商品主要由发展中国家输出,资本、技术和标准主要由发达国家输出。高质量发展就是要改变以前我国长期被锁定在产业链低端环节的状况,实质是要打造现代化产业体系,以高水平对外开放来重塑国际合作和竞争优势。⑤高质量发展是共享成为根本目的的发展。共同富裕是社会主义的本质要求,也是中国式现代化的重要特征。收入分配制度和分配方式直接关系到劳动者和企业家的积极性和创造性,从而影响到发展的速度和质量。学者多以创新、协调、绿色、开放、共享的新发展理念为坐标,构建高质量发展评价指标体系(詹新宇等,2016;王军等,2018)。高质量发展是能够很好地满足人民日益增长的美好生活需要的发展,基于新发展理念的测评兼顾了多维性与时代性,而创新、协调、绿色、开放、共享属于规范性的价值判断,其具有科学性,对于具体指标体系的设置具有差异性。

基于以上论述,黄河流域农业高质量发展水平评价的总体思路是:以黄河流域 9 省份农业发展现状为出发点，以新发展理念为基准，坚持评价指标的异质性、稳定性、动态性、可得性和简明性原则，重点围绕农业技术创新、农业劳动力素质、农产品质量、农业产业素质、农业国际竞争力、农业经营效益、农业生产环境及农民收入等多方面构建评价指标体系，以达到真正呈现黄河流域农业高质量发展水平的目的。

4.1.2 评价原则

参考黎新伍和徐书彬（2021）、徐辉等（2020）、张涛（2020）等的研究，在建立黄河流域农业高质量发展评价指标时遵循了以下原则：

（1）科学性原则

评价指标应当是政府或公共组织在日常统计工作中使用度较高、指向性明确、可长期统计获得的指标，不能选取公信度较低的指标，指标数据的来源要真实可靠，尽量从官方统计年鉴、统计公报中选择（刘飞等，2021）。指标选取时需要保证各个指标具备一定的逻辑性，尤其要避免选取关联性较强的多项指标，以防止多重共线性这一问题的出现。

（2）全面性原则

评价新发展理念下黄河流域农业高质量发展水平，需要根据新发展理念的五大维度确定指标体系的子系统和范围，建立农业创新发展、农业协调发展、农业绿色发展、农业开放发展、农业共享发展 5 个评价子系统，5 个子系统构成黄河流域农业高质量发展的评价指标体系。此外，每个子系统内部的指标选取也需尽可能扩大覆盖范围，力求全面广泛（聂长飞等，2020）。

（3）代表性原则

在黄河流域农业高质量发展 5 个子系统内部，选取指标在考虑指标全面广泛的同时，也需关注所选指标是否具有足够的典型性，是否能够精准表征各子系统内涵的每一方面。所选指标的内涵应能精准对接子系统内部的细分部分，这样才能切实反映黄河流域农业高质量发展的综合水平及子系统发展水平。

（4）可比性原则

研究区域为黄河流域的 9 个省份以及 372 个县（市、区），不同省份或县（市、区）的农业发展状况不尽相同，评估并对比不同省份或县（市、区）农业高质量发展水平需要确保评估指标的可比性。简单来讲，就是不能选取个别省份或县（市、区）独有的农业发展指标，这样不能保证公正、准确地对比分析所有研究区域的农业高质量发展水平，相反应从公信力高的官方统计年鉴或公告中选取具有普适性的指标（朱彬，2020）。

4.2 农业高质量发展水平评价的理论框架

经济高质量发展的概念至今尚无统一表述。虽然学者们从不同角度对高质量发展进行阐释，但对高质量发展的核心要义基本达成共识。高质量发展要贯彻创新、协调、绿色、开放、共享的新发展理念，着力解决经济发展的不平衡不充分问题，不断满足人民的美好生活需要，实现人民共同富裕，达到人与自然和谐相处、人与社会全面进步（孙江超，2019）。高质量发展是能够更好满足人民不断增长的真实需要的经济发展方式、结构和动力状态（金碚，2018）。与高质量发展相关的概念是高速增长，二者都体现了使用价值量的增加，也就是满足人民需要的有用品的增加。不同的是：高速增长主要强调量的增加，其结果主要体现在利润、收入、产值等可以计量的指标上，驱动方式往往是密集的要素投入；高质量发展则是在满足数量要求的基础上，更强调结构、效率与生态，其结果主要体现在幸福、环保、健康等评估性指标上，经济高质量发展可以看作经济高速增长的升级版（任保平等，2018）。

农业高质量发展是国民经济高质量发展的重要组成部分，是经济高质量发展的应有之义。新发展理念是建设高质量现代化经济体系的指导思想，也是农业高质量发展的核心要义（金碚，2018）。经济高质量发展意味着要加快构建现代化经济体系，使微观主体有活力，提质增效促发展（田国强，2019）。农业高质量发展就是要加快构建现代农业产业体系、生产体系、经营体系，实现"四高一强"，即产品质量高、产业效益高、生产效率高、经营者素质高、国际竞争力强，以生产优质农产品为目标，以农民增收为目的（赫修贵，2019），满足社会各方对农业供给的基本要求和美好需求，在寻求经济增长的同时更加强调发展成果惠及大众。农业高质量发展包括高标准的农业产品、高效益的农业产业、高效完备的农业经营体系、高品质的国际竞争力（钟钰，2019），表现形式为农业经济持续增长、农业经济结构升级、农村社会发展、农业具备可持续性等方面（何红光等，2017）。

总的来看，已有的高质量发展指标体系具有以下几个基本共性：①重视全面性的考量，能够结合经济发展、社会发展、生态发展等不同方面或结合新发展理念，通盘考虑指标体系的维度框架；②指标体系的总体结构较为简单，大部分已有指标体系表现为宏观单层结构，未能将指标体系的末梢触及经济发展的微观方面，致使指标体系的稳定性有余而动态性不足；③数据来源主要基于传统的经济统计资料，数据实时性不强，颗粒度不高，未重视在可得性原则容许的范围内将大数据纳入指标体系的新方法；④对异质性的关注不够，未能赋予指标体系良好的包容性和灵活性，降低了各个地方政府因地制宜、因势利导、灵活调整的可能性，难以引领不同地区走上独具特色、优势鲜明的高质量发展道路；⑤对于统计原则的关注总体不足，目前，已经尝试构建高质量发展指标体系的多数地方政府仅公开指数结果，尚未公布具体指标和内部结构，这使得指标体系的透明性较差，增加了企业、民众和其他市场主体的决策成本。

基于上述国内学界对农业高质量发展的理解，本书认为新发展理念体现了对新时代农业高质量发展的新要求，是判断农业高质量发展是否实现的评价准则。推进和实现农业高质量发展的过程，就是落实新发展理念的过程。所以，农业高质量发展是体现新发展理念的发展，是创新成为第一动力、协调成为内生特点、绿色成为普遍形态、开放成为必由之路、共享成为根本目的的发展。具体为：

（1）创新是农业高质量发展的第一动力

农业经济发展一般历经 3 个阶段：第一阶段动力来源于初始资源禀赋，如土地、劳动力；第二阶段动力来源于现代生产要素投入，如化肥、农药、机械设施；第三阶段动力来源于技术创新（陈昌兵，2018）。改革开放以来，我国农业产能飞跃增长的同时，也伴随着高投入、高消耗和高污染。随着土地和劳动力成本上升、农业资源环境约束趋紧、农业资本投入缺口扩大等现实问题凸显，要素依赖型农业模式逐渐变得不可持续，亟须通过创新驱动实现农业动能转换。技术创新可以进一步挖掘传统要素潜力，利用知识、信息、大数据等新要素对传统农业动能进行改造升级，通过要素技术替代选择提高农业生产效率（王永昌等，2019）。

（2）协调是农业高质量发展的内生特点

协调发展的本质是化解经济体内部由于认知、利益不同导致的冲突和矛盾，以平衡、包容、可持续的形态发展，协调成为农业高质量发展的内在要求。农业领域的协调发展不仅指城乡之间的协调平衡，还包括一二三产业结构及农业内部结构的协调平衡。改革开放以来，城市居民从经济快速增长中获益巨大，然而由于缺乏完善的城乡联动发展体制机制，城乡发展不平衡问题依旧突出，成为高质量发展的主要矛盾之一。另外，一二三产业之间的协调度不高，农业部门结构和产品结构不合理，致使我国农产品附加值低、竞争力弱，无法满足市场需求。当前农业的主要矛盾已由总量不足转化为结构性矛盾。只有以协调发展理念为指导，重构工农城乡关系，加快推进城乡一体化和农村一二三产业融合，才能解决当前农业的主要矛盾，实现农业高质量发展。

（3）绿色是农业高质量发展的普遍形态

农业高质量发展要求加快农业绿色发展，将绿色发展贯穿农业高质量发展的全过程。降低农业的资源消耗、减少农业环境污染、加强农业环境保护，是农业高质量发展的必然要求（魏琦等，2018）。农业是依托土壤、水、光、热等自然资源进行生产的产业形式，休闲农业等新兴业态的发展依然无法摆脱对地域自然资源的利用。农业高质量发展旨在将对自然的利用与保护有效地融入农业生产之中，构建资源节约、环境友好、生态保护的农业发展模式，在农业可持续发展的同时实现人与自然的和谐共处。绿色还体现在人民群众对农产品的需求定位上。随着城乡居民消费结构的快速升级，人民群众对优质、健康、安全的绿色农产品需求量大幅增加，农业高质量发展必须遵循绿色发展的路径。

（4）开放是农业高质量发展的必由之路

习近平总书记强调，应"善于用好两个市场、两种资源，适当增加进口和加快农业走出去步伐"。加入世界贸易组织（WTO）以来，中国农业深度融入世界农业经济体系，农产品贸易规模持续快速增长，农业实际利用外资规模不断扩大，农业对外投资势头强劲。一方面，通过"引进来"，可将资源性农产品、种质资源、关键技术、高端人才、管理经验等引入国内，推动国内农业的转型升级，满足消费者的多样化需求；另一方面，通过"走出去"，可以促进国内农业优势产能和技术转移，通过农产品出口的增质增效作用带动地区产业兴旺和农民增收。党的十八届三中全会指出，使市场在资源配置中起决定性作用。农业领域的政府扶持虽然保护了弱势产业，但也引致了资源错配，如何正确处理政府与市场的关系是农业高质量发展的关键。健全完善农业要素市场机制，激发微观主体的参与积极性，形成内外联动开放新格局，是农业高质量发展的必由之路。

（5）共享是农业高质量发展的根本目的

共享发展理念实质是坚持以人民为中心的发展思想，体现了中国特色社会主义的本质，是新发展理念的出发点和落脚点。在城乡二元体制尚未完全打破的时代背景下，检验共享发展成效的关键在农村（叶兴庆，2016）。共享发展就是要使全体农户在农业经济发展中共享发展成就，使农户有更多获得感，从而增强发展动力，增进人民团结，朝共同富裕方向稳步前进。共享强调人的主体地位，农业经济发展成果应由农户公平共享，实现农户收入分配公平，完善农户享有的农村基础设施和公共服务是农业高质量发展的根本目标。

基于以上分析，结合现有文献研究方法，以黄河流域高质量发展的内涵为中心，以黄河流域农业高质量发展和黄河流域农村高质量发展为核心任务，在坚持总体思路的基础上，沿着"构建指标体系→确定指标权重→得出评价结果"的总体研究方法展开研究。考虑到省级和县级层面数据获取的实际情况，分别从省级和县级两个层面构建评价指标体系。

4.2.1 省级黄河流域农业高质量发展水平评价

4.2.1.1 省级黄河流域农业高质量发展水平评价指标体系的构建

基于以上分析，依据农业高质量发展的内涵，遵循指标选取的科学性、全面性、代表性和可比性原则，充分考虑数据的可得性、连续性，结合黄河流域的地理特征、人文环境、资源禀赋等，参考刘涛等（2021）、黎新伍等（2020）相关研究的做法，构建了包含创新、协调、绿色、开放、共享5个基本维度58项具体指标的黄河流域农业高质量发展水平评价指标体系（表4-1）。

表 4-1　黄河流域农业高质量发展水平评价指标体系——省级

维度指标 （一级指标）	要素指标 （二级指标）	基础指标 （三级指标）	指标度量方式	指标 属性
农业创新 发展	农业创新 投入	农业科技人员比率	农业科技人员数/第一产业从业人员数（%）	正
		农业劳动者教育水平	农业劳动力平均受教育年限（年）	正
		农业科技经费投入占比	农业科技经费投入/农业财政总投入（%）	正
		农业机械化程度	机械总动力/耕地面积（千瓦/公顷）	正
		有效灌溉率	耕地有效灌溉面积/耕地面积（%）	正
		节水灌溉面积比重	节水灌溉面积/耕地面积（%）	正
		人均财政支农力度	农林水财政支出/第一产业从业人数（万元/人）	正
		第一产业完成投资增长率	（本期第一产业完成投资－上期第一产业完成投资）/上期第一产业完成投资（%）	正
	农业创新 产出	农业科技人员人均农业专利授权数	农业专利授权数/农业科技人员数（件/人）	正
		第一产业劳动生产率	第一产业产值/第一产业从业人员（万元/人）	正
		粮食单产	粮食总产量/播种面积（吨/公顷）	正
		单位耕地面积第一产业完成增加值	第一产业完成增加值/单位耕地面积（万元/公顷）	正
农业协调 发展	城乡协调	城乡居民人均可支配收入比	城市居民人均可支配收入/农村居民人均可支配收入（%）	负
		城乡居民人均消费支出比	城市居民人均消费支出/农村居民人均消费支出（%）	负
		城乡居民社会养老机构数量比	（城市人口/城市居民社会养老机构数）/（农村人口/农村居民社会养老机构数）（%）	负
		城乡居民恩格尔系数比	城市居民恩格尔系数/农村居民恩格尔系数（%）	负
		城镇化率	城镇人口/总人口（%）	正
		城乡教育资源对比	每百人城镇学生拥有教师数量/每百人农村学生拥有教师数量（%）	负
		城乡医务人员数量比	城市卫生技术人员数/农村卫生技术人员数（%）	负
		城乡医院床位数比	每万人医疗卫生机构床位数/每万人农村人口乡镇卫生院床位数（%）	负

（续）

维度指标 （一级指标）	要素指标 （二级指标）	基础指标 （三级指标）	指标度量方式	指标 属性
农业协调 发展	农业产业 协调	农产品加工业产值占比	农产品加工业产值/农业总产值（%）	正
		第一产业产值占比	第一产业产值/总产值（%）	正
		农林牧渔服务业产值占比	农林牧渔服务业产值/总产值（%）	正
		养殖业产值占比	养殖业产值/总产值（%）	正
		种植业产值占比	种植业产值/总产值（%）	正
		林业产值占比	林业产值/总产值（%）	正
		渔业产值占比	渔业产值/总产值（%）	正
农业绿色 发展	农业资源 节约	耕地复种指数	耕地上全年内农作物的总播种面积/耕地面积	正
		万元农业增加值耗水量	农业用水量/农业增加值（百立方米/万元）	负
		万元农业 GDP 耗能	农业用电量/农业增加值（百万千瓦时/万元）	负
		第一产业从业人员人均用电量	农村用电量/第一产业从业人员（百万千瓦时/万人）	负
		农业中间消耗量	农林牧渔业中间消耗占产值的比重（%）	负
		农用柴油使用强度	农用柴油量/播种面积（百吨/万公顷）	负
		农作物成灾率	直接数据（%）	负
	农业环境 保护	单位耕地面积农业废水排放水平	（农业氨氮排放量＋农业污染源化学需氧量排放量）/耕地面积（吨/万公顷）	负
		森林覆盖率	直接数据（%）	正
		水土流失治理面积占比	水土流失治理面积/农用地面积（%）	正
		单位面积化肥施用量	化肥施用量/播种面积（百吨/千公顷）	负
		单位面积农药施用量	农药施用量/播种面积（吨/千公顷）	负
		单位面积农膜使用量	农膜使用量/播种面积（吨/千公顷）	负
		污水治理投资强度	污水治理投资/农业总产值（万元/亿元）	正
农业开放 发展	农产品 贸易	农产品进口依存度	农产品进口额/农业总产值（万元/千万元）	正
		农产品出口依存度	农产品出口额/农业总产值（万元/千万元）	正
		农业 FDI 强度	农业 FDI 数额/农业总产值（万元/十亿元）	正
	农业 市场化	主要农产品商品率	农产品商品量/农产品总产量（%）	正
		劳动力非农就业占比	非农就业劳动力数量/劳动力数量（%）	正
		单位耕地面积短期贷款	短期贷款/耕地面积（万元/公顷）	正

（续）

维度指标 （一级指标）	要素指标 （二级指标）	基础指标 （三级指标）	指标度量方式	指标 属性
农业共享 发展	收入分配	农民人均可支配收入	直接数据（元）	正
		农民人均可支配收入实际 增长率	（本期农民人均可支配收入－上期农民人均可 支配收入）/上期农民人均可支配收入（%）	正
		工资性收入占比	工资性收入/总收入（%）	正
		农村居民恩格尔系数	农村居民人均食品消费支出/农村居民可支配 收入	负
		农村低保人数占比	农村低保人数/农村总人口数（%）	负
	农村基础 设施和公 共服务	公共交通	每万人拥有公共交通车辆数（辆/万人）	正
		农村互联网普及率	农村居民家庭平均百户电脑拥有台数（台/ 百户）	正
		农村文化服务机构数	每十万人拥有农村文化服务机构数（个/十 万人）	正
		农村居民人均医疗机构床 位数	每万农村人口的乡镇卫生院床位数（张/万人）	正
		乡镇卫生院服务人口规模	农村人口数量/乡镇卫生院数量（千人/个）	负
		农村教育	每百名乡村学生拥有教师数量（人/百人）	正

（1）农业创新发展指标

创新是经济高质量发展的动力。农业创新发展包括农业创新投入和农业创新产出两个方面。

①农业创新投入。农业创新投入反映一个国家或地区在农业创新上的具体投入状况，包括人力投入、物力投入、财力投入等。农业创新投入为进行农业创新活动提供有力保障，具体包括农业科技人员比率、农业劳动者教育水平、农业科技经费投入占比、农业机械化程度、有效灌溉率、节水灌溉面积比重、人均财政支农力度和第一产业完成投资增长率8个指标。其中，农业科技人员比率反映了农业科技人员拥有状况，农业科技人员因其创造性和主观能动性是开展创新活动的关键；农业劳动者教育水平是其进行科技成果转化与传播的基础；农业科技经费投入占比反映了农业科技经费投入状况，是农业创新活动正常进行的有力保障；农业机械化程度反映了农业客体创新

基础；有效灌溉率和节水灌溉面积比重从农业灌溉角度反映了农业创新投入状况；人均财政支农力度和第一产业完成投资增长率反映一个国家或地区在创新平台的资金投入情况，为农业创新活动提供有力支撑。

②农业创新产出。农业创新产出是一个国家或地区在创新基础上所产生的成果，选取农业科技人员人均农业专利授权数、第一产业劳动生产率、粮食单产和单位耕地面积第一产业完成增加值4个评价指标。其中，农业科技人员人均农业专利授权数反映了农业科技创新成果；第一产业劳动生产率反映了第一产业劳动者在一定时期内创造的劳动成果，是衡量生产先进和落后的根本尺度；粮食单产和单位耕地面积第一产业完成增加值则反映了耕地的利用效率。这些指标的比值越高，越能说明创新活动的有效产出越多。

（2）农业协调发展指标

协调是农业高质量发展的内在要求，主要体现在城乡协调和农业产业协调两个方面。

①城乡协调。城乡协调体现了城市和农村之间互动、互补、相互依存的和谐关系，是城乡之间公共设施建设协调下的人力、资本、技术等资源的协调，反映了城乡一体化程度。选取城乡居民人均可支配收入比、城乡居民人均消费支出比、城乡居民社会养老机构数量比、城乡居民恩格尔系数比、城镇化率、城乡教育资源对比、城乡医务人员数量比和城乡医院床位数比衡量城乡在收入、支出、养老、教育、医疗等方面的协调水平。

②农业产业协调。农业产业协调反映农村一二三产业协调发展水平，是农村不断拓展农业产业范围、延伸农业产业链条及增加农民收入的重要途径。选用农产品加工业产值占比、第一产业产值占比、农林牧渔服务业产值占比、养殖业产值占比、种植业产值占比、林业产值占比和渔业产值占比7个指标衡量农业产业协调状况。其中，用农产品加工业产值占比来衡量农村一二三产业融合发展状况，用第一产业产值占比、农林牧渔服务业产值占比、养殖业产值占比、种植业产值占比、林业产值占比和渔业产值占比来衡量农业内部结构。

（3）农业绿色发展指标

农业绿色发展是破解农业发展资源环境约束难题的重要手段，也是提升农业国际竞争力的必然选择，主要体现在降低农业资源消耗、减少农业环境污染等方面。农业绿色发展包括农业资源节约和农业环境保护两个方面。

①农业资源节约。农业资源节约反映农业高质量发展中的资源节约情况，用耕地复种指数、万元农业增加值耗水量、万元农业 GDP 耗能、第一产业从业人员人均用电量、农业中间消耗量、农用柴油使用强度和农作物成灾率来衡量农业土地、水、能源等资源节约强度。

②农业环境保护。农业环境保护反映农业生产的环境友好程度，用单位耕地面积农业废水排放水平、森林覆盖率、水土流失治理面积占比、单位面积化肥施用量、单位面积农药施用量、单位面积农膜使用量和污水治理投资强度等指标衡量农业环境保护状况。其中，单位耕地面积农业废水排放水平反映了土地利用生态效率，森林覆盖率反映了森林资源的丰富程度和生态平衡状况，水土流失治理面积占比、单位面积化肥施用量、单位面积农药施用量和单位面积农膜使用量反映了农业生产过程中绿色生产技术使用状况，污水治理投资强度反映了农业环境保护中水环境综合治理状况。

（4）农业开放发展指标

开放是农业高质量发展的必由之路，主要体现在农产品贸易和农业市场化两个方面。

①农产品贸易。农产品贸易反映中国农业融入世界农业经济体系的程度，用农产品进口依存度、农产品出口依存度和农业 FDI 强度来衡量农业国际开放程度。其中，农产品进口依存度和农产品出口依存度反映农产品的国际商品率状况，国际商品率越高，表明农业开放发展程度越大；农业 FDI 强度反映农业企业对外开放和对外直接投资状况。

②农业市场化。农业市场化反映市场在资源配置中发挥的作用，用主要农产品商品率、劳动力非农就业占比和单位耕地面积短期贷款 3 个指标衡量农业市场化状况。其中，主要农产品商品率衡量农产品的市场化水平，劳动力非农就业占比衡量劳动力的市场化水平，单位耕地面积短期贷款衡量资本要素的市场化水平。

（5）农业共享发展

共享是农业高质量发展的价值导向，共享发展强调人的主体地位，农业经济发展成果理应由农户公平共享。基于此，主要测度农户享有农业经济发展成果的公平公正性，并据此从收入分配、农村基础设施和公共服务两个方面选取指标。

①收入分配。收入分配反映农户对农业经济发展成果最基本的分配情况，选用农民人均可支配收入、农民人均可支配收入实际增长率、工资性收入占比、农村居民恩格尔系数和农村低保人数占比 5 个指标进行衡量。

②农村基础设施和公共服务。农村基础设施和公共服务反映农户享有的农村基础设施和公共服务状况，选用公共交通、农村互联网普及率、农村文化服务机构数、农村居民人均医疗机构床位数、乡镇卫生院服务人口规模和农村教育 6 个指标进行衡量。

4.2.1.2　黄河流域农业高质量发展水平评价指标权重的确定

确定权重的方法主要有主观赋权法、客观赋权法以及主客观赋权法。主观赋权法是由决策者或专家的知识水平、经验和偏好按重要程度对各指标的赋值，主要方法有专家打分法、层次分析法（AHP 法）等。客观赋权法是通过比较在不同评价对象上的指标数值的信息含量或者变化大小来确定指标权重，主要方法有熵权法、DEA 法、灰色关联分析法等。主观赋权法受专家个人意志和偏好影响较大，而客观赋权法则忽略了专家意见，因此很多学者将主客观分析方法结合赋权，克服了上述 2 种方法的片面性。在此采取熵权法和专家打分法相结合的主客观赋权法测算各项指标权重，具体步骤如下：

首先，运用熵权法确定客观权重。在数据标准化处理基础上，计算信息熵确定指标权重，公式如下：

$$z_{ij} = \frac{X'_{ij}}{\sum\limits_{i=1}^{m} X'_{ij}}, \quad e_j = -\frac{\sum\limits_{i=1}^{m}(z_{ij} \times \ln z_{ij})}{\ln m}, \quad w_j = \frac{1-e_j}{\sum\limits_{j=1}^{n}(1-e_j)} \quad (4-1)$$

式中，X'_{ij} 为标准化处理后的初始矩阵，z_{ij} 为第 i 个省份（或县）的第 j 个指标在所有省份（或县）中所占比重，e_j 为熵值，w_j 为熵权法对某一指标赋予的权重，m 为待评价的省份（或县）数量，n 为评价指标数量。

其次，采用专家打分法确定主观权重。邀请 30 名农业经济管理相关专业的专家，采用问卷调查方式。一是在构建黄河流域农业高质量发展评价指标体系基础上，令其对该指标体系下各指标权重进行赋值（各指标权重加总为 1），最终取 30 名专家对各指标权重赋值的平均值作为专家打分法所测得的各指标权重（w_j）；二是令其对熵权法、专家打分法 2 种方法的结构权重进行赋值（2 种方法结构权重加总为 1），同样取 30 名专家对 2 种方法结构权重赋值的平均值作为熵权法、专家打分法的结构权重（α_t）。经计算，专家打分法确定的熵权法、专家打分法的结构权重分别为 0.443、0.557。

最后，确定综合权重。采用加权平均方法，确定出各指标的综合权重 w_j。公式为：

$$w_j = \sum_{t=1}^{2} w_{jt} \times \alpha_t \qquad (4-2)$$

式中，w_j 为各指标的最终权重，w_{jt} 为分别使用上述 2 种方法确定的指标权重，α_t 为通过专家打分法确定的 2 种方法的权重，$t=1$、2，见表 4-2。

表 4-2　2019 年黄河流域 9 省份的农业高质量发展水平评价指标权重

维度指标（一级指标）	要素指标（二级指标）	基础指标（三级指标）	指标度量方式	客观权重	主观权重	综合权重
农业创新发展	农业创新投入	农业科技人员比率	农业科技人员数/第一产业从业人员数（%）	0.018	0.011	0.015
		农业劳动者教育水平	农业劳动力平均受教育年限（年）	0.006	0.015	0.011
		农业科技经费投入占比	农业科技经费投入/农业财政总投入（%）	0.050	0.009	0.030
		农业机械化程度	机械总动力/耕地面积（千瓦/公顷）	0.022	0.013	0.018
		有效灌溉率	耕地有效灌溉面积/耕地面积（%）	0.014	0.011	0.013
		节水灌溉面积比重	节水灌溉面积/耕地面积（%）	0.013	0.013	0.013
		人均财政支农力度	农林水财政支出/第一产业从业人数（万元/人）	0.021	0.012	0.017
		第一产业完成投资增长率	（本期第一产业完成投资－上期第一产业完成投资）/上期第一产业完成投资（%）	0.004	0.012	0.008
	农业创新产出	农业科技人员人均农业专利授权数	农业专利授权数/农业科技人员数（件/人）	0.052	0.011	0.032
		第一产业劳动生产率	第一产业产值/第一产业从业人员（万元/人）	0.011	0.016	0.014
		粮食单产	粮食总产量/播种面积（吨/公顷）	0.014	0.010	0.012
		单位耕地面积第一产业完成增加值	第一产业完成增加值/单位耕地面积（万元/公顷）	0.021	0.012	0.017

（续）

维度指标（一级指标）	要素指标（二级指标）	基础指标（三级指标）	指标度量方式	客观权重	主观权重	综合权重
农业协调发展	城乡协调	城乡居民人均可支配收入比	城市居民人均可支配收入/农村居民人均可支配收入（%）	0.004	0.020	0.012
		城乡居民人均消费支出比	城市居民人均消费支出/农村居民人均消费支出（%）	0.007	0.017	0.012
		城乡居民社会养老机构数量比	（城市人口/城市居民社会养老机构数）/（农村人口/农村居民社会养老机构数）（%）	0.003	0.016	0.010
		城乡居民恩格尔系数比	城市居民恩格尔系数/农村居民恩格尔系数（%）	0.003	0.014	0.009
		城镇化率	城镇人口/总人口（%）	0.007	0.009	0.008
		城乡教育资源对比	每百人城镇学生拥有教师数量/每百人农村学生拥有教师数量（%）	0.016	0.019	0.018
		城乡医务人员数量比	城市卫生技术人员数/农村卫生技术人员数（%）	0.004	0.025	0.015
		城乡医院床位数比	每万人医疗卫生机构床位数/每万人农村人口乡镇卫生院床位数（%）	0.011	0.013	0.012
	农业产业协调	农产品加工业产值占比	农产品加工业产值/农业总产值（%）	0.023	0.028	0.026
		第一产业产值占比	第一产业产值/总产值（%）	0.010	0.012	0.011
		农林牧渔服务业产值占比	农林牧渔服务业产值/总产值（%）	0.016	0.019	0.018
		养殖业产值占比	养殖业产值/总产值（%）	0.013	0.016	0.015
		种植业产值占比	种植业产值/总产值（%）	0.007	0.009	0.008
		林业产值占比	林业产值/总产值（%）	0.022	0.017	0.020
		渔业产值占比	渔业产值/总产值（%）	0.053	0.008	0.031
农业绿色发展	农业资源节约	耕地复种指数	耕地上全年内农作物的总播种面积/耕地面积	0.033	0.020	0.027
		万元农业增加值耗水量	农业用水量/农业增加值（百立方米/万元）	0.002	0.015	0.009
		万元农业GDP耗能	农业用电量/农业增加值（百万千瓦时/万元）	0.005	0.016	0.011
		第一产业从业人员人均用电量	农村用电量/第一产业从业人员（百万千瓦时/万人）	0.005	0.016	0.011

（续）

维度指标（一级指标）	要素指标（二级指标）	基础指标（三级指标）	指标度量方式	客观权重	主观权重	综合权重
农业绿色发展	农业资源节约	农业中间消耗量	农林牧渔业中间消耗占产值的比重（％）	0.005	0.016	0.011
		农用柴油使用强度	农用柴油量/播种面积（百吨/万公顷）	0.009	0.011	0.010
		农作物成灾率	直接数据（％）	0.007	0.013	0.010
	农业环境保护	单位耕地面积农业废水排放水平	（农业氨氮排放量＋农业污染源化学需氧量排放量）/耕地面积（吨/万公顷）	0.006	0.012	0.009
		森林覆盖率	直接数据（％）	0.016	0.019	0.018
		水土流失治理面积占比	水土流失治理面积/农用地面积（％）	0.027	0.023	0.025
		单位面积化肥施用量	化肥施用量/播种面积（百吨/千公顷）	0.008	0.013	0.011
		单位面积农药施用量	农药施用量/播种面积（吨/千公顷）	0.004	0.014	0.009
		单位面积农膜使用量	农膜使用量/播种面积（吨/千公顷）	0.003	0.009	0.006
		污水治理投资强度	污染治理投资/农业总产值（万元/亿元）	0.041	0.009	0.025
农业开放发展	农产品贸易	农产品进口依存度	农产品进口额/农业总产值（万元/千万元）	0.076	0.011	0.044
		农产品出口依存度	农产品出口额/农业总产值（万元/千万元）	0.054	0.024	0.039
		农业 FDI 强度	农业 FDI 数额/农业总产值（万元/十亿元）	0.041	0.026	0.034
	农业市场化	主要农产品商品率	农产品商品量/农产品总产量（％）	0.022	0.024	0.023
		劳动力非农就业占比	非农就业劳动力数量/劳动力数量（％）	0.005	0.033	0.019
		单位耕地面积短期贷款	短期贷款/耕地面积（万元/公顷）	0.030	0.024	0.027
农业共享发展	收入分配	农民人均可支配收入	直接数据（元）	0.011	0.029	0.020
		农民人均可支配收入实际增长率	（本期农民人均可支配收入－上期农民人均可支配收入）/上期农民人均可支配收入（％）	0.003	0.024	0.014
		工资性收入占比	工资性收入/总收入（％）	0.007	0.022	0.015
		农村居民恩格尔系数	农村居民人均食品消费支出/农村居民可支配收入	0.004	0.027	0.016
		农村低保人数占比	农村低保人数/农村总人口数（％）	0.006	0.015	0.011
	农村基础设施和公共服务	公共交通	每万人拥有公共交通车辆数（辆/万人）	0.021	0.016	0.019
		农村互联网普及率	农村居民家庭平均百户电脑拥有台数（台/百户）	0.011	0.024	0.018
		农村文化服务机构数	每十万人拥有农村文化服务机构数（个/十万人）	0.026	0.024	0.025

(续)

维度指标（一级指标）	要素指标（二级指标）	基础指标（三级指标）	指标度量方式	客观权重	主观权重	综合权重
农业共享发展	农村基础设施和公共服务	农村居民人均医疗机构床位数	每万农村人口的乡镇卫生院床位数（张/万人）	0.024	0.031	0.028
		乡镇卫生院服务人口规模	农村人口数量/乡镇卫生院数量（千人/个）	0.008	0.024	0.016
		农村教育	每百名乡村学生拥有教师数量（人/百人）	0.035	0.029	0.032

从综合权重结果来看，在创新发展维度上，农业科技经费投入占比和农业科技人员人均农业专利授权数权重较大，分别为 0.030 和 0.032。在协调发展维度上，城乡教育资源对比、农产品加工业产值对比和渔业产值占比权重较大，分别为 0.018、0.026 和 0.031。在绿色发展维度上，耕地复种指数、水土流失治理面积占比和污水治理投资强度权重较大，分别为 0.027、0.025 和 0.025。在开放发展维度上，农产品进口依存度、农产品出口依存度和农业 FDI 强度权重较大，分别为 0.044、0.039 和 0.034。在共享发展维度上，农村文化服务机构数、农村居民人均医疗机构床位数和农村教育权重较大，分别为 0.025、0.028 和 0.032。综合来看，黄河流域农业高质量发展指标体系的 5 个维度中，权重分配基本一致，略有差别，其中：协调发展维度所占权重最高，共享发展维度次之，再次为创新发展维度，绿色发展维度和开放发展维度所占权重紧随其后。

4.2.1.3 黄河流域农业高质量发展水平评价结果的确定

在运用熵权法和专家打分法相结合的主客观赋权法，测算黄河流域农业高质量发展水平评价指标体系中各指标的综合权重 w_j 后，进行如下步骤：

首先，计算第 i 个省份（或县）第 s 个准则层指标得分：

$$z_{is} = \sum_{i=1}^{q} W_j Y_{ij} \qquad (4-3)$$

式中，z_{is} 为第 i 个省份（或县）中第 s 个准则层指标得分，q 为该指标层所含指标总数。

其次，计算第 i 个省份（或县）的农业高质量发展水平总得分：

$$F_i = \sum_{s=1}^{5} z_{is} \qquad (4-4)$$

式中，F_i为第i个省份（或县）的农业高质量发展水平总得分。

根据上述公式，最终可测得黄河流域9个省份（372个县）的农业高质量发展综合水平值F_i。F_i越大，该省份（或县）农业高质量发展水平越好；F_i越小，则该省份（或县）农业高质量发展水平越差。

4.2.2 县级黄河流域农业高质量发展水平评价

依据农业高质量发展的内涵，结合黄河流域的地理特征、人文环境、资源禀赋等，上文已从省级层面基于创新、协调、绿色、开放、共享5个基本维度构建了黄河流域农业高质量发展水平评价指标体系。然而，考虑到仅从省级层面分析黄河流域农业高质量发展状况，最终测得的省级农业高质量发展水平评价结果只能代表省级平均水平，而各省份所包含的县（市、区）经济状况、自然禀赋、人文环境等存在差异，不同县（市、区）农业高质量发展状况必定有所不同。探究同一省份不同县（市、区）农业高质量发展状况，并对比其差异，能够进一步细化研究内容，对于进一步完善黄河流域农业高质量发展水平评价具有重要理论价值和现实意义。因此，在上一部分研究基础上，同样从创新、协调、绿色、开放、共享5个基本维度出发，充分考虑数据的可得性、连续性，从县级层面再次分析黄河流域农业高质量发展状况，构建县级农业高质量发展水平评价指标体系，如表4-3所示。

表4-3　黄河流域农业高质量发展水平评价指标体系——基于县级层面

维度指标 （一级指标）	要素指标 （二级指标）	基础指标 （三级指标）	指标度量方式	指标属性
农业创新发展	农业创新投入	全社会固定资产投资增长率	（本期全社会固定资产投资－上期全社会固定资产投资）/上期全社会固定资产投资（%）	正
		人均财政支出	县财政支出/县户籍人数（万元/万人）	正
	农业创新产出	粮食单产	粮食总产量/耕地面积（吨/亩）	正
		设施农业面积占比	设施农业面积/耕地面积（%）	正

（续）

维度指标 （一级指标）	要素指标 （二级指标）	基础指标 （三级指标）	指标度量方式	指标 属性
农业协调 发展	城乡协调	城乡居民人均可支配收入比	城市居民人均可支配收入/农村居民人均可支配收入（%）	负
		城镇化率	城镇人口/总人口（%）	正
	农业产业 协调	一二产业增加值比	第一产业增加值/第二产业增加值	正
		一三产业增加值比	第一产业增加值/第三产业增加值	正
		第一产业增加值产值占比	第一产业增加值/地区生产总值（%）	正
农业绿色 发展	农业资源 节约	万元农业增加值耗水量	农业用水量/农业增加值（百立方米/万元）	负
		万元农业GDP耗能	农业用电量/农业增加值（百万千瓦时/万元）	负
	农业环境 保护	单位面积化肥施用量	化肥施用量/播种面积（百吨/千公顷）	负
		单位面积农药施用量	农药施用量/播种面积（吨/千公顷）	负
		单位面积农膜使用量	农膜使用量/播种面积（吨/千公顷）	负
农业开放 发展	农产品 贸易	农产品进口依存度	农产品进口额/农业总产值（万元/千万元）	正
		农产品出口依存度	农产品出口额/农业总产值（万元/千万元）	正
	农业 市场化	主要农产品商品率	农产品商品量/农产品总产量（%）	正
		劳动力非农就业占比	非农就业劳动力数量/劳动力数量（%）	正
农业共享 发展	收入分配	农民人均可支配收入	直接数据（元）	正
		农民人均可支配收入实际增长率	（本期农民人均可支配收入－上期农民人均可支配收入）/上期农民人均可支配收入（%）	正
	农村基础 设施和公 共服务	每万人社会福利收养性单位床位数	社会福利收养性单位床位数/县户籍人口（床/万人）	正
		医疗卫生机构床位数	医疗卫生机构床位数/县户籍人数（床/万人）	正
		人均固定电话数	固定电话用户数/县户籍人口（户/万人）	正

　　随机选取黄河流域9个省份中181个县（市、区）作为研究区域。其中，山东选取了16个县（市、区），内蒙古选取了13个县（市、区），宁夏选取了15个县（市、区），甘肃选取了36个县（市、区），山西选取了24个县（市、区），河南选取了20个县（市、区），陕西选取了49个县（市、区），鉴于黄河在四川与青海的途经范围相对较小，四川仅选取了3个县（市、区），青海仅选取了5个县（市、区）。在确定研究区域及构建县级农

业高质量发展水平评价指标体系基础上，同样采用熵权法和专家打分法相结合的主客观赋权法测算各项指标权重（表4-4），最终测到黄河流域181个县（市、区）的农业高质量发展综合水平值。

表4-4 黄河流域农业高质量发展水平评价指标体系中各指标权重——县级

维度指标 （一级指标）	要素指标 （二级指标）	基础指标 （三级指标）	熵权法 权重	专家打分 法权重	综合权重
农业创新 发展	农业创新 投入	全社会固定资产投资增长率	0.006	0.045	0.025
		人均财政支出	0.055	0.028	0.041
	农业创新 产出	粮食单产	0.038	0.074	0.056
		设施农业面积占比	0.165	0.066	0.115
农业协调 发展	城乡协调	城乡居民人均可支配收入比	0.003	0.080	0.041
		城镇化率	0.020	0.066	0.043
	农业产业 协调	一二产业增加值比	0.117	0.035	0.076
		一三产业增加值比	0.056	0.026	0.041
		第一产业增加值产值占比	0.055	0.028	0.042
农业绿色 发展	农业资源节约	万元农业增加值耗水量	0.005	0.029	0.017
		万元农业GDP耗能	0.010	0.027	0.019
	农业环境 保护	单位面积化肥施用量	0.026	0.044	0.035
		单位面积农药施用量	0.017	0.038	0.027
		单位面积农膜使用量	0.016	0.032	0.024
农业开放 发展	农产品贸易	农产品进口依存度	0.107	0.017	0.062
		农产品出口依存度	0.082	0.020	0.051
	农业市场化	主要农产品商品率	0.051	0.038	0.044
		劳动力非农就业占比	0.017	0.048	0.032
农业共享 发展	收入分配	农民人均可支配收入	0.026	0.084	0.055
		农民人均可支配收入实际增长率	0.001	0.070	0.036
	农村基础设施 和公共服务	每万人社会福利收养性单位床位数	0.062	0.047	0.054
		医疗卫生机构床位数	0.025	0.039	0.032
		人均固定电话数	0.040	0.021	0.030

从综合权重结果来看，在农业创新发展维度上，设施农业面积占比权重较大；在农业协调发展维度上，一二产业增加值比权重较大；在农业绿色发

展维度上，单位面积化肥施用量权重较大；在农业开放发展维度上，农产品进口依存度权重较大；在农业共享发展维度上，农民人均可支配收入和每万人社会福利收养性单位床位数的权重相当。综合而言，针对县级构建的黄河流域农业高质量发展水平评价指标体系的 5 个维度中，协调发展维度的权重最大，其次是创新发展维度，再次是共享发展维度，开放发展维度和绿色发展维度权重较低。

4.3 省级农业高质量发展水平实证研究

以新发展理念为指导，以黄河流域空间范围内 9 省份为研究区域，构建了包含创新、协调、绿色、开放、共享 5 个基本维度的农业高质量发展水平评价指标体系，对 2010—2019 年 9 省份的农业高质量发展水平进行测度。在此基础上，一是分析 2019 年黄河流域空间范围内 9 省份的农业高质量发展现状，二是分析 2010—2019 年黄河流域空间范围内 9 省份农业高质量发展平均水平，三是分析 2010—2019 年黄河流域空间范围内 9 省份农业高质量发展的变动状况。

4.3.1 黄河流域 9 省份农业高质量发展现状：基于 2019 年数据

基于构建的农业高质量发展测度指标体系及上述计算公式（4-1）至公式（4-4），分别测算黄河流域 9 省份农业高质量发展水平综合得分及各维度得分（表 4-5）。

表 4-5 2019 年黄河流域空间范围内 9 省份的农业高质量发展现状

省份	农业创新发展	农业协调发展	农业绿色发展	农业开放发展	农业共享发展	农业高质量发展水平	排名
山东	0.109	0.123	0.079	0.098	0.132	0.541	1
河南	0.094	0.094	0.107	0.041	0.099	0.435	3
四川	0.068	0.105	0.137	0.041	0.087	0.438	2
山西	0.045	0.112	0.112	0.019	0.100	0.388	4
陕西	0.079	0.070	0.101	0.037	0.084	0.372	5
内蒙古	0.062	0.092	0.093	0.026	0.093	0.366	6

（续）

省份	农业创新发展	农业协调发展	农业绿色发展	农业开放发展	农业共享发展	农业高质量发展水平	排名
甘肃	0.031	0.074	0.075	0.020	0.088	0.288	9
宁夏	0.065	0.093	0.074	0.044	0.083	0.359	7
青海	0.059	0.065	0.088	0.013	0.074	0.299	8
黄河流域平均水平	0.068	0.092	0.096	0.038	0.093	0.387	
全国平均水平	0.098	0.114	0.091	0.063	0.111	0.477	

（1）2019 年截面数据比较

从综合评估得分来看，黄河流域 9 省份农业高质量发展水平存在较大差异，农业高质量发展水平综合得分由高到低依次为山东、四川、河南、山西、陕西、内蒙古、宁夏、青海和甘肃。其中，山东综合得分最高，为 0.541 分；甘肃综合得分最低，为 0.288 分。

（2）与 2019 年全国农业高质量发展平均水平比较

结果表明，黄河流域 9 省份农业高质量发展水平综合得分超过全国平均水平的省份仅有山东 1 个，接近于全国平均水平的省份有河南和四川 2 个，远落后于全国平均水平的省份则有 6 个，包括山西、陕西、内蒙古、甘肃、宁夏和青海。可见黄河流域农业高质量发展整体状况不容乐观。从创新、协调、绿色、开放、共享 5 个基本维度看：

①农业创新发展维度。超过全国平均水平的省份仅有山东 1 个，接近于全国平均水平的省份有河南 1 个，远落后于全国平均水平的省份则有 7 个，包括陕西、四川、宁夏、内蒙古、青海、山西和甘肃。

②农业协调发展维度。超过全国平均水平的省份仅有山东 1 个，接近于全国平均水平的省份有山西和四川 2 个，远落后于全国平均水平的省份则有 6 个，包括河南、宁夏、内蒙古、甘肃、陕西和青海。

③农业绿色发展维度。超过全国平均水平的省份 5 个，包括四川、山西、河南、陕西和内蒙古；接近于全国平均水平的省份有青海 1 个，远落后于全国平均水平的有山东、甘肃和宁夏 3 个省份。

④农业开放发展维度。超过全国平均水平的省份仅有山东 1 个，远落后

于全国平均水平的省份则有 8 个, 包括宁夏、河南、四川、陕西、内蒙古、甘肃、山西和青海。

⑤农业共享发展维度。超过全国平均水平的省份仅有山东 1 个, 接近于全国平均水平的有河南和山西 2 个, 远落后于全国平均水平的则有内蒙古、甘肃、四川、陕西、宁夏和甘肃 6 个。

(3) 与 2019 年黄河流域 9 省份农业高质量发展平均水平比较

结果表明, 黄河流域 9 省份农业高质量发展水平综合得分超过 9 省份平均水平的省份有山东、四川、河南和山西 4 个, 接近于 9 省份平均水平的省份有陕西、内蒙古和宁夏 3 个, 远落后于 9 省份平均水平的有青海和甘肃 2 个。可知, 黄河流域大部分省份农业高质量发展综合水平超过或接近于 9 省份平均水平。从创新、协调、绿色、开放、共享 5 个基本维度看:

①农业创新发展维度。超过 9 省份平均水平的省份有山东、河南、陕西、四川 4 个, 接近于 9 省份平均水平的省份有宁夏、内蒙古和青海 3 个, 远落后于 9 省份平均水平的有山西和甘肃 2 个。

②农业协调发展维度。超过 9 省份平均水平的省份有山东、山西、四川、河南、宁夏和内蒙古 6 个, 远落后于 9 省份平均水平的有甘肃、陕西和青海 3 个。

③农业绿色发展维度。超过 9 省份平均水平的省份有四川、山西、河南、陕西 4 个, 接近于 9 省份平均水平的省份有内蒙古和青海 2 个, 远落后于 9 省份平均水平的有山东、甘肃和宁夏 3 个。

④农业开放发展维度。超过 9 省份平均水平的省份有山东、宁夏、河南、四川 4 个, 接近于 9 省份平均水平的省份有陕西 1 个, 远落后于 9 省份平均水平的有内蒙古、甘肃、山西和青海 3 个。

⑤农业共享发展维度。超过 9 省份平均水平的省份有山东、山西、河南、内蒙古 4 个, 接近于 9 省份平均水平的省份有甘肃、四川、陕西、宁夏 4 个, 远落后于 9 省份平均水平的有青海 1 个。

此外, 对比黄河流域 9 个省份农业高质量发展在创新、协调、绿色、开放、共享 5 个维度的平均水平值, 农业创新发展平均水平值为 0.068 分, 农业协调发展平均水平值为 0.092 分, 农业绿色发展平均水平值为 0.096 分,农业开放发展平均水平值为 0.038 分，农业共享发展平均水平值为 0.093 分。可知，黄河流域 9 个省份的农业绿色发展、农业共享发展和农业协调发展状况显著明显优于农业创新发展和农业开放发展，即黄河流域农业高质量发展存在结构性失衡问题，农业创新发展和农业开放发展是其薄弱环节。

4.3.2 黄河流域 9 省份农业高质量发展平均水平：基于 2010—2019 年数据

表 4-6 呈现了 2010—2019 年黄河流域空间范围内 9 省份农业高质量发展水平及其 5 个维度的平均值，并依据 9 省份在各维度均值水平进行排序。

表 4-6　2010—2019 年黄河流域空间范围内 9 省份农业高质量发展水平均值

省份	农业创新发展均值		农业协调发展均值		农业绿色发展均值		农业开放发展均值		农业共享发展均值		农业高质量发展水平均值	
	得分	排名	得分	排名	得分	排名	得分	排名	得分	排名	得分	排名
山东	0.096	1	0.121	1	0.077	7	0.118	1	0.109	1	0.520	1
河南	0.077	2	0.091	6	0.093	4	0.037	3	0.078	3	0.377	3
四川	0.066	3	0.097	3	0.132	1	0.035	4	0.070	7	0.400	2
山西	0.041	8	0.110	2	0.096	3	0.028	5	0.089	2	0.363	4
陕西	0.064	4	0.073	9	0.106	2	0.024	6	0.073	5	0.340	5
内蒙古	0.050	6	0.093	4	0.088	6	0.023	7	0.075	4	0.329	6
甘肃	0.037	9	0.070	7	0.069	8	0.022	8	0.066	8	0.265	9
宁夏	0.054	5	0.092	5	0.065	9	0.047	2	0.071	6	0.328	7
青海	0.046	7	0.063	8	0.092	5	0.017	9	0.061	9	0.279	8
黄河流域平均水平	0.059		0.090		0.091		0.039		0.077		0.356	
全国平均水平	0.071		0.113		0.089		0.064		0.092		0.429	

由表 4-6 可知，2010—2019 年黄河流域空间范围内 9 省份农业高质量发展水平及其 5 个维度呈现如下特征：

（1）总体特征

2010—2019 年黄河流域空间范围内 9 省份农业高质量发展水平均值差距明显，根据 9 省份农业高质量发展水平的综合得分平均值，由高到低依次为山东、四川、河南、山西、陕西、内蒙古、宁夏、青海和甘肃，与 2019

年排名一致。将各省份与全国平均水平对比可知，仅有山东的农业高质量发展水平高于全国平均水平，四川的农业高质量发展水平接近于全国平均水平，其他 7 个省份则远低于全国平均水平。将各省份与 9 省份农业高质量发展平均水平对比可知，山东、四川、河南和山西的农业高质量发展水平相对较高，高于 9 省份平均水平；陕西、内蒙古和宁夏的农业高质量发展水平次之，接近于 9 省份平均水平；青海和甘肃的农业高质量发展水平较低，远低于 9 省份平均水平。鉴于研究问题是黄河流域农业高质量发展水平评价，故依据各省份与黄河流域 9 省份农业高质量发展平均水平对比结果，确定不同类型（高水平、一般水平、低水平）省份农业高质量发展的驱动因素和薄弱环节。

（2）高水平省份特征

高出黄河流域 9 省份农业高质量发展平均水平的省份有 4 个（即山东、四川、河南和山西），其核心驱动因素和薄弱环节存在较大差异。在驱动因素方面，山东表现在农业创新发展、农业协调发展、农业开放发展和农业共享发展 4 个维度上，四项排名均为第一；四川表现在农业绿色发展、农业创新发展和农业协调发展 3 个维度上，农业绿色发展排名第一，农业创新发展和农业协调发展排名均为第三；河南表现在农业创新发展、农业开放发展和农业共享发展 3 个维度上，农业创新发展排名第二，农业开放发展和农业共享发展排名均为第三；山西表现在农业协调发展、农业共享发展和农业绿色发展 3 个方面，农业协调发展和农业共享发展排名均为第二，农业绿色发展排名第三。在薄弱环节方面，山东在农业绿色发展维度较为薄弱，排名第七；四川在农业共享发展维度较为薄弱，排名第七；河南在农业协调发展维度较为薄弱，排名第六；山西在农业创新发展维度较为薄弱，排名第八。

（3）一般水平省份特征

接近于黄河流域 9 省份农业高质量发展平均水平的省份有 3 个（即陕西、内蒙古和宁夏），其核心驱动因素和薄弱环节存在较大差异。陕西的驱动因素为农业绿色发展，排名第二；薄弱环节为农业协调发展，排名第九。内蒙古则无显著的驱动因素，薄弱环节为农业开放发展，排名第七；整体上看，内蒙古 5 个维度发展较为均匀，基本处于 4～6 名，导致其农业高质量发展水平接近于黄河流域 9 省份平均水平。宁夏的驱动因素为农业开放发展，排名第二；薄弱环节为农业绿色发展，排名第九。

（4）低水平省份特征

远低于黄河流域9省份农业高质量发展平均水平的省份有2个（即青海和甘肃），其农业高质量发展并无核心驱动因素，且薄弱环节较多。青海在农业开放发展、农业共享发展、农业协调发展和农业创新发展4个维度均较为薄弱，农业开放发展和农业共享发展均排名第九，农业协调发展排名第八，农业创新发展排名第七；甘肃在农业创新发展、农业绿色发展、农业开放发展、农业共享发展和农业绿色发展5个维度均较为薄弱，农业创新发展排名第九，农业绿色发展、农业开放发展和农业共享发展排名第八，农业协调发展排名第七。

4.3.3 2010—2019年黄河流域9省份农业高质量发展水平变动状况

首先分析2010—2019年黄河流域9省份农业高质量发展水平综合评价，其次分别从创新、协调、绿色、开放、共享5个维度分析2010—2019年黄河流域9省份农业高质量发展水平，以期从整体和结构上、时间和空间上，全面评价9省份农业高质量发展的平均水平和变动趋势。

（1）黄河流域空间范围内9省份农业高质量发展水平综合评价

图4-1呈现了2010—2019年黄河流域农业高质量发展水平综合状况。由图4-1可知，黄河流域9省份的农业高质量发展水平整体不高，具有较大的改善空间。从9省份农业高质量发展综合得分平均值看，黄河流域农业高质量发展态势积极，从2010年的0.321分持续增长到2019年的0.387分，发展水平整体呈上升趋势，平均年涨幅达2.10%。从发展趋势看，除青海外，黄河流域其余8个省份10年间的农业高质量发展水平均得到不同程度的提高。

从各省份具体发展水平看，2010—2019年山西、河南、山东、四川的农业高质量发展水平的平均值分别为0.363分、0.377分、0.520分、0.400分，均高于黄河流域9省份平均水平（0.356分），且呈现出"山东＞四川＞河南＞山西"的分布态势；而陕西、青海、内蒙古、甘肃、宁夏的农业高质量发展水平均值分别为0.340分、0.279分、0.328分、0.265分、0.328分，均低于黄河流域9省份平均水平（0.356分），呈现出"陕西＞内蒙古＞宁夏＞青海＞甘肃"的分布态势。总体而言，黄河流域东部地区农业高质量

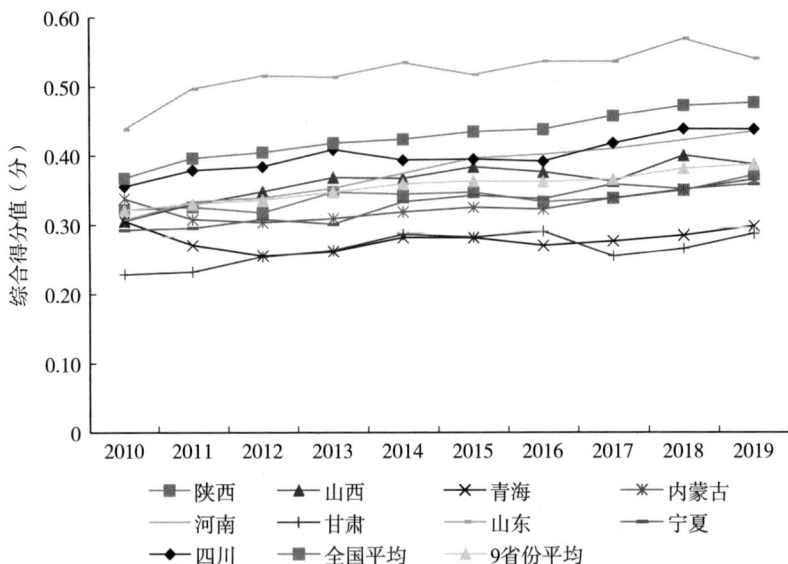

图 4-1　2010—2019 年黄河流域空间范围内 9 省份农业高质量发展水平综合状况

发展水平优于西部地区。

　　从发展水平的涨幅看，山西、河南、甘肃、山东、宁夏、四川的发展水平从 2010 年的 0.306 分、0.307 分、0.228 分、0.438 分、0.359 分、0.438 分增长至 2019 年的 0.388 分、0.435 分、0.288 分、0.541 分、0.359 分、0.438 分，年平均涨幅分别达 2.78%、3.98%、2.81%、2.49%、2.38%、2.41%，均高于黄河流域 9 省份农业高质量发展水平的平均涨幅（2.10%）；内蒙古、陕西的农业高质量发展水平分别从 2010 年的 0.338 分、0.322 增长至 2019 年的 0.366 分、0.372 分，年平均涨幅分别为 0.97%、1.69%，低于黄河流域的平均涨幅（2.10%）；而青海的农业高质量发展水平从 2010 年的 0.305 分持续降低至 2019 年的 0.299 分，年平均涨幅为 -0.09%，是黄河流域唯一一个农业高质量发展负增长的省份。

　　从黄河流域与全国的发展水平对比看，2010—2019 年黄河流域整体农业高质量发展水平（均值 0.356 分）明显低于全国发展水平（均值 0.429 分），仅山东的农业高质量发展水平较高（均值 0.520 分）；从黄河流域与全国发展水平涨幅的对比看，黄河流域的涨幅（2.10%）同样低于全国农业高质量发展水平的涨幅（2.96%），仅河南农业高质量发展水平的涨幅（3.98%）高于全国发展水平的涨幅（2.96%）。

由此可见，黄河流域农业高质量发展水平整体不高，但总体呈上升趋势，具有良好的发展前景。将9省份具体发展状况与黄河流域整体相比，各省份具有以下特征：山东、四川、河南、山西农业高质量发展水平相对较优，且发展态势迅猛；甘肃、宁夏农业高质量发展水平整体不高，但其增长幅度较高，发展态势积极；陕西、内蒙古、青海农业高质量发展水平相对较低，且发展水平的增长幅度也低于黄河流域9省份平均水平。

（2）黄河流域空间范围内9省份农业创新发展评价

图4-2呈现了2010—2019年黄河流域农业创新发展状况。从9省份农业创新发展平均值来看，黄河流域农业创新发展水平从2010年的0.050分增长到2019年的0.068分，总体呈上升趋势，平均年涨幅为3.52%，农业创新发展水平有限，但发展势头积极。从发展趋势看，2010—2019年黄河流域9省份的农业发展创新水平呈现波动增长趋势，各省份的农业创新发展水平在个别年份有不同程度的负增长，但总体而言，黄河流域农业创新发展水平得到了提高。

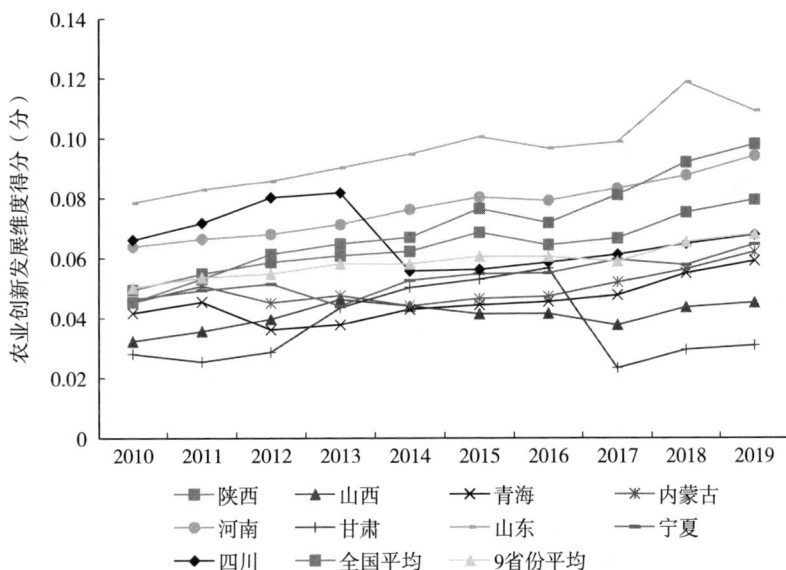

图4-2　2010—2019年黄河流域空间范围内9省份农业创新发展水平

从各省份农业创新发展具体水平看，2010—2019年山东、河南、四川、陕西农业创新发展水平的平均值分别为0.096分、0.077分、0.066分、0.064分，均高于黄河流域9省份平均水平（0.059分）。其中：山东、河南农业创新发展成效尤为突出，始终位于黄河流域9省份前列，且高于全国农业创新发展平均水平（0.071分）；宁夏、内蒙古、青海、山西、甘肃农业创新发展平均水平均低于黄河流域9省份平均水平，分别为0.054分、0.050分、0.046分、0.041分、0.037分。总体上，黄河流域农业创新发展水平呈现出"山东＞河南＞四川＞陕西＞宁夏＞内蒙古＞青海＞山西＞甘肃"的分布态势。

从发展水平的涨幅看，甘肃、陕西、青海、河南、山西、宁夏、山东、内蒙古的农业创新发展水平从2010年的0.028分、0.049分、0.042分、0.064分、0.032分、0.046分、0.078分、0.045分波动增长至2019年的0.031分、0.079分、0.059分、0.094分、0.045分、0.065分、0.109分、0.062分，年平均涨幅分别达6.17%、5.55%、4.47%、4.44%、4.24%、4.16%、3.99%、3.84%，均高于黄河流域9省份农业创新发展水平的平均涨幅（3.52%）；仅四川农业创新发展水平低于9省份平均涨幅，从2010年0.066分增长到了0.068分，增长了0.002分，年平均涨幅仅为1.16%。

从黄河流域与全国平均水平对比看，2010—2019年黄河流域农业创新发展水平（均值0.059分）低于全国平均水平（均值0.071分），且黄河流域创新发展水平的涨幅（3.52%）也远低于全国农业创新发展水平的涨幅（9.18%）。

综上所述，黄河流域农业创新发展水平整体不高，但发展势头良好。将9省份农业创新发展具体状况与黄河流域整体相比，呈现出以下特征：山东、河南、陕西农业创新发展水平相对较高，且整体趋势积极；甘肃、青海、山西、宁夏、内蒙古农业创新发展水平相对较低，但保持着良好的发展态势；四川农业创新发展水平相对较高，但农业创新发展水平的增长幅度有限，其农业创新发展潜力有待进一步挖掘。

（3）黄河流域空间范围内9省份农业协调发展评价

图4-3呈现了2010—2019年黄河流域农业协调发展状况。从9省份农

业协调发展水平的平均值看，黄河流域农业协调发展水平从 2010 年的
0.086 分增长至 2019 年的 0.092 分，仅增长了 0.006 分，平均涨幅为
0.79％。从发展趋势看，2010—2019 年黄河流域整体发展趋势平缓，总体
而言黄河流域农业协调发展水平有限。

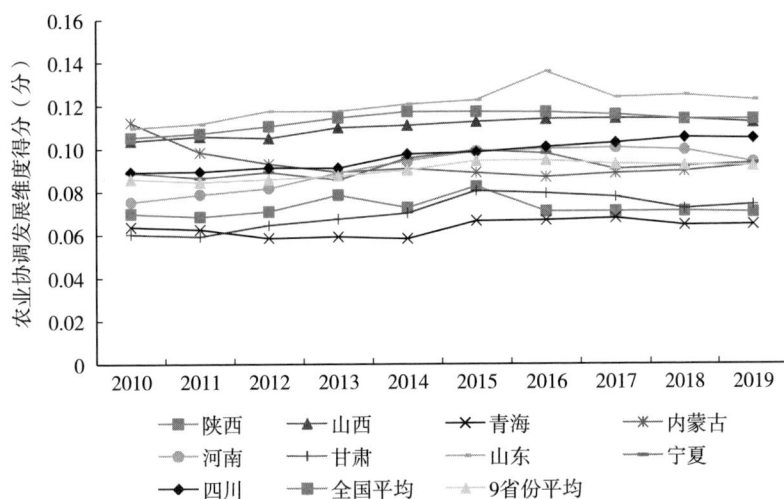

图 4-3 2010—2019 年黄河流域空间范围内 9 省份农业协调发展水平

从各省份农业协调发展具体水平看，2010—2019 年山东、山西、四川、
内蒙古、宁夏、河南农业协调发展水平的平均值分别为 0.121 分、0.110
分、0.097 分、0.093 分、0.092 分、0.091 分，均高于黄河流域 9 省份农业
协调发展平均水平（0.090 分）。其中：以山东为首，其农业协调发展状态
良好，且高于全国农业协调发展的平均水平（0.113 分）；陕西、甘肃、青
海的农业协调发展水平均值分别为 0.073 分、0.070 分、0.063 分，这些省
份的城乡协调度及农业产业发展协调度有待进一步提升。总体上，黄河流域
农业协调发展水平呈现出“山东＞山西＞四川＞内蒙古＞宁夏＞河南”的分
布态势。

从发展水平的涨幅看，河南、甘肃、四川、山东、山西的农业协调发展
水平分别从 2010 年的 0.075 分、0.060 分、0.089 分、0.110 分、0.104 分
增长至 2019 年的 0.094 分、0.074 分、0.105 分、0.123 分、0.112 分，年
平均涨幅分别为 2.56％、2.47％、1.71％、1.37％、0.89％，且均高于全

国农业协调发展水平的平均涨幅（0.87%）；宁夏、陕西、青海的农业协调发展水平从 2010 年的 0.089 分、0.070 分、0.064 分变动到 2019 年的 0.093 分、0.070 分、0.065 分，年平均涨幅分别为 0.65%、0.41%、0.31%；仅内蒙古的农业协调发展水平从 2010 年的 0.112 分降低至 2019 年的 0.092 分，年平均涨幅为－2.04%。

从黄河流域与全国的发展水平对比看，2010—2019 年黄河流域农业协调发展水平（均值 0.090 分）低于全国平均水平（均值 0.113 分），且其协调发展水平的涨幅（均值 0.79%）略低于全国农业协调发展水平的涨幅（均值 0.87%）。

总体而言，黄河流域农业协调发展趋势平缓，发展空间较大。将 9 省份农业协调发展具体状况与黄河流域整体相比，具有以下特征：山东、山西、四川、河南农业协调发展水平较高，且发展势头良好；内蒙古、宁夏农业协调发展水平相对较好，但其发展水平的涨幅低于黄河流域平均水平，尤其是内蒙古的年增幅为负，其农业协调发展状态亟待调整；甘肃农业协调发展水平不高，但其发展势头积极，年平均增幅位列黄河流域 9 省份第二位；陕西、青海农业协调发展水平相对较低，且发展水平的年增幅不高，应进一步改善。

（4）黄河流域空间范围内 9 省份农业绿色发展评价

图 4－4 呈现了 2010—2019 年黄河流域农业绿色发展状况。从 9 省份农业绿色发展的平均值看，黄河流域农业绿色发展水平从 2010 年的 0.091 分增长至 2019 年的 0.096 分，仅增长了 0.005 分，年平均涨幅为 0.65%；从发展趋势看，2010—2019 年黄河流域农业绿色发展状态波动较大，尽管总体上呈现增长趋势，但增长幅度有限。

从各省份农业绿色发展具体水平看，2010—2019 年四川、陕西、山西、河南、青海农业绿色发展水平的均值分别为 0.132 分、0.106 分、0.096 分、0.093 分、0.092 分，均高于黄河流域 9 省份农业绿色发展平均水平（0.091 分），且均高于全国农业绿色发展的平均水平（0.089 分）；内蒙古、山东、甘肃、宁夏的农业绿色发展水平相对低于黄河流域农业绿色发展的平均水平，其平均值为 0.088 分、0.077 分、0.069 分、0.065 分。总体上，黄河流域农业绿色发展水平呈现出"四川＞陕西＞山西＞河南＞青海＞内蒙古＞

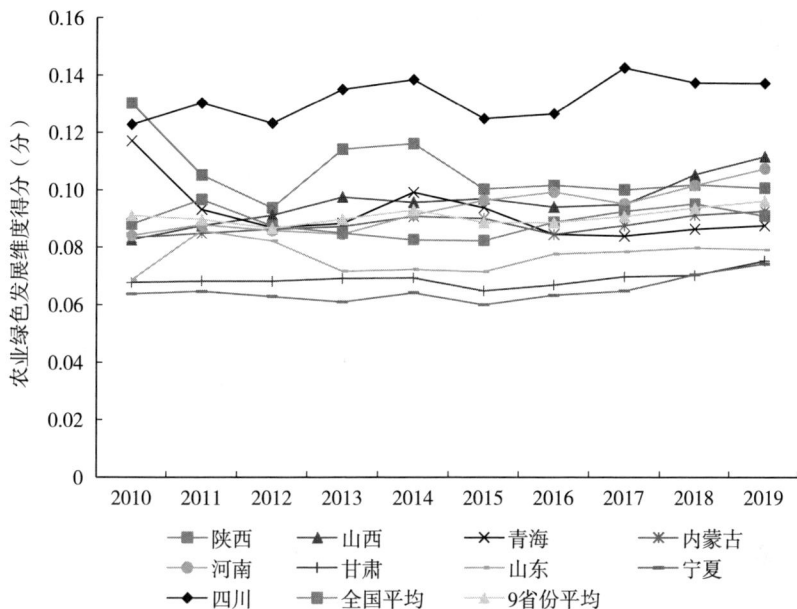

图 4-4 2010—2019 年黄河流域空间范围内 9 省份农业绿色发展水平

山东＞甘肃＞宁夏"的分布态势。

从发展水平的涨幅看，山西、河南、山东、宁夏、四川、甘肃、内蒙古的农业绿色发展水平分别从 2010 年的 0.083 分、0.084 分、0.069 分、0.064 分、0.123 分、0.068 分、0.083 分增长到了 2019 年的 0.112 分、0.107 分、0.079 分、0.074 分、0.137 分、0.075 分、0.093 分，年增幅分别为 3.49%、2.84%、2.07%、1.82%、1.47%、1.24%、1.24%，不仅高于黄河流域农业绿色发展 9 省份平均水平的年涨幅（0.65%），且高于全国农业绿色发展平均水平的年涨幅（0.53%）。陕西、青海的农业绿色发展水平分别从 2010 年的 0.130 分、0.117 分降低至 2019 年的 0.101 分、0.088 分，年涨幅均为负值（-2.20%、-2.76%），低于黄河流域农业绿色发展 9 省份平均水平的年涨幅（0.65%）。

从黄河流域与全国的发展状况对比看，2010—2019 年黄河流域农业绿色发展 9 省份平均水平及其年涨幅（0.091 分、0.65%）均高于全国农业绿色发展平均水平及其年涨幅（0.089 分、0.53%）。

综上所述，黄河流域农业绿色发展水平相对较高，但整体发展趋势平缓。将各省份农业绿色发展具体状况与黄河流域整体相比，呈现以下特征：四川、山西、河南农业绿色发展状况较好，且发展态势积极；陕西、青海农业绿色发展水平相对较高，但其发展趋势不佳，亟待调整；内蒙古、山东、甘肃、宁夏的农业绿色发展水平相对较低，但其年增幅高于黄河流域9省份平均增幅，具有良好的发展前景。

（5）黄河流域空间范围内9省份农业开放发展评价

图4-5呈现了2010—2019年黄河流域农业开放发展状况。黄河流域农业开放发展状态不佳，且发展趋势不积极。从9省份农业开放发展水平的平均值看，黄河流域农业开放发展水平9省份平均值从2010年的0.039分降低至2019年的0.038分，年平均涨幅为－0.31%；从发展趋势看，2010—2019年黄河流域农业开放发展水平呈现逐步下滑趋势。

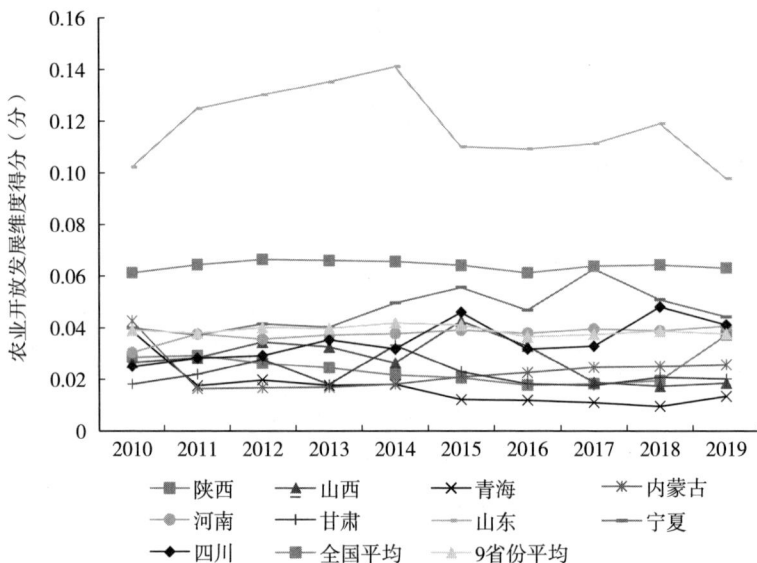

图4-5 2010—2019年黄河流域空间范围内9省份农业开放发展水平

从各省份农业开放发展具体水平看，2010—2019年山东、宁夏农业开放发展水平的均值分别为0.118分、0.047分，高于黄河流域9省份农业开放发展平均水平（0.039分），其中山东农业开放发展水平显著优于全国农业开放发展的平均水平（0.064分），表明山东的农产品贸易市场较为完善，农业市场化程度较高；河南、四川、山西、陕西、内蒙古、甘肃、青海农业发展水平的均值均低于黄河流域农业开放发展9省份平均水平（0.039分），分别为0.037分、0.035分、0.028分、0.024分、0.023分、0.022分、0.017分，且总体上呈现出"山东＞宁夏＞河南＞四川＞山西＞陕西＞内蒙古＞甘肃＞青海"的分布态势。

从发展水平的涨幅看，四川、甘肃、陕西、河南、宁夏的农业开放水平分别从2010年的0.025分、0.018分、0.029分、0.030分、0.040分增长至2019年的0.041分、0.020分、0.037分、0.041分、0.044分，年增幅分别为8.46%、6.33%、6.21%、3.52%、2.58%，均高于全国农业开放发展水平的年增幅（0.37%）；山东、山西农业开放发展水平从2010年的0.102分、0.027分变动至2019年的0.098分、0.019分，均高于黄河流域农业开放发展水平的年降幅（－0.31%）；内蒙古、青海的农业开放发展水平从2010年的0.043分、0.039分分别降低至2019年的0.026分、0.013分，年增幅均为负值（－1.66%、－7.28%）。

从黄河流域与全国的发展状况对比看，2010—2019年黄河流域农业开放发展9省份平均水平及其年增幅（0.039、－0.31%）均低于全国农业开放发展的平均水平及其年增幅（0.064、0.37%）。

综上所述，黄河流域农业开放发展水平整体较低，且发展态势不积极。将各省份农业开放发展具体状况与黄河流域整体相比，呈现以下特征：山东、宁夏农业开放发展状况较好，且发展趋势明朗；四川、甘肃、陕西、河南农业开放发展水平较低，但总体上呈现上升趋势，具有一定的发展潜力；山西、内蒙古、青海农业开放发展水平较低，并且亟须出台相关措施完善农产品市场、提高农业市场化程度，以扭转农业开放发展水平增幅逐年下降的趋势。

（6）黄河流域空间范围内9省份农业共享发展评价

图4-6呈现了2010—2019年黄河流域农业共享发展状况。从农业共享发展水平的平均值看，黄河流域农业共享发展水平9省份平均值从2010年的0.055分增长至2019年的0.093分，增长了0.038分，年增幅达6.10%。从发展趋势看，2010—2019年黄河流域各省份农业共享发展呈现出稳步增长

趋势，发展前景良好。

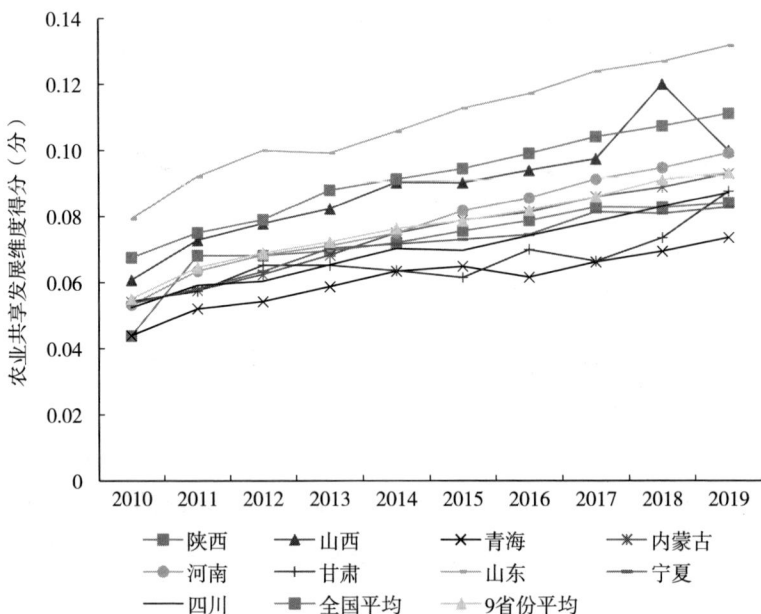

图 4-6　2010—2019 年黄河流域空间范围内 9 省份农业共享发展水平

从各省份农业共享发展具体水平看，2010—2019 年山东、山西、河南农业共享发展水平的平均值分别为 0.109 分、0.089 分、0.078 分，均高于黄河流域农业共享发展水平 9 省份平均值（0.077 分），其中山东农业共享发展状况较为突出，其发展水平优于全国农业共享发展的平均水平（0.092分）；内蒙古、陕西、宁夏、四川、甘肃、青海农业共享发展水平均低于黄河流域平均水平，分别为 0.075 分、0.073 分、0.071 分、0.070 分、0.066分、0.061 分；总体上，黄河流域农业共享发展水平呈现出"山东＞山西＞河南＞内蒙古＞陕西＞宁夏＞四川＞甘肃＞青海"的分布态势。

从发展水平的涨幅看，陕西、河南、山西、内蒙古的农业共享发展水平分别从 2010 年的 0.044 分、0.053 分、0.061 分、0.054 分增长至 2019 年的 0.084 分、0.099 分、0.100 分、0.093 分，年增幅分别为 8.51％、7.25％、6.26％、6.22％，均高于黄河流域 9 省份农业共享发展水平的增幅（6.10％）；青海、山东、四川、甘肃的农业共享发展水平分别从 2010 年的

0.044 分、0.079 分、0.052 分、0.054 分上升至 2019 年的 0.074 分、0.132 分、0.087 分、0.088 分，年增幅分别为 6.04％、5.90％、5.87％、5.78％，低于黄河流域 9 省份农业共享发展水平的增幅（6.10％），但高于全国农业共享发展水平的增幅（5.74％）；宁夏农业共享发展水平从 2010 年的 0.054 分增长至 2019 年的 0.083 分，是黄河流域唯一的农业共享发展水平增幅（5.03％）低于全国发展水平增幅（5.74％）的省份。

从黄河流域与全国农业共享发展状况的对比看，2010—2019 年黄河流域农业共享发展水平 9 省份平均值（0.077 分）低于全国平均水平（0.092 分），但黄河流域农业共享发展水平增幅较大，年增幅（6.10％）高于全国农业共享发展平均水平增幅（5.74％）。

总体而言，黄河流域农业共享发展水平相对较高，发展态势积极。将各省份农业共享发展具体状况与黄河流域整体相比，呈现以下特征：山东、山西、河南农业共享发展水平较高，且发展势头迅猛；内蒙古、陕西农业共享发展状况处于黄河流域各省份中等水平，但其发展态势良好，具有发展前景；宁夏、四川、甘肃、青海农业共享发展水平相对较低，且年增幅相对较小，其农业共享发展状态有待进一步调整与完善。

4.4 县级农业高质量发展水平实证研究

本节分别基于 2019 年县级数据和 2010—2019 年县级数据，对黄河流域 9 省份随机抽取的 181 个县（市、区）农业高质量发展水平进行综合评价和分维度评价，以期从县级异质性视角对黄河流域各省份农业高质量发展水平评价做出更全面和细致的分析。

4.4.1 黄河流域农业高质量发展水平综合评价：基于 2019 年县级数据

（1）综合评价

表 4-7 呈现了 2019 年黄河流域 9 省份 181 个县（市、区）的农业高质量发展综合水平均值。下面将详细分析黄河流域各省份的内部发展状况，并

对比分析省份间各县域的发展状况差异。

表 4-7　2019 年黄河流域各县（市、区）农业高质量发展综合水平

序号	省份	地市	县名	评价综合得分（分）	本省份排名	整体排名
1	山东	东营市	利津县	0.355 4	9	32
		菏泽市	鄄城县	0.350 7	13	40
			郓城县	0.359 0	7	29
		济南市	平阴县	0.374 0	3	10
		济宁市	嘉祥县	0.350 0	15	42
			汶上县	0.363 9	4	17
			泗水县	0.354 8	11	34
			梁山县	0.355 2	10	33
		临沂市	平邑县	0.337 0	16	51
			蒙阴县	0.350 7	13	40
		泰安市	宁阳县	0.355 7	8	31
			东平县	0.361 8	6	23
			新泰市	0.362 8	5	18
		滨州市	博兴县	0.396 3	1	4
			惠民县	0.353 1	12	35
			邹平市	0.374 3	2	9
2	内蒙古	阿拉善盟	阿拉善盟左旗	0.375 1	1	8
		巴彦淖尔市	乌拉特后旗	0.362 1	4	21
			乌拉特中旗	0.326 5	11	63
		包头市	达尔罕茂明安联合旗	0.332 5	8	58
		鄂尔多斯市	鄂托克旗	0.348 2	6	43
			杭锦旗	0.360 8	5	25
			乌审旗	0.332 5	9	58
			伊金霍洛旗	0.336 5	7	52
			达拉特旗	0.370 7	3	13
			鄂托克前旗	0.327 9	10	62
			准格尔旗	0.372 0	2	11
		呼和浩特市	和林格尔县	0.311 0	12	91
			武川县	0.288 1	13	132

（续）

序号	省份	地市	县名	评价综合得分（分）	本省份排名	整体排名
			原州区	0.282 1	15	136
			泾源县	0.300 9	11	113
		固原市	隆德县	0.292 9	12	123
			彭阳县	0.302 3	10	110
			西吉县	0.286 6	13	133
		石嘴山市	平罗县	0.314 1	7	85
			青铜峡市	0.317 3	6	81
3	宁夏	吴忠市	同心县	0.317 8	5	80
			吴忠市城区	0.365 4	3	16
			盐池县	0.311 9	9	89
			贺兰县	0.386 8	1	7
		银川市	灵武市	0.365 7	2	15
			永宁县	0.361 9	4	22
		中卫市	海原县	0.282 6	14	135
			中宁县	0.312 7	8	88
		兰州市	皋兰县	0.275 3	14	146
			榆中县	0.234 6	36	181
			靖远县	0.284 3	9	134
		白银市	会宁县	0.273 9	16	150
			景泰县	0.274 9	15	148
		天水市	武山县	0.290 4	6	128
			张家川回族自治县	0.270 6	19	157
4	甘肃	武威市	古浪县	0.290 2	7	129
			天祝藏族自治县	0.290 2	7	129
		张掖市	山丹县	0.325 2	1	66
			庆阳市城区	0.265 6	22	162
			环县	0.236 0	34	179
		庆阳市	华池县	0.248 8	30	174
			合水县	0.265 0	23	163
			正宁县	0.235 9	35	180
			宁县	0.244 6	32	176

（续）

序号	省份	地市	县名	评价综合得分（分）	本省份排名	整体排名
4	甘肃	定西市	通渭县	0.238 5	33	178
			陇西县	0.255 8	28	172
			渭源县	0.276 2	12	144
			临洮县	0.261 4	26	167
		陇南市	宕昌县	0.275 5	13	145
		临夏回族自治州	临夏市	0.295 0	5	121
			永靖县	0.271 6	17	154
			和政县	0.281 1	11	139
		甘南藏族自治州	临潭县	0.260 9	27	168
			卓尼县	0.323 2	2	69
			迭部县	0.270 9	18	156
			玛曲县	0.301 3	4	112
			碌曲县	0.308 4	3	95
			夏河县	0.281 5	10	138
		平凉市	庄浪县	0.267 2	20	158
			灵台县	0.266 2	21	160
			静宁县	0.262 3	25	166
			泾川县	0.247 5	31	175
			华亭市	0.251 1	29	173
			崇信县	0.262 9	24	165
5	山西	大同市	左云县	0.265 8	19	161
		晋城市	高平市	0.291 8	7	124
			沁水县	0.296 5	4	118
			陵川县	0.280 2	10	140
			阳城县	0.279 3	13	143
			泽州县	0.291 7	8	125
		晋中市	祁县	0.308 9	2	94
		临汾市	安泽县	0.291 1	9	126
			汾西县	0.242 1	24	177
			浮山县	0.259 9	22	170

（续）

序号	省份	地市	县名	评价综合得分（分）	本省份排名	整体排名
5	山西	临汾市	洪洞县	0.256 6	23	171
			侯马市	0.271 7	17	153
			吉县	0.271 0	18	155
			蒲县	0.260 1	21	169
			曲沃县	0.295 4	5	119
			襄汾县	0.272 8	16	152
			翼城县	0.265 0	20	163
		太原市	古交市	0.273 7	15	151
			清徐县	0.313 6	1	86
		阳泉市	盂县	0.274 0	14	149
		运城市	河津市	0.303 1	3	108
		长治市	沁县	0.280 0	12	142
			沁源县	0.295 4	5	119
			壶关县	0.280 1	11	141
6	四川	阿坝州	阿坝县	0.359 7	3	27
			红原县	0.444 4	1	1
			马尔康市	0.393 9	2	5
7	青海	海东市	民和回族土族自治县	0.266 5	5	159
		黄南州	河南蒙古族自治县	0.304 9	1	104
		海南州	贵德县	0.281 9	3	137
		果洛州	班玛县	0.275 2	4	147
			玛多县	0.299 0	2	116
8	河南	郑州市	中牟县	0.392 6	2	6
			巩义市	0.333 6	10	56
			新密市	0.353 1	5	35
			新郑市	0.359 2	4	28
		开封市	兰考县	0.319 9	16	78
		洛阳市	孟津县	0.313 0	18	87
			新安县	0.323 8	13	67
			汝阳县	0.299 9	20	115
			宜阳县	0.323 1	14	70
			伊川县	0.311 6	19	90

（续）

序号	省份	地市	县名	评价综合得分（分）	本省份排名	整体排名
8	河南	平顶山市	汝州市	0.314 7	17	84
		焦作市	修武县	0.336 5	9	52
			沁阳市	0.341 8	7	47
			孟州市	0.347 6	6	44
		濮阳市	清丰县	0.332 5	12	58
		三门峡市	卢氏县	0.322 3	15	71
			义马市	0.369 0	3	14
			灵宝市	0.333 3	11	57
		南阳市	西峡县	0.425 8	1	3
		济源市	济源市	0.340 5	8	49
9	陕西	宝鸡市	陈仓区	0.298 7	46	117
			凤翔区	0.300 2	45	114
			岐山县	0.306 0	34	98
			扶风县	0.306 3	33	97
			眉县	0.302 8	43	109
			陇县	0.309 4	30	92
			千阳县	0.303 2	42	107
			麟游县	0.362 8	3	18
			凤县	0.321 5	22	73
			太白县	0.321 5	22	73
		榆林市	府谷县	0.316 0	29	83
			靖边县	0.362 5	4	20
			绥德县	0.334 0	16	55
			米脂县	0.305 5	35	99
			吴堡县	0.326 4	18	64
			子洲县	0.305 1	39	103
			神木市	0.371 4	2	12
			榆阳区	0.358 9	7	30
		安康市	宁陕县	0.352 4	9	38
		汉中市	佛坪县	0.361 6	5	24

（续）

序号	省份	地市	县名	评价综合得分（分）	本省份排名	整体排名
		商洛市	洛南县	0.305 5	35	99
			商州区	0.307 6	32	96
		铜川市	耀州区	0.302 0	44	111
			宜君县	0.319 1	27	79
			澄城县	0.316 2	28	82
			大荔县	0.433 3	1	2
			韩城市	0.320 9	25	76
		渭南市	合阳县	0.320 3	26	77
			华阴市	0.321 0	24	75
			蒲城县	0.351 7	10	39
			潼关县	0.321 7	21	72
		西安市	蓝田县	0.335 2	15	54
			周至县	0.328 6	17	61
			安塞区	0.359 8	6	26
9	陕西		延川县	0.304 3	40	105
		延安市	延长县	0.309 2	31	93
			宜川县	0.344 2	12	46
			志丹县	0.325 9	19	65
			子长市	0.305 4	37	101
			彬州市	0.288 5	49	131
			淳化县	0.305 4	37	101
			泾阳县	0.339 1	14	50
			礼泉县	0.303 3	41	106
			三原县	0.341 2	13	48
		咸阳市	渭城区	0.323 4	20	68
			兴平市	0.353 0	8	37
			旬邑县	0.295 0	47	121
			杨凌示范区	0.345 3	11	45
			永寿县	0.290 5	48	127

在随机选取的山东 16 个县（市、区）中，博兴县、邹平市、平阴县、汶上县和新泰市的农业高质量发展综合水平相对较高，分别为 0.396 3 分、0.374 3 分、0.374 0 分、0.363 9 分、0.362 8 分；排名后五位的县（市、区）分别为惠民县、蒙阴县、鄄城县、嘉祥县和平邑县，其综合得分值分别为 0.353 1 分、0.350 7 分、0.350 7 分、0.350 0 分、0.337 0 分。

在随机选取的内蒙古 13 个县（市、区）中，阿拉善盟左旗、准格尔旗、达拉特旗、乌拉特后旗、杭锦旗农业高质量发展综合水平位于 13 个县（市、区）的前列，其综合得分值分别为 0.375 1 分、0.372 0 分、0.370 7 分、0.362 1 分、0.380 8 分；综合得分值相对较低的县（市、区）分别为乌审旗、鄂托克前旗、乌拉特中旗、和林格尔县、武川县，其综合得分值分别为 0.332 5 分、0.327 9 分、0.326 5 分、0.311 0 分、0.288 1 分。

在随机选取的宁夏 15 个县（市、区）中，贺兰县、灵武市、吴忠市城区、永宁县和同心县的农业高质量发展综合状况相对较好，其综合分值分别为 0.386 8 分、0.365 7 分、0.365 4 分、0.361 9 分、0.317 8 分；泾源县、隆德县、西吉县、海原县和固原市原州区的农业高质量发展综合水平相对较低，其分值分别为 0.300 9 分、0.292 9 分、0.286 6 分、0.282 6 分、0.282 1 分。

在随机选取的甘肃 36 个县（市、区）中，排名前五的县（市、区）分别为山丹县、卓尼县、碌曲县、玛曲县和临夏市，其综合得分值分别为 0.325 2 分、0.323 2 分、0.308 4 分、0.301 3 分、0.295 0 分；宁县、通渭县、环县、正宁县和榆中县的农业高质量发展综合水平相对较低，其综合得分值分别为 0.244 6 分、0.238 5 分、0.236 0 分、0.235 9 分、0.234 6 分。

在随机选取的山西 24 个县（市、区）中，清徐县、祁县、河津市、沁水县和沁源县的农业高质量发展综合水平相对较高，其综合得分值分别为 0.313 6 分、0.308 9 分、0.303 1 分、0.296 5 分、0.295 4 分；农业高质量发展综合水平相对较低的县（市、区）分别为翼城县、蒲县、浮山县、洪洞县和汾西县，其综合得分值分别为 0.265 0 分、0.260 1 分、0.259 9 分、

0.256 6 分、0.242 1 分。

由于黄河在四川与青海的途径范围相对较小,所以在四川仅选取了 3 个县(市、区),分别为阿坝县、红原县、马尔康市,3 个县(市、区)的农业高质量发展综合水平得分值分别为 0.359 7 分、0.444 4 分、0.393 9 分;在青海仅选取了 5 个县(市、区),分别为民和回族土族自治县、河南蒙古族自治县、贵德县、班玛县、玛多县,其农业高质量发展综合水平得分值分别为 0.266 5 分、0.304 9 分、0.281 9 分、0.275 2 分、0.299 0 分。

在随机选取的河南 20 个县(市、区)中,排名前五的县(市、区)分别为西峡县、中牟县、义马市、新郑市和新密市,其综合得分值分别为 0.425 8 分、0.392 6 分、0.369 0 分、0.359 2 分、0.353 1 分;兰考县、汝州市、孟津县、伊川县和汝阳县的农业高质量发展综合水平相对较低,其综合得分值分别为 0.319 9 分、0.314 7 分、0.313 0 分、0.311 6 分、0.299 9 分。

在随机选取的陕西 49 个县(市、区)中,大荔县、神木市、凤县、靖边县和佛坪县的农业高质量发展水平相对较高,综合得分值分别为 0.433 3 分、0.371 4 分、0.362 8 分、0.362 5 分、0.361 6 分;凤翔区、陈仓县、旬邑县、永寿县和彬州市的农业高质量发展水平相对较低,分别为 0.300 2 分、0.298 7 分、0.295 0 分、0.295 0 分、0.288 5 分。

对各省份排名前五位的县(市、区)进行综合排序发现,四川红原县的农业高质量发展水平位居首位,其次分别为陕西、河南、山东的县(市、区),其他省份各县(市、区)的农业高质量发展水平相对较低;同理,对各省排名后五位的县进行综合排序,与前述结果一致,甘肃各县(市、区)的农业高质量发展综合水平位于末位,内蒙古、宁夏各县(市、区)的农业高质量发展水平相对较低(图 4-7)。

(2)黄河流域农业创新发展评价

表 4-8 呈现了 2019 年黄河流域 9 省份 181 个县(市、区)的农业创新发展水平的均值。下面将详细分析黄河流域各省份内部的农业创新发展状况,并对比分析省份间各县域的发展状况差异。

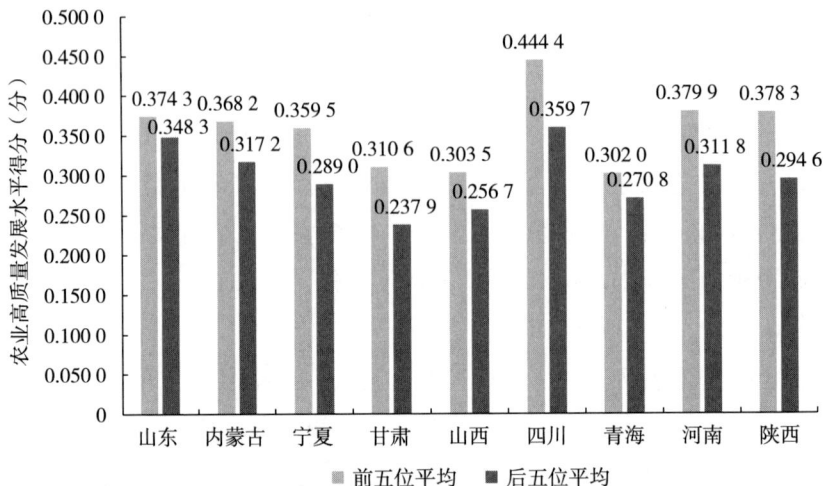

图 4-7　2019 年黄河流域各省农业高质量发展水平综合状况

表 4-8　**2019 年黄河流域各县（市、区）农业创新发展水平**

序号	省份	地市	县名	评价综合得分（分）	本省份排名	整体排名
1	山东	东营市	利津县	0.054 9	1	28
		菏泽市	鄄城县	0.046 8	8	56
			郓城县	0.049 8	5	46
		济南市	平阴县	0.050 5	4	42
		济宁市	嘉祥县	0.043 9	14	71
			汶上县	0.044 7	10	63
			泗水县	0.044 5	11	66
			梁山县	0.044 1	13	70
		临沂市	平邑县	0.037 6	16	97
			蒙阴县	0.045 6	9	59
		泰安市	宁阳县	0.044 3	12	69
			东平县	0.042 4	15	79
			新泰市	0.047 0	7	55
		滨州市	博兴县	0.048 7	6	51
			惠民县	0.050 6	3	41
			邹平市	0.053 6	2	32

（续）

序号	省份	地市	县名	评价综合得分（分）	本省份排名	整体排名
		阿拉善盟	阿拉善盟左旗	0.057 0	3	27
		巴彦淖尔市	乌拉特后旗	0.068 1	1	13
			乌拉特中旗	0.036 7	8	100
		包头市	达尔罕茂明安联合旗	0.036 8	7	99
2	内蒙古		鄂托克旗	0.023 6	12	171
			杭锦旗	0.045 9	5	57
			乌审旗	0.024 7	11	168
		鄂尔多斯市	伊金霍洛旗	0.027 3	10	159
			达拉特旗	0.058 3	2	22
			鄂托克前旗	0.018 3	13	177
			准格尔旗	0.054 1	4	30
		呼和浩特市	和林格尔县	0.045 0	6	61
			武川县	0.033 9	9	117
			原州区	0.024 6	15	169
			泾源县	0.048 3	10	52
		固原市	隆德县	0.062 2	6	18
			彭阳县	0.052 2	9	36
			西吉县	0.036 6	14	101
		石嘴山市	平罗县	0.039 8	13	83
			青铜峡市	0.059 0	7	20
3	宁夏	吴忠市	同心县	0.084 3	5	10
			吴忠市城区	0.096 9	2	5
			盐池县	0.044 8	11	62
			贺兰县	0.109 7	1	3
		银川市	灵武市	0.087 7	4	8
			永宁县	0.089 6	3	6
		中卫市	海原县	0.041 0	12	81
			中宁县	0.053 3	8	34

（续）

序号	省份	地市	县名	评价综合得分（分）	本省份排名	整体排名
		兰州市	皋兰县	0.042 0	9	80
			榆中县	0.018 2	34	178
		白银市	靖远县	0.032 7	16	121
			会宁县	0.027 9	24	153
			景泰县	0.030 2	21	136
		天水市	武山县	0.030 8	20	133
			张家川回族自治县	0.031 1	19	131
		武威市	古浪县	0.035 6	12	107
			天祝藏族自治县	0.044 4	5	68
		张掖市	山丹县	0.032 1	17	127
		庆阳市	庆阳市城区	0.027 8	25	154
			环县	0.035 9	11	106
			华池县	0.035 3	13	108
			合水县	0.043 7	6	72
			正宁县	0.035 0	14	109
4	甘肃		宁县	0.024 1	30	170
		定西市	通渭县	0.025 8	29	165
			陇西县	0.015 5	36	181
			渭源县	0.026 2	28	163
			临洮县	0.026 8	27	162
		陇南市	宕昌县	0.028 1	23	152
		临夏回族自治州	临夏市	0.043 5	7	75
			永靖县	0.042 8	8	77
			和政县	0.064 5	2	16
		甘南藏族自治州	临潭县	0.034 9	15	110
			卓尼县	0.084 7	1	9
			迭部县	0.050 4	3	43
			玛曲县	0.049 7	4	47
			碌曲县	0.020 5	33	176
			夏河县	0.039 7	10	84

（续）

序号	省份	地市	县名	评价综合得分（分）	本省份排名	整体排名
4	甘肃	平凉市	庄浪县	0.027 5	26	156
			灵台县	0.028 5	22	148
			静宁县	0.023 6	31	171
			泾川县	0.016 0	35	180
			华亭市	0.020 8	32	175
			崇信县	0.031 6	18	129
5	山西	大同市	左云县	0.029 5	17	143
		晋城市	高平市	0.034 0	11	114
			沁水县	0.036 2	8	104
			陵川县	0.029 4	18	144
			阳城县	0.028 6	19	147
			泽州县	0.029 9	16	139
		晋中市	祁县	0.043 1	4	76
		临汾市	安泽县	0.047 1	1	54
			汾西县	0.027 5	20	156
			浮山县	0.027 5	20	156
			洪洞县	0.025 3	23	167
			侯马市	0.034 0	11	114
			吉县	0.027 1	22	160
			蒲县	0.034 1	10	113
			曲沃县	0.045 1	2	60
			襄汾县	0.034 3	9	112
			翼城县	0.030 9	14	132
		太原市	古交市	0.022 5	24	173
			清徐县	0.043 7	3	72
		阳泉市	盂县	0.030 2	15	136
		运城市	河津市	0.031 5	13	130
		长治市	沁县	0.039 0	5	88
			沁源县	0.036 4	7	102
			壶关县	0.038 8	6	89

（续）

序号	省份	地市	县名	评价综合得分（分）	本省份排名	整体排名
6	四川	阿坝州	阿坝县	0.049 7	3	47
			红原县	0.147 4	1	1
			马尔康市	0.053 7	2	31
7	青海	海东市	民和回族土族自治县	0.029 3	3	145
		黄南州	河南蒙古族自治县	0.017 8	5	179
		海南州	贵德县	0.032 6	2	122
		果洛州	班玛县	0.026 9	4	161
			玛多县	0.044 6	1	65
8	河南	郑州市	中牟县	0.087 8	2	7
			巩义市	0.039 2	17	87
			新密市	0.053 6	5	32
			新郑市	0.052 0	7	37
		开封市	兰考县	0.050 0	11	45
		洛阳市	孟津县	0.039 3	16	86
			新安县	0.042 5	15	78
			汝阳县	0.037 7	19	95
			宜阳县	0.051 8	8	38
			伊川县	0.038 1	18	92
		平顶山市	汝州市	0.037 7	19	95
		焦作市	修武县	0.052 5	6	35
			沁阳市	0.051 8	8	38
			孟州市	0.057 6	4	26
		濮阳市	清丰县	0.059 5	3	19
		三门峡市	卢氏县	0.049 7	12	47
			义马市	0.043 7	14	72
			灵宝市	0.044 5	13	66
		南阳市	西峡县	0.132 2	1	2
		济源市	济源市	0.050 1	10	44

（续）

序号	省份	地市	县名	评价综合得分（分）	本省份排名	整体排名
		宝鸡市	陈仓区	0.028 3	44	150
			凤翔区	0.030 1	38	138
			岐山县	0.030 6	36	134
			扶风县	0.032 3	34	126
			眉县	0.020 9	49	174
			陇县	0.030 5	37	135
			千阳县	0.029 7	40	141
			麟游县	0.038 0	21	93
			凤县	0.028 3	44	150
			太白县	0.036 3	24	103
		榆林市	府谷县	0.040 0	17	82
			靖边县	0.058 3	8	22
			绥德县	0.033 9	28	117
			米脂县	0.029 9	39	139
			吴堡县	0.039 6	18	85
9	陕西		子洲县	0.032 4	33	125
			神木市	0.058 8	7	21
			榆阳区	0.051 4	12	40
		安康市	宁陕县	0.038 8	19	89
		汉中市	佛坪县	0.062 9	6	17
		商洛市	洛南县	0.036 0	25	105
			商州区	0.026 0	47	164
		铜川市	耀州区	0.034 0	27	114
			宜君县	0.047 9	14	53
		渭南市	澄城县	0.032 9	30	120
			大荔县	0.108 3	1	4
			韩城市	0.025 8	48	165
			合阳县	0.033 2	29	119
			华阴市	0.028 4	43	149
			蒲城县	0.058 1	10	25
			潼关县	0.029 2	42	146

（续）

序号	省份	地市	县名	评价综合得分（分）	本省份排名	整体排名
		西安市	蓝田县	0.044 7	16	63
			周至县	0.032 6	31	122
		延安市	安塞区	0.082 8	2	11
			延川县	0.038 4	20	91
			延长县	0.037 9	22	94
			宜川县	0.054 7	11	29
			志丹县	0.049 1	13	50
			子长市	0.045 8	15	58
9	陕西		彬州市	0.027 6	46	155
			淳化县	0.037 4	23	98
			泾阳县	0.058 2	9	24
			礼泉县	0.032 5	32	124
			三原县	0.066 5	5	15
		咸阳市	渭城区	0.034 6	26	111
			兴平市	0.081 2	3	12
			旬邑县	0.031 9	35	128
			杨凌示范区	0.066 9	4	14
			永寿县	0.029 6	41	142

对随机选取的山东 16 个县（市、区）的农业创新发展水平进行排序，利津县、邹平市、惠民县、平阴县和郓城县的农业创新发展水平相对较高，其分值分别为 0.054 9 分、0.053 6 分、0.050 6 分、0.050 5 分、0.049 8 分；排名后五位的县（市、区）分别为宁阳县、梁山县、嘉祥县、东平县和平邑县，其分值分别为 0.044 3 分、0.044 1 分、0.043 9 分、0.042 4 分、0.037 6 分。

对随机选取的内蒙古 13 个县（市、区）的农业创新发展水平进行排序，乌拉特后旗、达拉特旗、阿拉善盟左旗、准格尔旗和杭锦旗的农业创新发展水平相对较高，其农业创新发展得分值分别为 0.068 1 分、0.058 3 分、0.057 0 分、0.054 1 分、0.045 9 分；武川县、伊金霍洛旗、乌审旗、鄂托克旗和鄂托克前旗的农业创新发展水平相对较低，分别为 0.033 9 分、0.027 3 分、0.024 7 分、0.023 6 分、0.018 3 分。

对随机选取的宁夏 15 个县（市、区）的农业创新发展水平进行排序，贺兰县、吴忠市城区、永宁县、灵武市和同心县的农业创新发展水平相对较高，其分值分别为 0.109 7 分、0.096 9 分、0.089 6 分、0.087 7 分、0.084 3 分；盐池县、海原县、平罗县、西吉县和固原市原州区的农业创新发展水平相对较低，其分值分别为 0.044 8 分、0.041 0 分、0.039 8 分、0.036 6 分、0.024 6 分。

对随机选取的甘肃 36 个县（市、区）的农业创新发展水平进行排序，卓尼县、和政县、迭部县、玛曲县和天祝藏族自治州的农业创新发展水平相对较高，分别为 0.084 7 分、0.064 5 分、0.050 4 分、0.049 7 分、0.044 4 分；华亭市、碌曲县、榆中县、泾川县和陇西县的农业创新发展水平相对较低，分别为 0.020 8 分、0.020 5 分、0.018 2 分、0.016 0 分、0.015 5 分。

对随机选取的山西 24 个县（市、区）的农业创新发展水平进行排序，排名前五位的县（市、区）分别为安泽县、曲沃县、清徐县、祁县和沁县，其农业创新发展水平得分值分别为 0.047 1 分、0.045 1 分、0.043 7 分、0.043 1 分、0.039 0 分；浮山县、汾西县、吉县、洪洞县和古交市的农业创新发展水平相对较低，分别为 0.027 5 分、0.027 5 分、0.027 1 分、0.025 3 分、0.022 5 分。

对随机选取的四川 3 个县（市、区）农业创新发展水平进行排序，由高到低依次为红原县、马尔康市、阿坝县，其创新发展分值分别为 0.147 4 分、0.053 7 分、0.049 7 分。对随机选取的青海 5 个县（市、区）农业创新发展水平进行排序，由高到低依次为玛多县、贵德县、民和回族土族自治县、班玛县、河南蒙古族自治县，其创新发展水平分别为 0.044 6 分、0.032 6 分、0.029 3 分、0.026 9 分、0.017 8 分。

对随机选取的河南 20 个县（市、区）农业创新发展水平进行排序，排名前五位的县分别为西峡县、中牟县、清丰县、孟州市和新密市，其农业创新发展水平分别为 0.132 2 分、0.087 8 分、0.059 5 分、0.057 6 分、0.053 6 分；孟津县、巩义市、伊川县、汝阳县和汝州市的农业高质量发展水平相对较低，分别为 0.039 3 分、0.039 2 分、0.038 1 分、0.037 7 分、0.037 7 分。

对随机选取的陕西 49 个县（市、区）的农业创新发展水平进行排序，大荔县、安塞区、兴平市、杨凌示范区和三原县的农业创新发展水平相对较高，其分值分别为 0.108 3 分、0.082 8 分、0.081 2 分、0.066 9 分、0.066 5 分；陈仓区、彬州市、商州区、韩城市和眉县的农业创新发展水平相对较低，分别为 0.028 3 分、0.027 6 分、0.026 0 分、0.025 8 分、0.020 9 分。

对各省农业创新发展水平排名前五位的县（市、区）进行综合排序发现，四川红原县、河南西峡县、宁夏贺兰县、宁夏吴忠市城区等位居前列；排名前十五位的县（市、区）中，以宁夏、陕西、河南居多；对各省农业创新发展水平排名后五位的县（市、区）进行综合排序发现，农业创新发展水平排名位居后十五位的县（市、区）中，甘肃、青海、内蒙古居多（图 4-8）。

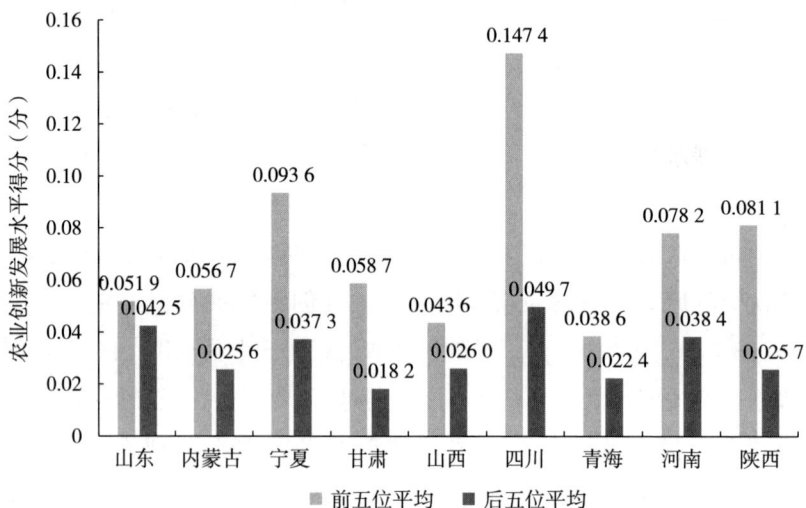

图 4-8 2019 年黄河流域各省农业创新发展状况

（3）黄河流域农业协调发展评价

表 4-9 呈现了 2019 年黄河流域 9 省份 181 个县（市、区）的农业协调发展水平的均值。下面将详细分析黄河流域各省份内部的农业协调发展状况，并对比分析省份间各县域的发展状况差异。

表 4 – 9　2019 年黄河流域各县（市、区）农业协调发展水平

序号	省份	地市	县名	评价综合得分（分）	本省份排名	整体排名
1	山东	东营市	利津县	0.054 8	15	141
		菏泽市	鄄城县	0.063 1	10	74
			郓城县	0.063 0	11	75
		济南市	平阴县	0.060 4	14	100
		济宁市	嘉祥县	0.063 0	11	75
			汶上县	0.066 7	5	45
			泗水县	0.072 6	1	21
			梁山县	0.069 6	3	29
		临沂市	平邑县	0.063 0	11	75
			蒙阴县	0.066 6	6	46
		泰安市	宁阳县	0.065 9	8	53
			东平县	0.070 4	2	26
			新泰市	0.068 0	4	36
		滨州市	博兴县	0.065 0	9	59
			惠民县	0.057 0	15	127
			邹平市	0.066 0	7	52
2	内蒙古	阿拉善盟	阿拉善盟左旗	0.062 6	5	79
		巴彦淖尔市	乌拉特后旗	0.055 5	10	137
			乌拉特中旗	0.055 8	9	133
		包头市	达尔罕茂明安联合旗	0.050 4	11	160
		鄂尔多斯市	鄂托克旗	0.065 5	2	56
			杭锦旗	0.067 8	1	37
			乌审旗	0.060 9	7	96
			伊金霍洛旗	0.061 8	6	89
			达拉特旗	0.064 3	3	67
			鄂托克前旗	0.064 3	3	67
			准格尔旗	0.060 9	7	96
		呼和浩特市	和林格尔县	0.044 3	13	172
			武川县	0.047 6	12	167

（续）

序号	省份	地市	县名	评价综合得分（分）	本省份排名	整体排名
		固原市	原州区	0.061 9	7	87
			泾源县	0.056 1	13	130
			隆德县	0.048 7	15	164
			彭阳县	0.059 9	8	108
			西吉县	0.066 1	5	50
		石嘴山市	平罗县	0.065 2	6	58
3	宁夏	吴忠市	青铜峡市	0.066 4	4	48
			同心县	0.053 1	14	151
			吴忠市城区	0.069 2	2	32
			盐池县	0.058 1	11	119
		银川市	贺兰县	0.067 0	3	41
			灵武市	0.059 1	9	115
			永宁县	0.070 2	1	27
		中卫市	海原县	0.057 9	12	120
			中宁县	0.058 9	10	117
		兰州市	皋兰县	0.059 8	10	110
			榆中县	0.046 9	25	169
		白银市	靖远县	0.084 6	6	9
			会宁县	0.080 9	8	11
			景泰县	0.067 2	11	39
		天水市	武山县	0.086 3	2	4
			张家川回族自治县	0.074 8	9	17
4	甘肃	武威市	古浪县	0.085 4	4	6
			天祝藏族自治县	0.066 4	13	48
		张掖市	山丹县	0.097 8	1	2
		庆阳市	庆阳市城区	0.043 1	26	174
			环县	0.038 6	27	180
			华池县	0.037 6	28	181
			合水县	0.048 4	24	165
			正宁县	0.069 4	10	30
			宁县	0.059 4	16	113

（续）

序号	省份	地市	县名	评价综合得分（分）	本省份排名	整体排名
4	甘肃	定西市	通渭县	0.052 8	22	154
			陇西县	0.064 5	14	66
			渭源县	0.085 4	4	6
			临洮县	0.055 1	19	140
		陇南市	宕昌县	0.086 3	2	4
		临夏回族自治州	临夏市	0.054 5	20	145
			永靖县	0.057 5	17	124
			和政县	0.053 0	21	152
		甘南藏族自治州	临潭县	0.067 2	11	39
			卓尼县	0.055 2	18	139
			迭部县	0.052 8	22	154
			玛曲县	0.081 8	7	10
			碌曲县	0.110 2	10	1
			夏河县	0.071 1	25	24
		平凉市	庄浪县	0.075 9	6	16
			灵台县	0.067 0	8	41
			静宁县	0.074 6	11	18
			泾川县	0.062 6	2	79
			华亭市	0.055 9	9	132
			崇信县	0.055 6	4	135
5	山西	大同市	左云县	0.047 0	11	168
		晋城市	高平市	0.061 9	24	87
			沁水县	0.065 0	10	59
			陵川县	0.062 1	19	84
			阳城县	0.063 3	2	72
			泽州县	0.057 2	17	126
		晋中市	祁县	0.072 4	21	22
		临汾市	安泽县	0.059 0	9	116
			汾西县	0.040 3	20	179
			浮山县	0.060 8	13	98
			洪洞县	0.054 3	4	148

（续）

序号	省份	地市	县名	评价综合得分（分）	本省份排名	整体排名
		临汾市	侯马市	0.067 7	15	38
			吉县	0.054 7	16	143
			蒲县	0.051 3	4	159
			曲沃县	0.061 3	14	95
			襄汾县	0.054 2	18	149
			翼城县	0.056 8	23	128
5	山西	太原市	古交市	0.064 8	11	61
			清徐县	0.055 6	24	135
		阳泉市	孟县	0.054 8	10	141
		运城市	河津市	0.064 8	19	61
		长治市	沁县	0.055 8	2	133
			沁源县	0.054 6	17	144
			壶关县	0.045 6	21	171
6	四川	阿坝州	阿坝县	0.080 3	1	12
			红原县	0.064 7	3	64
			马尔康市	0.067 0	2	41
		海东市	民和回族土族自治县	0.047 9	2	166
		黄南州	河南蒙古族自治县	0.076 2	1	15
7	青海	海南州	贵德县	0.043 7	3	173
		果洛州	班玛县	0.040 5	5	178
			玛多县	0.040 6	4	177
		郑州市	中牟县	0.062 7	8	78
			巩义市	0.064 0	6	69
			新密市	0.062 1	10	84
			新郑市	0.065 3	4	57
8	河南	开封市	兰考县	0.060 8	14	98
		洛阳市	孟津县	0.059 2	15	114
			新安县	0.056 1	16	130
			汝阳县	0.051 9	20	157
			宜阳县	0.054 5	18	145
			伊川县	0.055 3	17	138

（续）

序号	省份	地市	县名	评价综合得分（分）	本省份排名	整体排名
8	河南	平顶山市	汝州市	0.062 0	11	86
		焦作市	修武县	0.061 7	13	92
			沁阳市	0.066 1	2	50
			孟州市	0.062 4	9	81
		濮阳市	清丰县	0.065 8	3	55
		三门峡市	卢氏县	0.054 2	19	149
			义马市	0.079 5	1	13
			灵宝市	0.063 6	7	71
		南阳市	西峡县	0.061 8	12	89
		济源市	济源市	0.064 7	5	64
9	陕西	宝鸡市	陈仓区	0.058 4	34	118
			凤翔区	0.057 6	36	122
			岐山县	0.059 5	32	111
			扶风县	0.060 4	24	100
			眉县	0.060 3	25	102
			陇县	0.060 3	25	102
			千阳县	0.057 3	38	125
			麟游县	0.049 9	44	161
			凤县	0.062 2	20	83
			太白县	0.062 4	19	81
		榆林市	府谷县	0.051 7	43	158
			靖边县	0.064 8	16	61
			绥德县	0.072 0	6	23
			米脂县	0.061 8	21	89
			吴堡县	0.070 8	7	25
			子洲县	0.069 4	9	30
			神木市	0.063 3	18	72
			榆阳区	0.066 5	14	47
		安康市	宁陕县	0.052 9	41	153
		汉中市	佛坪县	0.052 8	42	154

（续）

序号	省份	地市	县名	评价综合得分（分）	本省份排名	整体排名
		商洛市	洛南县	0.060 1	29	106
			商州区	0.056 2	39	129
		铜川市	耀州区	0.042 5	48	175
			宜君县	0.049 4	46	163
		渭南市	澄城县	0.069 9	8	28
			大荔县	0.094 3	1	3
			韩城市	0.068 4	11	34
			合阳县	0.067 0	13	41
			华阴市	0.060 3	25	102
			蒲城县	0.073 1	4	19
			潼关县	0.065 9	15	53
		西安市	蓝田县	0.077 8	3	14
			周至县	0.084 8	2	8
9	陕西	延安市	安塞区	0.061 5	22	93
			延川县	0.045 8	47	170
			延长县	0.061 4	23	94
			宜川县	0.069 1	10	33
			志丹县	0.057 6	36	122
			子长市	0.042 0	49	176
		咸阳市	彬州市	0.049 6	45	162
			淳化县	0.059 9	31	108
			泾阳县	0.073 0	5	20
			礼泉县	0.063 7	17	70
			三原县	0.057 8	35	121
			渭城区	0.068 1	12	35
			兴平市	0.060 2	28	105
			旬邑县	0.059 5	32	111
			杨凌示范区	0.060 1	29	106
			永寿县	0.054 5	40	145

对随机选取的山东 16 个县（市、区）的农业协调发展水平进行排序，泗水县、东平县、梁山县、新泰市和汶上县的农业协调发展水平相对较高，其分值分别为 0.072 6 分、0.070 4 分、0.069 6 分、0.068 0 分、0.066 7 分；平邑县、郓城县、平阴县、惠民县和利津县的农业协调发展水平相对较低，分别为 0.063 0 分、0.063 0 分、0.060 4 分、0.057 0 分、0.054 8 分。

对随机选取的内蒙古 13 个县（市、区）的农业协调发展水平进行排序，杭锦旗、鄂托克旗、鄂托克前旗、达拉特旗和阿拉善盟左旗的农业协调发展水平位居前列，其农业协调发展水平分别为 0.067 8 分、0.065 5 分、0.064 3 分、0.064 3 分、0.062 6 分；乌拉特中旗、乌拉特后旗、达尔罕茂明安联合旗、武川县、和林格尔县的农业协调发展水平相对较低，分别为 0.055 8 分、0.055 5 分、0.050 4 分、0.047 6 分、0.044 3 分。

对随机选取的宁夏 15 个县（市、区）的农业协调发展水平进行排序，永宁县、吴忠市城区、贺兰县、青铜峡市和西吉县的农业协调发展水平相对较高，分别为 0.070 2 分、0.069 2 分、0.067 0 分、0.066 4 分、0.066 1 分；排名后五位的县（市、区）分别为盐池县、海原县、泾源县、同心县和隆德县，其农业协调发展水平分别为 0.058 1 分、0.057 9 分、0.056 1 分、0.053 1 分、0.048 7 分。

对随机选取的甘肃 36 个县（市、区）的农业协调发展水平进行排序，排名前五位的县（市、区）分别为碌曲县、山丹县、武山县、宕昌县和渭源县，其农业协调发展水平分别为 0.110 2 分、0.097 8 分、0.086 3 分、0.086 3 分、0.085 4 分；排名后五位的县（市、区）分别为合水县、榆中县、庆阳市城区、环县和华池县，其农业协调发展水平分别为 0.048 4 分、0.046 9 分、0.043 1 分、0.038 6 分、0.037 6 分。

对随机选取的山西 24 个县（市、区）的农业协调发展水平进行排序，排名前五位的县（市、区）分别为祁县、侯马市、沁水县、古交市和河津市，其农业协调发展水平分别为 0.072 4 分、0.067 7 分、0.065 0 分、0.064 8 分、0.064 8 分；襄汾县、蒲县、左云县、壶关县和汾西县的农业协调发展水平相对较低，分别为 0.054 2 分、0.051 3 分、0.047 0 分、0.045 6 分、0.040 3 分。

对随机选取的四川 3 个县（市、区）农业协调发展水平进行排序，由高到低依次为阿坝县、马尔康市、红原县，其农业协调发展水平分别为 0.080 3 分、0.067 0 分、0.064 7 分。对随机选取的青海 5 个县（市、区）农业协调发展水平进行排序，由高到低依次为河南蒙古族自治县、民和回族土族自治县、贵德县、玛多县、班玛县，其农业协调发展水平分别为 0.076 2 分、0.047 9 分、0.043 7 分、0.040 6 分、0.040 5 分。

对随机选取的河南 20 个县（市、区）农业协调发展水平进行排序，排名前五位的县（市、区）分别为义马市、沁阳市、清丰县、新郑市和济源市，其农业协调发展水平分别为 0.079 5 分、0.066 1 分、0.065 8 分、0.065 3 分、0.064 7 分；排名后五位的县（市、区）分别为新安县、伊川县、宜阳县、卢氏县和汝阳县，其农业协调发展水平分别为 0.056 1 分、0.055 3 分、0.054 5 分、0.054 2 分、0.051 9 分。

对随机选取的陕西 49 个县（市、区）的农业协调发展水平进行排序，大荔县、周至县、蓝田县、蒲城县和泾阳县的农业协调发展水平位居陕西前五位，其值分别为 0.094 3 分、0.084 8 分、0.077 8 分、0.073 1 分、0.073 0 分；排名后五位的县（市、区）分别为彬州市、宜君县、延川县、耀州县和子长市，其值分别为 0.049 6 分、0.049 4 分、0.045 8 分、0.042 5 分、0.042 0 分。

对各省农业协调发展水平排名前五位的县（市、区）进行综合排序发现，陕西、甘肃各县（市、区）的农业协调发展水平多位居前列，其中排名前五位的县（市、区）分别为甘肃碌曲县、甘肃山丹县、甘肃武山县、甘肃宕昌县、陕西大荔县。对各省农业协调发展水平排名后五位的县（市、区）进行综合排序发现，排名后十五位的县（市、区）中，青海、甘肃、山西的县（市、区）居多，也反映出甘肃的农业协调发展水平差异较大（图 4 - 9）。

（4）黄河流域农业共享发展评价

表 4 - 10 呈现了 2019 年黄河流域 9 省份 181 个县（市、区）的农业共享发展水平的均值。下面将详细分析黄河流域各省份内部的农业共享发展状况，并对比分析省份间各县域的发展状况差异。

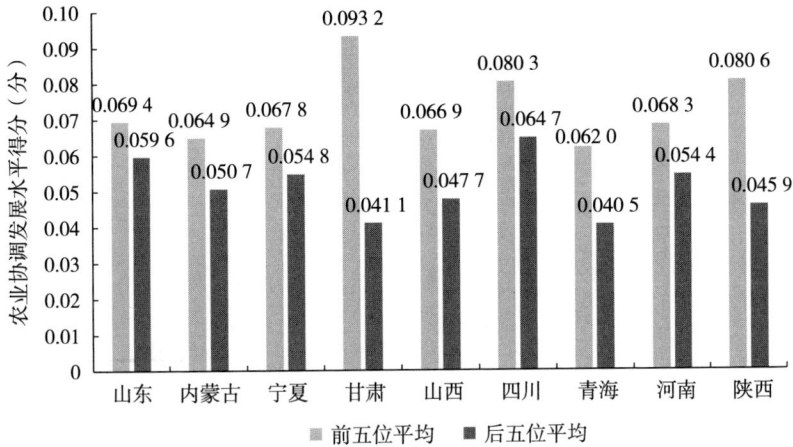

图 4-9 2019 年黄河流域各省农业协调发展状况

表 4-10 2019 年黄河流域各县（市、区）农业共享发展水平

序号	省份	地市	县名	评价综合得分（分）	本省份排名	整体排名
		东营市	利津县	0.071 4	8	67
		菏泽市	鄄城县	0.066 6	13	85
			郓城县	0.072 0	7	62
		济南市	平阴县	0.088 9	2	15
		济宁市	嘉祥县	0.068 9	11	77
			汶上县	0.078 3	4	42
			泗水县	0.063 4	15	104
			梁山县	0.067 3	12	81
1	山东	临沂市	平邑县	0.062 1	16	114
			蒙阴县	0.064 3	14	100
		泰安市	宁阳县	0.071 3	9	69
			东平县	0.074 8	5	51
			新泰市	0.073 7	6	54
		滨州市	博兴县	0.108 4	1	3
			惠民县	0.071 3	9	69
			邹平市	0.080 5	3	34

（续）

序号	省份	地市	县名	评价综合得分（分）	本省份排名	整体排名
2	内蒙古	阿拉善盟	阿拉善盟左旗	0.092 9	3	11
		巴彦淖尔市	乌拉特后旗	0.076 0	10	50
			乌拉特中旗	0.071 5	11	66
		包头市	达尔罕茂明安联合旗	0.082 8	8	27
		鄂尔多斯市	鄂托克旗	0.096 6	1	7
			杭锦旗	0.084 6	6	23
			乌审旗	0.084 3	7	24
			伊金霍洛旗	0.084 9	5	22
			达拉特旗	0.085 6	4	20
			鄂托克前旗	0.082 7	9	28
			准格尔旗	0.094 6	2	10
		呼和浩特市	和林格尔县	0.059 2	12	126
			武川县	0.044 1	13	178
3	宁夏	固原市	原州区	0.063 4	9	104
			泾源县	0.064 4	8	99
			隆德县	0.049 9	14	164
			彭阳县	0.058 0	11	133
			西吉县	0.051 7	12	157
		石嘴山市	平罗县	0.077 0	3	46
		吴忠市	青铜峡市	0.059 7	10	124
			同心县	0.048 2	15	166
			吴忠市城区	0.067 2	7	82
			盐池县	0.076 8	4	49
		银川市	贺兰县	0.077 9	2	43
			灵武市	0.086 7	1	17
			永宁县	0.070 1	5	72
		中卫市	海原县	0.051 5	13	158
			中宁县	0.068 4	6	78

（续）

序号	省份	地市	县名	评价综合得分（分）	本省份排名	整体排名
4	甘肃	兰州市	皋兰县	0.056 7	13	138
			榆中县	0.052 6	20	154
		白银市	靖远县	0.050 1	24	162
			会宁县	0.048 2	25	166
			景泰县	0.060 7	8	121
		天水市	武山县	0.056 5	14	139
			张家川回族自治县	0.047 9	26	169
		武威市	古浪县	0.052 4	21	155
			天祝藏族自治县	0.062 5	6	110
		张掖市	山丹县	0.078 4	2	41
		庆阳市	庆阳市城区	0.077 9	3	43
			环县	0.044 6	31	175
			华池县	0.059 1	9	127
			合水县	0.056 0	15	141
			正宁县	0.014 7	36	181
			宁县	0.044 2	33	177
		定西市	通渭县	0.043 1	34	179
			陇西县	0.058 9	10	128
			渭源县	0.047 8	27	170
			临洮县	0.062 7	5	109
		陇南市	宕昌县	0.044 3	32	176
		临夏回族自治州	临夏市	0.080 1	1	36
			永靖县	0.054 5	16	144
			和政县	0.046 7	30	173
		甘南藏族自治州	临潭县	0.041 9	35	180
			卓尼县	0.066 4	4	87
			迭部县	0.050 8	23	161
			玛曲县	0.052 9	19	152
			碌曲县	0.061 0	7	119
			夏河县	0.053 9	17	147

（续）

序号	省份	地市	县名	评价综合得分（分）	本省份排名	整体排名
4	甘肃	平凉市	庄浪县	0.046 9	29	172
			灵台县	0.053 8	18	149
			静宁县	0.047 3	28	171
			泾川县	0.051 9	22	156
			华亭市	0.057 6	12	135
			崇信县	0.058 9	10	128
5	山西	大同市	左云县	0.065 9	9	90
		晋城市	高平市	0.072 4	5	60
			沁水县	0.071 9	7	63
			陵川县	0.065 3	13	95
			阳城县	0.064 0	14	101
			泽州县	0.081 2	3	30
		晋中市	祁县	0.070 0	8	73
		临汾市	安泽县	0.061 6	17	118
			汾西县	0.050 9	22	160
			浮山县	0.048 2	23	166
			洪洞县	0.053 5	20	150
			侯马市	0.046 6	24	174
			吉县	0.065 8	10	91
			蒲县	0.051 2	21	159
			曲沃县	0.065 6	11	92
			襄汾县	0.060 9	18	120
			翼城县	0.053 9	19	147
		太原市	古交市	0.063 0	15	107
			清徐县	0.090 8	1	14
		阳泉市	盂县	0.065 5	12	93
		运城市	河津市	0.083 4	2	26
		长治市	沁县	0.061 8	16	116
			沁源县	0.081 0	4	32
			壶关县	0.072 2	6	61

（续）

序号	省份	地市	县名	评价综合得分（分）	本省份排名	整体排名
6	四川	阿坝州	阿坝县	0.081 2	3	30
			红原县	0.083 8	2	25
			马尔康市	0.124 8	1	1
7	青海	海东市	民和回族土族自治县	0.056 2	5	140
		黄南州	河南蒙古族自治县	0.077 8	2	45
		海南州	贵德县	0.072 5	4	59
		果洛州	班玛县	0.074 6	3	52
			玛多县	0.080 7	1	33
8	河南	郑州市	中牟县	0.096 7	2	6
			巩义市	0.085 0	6	21
			新密市	0.092 0	4	13
			新郑市	0.096 5	3	8
		开封市	兰考县	0.063 7	19	103
		洛阳市	孟津县	0.069 1	17	75
			新安县	0.079 8	9	37
			汝阳县	0.064 9	18	96
			宜阳县	0.071 4	15	67
			伊川县	0.072 9	14	57
		平顶山市	汝州市	0.069 7	16	74
		焦作市	修武县	0.077 0	12	46
			沁阳市	0.078 5	11	39
			孟州市	0.082 3	7	29
		濮阳市	清丰县	0.061 9	20	115
		三门峡市	卢氏县	0.073 0	13	55
			义马市	0.100 4	1	5
			灵宝市	0.079 8	9	37
		南阳市	西峡县	0.086 4	5	18
		济源市	济源市	0.080 4	8	35

（续）

序号	省份	地市	县名	评价综合得分（分）	本省份排名	整体排名
		宝鸡市	陈仓区	0.058 3	38	132
			凤翔区	0.058 8	37	131
			岐山县	0.062 2	31	113
			扶风县	0.059 9	34	123
			眉县	0.067 8	17	80
			陇县	0.064 8	24	97
			千阳县	0.062 4	29	111
			麟游县	0.063 0	28	107
			凤县	0.118 6	1	2
			太白县	0.069 1	15	75
		榆林市	府谷县	0.070 6	14	71
			靖边县	0.085 7	6	19
			绥德县	0.074 3	9	53
			米脂县	0.060 0	33	122
			吴堡县	0.062 3	30	112
9	陕西		子洲县	0.049 5	49	165
			神木市	0.095 5	3	9
			榆阳区	0.087 2	5	16
		安康市	宁陕县	0.107 0	2	4
		汉中市	佛坪县	0.092 1	4	12
		商洛市	洛南县	0.055 7	43	143
			商州区	0.071 7	12	64
		铜川市	耀州区	0.071 7	12	64
			宜君县	0.068 0	16	79
		渭南市	澄城县	0.059 7	35	124
			大荔县	0.077 0	8	46
			韩城市	0.073 0	10	55
			合阳县	0.066 3	21	88
			华阴市	0.078 5	7	39
			蒲城县	0.066 6	20	85
			潼关县	0.072 9	11	57

(续)

序号	省份	地市	县名	评价综合得分（分）	本省份排名	整体排名
9	陕西	西安市	蓝田县	0.058 9	36	128
			周至县	0.057 4	41	137
		延安市	安塞区	0.061 7	32	117
			延川县	0.066 3	21	88
			延长县	0.056 0	42	141
			宜川县	0.066 7	19	84
			志丹县	0.065 5	23	93
			子长市	0.063 8	26	102
		咸阳市	彬州市	0.057 6	40	135
			淳化县	0.054 3	44	145
			泾阳县	0.054 1	45	146
			礼泉县	0.053 3	46	151
			三原县	0.063 2	27	106
			渭城区	0.066 9	18	83
			兴平市	0.057 8	39	134
			旬邑县	0.050 0	48	163
			杨凌示范区	0.064 6	25	98
			永寿县	0.052 7	47	153

对随机选取的山东 16 个县（市、区）的农业共享发展水平进行排序，博兴县、平阴县、邹平市、汶上县和东平县的农业共享发展水平相对较高，其农业共享发展水平分别为 0.108 4 分、0.088 9 分、0.080 5 分、0.078 3 分、0.074 8 分；排名后五位的县（市、区）分别为梁山县、鄄城县、蒙阴县、泗水县和平邑县，其农业共享发展水平相对较低，分别为 0.067 3 分、0.066 6 分、0.064 3 分、0.063 4 分、0.062 1 分。

对随机选取的内蒙古 13 个县（市、区）的农业共享发展水平进行排序，排名前五位的县（市、区）分别为鄂托克前旗、准格尔旗、阿拉善盟左旗、达拉特旗和伊金霍洛旗，其农业共享发展水平分别为 0.096 6 分、0.094 6 分、0.092 9 分、0.085 6 分、0.084 9 分；排名后五位的县（市、区）分别为鄂托克前旗、乌拉特后旗、乌拉特中旗、和林格尔县和武川县，其农业共享发展水平分别为 0.082 7 分、0.076 0 分、0.071 5 分、0.059 2 分、0.044 1 分。

对随机选取的宁夏 15 个县（市、区）的农业共享发展水平进行排序，灵武市、贺兰县、平罗县、盐池县和永宁县的农业共享发展水平相对较高，分别为 0.086 7 分、0.077 9 分、0.077 0 分、0.076 8 分、0.070 1 分；彭阳县、西吉县、海原县、隆德县和同心县的农业共享发展水平位居后五位，其农业共享发展水平分别为 0.058 0 分、0.051 7 分、0.051 5 分、0.049 9 分、0.048 2 分。

对随机选取的甘肃 36 个县（市、区）的农业共享发展水平进行排序，排名前五位的县（市、区）分别为临夏县、山丹县、庆阳市城区、卓尼县和临洮县，其农业共享发展水平分别为 0.080 1 分、0.078 4 分、0.077 9 分、0.066 4 分、0.062 7 分；排名后五位的县（市、区）分别为宕昌县、宁县、通渭县、临潭县和正宁县，其农业共享发展水平分别为 0.044 3 分、0.044 2 分、0.043 1 分、0.041 9 分、0.014 7 分。

对随机选取的山西 24 个县（市、区）的农业共享发展水平进行排序，排名前五位的县（市、区）分别为清徐县、河津市、泽州县、沁源县和高平市，其农业共享发展水平分别为 0.090 8 分、0.083 4 分、0.081 2 分、0.081 0 分、0.072 4 分；排名后五位的县（市、区）分别为洪洞县、蒲县、汾西县、浮山县和侯马市，其农业共享发展水平分别为 0.053 5 分、0.051 2 分、0.050 9 分、0.048 2 分、0.046 6 分。

对随机选取的四川 3 个县（市、区）的农业共享发展水平进行排序，由高到低依次为马尔康市、红原县、阿坝县，其共享发展水平分别为 0.124 8 分、0.083 8 分、0.081 2 分。对随机选取的青海 5 个县（市、区）的农业共享发展水平进行排序，由高到低依次为玛多县、河南蒙古族自治县、班玛县、贵德县、民和回族土族自治县，其共享发展水平依次为 0.080 7 分、0.077 8 分、0.074 6 分、0.072 5 分、0.056 2 分。

对随机选取的河南 20 个县（市、区）的农业共享发展水平进行排序，排名前五位的县（市、区）分别为义马市、中牟县、新郑市、新密市和西峡县，其共享发展水平分别为 0.100 4 分、0.096 7 分、0.096 5 分、0.092 0 分、0.086 4 分；排名后五位的县（市、区）分别为汝州市、孟津县、汝阳县、兰考县和清丰县，其农业共享发展水平分别为 0.069 7 分、0.069 1 分、0.064 9 分、0.063 7 分、0.061 9 分。

对随机选取的陕西 49 个县（市、区）的农业共享发展水平进行排序，排名前五位的县（市、区）分别为凤县、宁陕县、神木市、佛坪县和榆阳区，其农业共享发展水平分别为 0.118 6 分、0.107 0 分、0.095 5 分、0.092 1 分、0.087 2 分；排名后五位的县（市、区）分别为泾阳县、礼泉县、永寿县、旬邑县和子洲县，其农业共享发展水平分别为 0.054 1 分、0.053 3 分、0.052 7 分、0.050 0 分、0.049 5 分。

对各省农业共享发展水平前五位的县（市、区）进行综合排序发现，排名前十五位的县（市、区）中，河南、四川、山东、陕西的县（市、区）居多，其中山东博兴县、四川马尔康市、陕西凤县、陕西宁陕市、河南义马市位列前五名；对各省农业共享发展水平排名后五位的县（市、区）进行综合排序发现，农业共享发展水平位于后十五位的县（市、区）中，甘肃、内蒙古的县（市、区）居多（图 4-10）。

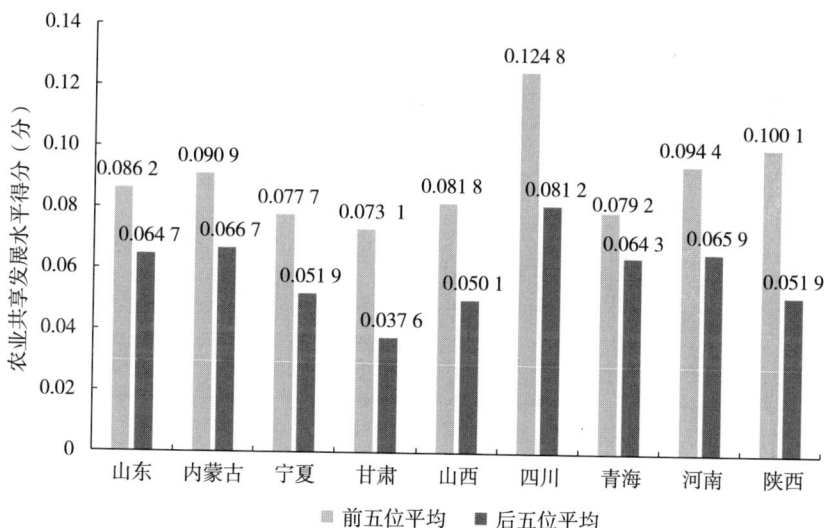

图 4-10　2019 年黄河流域各省农业共享发展状况

4.4.2 黄河流域农业高质量发展水平评价：基于2010—2019年县级数据

本部分基于2010—2019年县级数据从综合和分维度角度对黄河流域9省份随机抽取的181个县（市、区）的农业高质量发展水平进行均值评价和趋势分析。

（1）黄河流域农业高质量发展水平综合评价

表4-11呈现了2010—2019年黄河流域9省份181个县（市、区）的农业高质量发展综合水平均值。下面将详细分析黄河流域各省份的内部发展状况，并对比分析省份间各县域的发展状况差异。

表4-11 2010—2019年黄河流域各县农业高质量发展综合水平均值

序号	省份	地市	县名	评价综合得分（分）	本省份排名	整体排名
1	山东	东营市	利津县	0.356 9	5	10
		菏泽市	鄄城县	0.345 6	13	22
			郓城县	0.344 7	14	23
		济南市	平阴县	0.359 5	4	9
		济宁市	嘉祥县	0.334 6	16	33
			汶上县	0.347 7	10	19
			泗水县	0.353 0	7	13
			梁山县	0.347 6	11	20
		临沂市	平邑县	0.338 0	15	29
			蒙阴县	0.353 4	6	12
		泰安市	宁阳县	0.348 8	8	14
			东平县	0.345 9	12	21
			新泰市	0.348 7	9	15
		滨州市	博兴县	0.376 8	3	5
			惠民县	0.378 7	2	4
			邹平市	0.393 7	1	3

（续）

序号	省份	地市	县名	评价综合得分（分）	本省份排名	整体排名
		阿拉善盟	阿拉善盟左旗	0.355 9	1	11
		巴彦淖尔市	乌拉特后旗	0.329 9	6	34
			乌拉特中旗	0.311 4	9	53
		包头市	达尔罕茂明安联合旗	0.303 2	11	66
			鄂托克旗	0.348 0	2	16
			杭锦旗	0.337 4	4	30
2	内蒙古		乌审旗	0.307 6	10	60
		鄂尔多斯市	伊金霍洛旗	0.318 1	8	46
			达拉特旗	0.321 7	7	39
			鄂托克前旗	0.336 3	5	32
			准格尔旗	0.342 1	3	25
		呼和浩特市	和林格尔县	0.286 9	12	98
			武川县	0.265 4	13	132
			原州区	0.255 3	15	146
			泾源县	0.280 5	9	111
		固原市	隆德县	0.296 8	6	76
			彭阳县	0.288 1	7	95
			西吉县	0.258 0	14	141
		石嘴山市	平罗县	0.286 8	8	99
			青铜峡市	0.307 3	5	62
3	宁夏	吴忠市	同心县	0.273 0	11	121
			吴忠市城区	0.312 9	4	51
			盐池县	0.271 6	12	123
			贺兰县	0.359 8	1	8
		银川市	灵武市	0.319 3	3	44
			永宁县	0.348 0	2	16
		中卫市	海原县	0.261 0	13	137
			中宁县	0.277 2	10	115

（续）

序号	省份	地市	县名	评价综合得分（分）	本省份排名	整体排名
		兰州市	皋兰县	0.250 8	14	155
			榆中县	0.225 8	33	177
		白银市	靖远县	0.258 8	7	140
			会宁县	0.235 4	25	169
			景泰县	0.251 0	13	153
		天水市	武山县	0.257 2	8	142
			张家川回族自治县	0.233 8	28	172
		武威市	古浪县	0.238 6	23	166
			天祝藏族自治县	0.267 0	4	131
		张掖市	山丹县	0.275 2	2	117
		庆阳市	庆阳市城区	0.248 4	16	157
			环县	0.208 8	36	181
			华池县	0.227 4	32	176
			合水县	0.246 8	18	159
			正宁县	0.265 0	5	133
4	甘肃		宁县	0.223 6	34	178
		定西市	通渭县	0.232 5	31	175
			陇西县	0.235 1	27	171
			渭源县	0.254 9	11	147
			临洮县	0.240 7	22	165
		陇南市	宕昌县	0.221 1	35	179
		临夏回族自治州	临夏市	0.323 2	1	37
			永靖县	0.256 7	9	143
			和政县	0.254 6	12	148
		甘南藏族自治州	临潭县	0.235 3	26	170
			卓尼县	0.247 0	17	158
			迭部县	0.243 2	20	163
			玛曲县	0.260 2	6	139
			碌曲县	0.270 0	3	126
			夏河县	0.256 1	10	144

（续）

序号	省份	地市	县名	评价综合得分（分）	本省份排名	整体排名
4	甘肃	平凉市	庄浪县	0.232 7	30	174
			灵台县	0.250 6	15	156
			静宁县	0.233 7	29	173
			泾川县	0.237 9	24	168
			华亭市	0.244 9	19	162
			崇信县	0.242 2	21	164
5	山西	大同市	左云县	0.252 8	19	151
		晋城市	高平市	0.283 1	4	106
			沁水县	0.268 1	11	129
			陵川县	0.261 5	15	136
			阳城县	0.272 0	9	122
			泽州县	0.267 6	12	130
		晋中市	祁县	0.297 8	1	74
		临汾市	安泽县	0.269 3	10	128
			汾西县	0.214 1	24	180
			浮山县	0.245 1	22	161
			洪洞县	0.252 1	20	152
			侯马市	0.284 7	3	103
			吉县	0.238 6	23	166
			蒲县	0.256 1	17	144
			曲沃县	0.273 9	7	118
			襄汾县	0.260 3	16	138
			翼城县	0.254 5	18	150
		太原市	古交市	0.265 0	13	133
			清徐县	0.281 7	5	110
		阳泉市	盂县	0.262 8	14	135
		运城市	河津市	0.278 0	6	113
		长治市	沁县	0.273 8	8	120
			沁源县	0.284 8	2	102
			壶关县	0.246 1	21	160

（续）

序号	省份	地市	县名	评价综合得分（分）	本省份排名	整体排名
6	四川	阿坝州	阿坝县	0.310 6	3	54
			红原县	0.402 7	1	1
			马尔康市	0.342 7	2	24
7	青海	海东市	民和回族土族自治县	0.251 0	5	153
		黄南州	河南蒙古族自治县	0.302 2	1	68
		海南州	贵德县	0.254 6	4	148
		果洛州	班玛县	0.270 1	3	125
			玛多县	0.273 9	2	118
8	河南	郑州市	中牟县	0.338 7	2	27
			巩义市	0.308 1	11	58
			新密市	0.314 4	9	50
			新郑市	0.323 5	4	36
		开封市	兰考县	0.297 8	13	74
		洛阳市	孟津县	0.293 6	16	83
			新安县	0.294 8	14	81
			汝阳县	0.281 9	19	108
			宜阳县	0.281 8	20	109
			伊川县	0.293 3	17	85
		平顶山市	汝州市	0.294 5	15	82
		焦作市	修武县	0.319 4	7	43
			沁阳市	0.309 0	10	56
			孟州市	0.318 7	8	45
		濮阳市	清丰县	0.321 0	5	40
		三门峡市	卢氏县	0.290 4	18	91
			义马市	0.338 2	3	28
			灵宝市	0.303 2	12	66
		南阳市	西峡县	0.396 2	1	2
		济源市	济源市	0.320 5	6	42

（续）

序号	省份	地市	县名	评价综合得分（分）	本省份排名	整体排名
9	陕西	宝鸡市	陈仓区	0.291 4	32	88
			凤翔区	0.288 6	36	93
			岐山县	0.296 4	25	77
			扶风县	0.285 8	40	100
			眉县	0.287 7	39	97
			陇县	0.285 2	41	101
			千阳县	0.290 9	33	89
			麟游县	0.293 4	29	84
			凤县	0.308 3	14	57
			太白县	0.299 7	23	72
		榆林市	府谷县	0.292 1	30	86
			靖边县	0.320 9	8	41
			绥德县	0.296 0	26	78
			米脂县	0.275 5	47	116
			吴堡县	0.288 5	37	94
			子洲县	0.270 2	48	124
			神木市	0.322 1	7	38
			榆阳区	0.312 5	12	52
		安康市	宁陕县	0.316 8	9	47
		汉中市	佛坪县	0.327 7	6	35
		商洛市	洛南县	0.294 9	28	80
			商州区	0.283 2	43	105
		铜川市	耀州区	0.307 4	16	61
			宜君县	0.301 5	21	70
		渭南市	澄城县	0.279 4	45	112
			大荔县	0.347 9	3	18
			韩城市	0.300 2	22	71
			合阳县	0.298 5	24	73
			华阴市	0.277 6	46	114
			蒲城县	0.314 6	10	48
			潼关县	0.290 1	35	92

（续）

序号	省份	地市	县名	评价综合得分（分）	本省份排名	整体排名
9	陕西	西安市	蓝田县	0.309 5	13	55
			周至县	0.290 7	34	90
		延安市	安塞区	0.314 6	10	48
			延川县	0.282 6	44	107
			延长县	0.295 5	27	79
			宜川县	0.362 2	2	7
			志丹县	0.307 8	15	59
			子长市	0.269 4	49	127
		咸阳市	彬州市	0.287 8	38	96
			淳化县	0.304 6	18	64
			泾阳县	0.373 7	1	6
			礼泉县	0.302 1	20	69
			三原县	0.305 0	17	63
			渭城区	0.304 1	19	65
			兴平市	0.341 3	4	26
			旬邑县	0.291 5	31	87
			杨凌示范区	0.336 9	5	31
			永寿县	0.284 6	42	104

在随机选取的山东 16 个县（市、区）中，邹平市、惠民县、博兴县、平阴县、利津县的农业高质量发展综合水平相对较高，分别为 0.393 7 分、0.378 7 分、0.376 8 分、0.359 8 分、0.356 9 分；排名后五位的县（市、区）分别为东平县、鄄城县、郓城县、平邑县、嘉祥县，其综合评价值分别为 0.345 9 分、0.345 6 分、0.344 7 分、0.338 0 分、0.334 6 分。

在随机选取的内蒙古 13 个县（市、区）中，阿拉善盟左旗、鄂托克旗、杭锦旗、鄂托克前旗、准格尔旗农业高质量发展综合水平位于前列，其综合得分值分别为 0.355 9 分、0.348 0 分、0.337 4 分、0.336 3 分、0.342 1 分；综合得分值相对较低的县（市、区）分别为乌拉特中旗、达尔罕明安联合旗、乌审旗、和林格尔县、武川县，其综合得分均值分别为 0.311 4 分、

0.303 2 分、0.307 6 分、0.286 9 分、0.265 4 分。

在随机选取的宁夏 15 个县（市、区）中，青铜峡市、吴忠市城区、贺兰县、宁武市、永宁县的农业高质量发展综合状况相对较好，其综合分值分别为 0.307 3 分、0.312 9 分、0.359 8 分、0.319 3 分、0.348 0 分；固原市原州区、西吉县、同心县、盐池县、海原县的农业高质量发展综合水平相对较低，其分值分别为 0.255 3 分、0.258 0 分、0.273 0 分、0.271 6 分、0.261 0 分。

在随机选取的甘肃 36 个县（市、区）中，排名前五位的县（市、区）分别为天祝藏族自治县、山丹县、正宁县、临夏市、碌曲县，其综合得分值分别为 0.267 0 分、0.275 2 分、0.265 0 分、0.323 2 分、0.270 0 分；榆中县、环县、华池县、宁夏、宕昌县排名后五位，其综合得分值分别为 0.225 8 分、0.208 8 分、0.227 4 分、0.223 6 分、0.221 1 分。

在随机选取的山西 24 个县（市、区）中，高平市、祁县、侯马市、清徐县、沁源县的农业高质量发展综合水平相对较高，其综合得分值分别为 0.283 1 分、0.297 8 分、0.284 7 分、0.281 7 分、0.284 8 分；农业高质量发展综合水平相对较低的县（市、区）分别为汾西县、浮山县、洪洞县、吉县、壶关县，其综合得分值分别为 0.214 1 分、0.245 1 分、0.252 1 分、0.238 6 分、0.246 1 分。

由于黄河在四川与青海的途径范围相对较小，因此在四川仅选取了 3 个县（市、区），分别为阿坝县、红原县、马尔康市，3 个县（市、区）的农业高质量发展综合水平分别为 0.310 6 分、0.402 7 分、0.342 7 分。在青海仅选取了 5 个县（市、区），分别为民和回族土族自治县、河南蒙古族自治县、贵德县、班玛县、玛多县，其农业高质量发展综合水平分别为 0.251 0 分、0.302 2 分、0.251 6 分、0.270 1 分、0.273 9 分。

在随机选取的河南 20 个县（市、区）中，农业高质量发展综合水平排名前五位的县（市、区）分别为中牟县、新郑市、清丰县、义马市、西峡县，其综合得分值分别为 0.338 7 分、0.323 5 分、0.321 0 分、0.338 2 分、0.396 2 分；孟津县、汝阳县、宜阳县、伊川县、卢氏县的农业高质量发展综合水平相对较低，其综合得分值分别为 0.293 6 分、0.281 9 分、0.281 8

分、0.293 3 分、0.290 4 分。

在随机选取的陕西 49 个县（市、区）中，大荔县、宜川县、泾阳县、兴平市、杨凌示范区的农业高质量发展水平相对较高，综合得分值分别为 0.347 9 分、0.362 2 分、0.373 7 分、0.341 3 分、0.336 9 分；米脂县、子洲县、澄城县、华阴市、子长市的农业高质量发展水平相对较低，分别为 0.275 5 分、0.270 2 分、0.279 4 分、0.277 6 分、0.269 4 分。

对各省排名前五位的县（市、区）进行综合排序发现，四川红原县的农业高质量发展水平位居首位，其次分别为陕西、山西、山东，其他省份各县的农业高质量发展水平相对较低；同理，对各省排名后五位的县（市、区）进行综合排序，与前述结果一致，甘肃各县（市、区）的农业高质量发展综合水平位于末位，河南、内蒙古、宁夏各县（市、区）的农业高质量发展水平相对较低（图 4-11）。

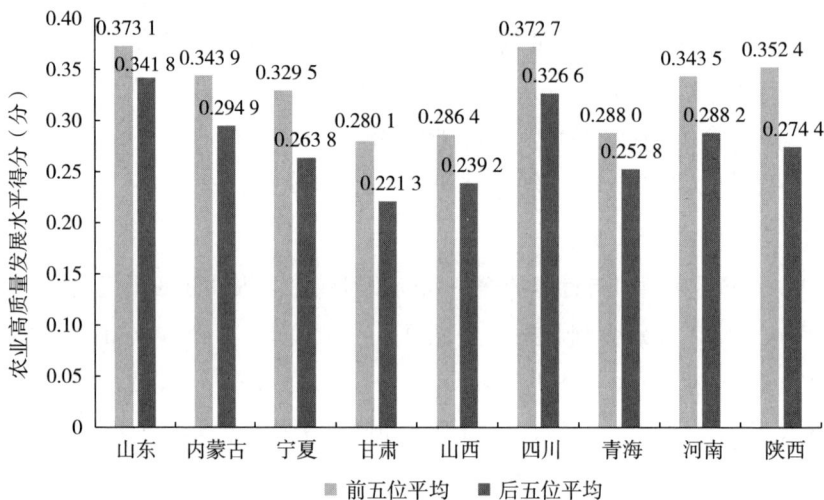

图 4-11　2010—2019 年黄河流域各省农业高质量发展综合状况

（2）黄河流域农业创新发展评价

表 4-12 呈现了 2010—2019 年黄河流域 9 省份 181 个县（市、区）的农业创新发展水平的均值。下面将详细分析黄河流域各省份内部的农业创新发展状况，并对比分析省份间各县域的发展状况差异。

表 4-12　2010—2019 年黄河流域各县农业创新发展水平均值

序号	省份	地市	县名	评价综合得分（分）	本省份排名	整体排名
		东营市	利津县	0.057 4	3	20
		菏泽市	鄄城县	0.047 2	7	35
			郓城县	0.045 7	9	41
		济南市	平阴县	0.047 6	6	34
		济宁市	嘉祥县	0.043 8	14	52
			汶上县	0.045 3	10	44
			泗水县	0.043 6	15	54
			梁山县	0.044 5	13	47
1	山东	临沂市	平邑县	0.041 1	16	68
			蒙阴县	0.049 6	5	30
		泰安市	宁阳县	0.044 6	12	46
			东平县	0.045 3	10	44
			新泰市	0.046 2	8	39
		滨州市	博兴县	0.055 5	4	21
			惠民县	0.078 3	1	8
			邹平市	0.058 0	2	19
		阿拉善盟	阿拉善盟左旗	0.054 9	1	22
		巴彦淖尔市	乌拉特后旗	0.052 0	2	26
			乌拉特中旗	0.036 6	8	84
		包头市	达尔罕茂明安联合旗	0.034 6	9	95
		鄂尔多斯市	鄂托克旗	0.040 3	6	69
			杭锦旗	0.042 7	4	60
2	内蒙古		乌审旗	0.021 3	12	176
			伊金霍洛旗	0.031 4	10	121
			达拉特旗	0.037 7	7	78
			鄂托克前旗	0.045 9	3	40
			准格尔旗	0.041 3	5	66
		呼和浩特市	和林格尔县	0.030 3	11	129
			武川县	0.020 8	13	177

（续）

序号	省份	地市	县名	评价综合得分（分）	本省份排名	整体排名
		固原市	原州区	0.023 5	15	170
			泾源县	0.060 7	7	16
			隆德县	0.063 3	6	14
			彭阳县	0.052 2	8	25
			西吉县	0.034 5	14	98
		石嘴山市	平罗县	0.042 7	13	60
3	宁夏	吴忠市	青铜峡市	0.068 1	5	12
			同心县	0.050 1	9	28
			吴忠市城区	0.069 6	4	11
			盐池县	0.045 4	11	43
		银川市	贺兰县	0.118 7	1	3
			灵武市	0.070 5	3	10
			永宁县	0.116 7	2	4
		中卫市	海原县	0.043 1	12	57
			中宁县	0.048 0	10	33
		兰州市	皋兰县	0.033 5	13	106
			榆中县	0.024 8	27	164
		白银市	靖远县	0.043 0	5	58
			会宁县	0.023 7	30	168
			景泰县	0.029 7	21	132
		天水市	武山县	0.034 0	11	101
			张家川回族自治县	0.030 8	19	126
4	甘肃	武威市	古浪县	0.034 9	9	94
			天祝藏族自治县	0.052 3	2	24
		张掖市	山丹县	0.031 9	16	115
		庆阳市	庆阳市城区	0.026 8	23	148
			环县	0.024 8	27	164
			华池县	0.030 4	20	128
			合水县	0.043 3	4	56
			正宁县	0.033 4	14	107
			宁县	0.024 2	29	167

序号	省份	地市	县名	评价综合得分（分）	本省份排名	整体排名
4	甘肃	定西市	通渭县	0.023 1	33	173
			陇西县	0.019 7	35	179
			渭源县	0.023 3	31	171
			临洮县	0.026 7	24	149
		陇南市	宕昌县	0.023 2	32	172
		临夏回族自治州	临夏市	0.087 3	1	6
			永靖县	0.041 8	6	65
			和政县	0.044 0	3	49
		甘南藏族自治州	临潭县	0.034 2	10	100
			卓尼县	0.036 2	8	86
			迭部县	0.033 4	14	107
			玛曲县	0.036 6	7	84
			碌曲县	0.031 4	18	121
			夏河县	0.031 8	17	117
		平凉市	庄浪县	0.024 9	26	163
			灵台县	0.027 5	22	144
			静宁县	0.018 0	36	181
			泾川县	0.022 4	34	175
			华亭市	0.025 8	25	155
			崇信县	0.033 7	12	103
5	山西	大同市	左云县	0.022 5	23	174
		晋城市	高平市	0.039 6	2	70
			沁水县	0.031 4	11	121
			陵川县	0.029 4	12	133
			阳城县	0.028 7	13	138
			泽州县	0.025 1	20	159
		晋中市	祁县	0.047 2	1	35
		临汾市	安泽县	0.035 9	6	89
			汾西县	0.025 1	20	159
			浮山县	0.025 6	19	156
			洪洞县	0.026 0	18	152

（续）

序号	省份	地市	县名	评价综合得分（分）	本省份排名	整体排名
			侯马市	0.033 1	10	111
			吉县	0.023 7	22	168
		临汾市	蒲县	0.033 3	9	109
			曲沃县	0.036 0	4	87
			襄汾县	0.028 0	14	141
			翼城县	0.027 9	15	143
5	山西	太原市	古交市	0.019 3	24	180
			清徐县	0.038 4	3	75
		阳泉市	盂县	0.026 9	16	146
		运城市	河津市	0.026 2	17	150
			沁县	0.035 4	7	92
		长治市	沁源县	0.035 2	8	93
			壶关县	0.036 0	4	87
			阿坝县	0.038 2	3	76
6	四川	阿坝州	红原县	0.122 7	1	1
			马尔康市	0.044 0	2	49
		海东市	民和回族土族自治县	0.033 7	4	103
		黄南州	河南蒙古族自治县	0.041 2	2	67
7	青海	海南州	贵德县	0.031 4	5	121
		果洛州	班玛县	0.043 6	1	54
			玛多县	0.034 6	3	95
			中牟县	0.071 3	19	9
		郑州市	巩义市	0.034 4	17	99
			新密市	0.035 6	9	90
			新郑市	0.043 7	8	53
8	河南	开封市	兰考县	0.044 4	17	48
			孟津县	0.035 6	14	90
			新安县	0.037 8	20	77
		洛阳市	汝阳县	0.034 0	13	101
			宜阳县	0.039 0	15	73
			伊川县	0.037 5	16	79

（续）

序号	省份	地市	县名	评价综合得分（分）	本省份排名	整体排名
8	河南	平顶山市	汝州市	0.037 3	5	80
		焦作市	修武县	0.050 2	6	27
			沁阳市	0.050 0	4	29
			孟州市	0.053 8	3	23
		濮阳市	清丰县	0.063 0	11	15
		三门峡市	卢氏县	0.042 6	10	62
			义马市	0.042 8	12	59
			灵宝市	0.042 0	1	64
		南阳市	西峡县	0.122 7	7	1
		济源市	济源市	0.048 4	19	32
9	陕西	宝鸡市	陈仓区	0.034 6	18	95
			凤翔区	0.033 0	21	112
			岐山县	0.033 7	19	103
			扶风县	0.032 4	23	114
			眉县	0.025 9	42	153
			陇县	0.025 5	44	157
			千阳县	0.030 5	29	127
			麟游县	0.031 8	25	117
			凤县	0.025 0	46	161
			太白县	0.028 3	36	139
		榆林市	府谷县	0.031 5	27	120
			靖边县	0.048 9	6	31
			绥德县	0.025 2	45	158
			米脂县	0.025 0	46	161
			吴堡县	0.028 0	38	141
			子洲县	0.024 3	48	166
			神木市	0.042 6	11	62
			榆阳区	0.037 3	15	80
		安康市	宁陕县	0.033 3	20	109
		汉中市	佛坪县	0.046 8	8	38

（续）

序号	省份	地市	县名	评价综合得分（分）	本省份排名	整体排名
9	陕西	商洛市	洛南县	0.039 6	12	70
			商州区	0.027 3	39	145
		铜川市	耀州区	0.037 0	16	82
			宜君县	0.038 5	14	74
		渭南市	澄城县	0.026 9	40	146
			大荔县	0.064 0	3	13
			韩城市	0.026 2	41	150
			合阳县	0.033 0	21	112
			华阴市	0.020 8	49	177
			蒲城县	0.047 1	7	37
			潼关县	0.029 2	32	134
		西安市	蓝田县	0.029 9	31	131
			周至县	0.025 9	42	153
		延安市	安塞区	0.060 7	4	16
			延川县	0.030 0	30	130
			延长县	0.036 9	17	83
			宜川县	0.039 3	13	72
			志丹县	0.045 6	9	42
			子长市	0.028 2	37	140
		咸阳市	彬州市	0.029 2	32	134
			淳化县	0.030 9	28	125
			泾阳县	0.102 4	1	5
			礼泉县	0.029 0	34	136
			三原县	0.044 0	10	49
			渭城区	0.031 6	26	119
			兴平市	0.081 3	2	7
			旬邑县	0.031 9	24	115
			杨凌示范区	0.060 2	5	18
			永寿县	0.029 0	34	136

对山东 16 个县（市、区）的农业创新发展水平进行排序，惠民县、邹平市、利津县、博兴县、蒙阴县的农业创新发展水平相对较高，其分值分别为 0.078 2 分、0.058 0 分、0.057 4 分、0.055 4 分、0.049 5 分；排名后五位的县（市、区）分别为宁阳县、梁山县、嘉祥县、泗水县、平邑县，其分值分别为 0.044 6 分、0.044 4 分、0.043 8 分、0.043 5 分、0.041 1 分。

对内蒙古 13 个县（市、区）的农业创新发展水平进行排序，阿拉善盟左旗、乌拉特后旗、鄂托克前旗、杭锦旗、准格尔旗的农业创新发展水平相对较高，其农业创新发展得分值分别为 0.054 8 分、0.052 0 分、0.042 8 分、0.042 7 分、0.041 2 分；达尔罕茂明安联合旗、乌审旗、伊金霍洛旗、和林格尔县、武川县的农业创新发展水平相对较低，分别为 0.034 6 分、0.021 3 分、0.031 3 分、0.030 3 分、0.020 7 分。

对宁夏 15 个县（市、区）的农业创新发展水平进行排序，青铜峡市、吴忠市城区、贺兰县、灵武市、永宁县的农业创新发展水平相对较高，其分值分别为 0.680 5 分、0.696 4 分、1.187 4 分、0.704 8 分、0.167 3 分；固原市原州区、西吉县、平罗县、盐池县、海原县的农业创新发展水平相对较低，其分值分别为 0.023 5 分、0.034 4 分、0.042 7 分、0.045 4 分、0.043 0 分。

对甘肃 36 个县（市、区）的农业创新发展水平进行排序，靖远县、天祝藏族自治县、合水县、临夏市、和政县的农业创新发展水平相对较高，分别为 0.042 9 分、0.052 3 分、0.043 2 分、0.087 3 分、0.043 9 分；通渭县、陇西县、宕昌县、静宁县、泾川县的农业创新发展水平相对较低，分别为 0.023 0 分、0.019 6 分、0.023 2 分、0.018 0 分、0.022 4 分。

对山西 24 个县（市、区）的农业创新发展水平进行排序，排名前五位的县（市、区）分别为高平市、祁县、曲沃县、清徐县、壶关县，其农业创新发展水平得分值分别为 0.039 5 分、0.047 2 分、0.035 9 分、0.038 4 分、0.035 9 分；左云县、泽州县、汾西县、吉县、古交市的农业创新发展水平相对较低，分别为 0.022 5 分、0.025 1 分、0.025 1 分、0.023 6 分、0.019 2 分。

对四川 3 个县（市、区）农业创新发展水平进行排序，由高到低依次为红原县、马尔康市、阿坝县，其创新发展分值分别为 0.122 7 分、0.044 0 分、0.038 2 分。对青海 5 个县（市、区）农业创新发展水平进行排序，由高到低依次为班玛县、河南蒙古族自治县、玛多县、民和回族土族自治县、贵德县，其创新发展水平分别为 0.043 5 分、0.041 2 分、0.034 5 分、0.033 6 分、0.031 3 分。

对河南 20 个县（市、区）农业创新发展水平进行排序，排名前五位的县（市、区）分别为中牟县、修武县、孟州市、清丰县、西峡县，其农业创新发展水平分别为 0.071 2 分、0.050 1 分、0.053 8 分、0.063 0 分、0.122 6 分；巩义市、新密市、孟津县、汝阳市、汝州市的农业高质量发展水平相对较低，分别为 0.034 3 分、0.035 5 分、0.035 6 分、0.033 9 分、0.037 3 分。

对陕西 49 个县（市、区）的农业创新发展水平进行排序，大荔县、安塞区、泾阳县、兴平市、杨凌示范区的农业创新发展水平相对较高，其分值分别为 0.063 9 分、0.060 7 分、0.102 4 分、0.081 3 分、0.060 1 分；凤县、绥德县、米脂县、子洲市、华阴市的农业创新发展水平相对较低，分别为 0.024 9 分、0.025 2 分、0.025 0 分、0.024 2 分、0.020 8 分。

对各省农业创新发展水平排名前五位的县（市、区）进行综合排序发现，四川红原县、宁夏贺兰县、宁夏永宁县、陕西泾阳县等位居前列；排名前十五位的县（市、区）中，以宁夏、陕西、河南居多，甘肃临夏市、山东惠民县的农业创新发展水平也位居各县（市、区）前列；对各省农业创新发展水平排名后五位的县（市、区）进行综合排序发现，农业创新发展水平排名位居后十五位的县（市、区）中，甘肃、陕西、陕西、内蒙古居多（图 4 - 12）。

（3）黄河流域农业协调发展评价

表 4 - 13 呈现了 2010—2019 年黄河流域 9 省份 181 个县（市、区）的农业协调发展水平的均值。下面将详细分析黄河流域各省份内部的农业协调发展状况，并对比分析省份间各县域的发展状况差异。

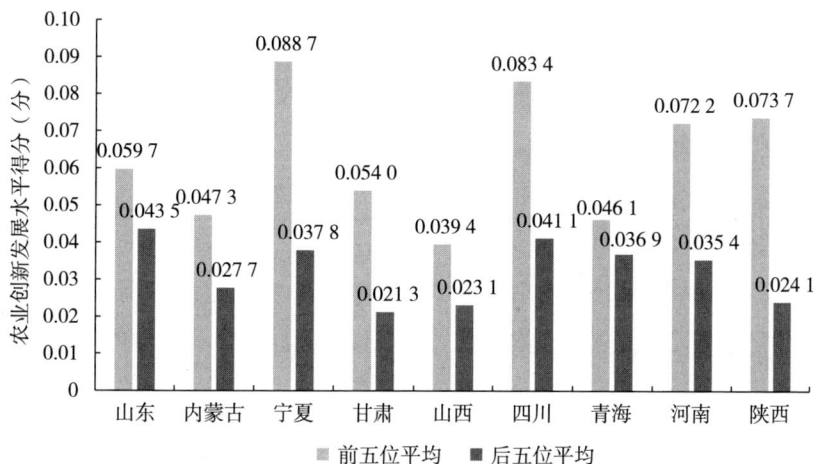

图 4-12 2010—2019 年黄河流域各省农业创新发展状况

表 4-13 2010—2019 年黄河流域各县农业协调发展水平均值

序号	省份	地市	县名	评价综合得分（分）	本省份排名	整体排名
1	山东	东营市	利津县	0.053 1	15	126
		菏泽市	鄄城县	0.061 4	4	42
			郓城县	0.058 6	8	78
		济南市	平阴县	0.056 7	12	101
		济宁市	嘉祥县	0.054 7	14	119
			汶上县	0.061 1	5	45
			泗水县	0.066 7	1	18
			梁山县	0.065 6	2	22
		临沂市	平邑县	0.058 4	9	81
			蒙阴县	0.060 8	6	51
		泰安市	宁阳县	0.057 9	10	87
			东平县	0.057 8	11	90
			新泰市	0.055 9	13	110
		滨州市	博兴县	0.060 3	7	55
			惠民县	0.052 1	16	137
			邹平市	0.061 8	3	40

（续）

序号	省份	地市	县名	评价综合得分（分）	本省份排名	整体排名
2	内蒙古	阿拉善盟	阿拉善盟左旗	0.060 7	4	53
		巴彦淖尔市	乌拉特后旗	0.059 5	6	65
			乌拉特中旗	0.058 0	9	85
		包头市	达尔罕茂明安联合旗	0.045 9	11	169
		鄂尔多斯市	鄂托克旗	0.063 5	2	30
			杭锦旗	0.067 6	1	15
			乌审旗	0.057 7	10	93
			伊金霍洛旗	0.059 5	6	65
			达拉特旗	0.059 8	5	63
			鄂托克前旗	0.062 3	3	37
			准格尔旗	0.058 6	8	78
		呼和浩特市	和林格尔县	0.043 9	4	171
			武川县	0.041 6	6	174
3	宁夏	固原市	原州区	0.055 8	13	112
			泾源县	0.051 7	14	141
			隆德县	0.059 5	6	65
			彭阳县	0.065 8	2	20
			西吉县	0.058 8	8	76
		石嘴山市	平罗县	0.061 1	4	45
		吴忠市	青铜峡市	0.061 0	5	49
			同心县	0.058 1	9	84
			吴忠市城区	0.066 7	1	18
			盐池县	0.050 9	15	146
		银川市	贺兰县	0.062 1	3	39
			灵武市	0.058 0	10	85
			永宁县	0.058 9	7	74
		中卫市	海原县	0.056 7	12	101
			中宁县	0.057 0	11	98

（续）

序号	省份	地市	县名	评价综合得分（分）	本省份排名	整体排名
		兰州市	皋兰县	0.060 8	13	51
			榆中县	0.048 6	17	159
		白银市	靖远县	0.063 7	4	29
			会宁县	0.060 9	27	50
			景泰县	0.059 4	25	69
		天水市	武山县	0.070 1	30	11
			张家川回族自治县	0.051 4	6	143
		武威市	古浪县	0.052 5	34	133
			天祝藏族自治县	0.049 0	35	156
		张掖市	山丹县	0.069 1	36	14
		庆阳市	庆阳市城区	0.043 6	33	172
			环县	0.034 4	1	179
			华池县	0.031 6	29	180
			合水县	0.045 8	11	170
4	甘肃		正宁县	0.081 4	15	2
			宁县	0.049 4	2	155
		定西市	通渭县	0.062 4	20	36
			陇西县	0.060 0	28	60
			渭源县	0.077 0	22	6
			临洮县	0.056 0	21	107
		陇南市	宕昌县	0.049 9	19	151
		临夏回族自治州	临夏市	0.055 7	26	114
			永靖县	0.055 8	16	112
			和政县	0.058 2	24	83
		甘南藏族自治州	临潭县	0.052 4	5	135
			卓尼县	0.059 5	3	65
			迭部县	0.052 7	7	130
			玛曲县	0.069 4	18	13
			碌曲县	0.072 9	8	8
			夏河县	0.066 9	10	17

（续）

序号	省份	地市	县名	评价综合得分（分）	本省份排名	整体排名
4	甘肃	平凉市	庄浪县	0.058 6	12	78
			灵台县	0.065 7	23	21
			静宁县	0.063 5	31	30
			泾川县	0.061 1	13	45
			华亭市	0.055 3	17	116
			崇信县	0.048 8	4	158
5	山西	大同市	左云县	0.055 0	15	117
		晋城市	高平市	0.057 6	8	94
			沁水县	0.054 8	16	118
			陵川县	0.057 9	6	87
			阳城县	0.056 1	11	106
			泽州县	0.055 9	13	110
		晋中市	祁县	0.067 3	1	16
		临汾市	安泽县	0.057 4	9	96
			汾西县	0.030 8	24	181
			浮山县	0.051 8	18	140
			洪洞县	0.056 0	12	107
			侯马市	0.065 4	2	23
			吉县	0.050 1	20	149
			蒲县	0.048 6	22	159
			曲沃县	0.057 8	7	90
			襄汾县	0.060 6	4	54
			翼城县	0.052 7	17	130
		太原市	古交市	0.056 6	10	103
			清徐县	0.055 7	14	114
		阳泉市	盂县	0.051 6	19	142
		运城市	河津市	0.059 1	5	73
		长治市	沁县	0.062 5	3	35
			沁源县	0.049 8	21	152
			壶关县	0.039 2	23	178

（续）

序号	省份	地市	县名	评价综合得分（分）	本省份排名	整体排名
6	四川	阿坝州	阿坝县	0.064 2	1	27
			红原县	0.064 1	2	28
			马尔康市	0.056 2	3	105
7	青海	海东市	民和回族土族自治县	0.047 5	2	165
		黄南州	河南蒙古族自治县	0.080 1	1	3
		海南州	贵德县	0.040 9	5	177
		果洛州	班玛县	0.042 7	3	173
			玛多县	0.041 5	4	175
8	河南	郑州市	中牟县	0.060 2	4	56
			巩义市	0.059 9	6	62
			新密市	0.058 8	8	76
			新郑市	0.061 1	3	45
		开封市	兰考县	0.056 3	13	104
		洛阳市	孟津县	0.056 9	12	99
			新安县	0.053 1	15	126
			汝阳县	0.047 5	20	165
			宜阳县	0.047 8	19	164
			伊川县	0.053 1	15	126
		平顶山市	汝州市	0.057 9	10	87
		焦作市	修武县	0.058 3	9	82
			沁阳市	0.053 0	17	129
			孟州市	0.054 7	14	119
		濮阳市	清丰县	0.060 2	4	56
		三门峡市	卢氏县	0.048 9	18	157
			义马市	0.078 3	1	5
			灵宝市	0.057 5	11	95
		南阳市	西峡县	0.059 4	7	69
		济源市	济源市	0.061 6	2	41

（续）

序号	省份	地市	县名	评价综合得分（分）	本省份排名	整体排名
		宝鸡市	陈仓区	0.054 3	27	121
			凤翔区	0.053 4	31	125
			岐山县	0.056 0	26	107
			扶风县	0.054 1	28	122
			眉县	0.053 9	29	123
			陇县	0.057 1	24	97
			千阳县	0.058 9	22	74
			麟游县	0.050 4	40	148
			凤县	0.052 1	35	137
			太白县	0.062 3	13	37
		榆林市	府谷县	0.047 9	46	163
			靖边县	0.059 6	19	64
			绥德县	0.063 0	11	33
			米脂县	0.052 2	34	136
9	陕西		吴堡县	0.051 9	36	139
			子洲县	0.052 5	33	133
			神木市	0.061 4	14	42
			榆阳区	0.057 8	23	90
		安康市	宁陕县	0.046 8	47	167
		汉中市	佛坪县	0.049 8	42	152
		商洛市	洛南县	0.051 3	37	144
			商州区	0.046 3	48	168
		铜川市	耀州区	0.048 6	44	159
			宜君县	0.059 3	21	72
		渭南市	澄城县	0.050 7	39	147
			大荔县	0.076 6	3	7
			韩城市	0.062 9	12	34
			合阳县	0.064 4	9	26
			华阴市	0.050 0	41	150
			蒲城县	0.060 2	16	56
			潼关县	0.053 6	30	124

（续）

序号	省份	地市	县名	评价综合得分（分）	本省份排名	整体排名
		西安市	蓝田县	0.079 0	2	4
			周至县	0.065 0	7	24
			安塞区	0.048 4	45	162
			延川县	0.049 6	43	154
		延安市	延长县	0.056 9	25	99
			宜川县	0.116 6	1	1
			志丹县	0.052 6	32	132
			子长市	0.041 1	49	176
9	陕西		彬州市	0.051 2	38	145
			淳化县	0.070 1	6	11
			泾阳县	0.072 9	4	8
			礼泉县	0.072 0	5	10
			三原县	0.060 1	17	59
		咸阳市	渭城区	0.063 3	10	32
			兴平市	0.060 0	18	60
			旬邑县	0.064 7	8	25
			杨凌示范区	0.061 3	15	44
			永寿县	0.059 4	20	69

对山东 16 个县（市、区）的农业协调发展水平进行排序，泗水县、梁山县、邹平市、鄄城县、汶上县的农业协调发展水平相对较高，其分值分别为 0.066 7 分、0.065 6 分、0.061 8 分、0.061 4 分、0.061 1 分；惠民县、利津县、嘉祥县、新泰市、平阴县的农业协调发展水平相对较低，分别为 0.052 1 分、0.053 1 分、0.054 7 分、0.055 9 分、0.056 7 分。

对内蒙古 13 个县（市、区）的农业协调发展水平进行排序，阿拉善盟左旗、鄂托克旗、杭锦旗、达拉特旗、鄂托克前旗的农业协调发展水平位居前列，其协调发展水平分别为 0.060 7 分、0.063 5 分、0.067 6 分、0.059 8 分、0.062 3 分；乌特拉中旗、达尔罕茂明安联合旗、乌审旗、和林格尔县、武川县的农业协调发展水平相对较低，分别为 0.058 0 分、0.045 9 分、0.057 7 分、0.043 9 分、0.041 6 分。

对宁夏 15 个县（市、区）的农业协调发展水平进行排序，彭阳县、平罗县、青铜峡市、吴忠市城区、贺兰县的农业协调发展水平相对较高，分别为 0.065 8 分、0.061 1 分、0.061 0 分、0.066 7 分、0.062 1 分；排名后五位的县（市、区）分别为固原市原州区、泾源县、盐池县、海原县、中宁县，其农业协调发展水平分别为 0.055 8 分、0.051 7 分、0.050 9 分、0.056 7 分、0.057 0 分。

对甘肃 36 个县（市、区）的农业协调发展水平进行排序，排名前五位的县（市、区）分别为武山县、正宁县、渭源县、玛曲县、碌曲县，其农业协调发展水平分别为 0.070 1 分、0.081 4 分、0.077 0 分、0.069 4 分、0.072 9 分；排名后五位的县（市、区）分别为榆中县、庆阳市城区、环县、华池县、合水县，其农业协调发展水平分别为 0.048 6 分、0.043 6 分、0.034 4 分、0.031 6 分、0.045 8 分。

对山西 24 个县（市、区）的农业协调发展水平进行排序，排名前五位的县（市、区）分别为祁县、侯马市、襄汾县、河津市、沁县，其农业协调发展水平分别为 0.067 3 分、0.065 4 分、0.060 6 分、0.059 1 分、0.062 5 分；汾西县、吉县、蒲县、沁源县、壶关县的农业协调发展水平相对较低，分别为 0.030 8 分、0.050 1 分、0.048 6 分、0.049 8 分、0.039 2 分。

对四川 3 个县（市、区）农业协调发展水平进行排序，由高到低依次为阿坝县、红原县、马尔康市，其农业协调发展水平分别为 0.064 2 分、0.064 1 分、0.056 2 分。对青海 5 个县（市、区）农业协调发展水平进行排序，由高到低依次为河南蒙古族自治县、民和回族土族自治县、班玛县、玛多县、贵德县，其农业协调发展水平分别为 0.080 1 分、0.047 5 分、0.042 7 分、0.041 5 分、0.080 1 分。

对河南 20 个县（市、区）农业协调发展水平进行排序，排名前五位的县（市、区）分别为中牟县、新郑市、清丰县、义马市、济源市，其农业协调发展水平分别为 0.060 2 分、0.061 1 分、0.060 2 分、0.078 3 分、0.061 6 分；排名后五位的县（市、区）分别为新安县、汝阳县、宜阳县、沁阳市、卢氏县，其农业协调发展水平分别为 0.053 1 分、0.047 5 分、0.047 8 分、0.053 0 分、0.048 9 分。

对陕西 49 个县（市、区）的农业协调发展水平进行排序，大荔县、蓝田县、宜川县、泾阳县、礼泉县的农业协调发展水平位居前五位，其值分别为 0.076 6 分、0.079 0 分、0.116 6 分、0.072 9 分、0.072 0 分；排名后五位的县（市、区）分别为府谷县、宁陕县、商州区、安塞区、子长市，其值分别为 0.047 9 分、0.046 8 分、0.046 3 分、0.048 4 分、0.041 1 分。

对各省农业协调发展水平排五位的县（市、区）进行综合排序发现，陕西、甘肃各县（市、区）的农业协调发展水平多位居前列，其中排名前五位的县（市、区）分别为陕西宜川县、甘肃正宁县、青海河南蒙古族自治县、陕西蓝田县、河南义马市；对各省农业协调发展水平排名后五位的县（市、区）进行综合排序发现，排名后十五位的县（市、区）中，甘肃、内蒙古、陕西的县（市、区）居多，也反映出陕西、甘肃的农业协调发展水平差异较大（图 4-13）。

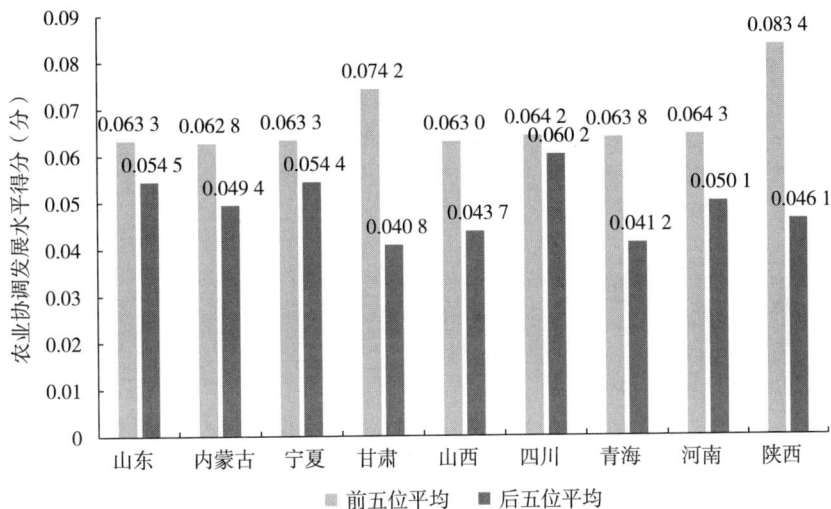

图 4-13　2010—2019 年黄河流域各省农业协调发展状况

（4）黄河流域农业共享发展评价

表 4-14 呈现了 2010—2019 年黄河流域 9 省份 181 个县（市、区）的农业共享发展水平的均值。下面将详细分析黄河流域各省份内部的农业共享发展状况，并对比分析省份间各县域的发展状况差异。

表 4－14 2010—2019 年黄河流域各县农业共享发展水平均值

序号	省份	地市	县名	评价综合得分（分）	本省份排名	整体排名
1	山东	东营市	利津县	0.066 9	6	37
		菏泽市	鄄城县	0.057 5	14	87
			郓城县	0.060 9	11	63
		济南市	平阴县	0.075 7	3	13
		济宁市	嘉祥县	0.056 7	16	96
			汶上县	0.061 8	10	59
			泗水县	0.057 5	14	87
			梁山县	0.058 0	13	83
		临沂市	平邑县	0.059 0	12	74
			蒙阴县	0.063 5	8	47
		泰安市	宁阳县	0.066 8	7	38
			东平县	0.063 2	9	51
			新泰市	0.067 2	5	36
		滨州市	博兴县	0.081 6	2	9
			惠民县	0.068 8	4	30
			邹平市	0.094 5	1	2
2	内蒙古	阿拉善盟	阿拉善盟左旗	0.083 6	3	6
		巴彦淖尔市	乌拉特后旗	0.061 5	10	60
			乌拉特中旗	0.059 9	11	69
		包头市	达尔罕茂明安联合旗	0.065 8	9	41
		鄂尔多斯市	鄂托克旗	0.087 3	1	4
			杭锦旗	0.070 3	7	25
			乌审旗	0.071 7	4	20
			伊金霍洛旗	0.070 4	6	24
			达拉特旗	0.067 4	8	34
			鄂托克前旗	0.071 3	5	21
			准格尔旗	0.085 4	2	5
		呼和浩特市	和林格尔县	0.055 9	12	103
			武川县	0.046 2	13	153

（续）

序号	省份	地市	县名	评价综合得分（分）	本省份排名	整体排名
3	宁夏	固原市	原州区	0.056 4	13	99
			泾源县	0.047 6	14	148
			隆德县	0.054 4	6	108
			彭阳县	0.050 6	2	134
			西吉县	0.040 4	8	176
		石嘴山市	平罗县	0.063 4	4	48
		吴忠市	青铜峡市	0.058 7	3	76
			同心县	0.045 3	8	157
			吴忠市城区	0.057 0	4	93
			盐池县	0.055 8	5	104
		银川市	贺兰县	0.059 4	2	71
			灵武市	0.071 3	1	21
			永宁县	0.052 7	6	117
		中卫市	海原县	0.041 6	9	172
			中宁县	0.052 6	7	120
4	甘肃	兰州市	皋兰县	0.047 4	16	149
			榆中县	0.043 4	22	163
		白银市	靖远县	0.043 0	25	166
			会宁县	0.041 8	29	170
			景泰县	0.052 9	8	116
		天水市	武山县	0.044 1	21	161
			张家川回族自治县	0.042 5	26	167
		武威市	古浪县	0.042 2	27	168
			天祝藏族自治县	0.056 6	4	97
		张掖市	山丹县	0.065 1	3	43
		庆阳市	庆阳市城区	0.068 8	2	30
			环县	0.040 6	32	175
			华池县	0.056 3	6	100
			合水县	0.048 7	12	142
			正宁县	0.041 2	30	173
			宁县	0.040 9	31	174

（续）

序号	省份	地市	县名	评价综合得分（分）	本省份排名	整体排名
			通渭县	0.038 0	36	180
		定西市	陇西县	0.046 4	17	152
			渭源县	0.045 6	18	156
			临洮县	0.048 9	11	141
		陇南市	宕昌县	0.038 8	35	179
		临夏回族	临夏市	0.071 0	1	23
		自治州	永靖县	0.050 0	10	138
			和政县	0.043 4	22	163
			临潭县	0.039 5	34	178
			卓尼县	0.042 2	27	168
4	甘肃	甘南藏族	迭部县	0.048 0	15	146
		自治州	玛曲县	0.045 1	20	159
			碌曲县	0.056 6	4	97
			夏河县	0.048 4	13	144
			庄浪县	0.040 1	33	177
			灵台县	0.048 3	14	145
		平凉市	静宁县	0.043 2	24	165
			泾川县	0.045 3	19	157
			华亭市	0.054 7	7	107
			崇信县	0.050 6	9	134
		大同市	左云县	0.052 1	15	124
			高平市	0.062 8	8	54
			沁水县	0.058 8	11	75
		晋城市	陵川县	0.051 1	16	129
			阳城县	0.064 0	5	46
5	山西		泽州县	0.063 3	6	50
		晋中市	祁县	0.060 1	10	66
			安泽县	0.052 7	13	117
		临汾市	汾西县	0.035 0	24	181
			浮山县	0.044 5	22	160

（续）

序号	省份	地市	县名	评价综合得分（分）	本省份排名	整体排名
5	山西	临汾市	洪洞县	0.046 9	21	150
			侯马市	0.063 0	7	53
			吉县	0.041 7	23	171
			蒲县	0.051 0	17	130
			曲沃县	0.056 9	12	95
			襄汾县	0.048 6	19	143
			翼城县	0.050 8	18	132
		太原市	古交市	0.066 0	3	40
			清徐县	0.064 4	4	44
		阳泉市	盂县	0.061 1	9	61
		运城市	河津市	0.069 5	2	26
		长治市	沁县	0.052 7	13	117
			沁源县	0.076 6	1	12
			壶关县	0.047 7	20	147
6	四川	阿坝州	阿坝县	0.067 4	3	34
			红原县	0.075 1	2	15
			马尔康市	0.101 7	1	1
7	青海	海东市	民和回族土族自治县	0.046 0	5	154
		黄南州	河南蒙古族自治县	0.057 0	4	93
		海南州	贵德县	0.058 4	3	80
		果洛州	班玛县	0.060 0	2	67
			玛多县	0.073 9	1	16
8	河南	郑州市	中牟县	0.065 5	9	42
			巩义市	0.072 1	5	19
			新密市	0.078 3	1	10
			新郑市	0.077 0	2	11
		开封市	兰考县	0.055 4	19	105
		洛阳市	孟津县	0.059 4	14	71
			新安县	0.062 2	11	55
			汝阳县	0.058 7	15	76
			宜阳县	0.053 4	20	112
			伊川县	0.061 0	13	62

（续）

序号	省份	地市	县名	评价综合得分（分）	本省份排名	整体排名
8	河南	平顶山市	汝州市	0.057 6	16	86
		焦作市	修武县	0.069 3	6	27
			沁阳市	0.064 3	10	45
			孟州市	0.068 5	8	32
		濮阳市	清丰县	0.056 0	18	102
		三门峡市	卢氏县	0.057 2	17	91
			义马市	0.075 4	3	14
			灵宝市	0.062 0	12	56
		南阳市	西峡县	0.072 4	4	18
		济源市	济源市	0.068 9	7	28
9	陕西	宝鸡市	陈仓区	0.053 3	44	113
			凤翔区	0.053 0	17	115
			岐山县	0.057 4	31	90
			扶风县	0.050 2	36	137
			眉县	0.058 6	10	78
			陇县	0.053 3	2	113
			千阳县	0.052 2	15	123
			麟游县	0.062 0	8	56
			凤县	0.082 0	9	7
			太白县	0.059 8	17	70
		榆林市	府谷县	0.063 4	46	48
			靖边县	0.063 2	16	51
			绥德县	0.058 6	49	78
			米脂县	0.049 0	5	140
			吴堡县	0.059 3	6	73
			子洲县	0.044 1	1	161
			神木市	0.068 9	3	28
			榆阳区	0.068 1	27	33
		安康市	宁陕县	0.087 4	13	3
		汉中市	佛坪县	0.081 8	4	8

（续）

序号	省份	地市	县名	评价综合得分（分）	本省份排名	整体排名
		商洛市	洛南县	0.054 8	28	106
			商州区	0.060 3	34	65
		铜川市	耀州区	0.072 6	19	17
			宜君县	0.054 4	11	108
		渭南市	澄城县	0.052 5	38	121
			大荔县	0.058 1	23	81
			韩城市	0.061 9	21	58
			合阳县	0.051 9	21	126
			华阴市	0.057 5	40	87
			蒲城县	0.058 0	43	83
			潼关县	0.058 0	26	83
		西安市	蓝田县	0.051 3	30	128
			周至县	0.050 5	34	136
9	陕西	延安市	安塞区	0.056 3	25	100
			延川县	0.053 8	12	111
			延长县	0.052 5	41	121
			宜川县	0.057 1	19	92
			志丹县	0.060 4	29	64
			子长市	0.050 9	45	131
		咸阳市	彬州市	0.058 1	37	81
			淳化县	0.054 3	39	110
			泾阳县	0.049 1	14	139
			礼泉县	0.052 0	42	125
			三原县	0.051 7	48	127
			渭城区	0.060 0	7	67
			兴平市	0.050 7	47	133
			旬邑县	0.045 7	44	155
			杨凌示范区	0.066 2	17	39
			永寿县	0.046 9	31	150

对山东 16 个县（市、区）的农业共享发展水平进行排序，邹平市、博兴县、平阴县、惠民县、新泰市的农业共享发展水平相对较高，其农业共享发展水平分别为 0.094 5 分、0.081 6 分、0.075 7 分、0.068 8 分、0.067 2 分；排名后五位的县（市、区）分别为嘉祥县、鄄城县、泗水县、梁山县、平邑县，其农业共享发展水平相对较低，分别为 0.056 7 分、0.057 5 分、0.057 5 分、0.058 0 分、0.059 0 分。

对内蒙古 13 个县（市、区）的农业共享发展水平进行排序，排名前五位的县（市、区）分别为阿拉善盟左旗、鄂托克旗、乌审旗、鄂托克前旗、准格尔旗，其农业共享发展水平分别为 0.083 6 分、0.087 3 分、0.071 7 分、0.071 3 分、0.085 4 分；排名后五位的县（市、区）分别为乌特拉后旗、乌特拉中旗、达尔罕茂明安联合旗、和林格尔县、武川县，其农业共享发展水平分别为 0.061 5 分、0.059 9 分、0.065 8 分、0.055 9 分、0.046 2 分。

对宁夏 15 个县（市、区）的农业共享发展水平进行排序，平罗县、青铜峡市、吴忠市城区、贺兰县、灵武市的农业共享发展水平相对较高，分别为 0.063 4 分、0.058 7 分、0.057 0 分、0.059 4 分、0.071 3 分；泾源县、彭阳县、西吉县、同心县、海原县的农业共享发展水平位居最后五位，其农业共享发展水平分别为 0.047 6 分、0.050 6 分、0.040 4 分、0.045 3 分、0.041 6 分。

对甘肃 36 个县（市、区）的农业共享发展水平进行排序，排名前五位的县（市、区）分别为天祝藏族自治县、山丹县、庆阳市城区、临夏市、碌曲县，其农业共享发展水平分别为 0.056 6 分、0.065 1 分、0.068 8 分、0.071 0 分、0.056 6 分；排名后五位的县（市、区）分别为环县、通渭县、宕昌县、临潭县、庄浪县，其农业共享发展水平分别为 0.040 6 分、0.038 0 分、0.038 8 分、0.039 5 分、0.040 1 分。

对山西 24 个县（市、区）的农业共享发展水平进行排序，排名前五位的县（市、区）分别为阳城县、古交市、清徐县、河津市、沁源县，其农业共享发展水平分别为 0.064 0 分、0.066 0 分、0.064 4 分、0.069 5 分、0.076 6 分；排名后五位的县（市、区）分别为汾西县、浮山县、洪洞县、吉县、壶关县，其农业共享发展水平分别为 0.035 0 分、0.044 5 分、0.046 9 分、0.041 7 分、0.047 7 分。

对四川 3 个县（市、区）的农业共享发展水平进行排序，由高到低依次为马尔康市、红原县、阿坝县，其共享发展水平分别为 0.101 7 分、0.075 1 分、0.067 4 分。对青海 5 个县（市、区）的农业共享发展水平进行排序，由高到低依次为玛多县、班玛县、贵德县、河南蒙古族自治县、民和回族土族自治县，分别为 0.073 9 分、0.060 0 分、0.058 4 分、0.057 0 分、0.046 0 分。

对河南 20 个县（市、区）的农业共享发展水平进行排序，排名前五位的县（市、区）分别为巩义市、新密市、新郑市、义马市、西峡县，其共享发展水平分别为 0.072 1 分、0.078 3 分、0.077 0 分、0.075 4 分、0.072 4 分；排名后五位的县（市、区）分别为兰考县、宜阳县、汝州市、清丰县、卢氏县，其农业共享发展水平分别为 0.055 4 分、0.053 4 分、0.057 6 分、0.056 0 分、0.057 2 分。

对陕西 49 个县（市、区）的农业共享发展水平排序，排名前五位的县（市、区）分别为凤县、神木市、宁陕县、佛坪县、耀州区，其农业共享发展水平分别为 0.082 0 分、0.068 9 分、0.087 4 分、0.081 8 分、0.072 6 分；排名后五位的县（市、区）分别为米脂县、子洲县、泾阳县、旬邑县、永寿县，其农业共享发展水平分别为 0.049 0 分、0.044 1 分、0.049 1 分、0.045 7 分、0.046 9 分。

对各省农业共享发展水平前五位的县（市、区）进行综合排序发现，排名前十五位的县（市、区）中，河南、内蒙古、山东、陕西的县（市、区）居多，其中四川马尔康市、山东邹平市、陕西宁陕县、内蒙古鄂托克旗、内蒙古准格尔旗位列前五位；对各省农业共享发展水平排名后五位的县（市、区）进行综合排序发现，农业共享发展水平位于最后十五位的县（市、区）中，甘肃、宁夏、山西的县（市、区）居多（图 4-14）。

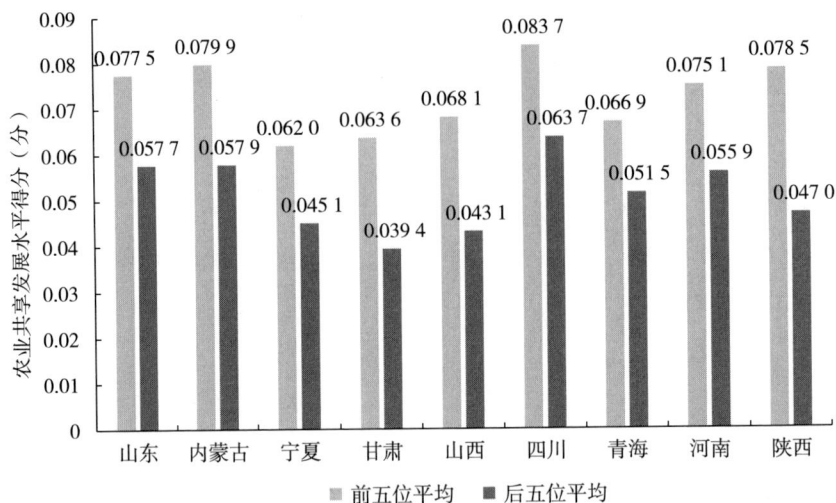

图 4-14 2010—2019 年黄河流域各省农业共享发展状况

5 黄河流域农村高质量发展水平评价

5.1 评价思路与原则

5.1.1 评价思路

　　高质量发展是一种强可持续发展，追求经济、生态环境和社会的全面协调发展（徐丽婷等，2019）。在该理念指导下，农村高质量发展水平评价是一个十分复杂、系统的工程。一方面，农村高质量发展特征和评价标准具有多维性，需要考虑方方面面的因素；另一方面，农村高质量发展水平评价要综合考虑农村运行的过程指标和结果指标，即不仅要关注数量型指标，还要关注质量型指标。结合现有文献研究方法，以黄河流域农村高质量发展的内涵为中心，以黄河流域农村高质量发展为核心任务，以实现省级农业全面升级、农村全面进步、农民全面发展为目标，基于城乡融合视角，以乡村经济发展、一二三产业融合、公共资源配置、社会治理、生态环境、社会保障、公共服务、生活水平、文化认同等方面为评价重点，沿着"构建指标体系→确定指标权重→得出评价结果"的总体研究方法展开研究。

5.1.2 评价原则

　　本章所构建的黄河流域农村高质量发展水平评价指标体系是为了对黄河流域农村高质量发展现状与未来趋势形成科学严谨的认知与把握，在指标体系构建过程中，主要遵循科学性原则、系统性原则、代表性原则、可操作性原则及可比性原则。

（1）科学性原则

参照多数评价指标体系构建及数据搜集的研究成果，所选取的评价指标数据的来源要真实可靠、遵循一定的科学性原则，尽可能从官方统计年鉴、统计公报中获取。同时，指标选取时需要保证各维度指标以及各个指标具备一定的逻辑性，尤其要避免选取关联性较强的多项指标，防止多重共线性这一问题的出现。评价指标体系所采用的客观数据必须能够真实地描述高质量发展在不同区域的现状及变化趋势，指标体系的使用者在通过指标值进行测算后，必须能够对目标对象产生准确而有效的评价。

（2）系统性原则

指标体系是多个因子综合作用形成的一个具有结构性的有机整体，所以构建的指标体系应该包括反映黄河流域农村高质量发展的各个层面及每个因素，需要从各个层面、角度来反映目标对象的各个特性和状态。评价指标体系包含不同的层次结构，位于这些不同维度的影响因子都应当具备能够反映黄河流域农村高质量发展在其中某个层面的情况水准，评价结果能够综合体现其宏观及微观特征（谭天，2019）。指标体系必须具有合理的框架来有机地容纳各个子系统，能清晰地描述各个子系统内部的构成以及它们之间的因果互动关系，使得各个子系统能够组成一个完整的评价指标体系。

（3）代表性原则

在黄河流域农村高质量发展5个一级指标内部，选择指标在考虑全面广泛的同时，也需关注指标是否具有足够的典型性和代表性。代表性原则要求指标在选取时，要能够真实、客观、精准地反映出黄河流域农村高质量发展在创新、协调、绿色、开发、共享5个层面的具体情况，且指标体系中各指标间有明确清晰的区分界线，有特定的指向且拥有独立的信息，不能够相互替代或在语义上重复（薛涵方，2020）。

（4）可操作性原则

可操作性要求考虑指标中数据获取的难度和准确性，尽量选择贴合实际的、已经存在的统计数据。在进行评价指标体系构建时，要确保指标体系具备可操作性和可行性，即容易获取各项指标数据，规避数据无法获取或缺失导致的无法操作的风险，确保数据真实可靠且有效。评价体系方面的模型及数据计算过程要具有科学性、合理性，过程不宜太复杂，操作上方便、简单，这样可以使其他的相关学术研究者日后对此研究的结论进行借鉴或检验。

（5）可比性原则

从省级和县级层面对黄河流域农村高质量发展进行评价，研究区域涉及黄河流域 9 省份及省内各县（市、区）。由于不同省份、不同县（市、区）的农村发展状况不尽相同，评级指标需要确保具有一定的可比性。简单而言，就是不能选取个别省份或县（市、区）独有的农村发展指标，而是应该从官方统计年鉴或统计公报中选取具有普适性的指标，以保证能够公正、准确地对比分析所有研究区域的农村高质量发展状况。

5.2 农村高质量发展水平评价的理论框架

农村兴则国家兴，农村衰则国家衰。农村高质量发展在我国实现高质量发展的战略布局中占有重要的战略意义。全面建设现代化强国，最艰巨的任务在农村，最雄厚的基础在农村。实施乡村振兴战略是解决新时代我国主要矛盾、实现中华民族伟大复兴的必由之路，具有重大的现实意义和历史意义。面对全面推进乡村振兴、加快农业农村现代化的时代要求，推进农村高质量发展是实现国家重大战略的必然之举。农村高质量发展是一个综合性的概念，应系统全面地进行考虑，重点突出发展的"高质量"。对此，需要以新发展理念为指导思想，从创新、协调、绿色、开放、共享 5 个维度寻求高质量发展（高兴明，2019；于长立等，2022）。综合而言，农村高质量发展是以新发展理念为核心，以创新为第一动力、协调为内生特点、绿色为普遍形态、开放为必由之路、共享为根本目的的发展。以此为理论基础，构建黄河流域农村高质量发展水平评价指标体系，具体内容包括以下 5 个方面：

（1）创新发展维度

创新是农村高质量发展的第一动力，高质量发展必须是以创新为基础的高效率发展。随着中国特色社会主义进入新时代，我国社会主要矛盾已经转化为人民日益增长的美好生活需要和不平衡不充分的发展之间的矛盾，这一矛盾在广大农村地区表现得更为明显。解决的关键在于通过创新驱动实现农村发展动能转换，积极寻找发展新动力。创新在农村高质量发展中重点体现在农村经济发展过程中的创新投入产出关系，创新投入方面主要包括农业科技水平与农村人力资本的提升，创新产出方面主要体现在农业科技产品与农村要素配置效率处于较高水平。

（2）协调发展维度

协调发展的实质是消除组织内部因为见解、利益存在差异而产生的矛盾冲突，转而以一种和谐、平衡、持续的模式发展。细化到农村高质量发展领域，协调是持续健康发展的内在要求，不仅包括城乡之间的协调、平衡，也包括农村的产业结构协调、平衡，注重的是解决发展不平衡、不协调问题。发展不平衡、不协调将会导致资源分布不均、社会矛盾多发等问题。因此，协调发展是农村高质量发展的必然要求。农村高质量协调发展突出表现在城乡居民在收入水平、消费水平、最低生活保障等方面的差距，实现城乡协调、均衡发展符合人民共同富裕的最终追求。同时，协调发展也是农村一二三产业结构的协调优化发展。农村就业结构与投资结构更加优化，是农村产业结构优化的重要表现。只有重视协调发展的重要性，大力推动城乡协调发展和农村产业结构均衡，才是实现当前农村高质量协调发展的关键举措。

（3）绿色发展维度

《中共中央 国务院关于实施乡村振兴战略的意见》明确指出："推进乡村绿色发展，打造人与自然和谐共生发展新格局"。农村绿色发展维度可以从发展道路、经济活动、发展目标等多个视角进行阐述。从发展道路看，是走出一条既满足生活需求又不破坏生态的文明发展道路；从经济活动看，追求发展循环经济，使各种资源满足绿色重组要求；从发展目标看，实现人与自然的"天人互益"和"和谐共处"。农村绿色发展包括资源利用和生态环境保护两个方面：资源利用体现在对农村生活资源的集约节约利用以及对绿色能源的利用，生态环境保护体现在农村绿色植物的覆盖以及农村生产生活中废气、废物的减量排放等。农村绿色发展不仅是化解农村资源浪费的重要手段，也是满足农村居民绿色乡村需要的客观要求。

（4）开放发展维度

开放是农村高质量发展的必由之路。农村开放发展需要解决内外联动问题，加强与外部的交流合作以实现共赢，重点体现在以下两个方面。一是农业对外开放。农业"引进来"有助于引进关键农业生产技术、先进管理经验以及稀缺的农产品，带动国内农业转型升级，同时能满足民众的多样化需求。而农业"走出去"则可以转移部分冗余农业产能，出口资源丰富型农产品，这样既能实现农民收入增加、带动相关农业产业发展，也能减轻国内农业资源环境压力、发展环境友好型农业。二是农村外联。在数字经济持续推进的背景下，互联网下乡等工程为农村电商的诞生、发展壮大提供了土壤，极大地促进了中国农村农民致富增收。因此，农村开放发展还表现在农村网络环境开放，互联网经济开放发达。

（5）共享发展维度

共享发展要突出"全民、全面、共建、渐进"等要点，解决"平均主义"和"贫富两极分化"之间的矛盾，把握好公平与效率之间的张力。共享这一发展理念强调以人民为中心，符合共同富裕的最终要求，是整个新发展理念的出发点和落脚点。农村共享发展要从以下两方面来体现。一是农民增收。农村居民人均收入增加是判断共享效果的关键对照标准。农村居民收入稳步提升、消费结构合理化，是缩减城乡居民收入差距的重要举措。二是农村基础设施和公共服务。农村居民在医疗、教育、文化等方面获得资源的多寡、农村最低生活保障的覆盖度等，均是农村共享发展水平的重要体现。

5.2.1 省级黄河流域农村高质量发展水平评价

5.2.1.1 省级黄河流域农村高质量发展水平评价指标体系的构建

基于上述黄河流域农村高质量发展水平评价的理论框架，结合中国及各地区有关推进黄河流域高质量发展的政策文件，在全面梳理农业发展理论和高质量发展内涵的基础上，借鉴有关黄河流域高质量发展、农村高质量发展及区域高质量发展的相关研究成果，通过构建指标体系展开具体评价。指标体系共包括农村创新发展、农村协调发展、农村绿色发展、农村开放发展、农村共享发展5个方面，最终构建了包含5个一级指标10个二级指标49个三级指标在内的省级黄河流域农村高质量发展水平评价指标体系。其中，二级指标是在农村高质量发展科学内涵的基础上对一级指标的进一步细化，三级指标是描述二级指标特征和内涵的代表性指标，它们从多维度和多方面反映和细化黄河流域高质量发展的特征，形成评价黄河流域高质量发展水平的实质性内容。最终，所构建的省级黄河流域农村高质量发展水平评价指标体系如表5-1所示。

表5-1　省级黄河流域农村高质量发展水平评价指标体系

一级指标	二级指标	三级指标	指标测度	影响
创新	创新投入	农村人均R&D经费支出	R&D经费支出/农村人口数（元/人）	正
		农业科技人员比率	农业科技人员数量/第一产业从业人员数量（%）	正
		农村人均教育支出	直接数据（元/人）	正
	创新产出	农业科技人员人均农业专利授权数	农业专利授权数/农业科技人员（件/人）	正
		农村资本生产率	农林牧渔总产值/农村住户固定资产投资完成额（农林牧渔方向）	正
		农村劳动生产率	农林牧渔总产值/第一产业就业人员数（元/人）	正
		农村土地生产率	粮食产量/耕地面积（吨/公顷）	正
协调	产业协调	农村第二产业产值占比	农产品加工业产值占比（%）	正
		农村第三产业产值占比	农林牧渔服务业产值占比（%）	正
		就业结构	非农就业劳动力数量/劳动力数量（%）	正
		投资结构	农村住户固定资产投资完成额（农林牧渔方向）/农村住户固定资产投资完成总额（%）	正
	城乡协调	城乡居民人均可支配收入之比	城市居民人均可支配收入/农村居民人均可支配收入	负
		城乡居民人均消费支出之比	城市居民人均消费支出/农村居民人均消费支出	负
		城乡居民恩格尔系数比	城市居民恩格尔系数/农村居民恩格尔系数	负
		城镇化率	城市人口/总人口（%）	正
		城乡中小教育对比	每百人城镇学生拥有教师数量/每百人农村学生拥有教师数量	负
		城乡医院床位数比	城市医院床位数/农村医院床位数	负
		城乡医务人员数量之比	城市卫生技术人员/乡村卫生技术人员	负

（续）

一级指标	二级指标	三级指标	指标测度	影响
绿色	资源利用	农村人均电力消耗量	农村用电量/农村人口（百千瓦时/人）	负
		农村亩均化肥施用量	农用化肥施用量/耕地总面积（吨/千公顷）	负
		农村亩均农药施用量	农药施用量/耕地总面积（吨/千公顷）	负
		农村每千人太阳能热水器利用面积	农村太阳能热水器利用面积/农村总人口（百立方米/千人）	正
		农作物受灾比例	农作物受灾面积/耕地总面积（％）	负
	生态环境保护	农村森林覆盖率	森林覆盖率（％）	正
		污水治理投资强度	污水治理投资/农业总产值（万元/亿元）	正
		农村亩均农药减排量	（上年农药使用量－当年农药使用量）/耕地总面积（吨/千公顷）	正
		农村亩均化肥减排量	（上年农用化肥施用量－当年农用化肥施用量）/耕地总面积（吨/千公顷）	正
开放	宏观开放	农产品进口依存度	农产品进口额/农业总产值（万元/千万元）	正
		农产品出口依存度	农产品出口额/农业总产值（万元/千万元）	正
	微观开放	农村平均每百户计算机数量	农村居民家庭平均每百户计算机数量（台）	正
共享	收入分配	农村人均可支配收入	直接数据（元）	正
		农村人均可支配收入实际增长率	直接数据（％）	正
		农村居民恩格尔系数	直接数据（％）	负
	农村基础设施和公共服务	农村公共交通	每万人拥有公共交通车辆数（辆）	正
		农村每万人拥有的卫生床位数	农村卫生床位数/农村人口（张/人）	正
		农村教育	每百名乡村学生拥有教师数量（人）	正
		农村文化服务机构数	每十万人拥有农村文化服务机构数（个/十万人）	正
		农村平均每百户彩色电视机数量	直接数据（台/百户）	正
		农村低保人数占比	农村居民最低生活保障人数/农村总人数（％）	正

（1）农村创新发展指标

"创新"维度重点解决农村发展的动力问题。我国农村产业创新水平总体不强，农业科技对于产业经济的支撑能力需要进一步提升，同时需要寻求新推动力的帮助。中国经济发展进入新常态，经济发展方式和经济发展动力迫切需要转变，实现创新驱动经济高质量发展。创新是黄河流域农村高质量发展的第一动力。随着中国特色社会主义进入新时代，我国社会主要矛盾已经转化为人民日益增长的美好生活需要和不平衡不充分的发展之间的矛盾，这一矛盾在广大农村地区表现得更为明显。解决的关键在于通过创新驱动实现农村发展动能转换，积极寻找发展新动力。增加创新投入有助于提升黄河流域各省份农村自主创新能力，通过技术创新促进产业升级；同时，科技创新的产出与成果转化所带来的新经济增长点，也有助于充分发挥创新对农村经济发展的带动能力（徐辉等，2020）。

根据上文对黄河流域农村创新发展的阐述，农村创新发展指标主要包括创新投入和创新产出2个二级指标。参考苟兴朝等（2020）、刘涛等（2021）等相关研究，创新投入主要反映农村发展过程中在教育、科技等方面的投入与支出，通过农村人均R&D经费支出、农业科技人员比率、农村人均教育支出3个三级指标来反映。考虑到农村层面人均R&D经费支出数据难以获取，采用各省份人均R&D经费支出水平来替代其农村人均R&D经费支出。创新产出主要反映农村发展过程中的创新产出及在资本、劳动、土地等方面的生产效率，通过农业科技人员人均农业专利授权数、农村资本生产率、农村劳动生产率、农村土地生产率4个三级指标来反映。

（2）农村协调发展指标

"协调"维度重点解决城乡发展不平衡问题，我国城乡居民在收入、消费、生活保障上差距显著，对此需要注重发展的整体效果。协调发展既是黄河流域农村高质量发展的手段，也是发展的目标。城乡协调发展主要解决发展的不平衡问题，产业协调发展主要解决发展的不充分问题（郑耀群等，2021）。因此，黄河流域农村协调发展不仅包括城乡之间的协调、平衡，也包括农村产业结构的协调、平衡。农村高质量协调发展一方面突出表现为城乡居民在收入水平、消费水平、最低生活保障水平等方面的差距，实现城乡协调、均衡发展符合人民共同富裕的最终追求；另一方面表现在农村一二三产业结构的协调优化发展。只有重视协调发展的重要性，大力推动城乡协调发展和农村产业结构均衡，才是实现当前农村高质量协调发展的关键举措。

在此基础上，农村协调发展指标主要包括产业协调和城乡协调 2 个二级指标。产业协调主要从产值结构（包括农村第二产业产值占比和农村第三产业产值占比）、就业结构和投资结构 3 个方面选取 4 个三级指标，黄河流域农村第二、三产业产值占比越高，农村非农就业人员占比越多，农林牧渔方向农村住户固定资产投资完成额占比越高，农村发展动力越强，越有利于黄河流域农村高质量发展。城乡协调主要从城乡在收入、消费、教育、医疗等方面的对比来反映其协调发展程度，具体包括城乡居民人均可支配收入之比、城乡居民人均消费支出之比、城乡居民恩格尔系数比、城镇化率、城乡中小教育对比、城乡医院床位数比、城乡医务人员数量之比 7 个三级指标。黄河流域城乡居民在收入、消费、教育、医疗方面的差距越大，越不利于其农村高质量发展，故城乡协调发展指标中除城镇化率外，其余 6 个三级指标均为负向指标。

（3）农村绿色发展指标

"绿色"维度重心在于处理农村生态环境治理问题。农业面源污染、废物排放等环境污染破坏农村人居环境，不符合美好乡村建设的要求。新时代发展需要关注绿色环保，绿色是黄河流域农村高质量发展的普遍形态。良好的生态环境是农村最大的优势和最宝贵的财富。黄河流域高质量发展提倡人与自然和谐共生，绿色发展要求改变"高耗能、高排放、高污染"的发展方式，实现人口资源环境可持续发展。农村绿色发展不仅是化解农村资源浪费的重要手段，也是满足农村居民绿色乡村需要的客观要求。

参考苟兴朝等（2020）、魏琦等（2021）相关文献，农村绿色发展指标主要包括资源利用和生态环境保护 2 个二级指标。资源利用主要反映农村电力、化肥、农药等传统资源的利用情况，以及太阳能等农村绿色能源的使用情况，同时包括农作物受灾情况，反映自然灾害对资源的破坏。资源利用具体包括农村人均电力消耗量、农村亩均化肥施用量、农村亩均农药施用量、农村每千人太阳能热水器利用面积、农作物受灾比例 5 个三级指标。其中，农村每千人太阳能热水器利用面积为正向指标，其余 4 个指标均为负向指标。生态环境保护主要反映农村在污水治理、农业化肥减量、森林绿化等方面的治理程度，具体选用农村森林覆盖率、污水治理投资强度、农村亩均农药减排量、农村亩均化肥减排量4个三级指标。考虑到农村层面森林覆盖率、污水治理强度指标数据难以获取，选用全省森林覆盖率、污水治理强度来反映黄河流域各省份农村森林覆盖情况以及污水治理情况。

（4）农村开放发展指标

"开放"发展强调解决农村发展的内外联动问题，农村发展需要利用好对外开放这一渠道，来提升农业开放质量和农村发展内外联动性。开放是黄河流域农村高质量发展的必由之路。农村开放发展大体上可分为两个方面。一是宏观层面的对外开放。农业"引进来"有助于引进关键农业生产技术、先进管理经验以及稀缺的农产品，带动国内农业转型升级，同时也能满足民众的多样化需求；而农业"走出去"则可以转移部分冗余农业产能，出口资源丰富型农产品。二是微观层面的对外开放。一方面，互联网为农村电商的诞生、农村产业发展、农产品"走出去、引进来"注入新的活力，切实带动了我国农村农民致富增收；另一方面，农村劳动力"走出去"，外出务工从事非农就业，增加了农民工资性收入。

根据上文对农村开放发展的阐述，农村开放发展指标主要包括宏观开放和微观开放2个二级指标。宏观开放主要反映农村农产品进出口情况，包括农产品进口依存度、农产品出口依存度2个三级指标。微观开放主要反映农村在互联网等方面的外联程度，主要包括农村平均每百户计算机数量1个三级指标。

（5）农村共享发展指标

"共享"发展强调社会的公平正义，注重解决农村公共服务水平较低问题、实现农村居民增收等。共享发展是黄河流域高质量发展的最终目标，体现"以人为本"的发展价值观。农村居民同城镇居民一样，共享经济与社会发展成果，实现人民生活的高质量。农村共享发展要体现在以下两个方面。一是收入分配。农村居民人均收入增加是判断共享效果的关键对照标准。农村居民收入稳步提升、消费结构合理化，是缩减城乡居民收入差距的重要举措。二是农村基础设施和公共服务。农村居民可得的公共交通、医疗、教育、文化、基础设施等资源的多寡，以及农村居民所享受到的社会保障福利等事关农村居民生活方方面面的农村基础设施和公共服务，是农村共享发展水平的重要体现。

根据上文对农村共享发展的阐述，参考徐辉等（2020）、黎新伍等（2020）相关文献，农村共享发展指标主要包括收入分配、农村基础设施和公共服务2个二级指标。收入分配主要反映农户收入增加及消费状况，具体包括农村人均可支配收入、农村人均可支配收入实际增长率、农村居民恩格尔系数3个三级指标。其中，农村居民恩格尔系数为负向指标。农村基础设施和公共服务主要反映农村在交通、医疗、教育、文化等公共服务设施与社会保障等方面的福利状况，具体包括农村公共交通、农村每万人拥有的卫生床位数、农村教育、农村文化服务机构数、农村平均每百户彩色电视机数量、农村低保人数占比6个三级指标。其中，农村层面公共交通指标数据难以获取，选用全省公共交通情况来反映黄河流域各省份农村的公共交通差异。

5.2.1.2 省级黄河流域农村高质量发展水平评价指标权重的确定

确定权重的方法主要有主观赋权法、客观赋权法以及主客观赋权法。主观赋权法是由决策者或专家根据知识水平、经验和偏好，按重要程度对各指标赋值（赵慧冬等，2012），主要方法有专家打分法、层次分析法等。客观赋权法是通过比较指标在不同评价对象上的指标数值的信息含量或者变化大小来确定指标权重（任静等，2012），主要方法有熵权法、DEA法、灰色关联分析法等。主观赋权法受专家个人意志和偏好影响较大，而客观赋权法则忽略了专家意见，因此很多学者将主客观分析方法结合赋权，克服了上述2种方法的片面性（刘大海等，2015）。借鉴相关文献的做法，分别用熵权法与专家打分法计算各指标权重，并运用加权集成法确定组合权重值。

（1）客观赋权法

采用熵权法进行客观赋权。熵权法是通过熵值来判断某个指标离散程度的方法，指标信息熵值越小，指标的离散程度越大，该指标对综合评价的影响（权重）越大。其计算步骤如下：

①指标标准化处理。由于衡量每个指标的量纲不同，所以需要将数据进行标准化处理。数据标准化方法较多，在此采用极值标准化处理。正向指标与负向指标的标准化公式分别如下：

$$B_{ij} = \frac{x_{ij} - x_{\min}}{x_{\max} - x_{\min}} \quad i=1, 2, \cdots, m; \ j=1, 2, \cdots, n \quad (5-1)$$

$$B_{ij} = \frac{x_{\max} - x_{ij}}{x_{\max} - x_{\min}} \quad i=1, 2, \cdots, m; \ j=1, 2, \cdots, n \quad (5-2)$$

式中，x_{ij} 为数据原值，$x_{\max}$ 和 $x_{\min}$ 分别为该项指标的最大值和最小值。

②计算各指标的信息熵（H_i）。采用如下公式：

$$H_i = -\frac{1}{\ln n} \sum_{j=1}^{n} f_{ij} \ln f_{ij} \quad i=1, 2, \cdots, m; \ j=1, 2, \cdots, n \quad (5-3)$$

式中，$f_{ij} = \dfrac{B_{ij}}{\sum\limits_{j=1}^{n} B_{ij}}$，是对指标 B_{ij} 列向归一化的结果。若 $f_{ij}=0$，则

$\ln f_{ij}$ 无意义，因此假定：当 $f_{ij}=0$ 时，$f_{ij} \ln f_{ij}=0$。

③计算评价指标的熵权 W_i。

$$W_i = \frac{1 - H_i}{m - \sum\limits_{i=1}^{m} H_i} \quad i=1, 2, \cdots, m \quad (5-4)$$

依据熵权法计算出的各级指标权重如表 5-2 所示。

（2）主观赋权法

采用专家打分法赋权，其计算过程如下：邀请 30 名农业经济管理相关专业的专家（政府公务人员 8 名，高校教师 22 名），采用问卷调查方式，在构建黄河流域农村高质量发展水平评价指标体系基础上，令其对该指标体系下创新、协调、绿色、开放、共享 5 个维度权重进行赋值

表 5-2　基于熵权法的黄河流域农村高质量发展水平评价指标体系权重结果

一级指标	权重	二级指标	权重	三级指标	权重
创新	0.235	创新投入	0.082	农村人均 R&D 经费支出	0.030
				农业科技人员比率	0.029
				农村人均教育支出	0.022
		创新产出	0.153	农业科技人员人均农业专利授权数	0.089
				农村资本生产率	0.024
				农村劳动生产率	0.018
				农村土地生产率	0.023

（续）

一级指标	权重	二级指标	权重	三级指标	权重
协调	0.204	产业协调	0.105	农村第二产业产值占比	0.024
				农村第三产业产值占比	0.041
				就业结构	0.005
				投资结构	0.036
		城乡协调	0.099	城乡居民人均可支配收入之比	0.007
				城乡居民人均消费支出之比	0.014
				城乡居民恩格尔系数比	0.014
				城镇化率	0.011
				城乡中小教育对比	0.027
				城乡医院床位数比	0.019
				城乡医务人员数量之比	0.007
绿色	0.166	资源利用	0.077	农村人均电力消耗量	0.015
				农村亩均化肥施用量	0.014
				农村亩均农药施用量	0.008
				农村每千人太阳能热水器利用面积	0.035
				农作物受灾比例	0.006
		生态环境保护	0.089	农村森林覆盖率	0.027
				污水投资治理强度	0.033
				农村亩均农药减排量	0.023
				农村亩均化肥减排量	0.006
开放	0.231	宏观开放	0.213	农产品进口依存度	0.131
				农产品出口依存度	0.082
		微观开放	0.018	农村平均每百户计算机数量	0.018
共享	0.164	收入分配	0.027	农村人均可支配收入	0.019
				农村人均可支配收入实际增长率	0.002
				农村居民恩格尔系数	0.006
		农村基础设施和公共服务	0.137	公共交通	0.014
				农村每万人拥有的卫生床位数	0.013
				农村教育	0.058
				农村文化服务机构数	0.023
				农村平均每百户彩色电视机数量	0.007
				农村低保人数占比	0.021

（各指标权重加总为1），最终取30名专家对各维度权重赋值的平均值作为专家打分法所测得的各维度权重（ω_i），最终所得各维度权重见表5-3。

表5-3　基于专家打分法的黄河流域农村高质量发展评价指标体系权重结果

一级指标	创新	协调	绿色	开放	共享
权重	0.185	0.221	0.186	0.151	0.257

（3）客观赋权法和主观赋权法相结合以确定评价指标综合权重

通过对专家打分法获得的权重ω_i和熵权法获得的权重W_i进行耦合，获得各指标相对应的复合权重。

$$U_i = a\omega_i + (1-a)W_i \quad (0 \leqslant a \leqslant 1) \qquad (5-5)$$

可以看出，随着a的变化，复合权重U_i随之改变。当$a=0$时，U_i为客观权重（熵权法）；当$a=1$时，U_i为主观权重（层次分析法）。根据专家评估并参考戴桂林等（2017）的研究，最终确定$a=0.5$。

依据公式（5-1）～公式（5-5）综合计算得出黄河流域农村高质量发展水平评价指标体系中各级指标的权重，指标权重的计算结果如表5-4所示。

表5-4　基于熵权法和专家打分法的黄河流域农村高质量
发展水平评价指标体系权重结果

一级指标	权重	二级指标	权重	三级指标	权重
创新	0.210	创新投入	0.073	农村人均R&D经费支出	0.027
				农业科技人员比率	0.026
				农村人均教育支出	0.020
		创新产出	0.137	农业科技人员人均农业专利授权数	0.079
				农村资本生产率	0.022
				农村劳动生产率	0.016
				农村土地生产率	0.020
协调	0.213	产业协调	0.110	农村第二产业产值占比	0.025
				农村第三产业产值占比	0.043
				就业结构	0.005
				投资结构	0.037

（续）

一级指标	权重	二级指标	权重	三级指标	权重
协调	0.213	城乡协调	0.103	城乡居民人均可支配收入之比	0.007
				城乡居民人均消费支出之比	0.014
				城乡居民恩格尔系数比	0.015
				城镇化率	0.011
				城乡中小教育对比	0.028
				城乡医院床位数比	0.020
				城乡医务人员数量之比	0.007
绿色	0.176	资源利用	0.082	农村人均电力消耗量	0.016
				农村亩均化肥施用量	0.015
				农村亩均农药施用量	0.008
				农村每千人太阳能热水器利用面积	0.037
				农作物受灾比例	0.006
		生态环境保护	0.094	农村森林覆盖率	0.029
				污水投资治理强度	0.035
				农村亩均农药减排量	0.024
				农村亩均化肥减排量	0.006
开放	0.191	宏观开放	0.176	农产品进口依存度	0.108
				农产品出口依存度	0.068
		微观开放	0.015	农村平均每百户计算机数量	0.015
共享	0.210	收入分配	0.035	农村人均可支配收入	0.024
				农村人均可支配收入实际增长率	0.003
				农村居民恩格尔系数	0.008
		农村基础设施和公共服务	0.175	公共交通	0.019
				农村每万人拥有的卫生床位数	0.017
				农村教育	0.074
				农村文化服务机构数	0.029
				农村平均每百户彩色电视机数量	0.009
				农村低保人数占比	0.027

从基于熵权法和专家打分法计算的综合权重结果来看，在所构建的黄河流域农村高质量发展水平评价指标体系中：创新发展维度权重为0.210，其中创新

投入与创新产出 2 个二级指标所占权重分别为 0.073、0.137；协调发展维度权重为 0.213，其中产业协调与城乡协调 2 个二级指标所占权重分别为 0.110、0.103；绿色发展维度权重为 0.176，其中资源利用与生态环境保护 2 个二级指标所占权重分别为 0.082、0.094；开放发展维度权重为 0.191，其中宏观开放与微观开放 2 个二级指标所占权重分别为 0.176、0.015；共享发展维度权重为 0.210，其中收入分配、农村基础设施和公共服务 2 个二级指标所占权重分别为 0.035、0.175。综合来看，在省级黄河流域农村高质量发展水平评价指标体系的 5 个维度中，协调发展维度所占权重最高，其次为创新发展维度与共享发展维度，再次为开放发展维度，绿色发展维度所占权重最低。

5.2.1.3　省级黄河流域农村高质量发展水平评价结果的确定

农村高质量发展水平评价具有复杂性与层次性，其评价体系涉及不同属性、不同层次、不同方面的指标，这些指标在评价农村高质量发展中的作用不同，它们共同构成了一个体系来综合反映农村高质量发展情况。因此，对农村高质量发展水平的评价通过采用加权函数法来计算综合得分。

首先，计算第 i 个省份第 s 个准则层指标得分：

$$z_{is} = \sum_{i=1}^{q} W_j Y_{ij} \qquad (5-6)$$

式中，z_{is} 为第 i 个省份中第 s 个准则层指标得分，q 为该指标层所含指标总数。

其次，计算第 i 个省份的农村高质量发展水平总得分：

$$F_i = \sum_{s=1}^{5} z_{is} \qquad (5-7)$$

式中，F_i 为第 i 个省份的农业高质量发展水平总得分。

最终可测得黄河流域的农村高质量发展综合水平值 F_i。F_i 越大，该省份农村高质量发展水平越好；F_i 越小，则该省份农村高质量发展水平越差。

5.2.2　县级黄河流域农村高质量发展水平评价

5.2.2.1　县级黄河流域农村高质量发展水平评价指标体系的构建

结合中国及各地区有关推进黄河流域高质量发展的政策文件，在全面梳理农村发展理论和高质量发展内涵的基础上，借鉴有关黄河流域高质量发展、农村高质量发展及区域高质量发展的相关研究成果，结合县域农村发展的特点及其阶段性，通过构建指标体系展开具体评价。

指标体系共包括农村创新发展、农村协调发展、农村绿色发展、农村开放发展、农村共享发展 5 个方面，最终构建了包含 5 个一级指标 10 个二级指标 19 个三级指标在内的县级黄河流域农村高质量发展水平评价指标体系。其中，二级指标是在农村高质量发展科学内涵的基础上对一级指标的进一步细化，三级指标是描述二级指标特征和内涵的代表性指标，它们从多维度和多方面反映和细化黄河流域高质量发展的特征。最终，所构建的县级黄河流域农村高质量发展水平评价指标体系如表 5-5 所示。

（1）农村创新发展指标

根据上文对黄河流域农村创新发展的阐述，农村创新发展指标主要包括创新投入和创新产出 2 个二级指标。参考郑耀群（2021）、苟兴朝（2020）等相关研究，同时基于数据指标可得性原则，创新投入通过人均耕地面积 1 个三级指标来反映，创新产出通过农村粮食平均产量、第一产业增加值占比 2 个三级指标来反映。农村创新投入越多、创新产出水平越高，其农村高质量发展水平越高，因此，这 3 个指标均为正向指标。

表 5-5　县级黄河流域农村高质量发展水平评价指标体系

一级指标	二级指标	三级指标	指标测度	影响
创新	创新投入	人均耕地面积	耕地总面积/农村人口（亩/万人）	正
	创新产出	农村粮食平均产量	粮食产量/耕地面积（吨/亩）	正
		第一产业增加值占比	第一产业增加值/地区生产总值（%）	正
协调	城乡协调	城乡居民人均可支配收入之比	城市居民人均可支配收入/农村居民人均可支配收入	负
		城镇化率	城市人口/总人口（%）	正
	产业协调	第二、三产业增加值与第一产业增加值之比	（第二产业增加值＋第三产业增加值）/第一产业增加值	正
		第二、三产业从业人员数占比	（第二产业从业人员＋第三产业从业人员）/户籍人口（%）	正

（续）

一级指标	二级指标	三级指标	指标测度	影响
绿色	资源利用	农村人均电力消耗量	农村用电量/农村人口（百千瓦时/人）	负
		单位面积化肥施用量	农用化肥施用量/耕地总面积（吨/千公顷）	负
	生态环境保护	农村每千人太阳能热水器利用面积	农村太阳能热水器利用面积/农村总人口（百立方米/万人）	正
		农村亩均农药减排量	（上年农药使用量－当年农药使用量）/耕地总面积（吨/千公顷）	正
		农村亩均化肥减排量	（上年化肥施用量－当年化肥施用量）/耕地总面积（吨/千公顷）	正
开放	进口	农产品进口依存度	农产品进口额/农业总产值（万元/千万元）	正
	出口	农产品出口依存度	农产品出口额/农业总产值（万元/千万元）	正
共享	收入分配	农村人均可支配收入	直接数据（元）	正
		农村人均可支配收入实际增长率	计算（%）	正
	基础设施和公共服务	每万人医疗卫生机构床位数	医疗卫生机构床位数/全县总人口（床/万人）	正
		固定电话用户数	直接数据（户）	正
		每万人社会福利收养性单位床位数	社会福利收养性单位床位数/全县总人口（床/万人）	正

（2）农村协调发展指标

根据上文对黄河流域农村协调发展的阐述，农村协调发展指标主要包括城乡协调和产业协调2个二级指标。城乡协调主要包括城乡居民人均可支配收入之比、城镇化率2个三级指标，产业协调主要包括第二、三产业增加值与第一产业增加值之比，第二、三产业从业人员数占比2个三级指标。黄河流域城乡居民在收入方面的差距越大，越不利于其农村高质量发展，故城乡居民人均可支配收入之比这一指标为负向指标。黄河流域城镇化水平越高，第二、三产业增加值及从业人员数越高，越有利于农村高质量发展，故城镇化率，第二、三产业增加值与第一产业增加值之比，第二、三产业从业人员数占比这 3 个指标为正向指标。

（3）农村绿色发展指标

根据上文对农村绿色发展的阐述，参考苟兴朝（2020）、魏琦（2018）等相关文献，农村绿色发展指标主要包括资源利用和生态环境保护 2 个二级指标。由于该部分县级指标难以获取，采用各县（市、区）所在省级平均水平代表各县（市、区）的绿色发展情况。最终，资源利用主要通过农村人均电力消耗量和单位面积化肥施用量 2 个三级指标来反映，生态环境保护主要通过农村每千人太阳能热水器利用面积、农村亩均农药减排量和农村亩均化肥减排量 3 个三级指标来反映。其中，农村人均电力消耗量和单位面积化肥施用量越多，越不利于农村绿色发展，故这 2 个指标为负向指标。农村每千人太阳能热水器利用面积、农村亩均农药减排量和农村亩均化肥减排量越高，越有利于农村生态环境保护与绿色发展，故这 3 个指标为正向指标。

（4）农村开放发展指标

根据上文对农村开放发展的阐述，农村开放发展指标主要包括进口和出口 2 个二级指标。由于该部分县级指标难以获取，采用各县（市、区）所在省级平均水平代表各县（市、区）的开放发展情况。最终，进口通过农产品进口依存度 1 个三级指标来反映，出口通过农产品出口依存度 1 个三级指标来反映。农村进出口程度越高，其高质量发展水平越高，故这 2 个指标均为正向指标。

（5）农村共享发展指标

根据上文对农村共享发展的阐述，参考徐辉等（2020）、黎新伍（2020）等相关文献，农村共享发展指标主要包括收入分配、基础设施和公共服务 2 个二级指标。收入分配包括农村人均可支配收入、农村人均可支配收入实际增长率 2 个三级指标。基础设施和公共服务包括每万人医疗卫生机构床位数、固定电话用户数与每万人社会福利收养性单位床位数 3 个三级指标。其中，农村层面基础设施和公共服务方面的指标数据难以获取，选用全县平均水平来反映黄河流域各县（市、区）农村在基础设施和公共服务方面的差异。农村收入水平越高，收入增长率越高，基础设施与公共服务越完善，越有利于农村发展水平提升，故该部分指标均为正向指标。

5.2.2.2 县级黄河流域农村高质量发展水平评价指标权重的确定

（1）客观赋权方法

依据熵权法计算出的各级指标权重如表5-6所示。

表5-6 基于熵权法的县级黄河流域农村高质量发展水平评价指标体系权重结果

一级指标	权重	二级指标	权重	三级指标	权重
创新	0.203	创新投入	0.079	人均耕地面积	0.079
		创新产出	0.124	农村粮食平均产量	0.048
				第一产业增加值占比	0.076
协调	0.222	城乡协调	0.029	城乡居民人均可支配收入之比	0.004
				城镇化率	0.025
		产业协调	0.193	第二、三产业增加值与第一产业增加值之比	0.156
				第二、三产业从业人员数占比	0.037
绿色	0.177	资源利用	0.061	农村人均电力消耗量	0.028
				单位面积化肥施用量	0.033
		生态环境保护	0.116	农村每千人太阳能热水器利用面积	0.050
				农村亩均农药减排量	0.056
				农村亩均化肥减排量	0.010
开放	0.206	进口	0.065	农产品进口依存度	0.065
		出口	0.141	农产品出口依存度	0.141
共享	0.192	收入分配	0.035	农村人均可支配收入	0.033
				农村人均可支配收入实际增长率	0.002
		基础设施和公共服务	0.157	每万人医疗卫生机构床位数	0.031
				固定电话用户数	0.047
				每万人社会福利收养性单位床位数	0.079

（2）主观赋权法

采用专家打分法赋权，其计算过程如下：邀请30名农业经济管理相关专业的专家（政府公务人员8名，高校教师22名），采用问卷调查方式，在构建黄河流域农村高质量发展水平评价指标体系基础上，令其对该指标体系下创新、协调、绿色、开放、共享5个维度权重进行赋值（各指标权重加总为1），最终取30名专家对各维度权重赋值的平均值作为专家打分法所测得的各维度权重（w_j），最终所得县级各维度权重见表 5-7。

表 5-7　基于专家打分法的县级黄河流域农村高质量

发展水平评价指标体系权重结果

一级指标	创新	协调	绿色	开放	共享
权重	0.194	0.231	0.182	0.150	0.243

（3）客观赋权法和主观赋权法相结合以确定评价指标综合权重

综合计算得出县级黄河流域农村高质量发展水平评价指标体系中各级指标的权重，指标权重的计算结果如表 5-8 所示。

表 5-8　基于熵权法和专家打分法的县级黄河流域农村高质量

发展水平评价指标体系权重结果

一级指标	权重	二级指标	权重	三级指标	权重
创新	0.198	创新投入	0.078	人均耕地面积	0.078
		创新产出	0.120	农村粮食平均产量	0.046
				第一产业增加值占比	0.074
协调	0.226	城乡协调	0.029	城乡居民人均可支配收入之比	0.004
				城镇化率	0.025
		产业协调	0.197	第二、三产业增加值与第一产业增加值之比	0.159
				第二、三产业从业人员数占比	0.038
绿色	0.180	资源利用	0.063	农村人均电力消耗量	0.029
				单位面积化肥施用量	0.034
		生态环境保护	0.117	农村每千人太阳能热水器利用面积	0.050
				农村亩均农药减排量	0.057
				农村亩均化肥减排量	0.010
开放	0.178	进口	0.056	农产品进口依存度	0.056
		出口	0.122	农产品出口依存度	0.122
共享	0.218	收入分配	0.039	农村人均可支配收入	0.037
				农村人均可支配收入实际增长率	0.002
		基础设施和公共服务	0.179	每万人医疗卫生机构床位数	0.036
				固定电话用户数	0.053
				每万人社会福利收养性单位床位数	0.090

从基于熵权法和专家打分法计算的综合权重结果来看，在所构建的县级黄河流域农村高质量发展水平评价指标体系中：创新发展维度权重为 0.198，其中创新投入与创新产出 2 个二级指标所占权重分别为 0.078、0.120；协调发展维度权重为 0.226，其中城乡协调与产业协调 2 个二级指标所占权重分别为 0.029、0.197；绿色发展维度权重为 0.180，其中资源利用与生态环境保护 2 个二级指标所占权重分别为 0.063、0.117；开放发展维度权重为 0.178，其中进口与出口 2 个二级指标所占权重分别为 0.056、0.122；共享发展维度权重为 0.218，其中收入分配、基础设施和公共服务 2 个二级指标所占权重分别为 0.039、0.179。综合来看，在县级黄河流域农村高质量发展水平评价指标体系的 5 个维度中，协调发展维度所占权重最高，其次为共享发展维度，再次为创新发展维度，绿色发展维度与开放发展维度所占权重最低。

5.2.2.3　县级黄河流域农村高质量发展水平评价结果的确定

在运用熵权法和专家打分法相结合的主客观赋权法，测算县级黄河流域农村高质量发展水平评价指标体系中各指标的综合权重 w_j 后，

首先，计算第 i 个县（市、区）第 s 个准则层指标得分：

$$z_{is} = \sum_{i=1}^{q} W_j Y_{ij} \qquad (5-8)$$

式中，z_{is} 为第 i 个县（市、区）中第 s 个准则层指标得分，q 为该指标层所含指标总数。

其次，计算第 i 个县（市、区）的农村高质量发展水平总得分：

$$F_i = \sum_{s=1}^{5} z_{is} \qquad (5-9)$$

式中，F_i 为第 i 个县（市、区）的农业高质量发展水平总得分。

最终可测得黄河流域 181 个县（市、区）的农村高质量发展综合水平值 F_i。F_i 越大，该县（市、区）农村高质量发展水平越好；F_i 越小，则该县（市、区）农村高质量发展水平越差。

5.3　省级农村高质量发展水平实证研究

以新发展理念为指导，以黄河流域空间范围内 9 省份为研究区域，构建

包含创新、协调、绿色、开放、共享 5 个基本维度的农村高质量发展水平评价指标体系，对 2010—2019 年 9 省份的农村高质量发展水平进行测度。在此基础上，一是分析 2019 年黄河流域空间范围内 9 省份的农村高质量发展现状，二是分析 2010—2019 年黄河流域空间范围内 9 省份农村高质量发展平均水平，三是分析 2010—2019 年黄河流域空间范围内 9 省份农村高质量发展的变动状况。

5.3.1 黄河流域 9 省份农村高质量发展现状：基于 2019 年省级数据

表 5-9 显示了最终测得的 2019 年黄河流域 9 省份农村高质量发展水平综合得分及创新、协调、绿色、开放、共享 5 个维度得分。

表 5-9　2019 年黄河流域空间范围内 9 省份农村高质量发展状况

省份	农村高质量发展水平		农村创新发展		农村协调发展		农村绿色发展		农村开放发展		农村共享发展	
	得分	排名	得分	排名	得分	排名	得分	排名	得分	排名	得分	排名
山东	0.497	1	0.104	3	0.109	3	0.069	5	0.150	1	0.065	9
河南	0.483	2	0.112	2	0.098	5	0.103	1	0.024	3	0.145	1
四川	0.355	7	0.081	4	0.073	8	0.096	2	0.011	8	0.095	5
山西	0.368	6	0.047	8	0.108	4	0.083	3	0.014	5	0.116	2
陕西	0.383	4	0.134	1	0.094	6	0.068	6	0.013	7	0.075	8
内蒙古	0.385	3	0.073	6	0.118	1	0.065	7	0.026	2	0.102	3
甘肃	0.306	8	0.041	9	0.091	7	0.062	8	0.013	6	0.099	4
宁夏	0.371	5	0.075	5	0.110	2	0.080	4	0.018	4	0.087	6
青海	0.247	9	0.050	7	0.047	9	0.064	8	0.005	9	0.081	7
黄河流域平均水平	0.377	—	0.080	—	0.094	—	0.077	—	0.031	—	0.096	
全国平均水平	0.486	—	0.147	—	0.100	—	0.076	—	0.073	—	0.090	

（1）2019 年截面数据比较

从综合得分来看，黄河流域 9 省份农村高质量发展现状存在较大的差异，9 省份 2019 年农村高质量发展水平综合得分由高到低依次为山东、河南、内蒙古、陕西、宁夏、山西、四川、甘肃和青海。山东综合得分最高，为 0.497 分；甘肃综合得分最低，为 0.247 分。

对于全国平均水平，从农村高质量发展综合得分来看，2019 年全国农村高质量发展平均得分为 0.486 分，黄河流域 9 省份农村高质量发展水平综合得分超过全国平均水平的省份仅有山东 1 个，接近于全国平均水平的省份有河南 1 个，远落后于全国平均水平的省份则有 7 个，包括内蒙古、陕西、宁夏、山西、四川、甘肃和青海。可见，黄河流域农村高质量发展整体状况不容乐观。

从农村创新发展维度来看，2019 年全国农村创新发展平均得分为 0.147 分，仅有陕西接近于全国平均水平（0.134 分），山东、河南、四川、宁夏、内蒙古、青海、山西和甘肃 8 个省份均远低于全国平均水平。可以看出，黄河流域农村创新发展整体水平较低，均低于全国平均水平。

从农村协调发展维度来看，2019 年全国农村协调发展平均得分为 0.100 分，超过全国平均水平的省份有内蒙古、宁夏、山东、山西 4 个，接近于全国平均水平的省份有河南、陕西和甘肃 3 个，远落后于全国平均水平的省份有四川和青海两省。可以看出，黄河流域 9 省份间农村协调发展水平存在较大差异。

从农村绿色发展维度来看，2019 年全国农村绿色发展平均得分为 0.076 分。超过全国平均水平的省份有 4 个，包括河南、四川、山西和宁夏；接近于全国平均水平的省份有 5 个，包括山东、陕西、内蒙古、青海和甘肃，其中黄河流域农村绿色发展最低得分为甘肃 0.062 分。可以看出，黄河流域农村绿色发展整体上处于中等水平，在全国平均水平附近波动。

从农村开放发展维度来看，2019 年全国农村开放发展平均得分为 0.073 分，超过全国平均水平的省份仅有山东 1 个，其余 8 个省份均远落后于全国平均水平，包括内蒙古、河南、宁夏、山西、甘肃、陕西、四川和青海。可以看出，黄河流域 9 省份间农村开放发展存在较大差异，除山东外其余省份农村开放发展整体水平不容乐观。

从农村共享发展维度来看，2019 年全国农村共享发展平均得分为 0.090 分，超过全国平均水平的有河南、山西、内蒙古、甘肃、四川 5 个省份，接近于全国平均水平的有宁夏和青海 2 个省份，远落后于全国平均水平的陕西和山东 2 个省份。

（2）与 2019 年黄河流域 9 省份农村高质量发展平均水平比较

对于黄河流域 9 省份平均水平，从农村高质量发展综合得分来看，2019 年黄河流域 9 省份平均得分为 0.377 分，低于全国平均水平 0.486 分。其中，超过 9 省份平均水平的有山东、河南、内蒙古和陕西 4 个省份，低于 9 省份平均水平的有宁夏、山西、四川、甘肃和青海 5 个省份。

从农村创新发展维度来看，2019 年黄河流域 9 省份农村创新发展平均得分为 0.080 分，远低于全国平均水平 0.147 分。其中，高于 9 省份平均水平的有陕西、河南、山东和四川 4 个省份，低于 9 省份平均水平的有宁夏、内蒙古、青海、山西和甘肃 5 个省份。

从农村协调发展维度来看，2019 年黄河流域 9 省份农村协调发展平均得分为 0.094 分，略低于全国平均水平 0.100 分。其中，超过 9 省份平均水平的有内蒙古、宁夏、山东、山西、河南和陕西 6 个省份，低于 9 省份平均水平的有甘肃、四川和青海 3 个省份。

从农村绿色发展维度来看，2019 年黄河流域 9 省份农村绿色发展平均得分为 0.077 分，略高于全国平均水平 0.076 分。其中，超过 9 省份平均水平的有河南、四川、山西和宁夏 4 个省份，低于 9 省份平均水平的有山东、陕西、内蒙古、青海和甘肃 5 个省份。

从农村开放发展维度来看，2019 年黄河流域 9 省份农村开放发展平均得分为 0.031 分，远低于全国平均水平 0.073 分。其中，超过 9 省份平均水平的省份仅有山东 1 个，其余 8 个省份均远落后于 9 省份平均水平，包括内蒙古、河南、宁夏、山西、甘肃、陕西、四川和青海。

从农村共享发展维度来看，2019 年黄河流域 9 省份农村共享发展平均得分为 0.096 分，略高于全国平均水平 0.090 分。其中，超过 9 省份平均水平的有河南、山西、内蒙古、甘肃 4 个省份，低于 9 省份平均水平的有四川、宁夏、青海、陕西和山东 5 个省份。

此外，对比黄河流域 9 个省份农村高质量发展创新、协调、绿色、开放、共享 5 个维度平均水平值，农村创新发展平均水平值为 0.080 分，农村协调发展平均水平值为 0.094 分，农村绿色发展平均水平值为 0.077 分，农村开放发展平均水平值为 0.031 分，农村共享发展平均水平值为 0.096 分。可以看出，黄河流域 9 个省份的农村开放发展、农村绿色发展状况显著低于其余 3 个维度发展水平，黄河流域农村高质量发展存在结构性失衡问题，阻碍着农村高质量发展整体水平的提升。

5.3.2 黄河流域 9 省份农村高质量发展平均水平：基于 2010—2019 年数据

表 5-10 汇报了 2010—2019 年黄河流域 9 省份农村高质量发展及其 5 个维度的平均得分。

表 5-10　2010—2019 年黄河流域空间范围内 9 省份农业高质量发展水平均值

省份	农村高质量发展水平均值		农村创新发展均值		农村协调发展均值		农村绿色发展均值		农村开放发展均值		农村共享发展均值	
	得分	排名	得分	排名	得分	排名	得分	排名	得分	排名	得分	排名
山东	0.457	1	0.084	2	0.099	2	0.068	5	0.154	1	0.052	9
河南	0.350	2	0.077	3	0.085	6	0.073	4	0.22	2	0.094	2
四川	0.293	6	0.063	4	0.059	8	0.094	1	0.009	8	0.068	7
山西	0.323	3	0.033	8	0.097	3	0.080	2	0.014	6	0.098	1
陕西	0.316	4	0.092	1	0.072	7	0.073	3	0.015	4	0.064	8
内蒙古	0.307	5	0.054	6	0.108	1	0.058	7	0.017	3	0.070	5
甘肃	0.271	8	0.028	9	0.091	4	0.052	9	0.013	7	0.086	3
宁夏	0.284	7	0.059	5	0.085	5	0.056	8	0.015	5	0.070	6
青海	0.220	9	0.038	7	0.045	9	0.061	6	0.004	9	0.071	4
黄河流域平均水平	0.313	—	0.058	—	0.082	—	0.069	—	0.029	—	0.075	—
全国平均水平	0.397	—	0.094	—	0.092	—	0.070	—	0.072	—	0.068	—

2010—2019 年黄河流域内 9 省份农村高质量发展水平均值差距明显，根据 9 省份农村高质量发展水平的综合得分平均值，由高到低依次为山东、河南、山西、陕西、内蒙古、四川、宁夏、甘肃和青海。将各省份与全国平

均水平对比可知，仅有山东的农村高质量发展水平高于全国平均水平，其余8个省份均远低于全国平均水平。

将各省份与黄河流域农村高质量发展9省份平均水平对比可知，山东、河南、山西和陕西的农村高质量发展水平相对较高，在9省份平均水平之上；内蒙古、四川和宁夏的农村高质量发展水平次之，接近于9省份平均水平；甘肃和青海的农村高质量发展水平较低，远低于9省份平均水平。

由于探究的是黄河流域农村高质量发展水平评价，故依据各省份与黄河流域农村高质量发展9省份平均水平对比结果，将9个省份划分为高水平、一般水平、低水平3种不同类型，来分析各省份农村高质量发展的驱动因素和薄弱环节。

（1）高水平省份特征

高出黄河流域农村高质量发展9省份平均水平的省份有4个，分别为山东、河南、山西和陕西，其核心驱动因素和薄弱环节存在较大差异。在驱动因素方面，山东表现在农村创新发展、农村协调发展、农村开放发展3个维度上，其中农村开放发展排名第一，农村创新发展和农村协调发展排名均为第二；河南表现在农村创新发展、农村开放发展和农村共享发展3个维度上，其中农村创新发展排名第三，农业开放发展和农业共享发展排名均为第二；山西表现在农村协调发展、农村绿色发展和农村共享发展3个方面，其中农村共享发展排名第一，农村绿色发展排名第二，农业协调发展排名第三；陕西表现在农村创新发展和农村绿色发展2个维度，其中农村创新发展排名第一，农村绿色发展排名第三。在薄弱环节方面，山东在农村共享发展维度较为薄弱，排名第九；河南在农村协调发展维度较为薄弱，排名第六；山西在农村创新发展维度较为薄弱，排名第八；陕西在农村协调发展和农村共享发展维度较为薄弱，排名分别为第七和第八。

（2）一般水平省份特征

接近于黄河流域农村高质量发展9省份平均水平的省份有3个，依次为内蒙古、四川和宁夏，其核心驱动因素和薄弱环节存在较大差异。内蒙古驱动因素为农村协调发展，排名第一，可能的原因是内蒙古城市发展水平相对较低，使得城乡间的差距较小，城乡协调发展水平相对较高；其薄弱环节为农村创新发展和农村绿色发展，排名分别为第六和第七。四川驱动因素为农村绿色发展，排名第一；其薄弱环节包括农村协调发展、农村开放发展和农村共享发展，排名依次为第八、第八和第七。宁夏没有明显的驱动因素，农村创新发展、农村协调发展和农村开放发展在 9 省份中均处于中等水平，排名均为第五；其薄弱环节为农村绿色发展和农村共享发展，排名分别为第八和第六。

（3）低水平省份特征

远低于黄河流域农村高质量发展 9 省份平均水平的省份有 2 个，分别为甘肃和青海。甘肃和青海农村高质量发展并无核心驱动因素，且薄弱环节较多。甘肃在农村创新发展、农村绿色发展、农村开放发展 3 个维度较为薄弱，排名依次为第九、第九和第七，农村协调发展和农村共享发展处于中等水平，可能的原因是甘肃人口相对较少、城市发展水平相对较低。青海在农村创新发展、农村协调发展、农村绿色发展和农村开放发展 4 个维度均较为薄弱，排名依次为第七、第九、第六和第九，而农村共享发展水平处于中间水平。

5.3.3 2010—2019 年黄河流域 9 省份农村高质量发展水平变动状况

（1）农村高质量发展综合水平分析

图 5-1 呈现了黄河流域 9 省份 2010—2019 年农村高质量发展的变动趋势。

整体而言，黄河流域 9 省份 2010—2019 年农村高质量发展综合水平呈现持续增长的状态。2010—2019 年黄河流域农村高质量发展 9 省份平均水平逐步提升，由 2010 年的 0.245 分上升至 2019 年的 0.377 分，增长了 53.88%。可以看出，在国家各种强农惠农政策的支持下，黄河流域农村高质量发展水平有了一定程度的提升。

2010—2019 年黄河流域农村高质量发展综合水平变动趋势在不同省份间存在显著差异。山东农村高质量发展综合水平在 10 年间均远高于 9 省份

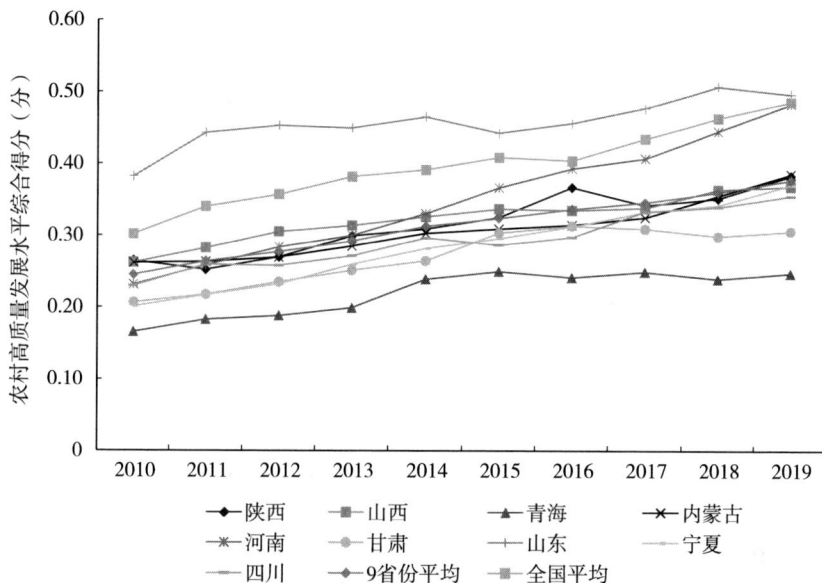

图 5-1 2010—2019 年黄河流域各省份农村高质量发展水平综合得分

平均水平，且呈现稳步增长趋势。除山东农村高质量发展综合水平高于全国平均水平外，其余省份 10 年间均低于全国平均水平。河南在 2010—2011 年低于 9 省份平均水平，但后期提升幅度较大，自 2013 年起均高于 9 省份平均水平。山西在 2010—2015 年高于 9 省份平均水平，且呈现稳步增长趋势，但后期增幅变小，自 2016 年起开始低于 9 省份平均水平。陕西和内蒙古 10 年间农村高质量发展综合水平在 9 省份平均水平附近波动，呈现稳步增长趋势。宁夏前期落后于 9 省份平均水平较多，但后期增长幅度提升，2018—2019 年接近于 9 省份平均水平。四川、青海和甘肃 10 年间农村高质量发展综合水平稳步提升，但始终低于 9 省份平均水平。

（2）农村高质量发展创新维度分析

图 5-2 呈现了黄河流域 9 省份 2010—2019 年农村创新发展水平的变动趋势。

整体而言，黄河流域 9 省份 10 年间农村创新发展水平呈现持续增长的状态。2010—2019 年黄河流域农村创新发展 9 省份平均水平逐步提升，由 2010 年的 0.037 分上升至 2019 年的 0.080 分，增长了 116.22%。可以看

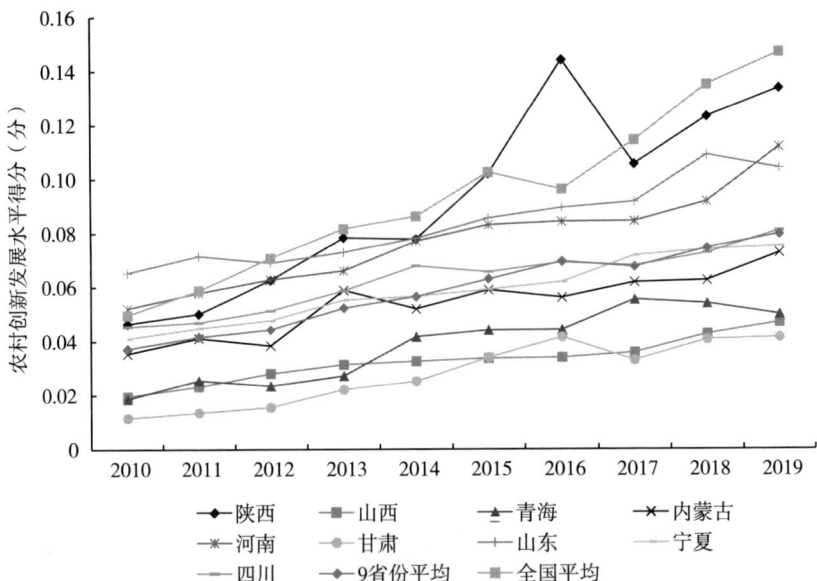

图 5-2　2010—2019 年黄河流域各省份农村创新发展水平得分

出，近年来国家各种鼓励农村创新发展的政策及措施使得黄河流域农村创新发展水平有了较大程度的提升。

2010—2019 年黄河流域农村创新发展水平变动趋势在不同省份间存在显著差异。除陕西 2010—2019 年农村创新发展水平在全国平均水平附近波动外，其余 8 个省份均低于全国平均水平。陕西 10 年间农村创新发展水平逐渐增长，且涨幅不断提升。山东和河南 2010—2019 年农村创新发展水平整体处于全国平均水平之下、9 省份平均水平之上，且呈现逐步提升的趋势。四川、宁夏和内蒙古 2010—2019 年农村创新发展水平在 9 省份平均水平附近波动，且呈现稳步提升的态势，但增幅相对河南、山东、陕西等省份较小。青海、甘肃和山西 10 年间农村创新发展水平远低于 9 省份平均水平，虽然呈现逐步增长的趋势，但增长缓慢。

（3）农村高质量发展协调维度分析

图 5-3 呈现了黄河流域 9 省份 2010—2019 年农村协调发展水平的变动趋势。

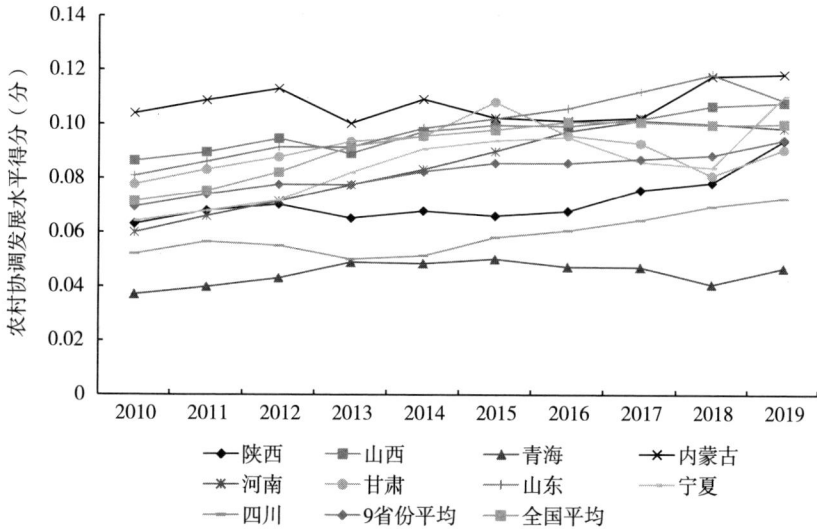

图 5-3 2010—2019 年黄河流域各省份农村协调发展水平得分

整体而言，黄河流域 9 省份 10 年间农村协调发展水平呈现持续增长的状态，但增长幅度相对较小。2010—2019 年黄河流域农村协调发展 9 省份平均水平逐步提升，由 2010 年的 0.069 分上升至 2019 年的 0.094 分，增长了 36.23％。可以看出，近年来黄河流域各省份农村协调发展水平虽有所提升，但增长缓慢，仍有较大的提升空间。

2010—2019 年黄河流域农村协调发展水平变动趋势在不同省份间存在显著差异。内蒙古 2010—2019 农村协调发展水平均高于全国平均水平，但 10 年间波动幅度较大，整体增幅不高。山东和山西 10 年间农村协调发展水平整体上在略高于全国平均水平范围内稳步增长。甘肃前期农村协调发展水平高于全国平均水平与 9 省份平均水平，后期增长缓慢甚至逐步下滑，2016 年开始低于全国平均水平，2018 年起甚至低于 9 省份平均水平。河南和宁夏前期低于 9 省份平均水平，后期逐步增长直至高于 9 省份平均水平，最终接近于全国平均水平。陕西、四川和青海 2010—2019 年农村协调发展水平均低于 9 省份平均水平，其中陕西和四川 10 年间缓慢增长，青海 10 年间小幅波动但涨幅不明显。

（4）农村高质量发展绿色维度分析

图 5-4 呈现了黄河流域 9 省份 2010—2019 年农村绿色发展水平的变动趋势。

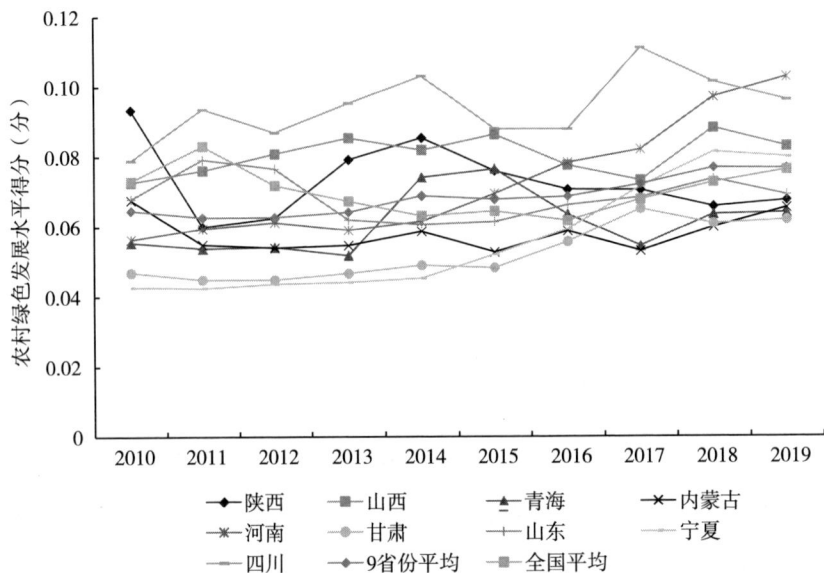

图 5-4　2010—2019 年黄河流域各省份农村绿色发展水平得分

黄河流域 9 省份 10 年间农村绿色发展水平波动较大，但整体上呈现持续增长的状态。2010—2019 年黄河流域农村绿色发展 9 省份平均水平逐步提升，由 2010 年的 0.065 分上升至 2019 年的 0.077 分，增长了 18.46%。2010—2013 年，黄河流域农村绿色发展 9 省份平均水平低于全国平均水平，但自 2014 年起 9 省份平均水平高于全国平均水平。可以看出，近年来国家出台多种政策鼓励黄河流域农业绿色生产、农村人居环境整治等，使得其农村绿色发展水平有所提升。

2010—2019 年，黄河流域农村绿色发展水平变动趋势在不同省份间存在显著差异。四川和山西 10 年间农村绿色发展水平波动幅度较大，但整体上均高于 9 省份平均水平与全国平均水平。陕西和青海农村绿色发展水平 10 年间呈现倒 U 形发展态势，但陕西农村绿色发展水平 10 年间均高于青海。陕西和青海前期和后期低于全国平均水平与 9 省份平均水平，中期高于全国平均水平与 9 省份平均水平。可以看出，陕西和青海后期农村绿色发展下滑严重，有待提升。河南 2010—2014 年农村绿色发展水平略低于 9 省份平均水平，但后期以较高的增幅稳步增长，自 2015 年起农村绿色发展水平高于全国平均水平与 9 省份平均水平。山东 10 年内农村绿色发展水平在接近于全国平均水平与 9 省份平均水平的范围内波动，整体上增幅不大。宁夏 2010—2015 年农村绿色发展水平远低于全国平均水平与 9 省份平均水平，但自 2016 年起开始大幅提升，逐渐高出全国平均水平与 9 省份平均水平。内蒙古和甘肃 10 年间农村绿色发展水平远低于全国平均水平与 9 省份平均水平，整体上呈缓慢增长态势。

（5）农村高质量发展开放维度分析

图 5 - 5 呈现了黄河流域 9 省份 2010—2019 年农村开放发展水平的变动趋势。

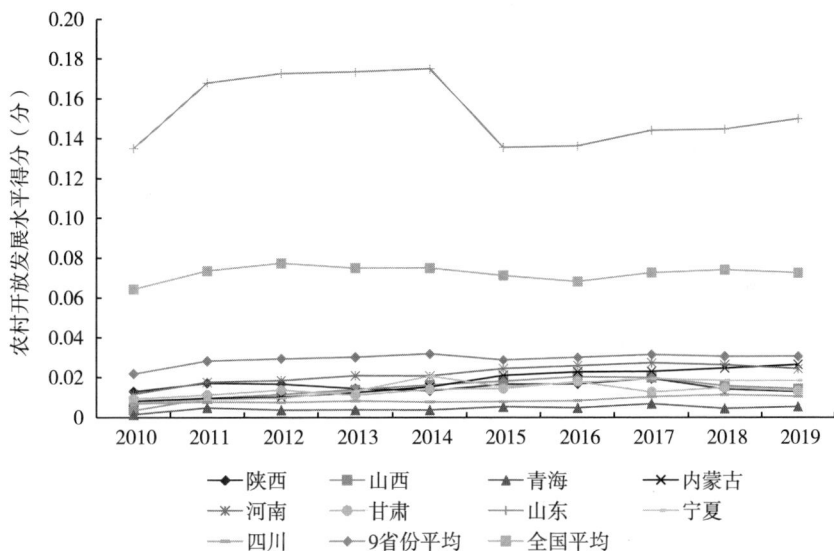

图 5 - 5　2010—2019 年黄河流域各省份农村开放发展水平得分

黄河流域 9 省份 10 年间农村开放发展水平波动较小，整体上涨幅不大。2010—2019 年黄河流域农村开放发展 9 省份平均水平缓慢增长，由 2010 年的 0.022 分上升至 2019 年的 0.031 分，增长了 40.91%。可以看出，黄河流域农村开放发展水平起步较低，近年有一定程度的提升。

2010—2019年黄河流域农村开放发展水平变动趋势在不同省份间存在显著差异。整体来看，山东2010—2019年农村开放发展水平远高于全国平均水平与9省份平均水平，且与黄河流域其他省份差距较大。山东10年间前期有所提升，但中期开始下滑，后期虽然有所提升但增长缓慢。黄河流域其他省份，包括河南、内蒙古、宁夏、甘肃、陕西、山西、四川和青海8个省份农村开放发展水平10年间均低于9省份平均水平，且增长幅度缓慢。

（6）农村高质量发展共享维度分析

图5-6呈现了黄河流域9省份2010—2019年农村共享发展水平的变动趋势。

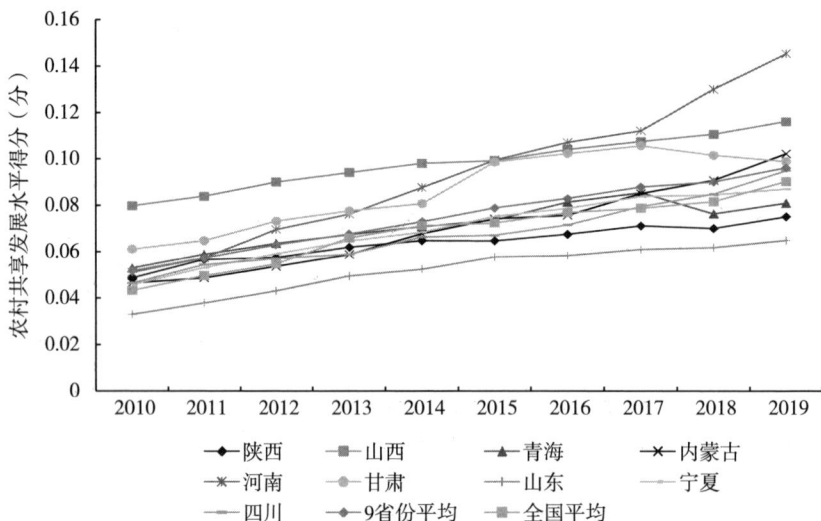

图5-6　2010—2019年黄河流域各省份农村共享发展水平得分

黄河流域9省份10年间农村共享发展水平逐步提升。2010—2019年黄河流域农村共享发展平均水平9省份均稳步增长，由2010年的0.052分上升至2019年的0.096分，增长了84.62%。10年间，黄河流域9省份农村共享发展平均水平均略高于全国平均水平。可以看出，近年来国家出台多种政策提升农民收入、完善农村基础设施建设，使得黄河流域农村共享发展水平有一定程度的提升。

2010—2019 年黄河流域农村共享发展水平变动趋势在不同省份间存在显著差异。河南、山西和甘肃 2010—2019 年农村共享发展水平高于 9 省份平均水平，其中：山西前期农村共享发展水平最高，且 10 年间一直保持稳步增长态势；河南和甘肃前期农村共享发展水平相对较低，河南后期增长幅度逐渐增大，而甘肃后期增长速度减缓甚至出现下滑。内蒙古、四川、宁夏和青海 2010—2019 年农村共享发展水平在 9 省份平均水平与全国平均水平附近波动，10 年间整体呈现稳步提升的趋势。陕西前期农村共享发展水平在 9 省份平均水平与全国平均水平之间，后期增长缓慢并逐渐低于全国平均水平。山东 10 年间农村共享发展水平低于全国平均水平，可以看出，山东由于农村人口基数较大，面临乡村收入偏低与基础设施数量不足的难题，有待进一步提升。

5.4 县级农村高质量发展水平实证研究

在数据可得的基础上，以黄河流域 9 省份 181 个县（市、区）为研究区域，构建了包含创新、协调、绿色、开放、共享 5 个基本维度的县级黄河流域农村高质量发展水平评价指标体系，对 2010—2019 年黄河流域 181 个县（市、区）的农村高质量发展水平进行测度。在此基础上，一是分析 2019 年黄河流域 181 个县（市、区）的农村高质量发展现状，二是分析 2010—2019 年黄河流域 181 个县（市、区）农村高质量发展平均水平。此处需要说明的是，由于绿色与开放 2 个维度的县级指标数据难以获取，在县级黄河流域高质量发展水平评价指标体系构建及测度过程中采用省级数据代表省内各县（市、区）绿色与开放维度的发展水平，故在实证分析部分，不再分析各县（市、区）绿色与开放 2 个维度的发展水平。

5.4.1 黄河流域农村高质量发展现状：基于 2019 年 181 个县级数据

表 5-11 显示了最终测得的 2019 年黄河流域 181 个县（市、区）农村

高质量发展水平综合得分及创新、协调、共享 3 个维度排名前五位以及排名
后五位的县（市、区）的得分及排名。

表 5-11 2019 年黄河流域空间范围内 181 个县（市、区）的农村高质量发展状况

省份	农村高质量发展水平			农村创新发展			农村协调发展			农村共享发展		
	县（市、区）	得分	排名	县（市、区）	得分	排名	县（市、区）	得分	排名	县（市、区）	得分	排名
山东	博兴县	0.399	1	惠民县	0.034	1	邹平市	0.052	1	博兴县	0.109	1
	邹平市	0.364	2	邹平市	0.031	2	博兴县	0.047	2	平阴县	0.079	2
	平阴县	0.347	3	博兴县	0.028	3	嘉祥县	0.037	3	邹平市	0.065	3
	汶上县	0.333	4	鄄城县	0.026	4	汶上县	0.036	4	汶上县	0.060	4
	郓城县	0.325	5	泗水县	0.025	5	利津县	0.036	5	东平县	0.054	5
	鄄城县	0.313	12	嘉祥县	0.022	12	泗水县	0.030	12	鄄城县	0.042	12
	泗水县	0.311	13	汶上县	0.021	13	鄄城县	0.029	13	梁山县	0.042	13
	蒙阴县	0.310	14	平邑县	0.021	14	梁山县	0.028	14	蒙阴县	0.041	14
	梁山县	0.308	15	利津县	0.021	15	东平县	0.026	15	泗水县	0.041	15
	平邑县	0.306	16	平阴县	0.020	16	惠民县	0.025	16	平邑县	0.036	16
河南	义马市	0.354	1	清丰县	0.037	1	义马市	0.105	1	义马市	0.085	1
	新郑市	0.307	2	沁阳市	0.032	2	巩义市	0.085	2	新密市	0.071	2
	巩义市	0.301	3	孟州市	0.032	3	新郑市	0.073	3	西峡县	0.071	3
	新密市	0.291	4	修武县	0.032	4	济源市	0.059	4	新郑市	0.070	4
	济源市	0.283	5	兰考县	0.028	5	新密市	0.059	5	中牟县	0.069	5
	卢氏县	0.244	16	孟津县	0.020	16	宜阳县	0.030	16	孟津县	0.048	16
	汝州市	0.244	17	汝阳县	0.019	17	修武县	0.029	17	汝阳县	0.046	17
	兰考县	0.243	18	新密市	0.017	18	清丰县	0.027	18	汝州市	0.041	18
	清丰县	0.242	19	巩义市	0.016	19	灵宝市	0.025	19	兰考县	0.039	19
	汝阳县	0.240	20	西峡县	0.015	20	卢氏县	0.016	20	清丰县	0.035	20
四川	马尔康市	0.286	1	红原县	0.016	1	马尔康市	0.037	1	马尔康市	0.130	1
	红原县	0.216	2	阿坝县	0.015	2	红原县	0.019	2	红原县	0.073	2
	阿坝县	0.201	3	马尔康市	0.010	3	阿坝县	0.011	3	阿坝县	0.067	3

（续）

省份	农村高质量发展水平			农村创新发展			农村协调发展			农村共享发展		
	县（市、区）	得分	排名	县（市、区）	得分	排名	县（市、区）	得分	排名	县（市、区）	得分	排名
山西	沁源县	0.236	1	祁县	0.027	1	沁源县	0.071	1	清徐县	0.074	1
	河津市	0.218	2	安泽县	0.025	2	侯马市	0.060	2	河津市	0.073	2
	清徐县	0.204	3	沁县	0.024	3	蒲县	0.057	3	壶关县	0.069	3
	沁水县	0.202	4	壶关县	0.022	4	河津市	0.046	4	沁源县	0.068	4
	泽州县	0.201	5	曲沃县	0.019	5	沁水县	0.046	5	泽州县	0.065	5
	襄汾县	0.166	20	沁水县	0.013	20	祁县	0.028	20	翼城县	0.031	20
	洪洞县	0.162	21	阳城县	0.011	21	襄汾县	0.027	21	洪洞县	0.030	21
	翼城县	0.162	22	浮山县	0.009	22	壶关县	0.026	22	蒲县	0.029	22
	汾西县	0.160	23	左云县	0.008	23	汾西县	0.026	23	侯马市	0.025	23
	浮山县	0.149	24	古交市	0.006	24	沁县	0.015	24	浮山县	0.025	24
陕西	神木市	0.285	1	大荔县	0.050	1	神木市	0.082	1	凤县	0.135	1
	凤县	0.281	2	兴平市	0.049	2	府谷县	0.080	2	宁陕县	0.119	2
	榆阳区	0.256	3	蓝田县	0.037	3	榆阳区	0.055	3	佛坪县	0.092	3
	宁陕县	0.255	4	泾阳县	0.029	4	韩城市	0.052	4	神木市	0.086	4
	府谷县	0.242	5	蒲城县	0.027	5	志丹县	0.040	5	靖边县	0.076	5
	旬邑县	0.171	45	佛坪县	0.011	45	礼泉县	0.016	45	三原县	0.031	45
	周至县	0.170	46	眉县	0.011	46	周至县	0.016	46	永寿县	0.031	46
	彬州市	0.170	47	凤县	0.010	47	大荔县	0.015	47	泾阳县	0.030	47
	子洲县	0.167	48	府谷县	0.008	48	永寿县	0.015	48	子洲县	0.025	48
	永寿县	0.166	49	延川县	0.008	49	淳化县	0.014	49	旬邑县	0.025	49
内蒙古	准格尔旗	0.306	1	杭锦旗	0.039	1	伊金霍洛旗	0.124	1	鄂托克旗	0.083	1
	伊金霍洛旗	0.303	2	鄂托克前旗	0.038	2	准格尔旗	0.108	2	准格尔旗	0.082	2
	鄂托克旗	0.287	3	达拉特旗	0.032	3	鄂托克旗	0.085	3	阿拉善盟左旗	0.073	3
	阿拉善盟左旗	0.254	4	乌拉特中旗	0.026	4	阿拉善盟左旗	0.064	4	达拉特旗	0.069	4
	杭锦旗	0.232	5	武川县	0.025	5	乌审旗	0.046	5	达尔罕茂明安联合旗	0.065	5
	乌拉特后旗	0.213	9	和林格尔县	0.020	9	杭锦旗	0.029	9	鄂托克前旗	0.057	9
	达尔罕茂明安联合旗	0.207	10	阿拉善盟左旗	0.019	10	达尔罕茂明安联合旗	0.026	10	乌拉特后旗	0.054	10

（续）

省份	农村高质量发展水平			农村创新发展			农村协调发展			农村共享发展		
	县（市、区）	得分	排名	县（市、区）	得分	排名	县（市、区）	得分	排名	县（市、区）	得分	排名
内蒙古	乌拉特中旗	0.188	11	达尔罕茂明安联合旗	0.017	11	和林格尔县	0.022	11	乌拉特中旗	0.047	11
	和林格尔县	0.175	12	伊金霍洛旗	0.016	12	武川县	0.017	12	和林格尔县	0.035	12
	武川县	0.168	13	准格尔旗	0.016	13	乌拉特中旗	0.016	13	武川县	0.027	13
甘肃	临夏市	0.262	1	山丹县	0.057	1	临夏市	0.086	1	临夏市	0.063	1
	山丹县	0.237	2	静宁县	0.026	2	庆阳市城区	0.043	2	山丹县	0.062	2
	庆阳市城区	0.208	3	会宁县	0.025	3	灵台县	0.039	3	庆阳市城区	0.061	3
	灵台县	0.190	4	庄浪县	0.025	4	华亭市	0.033	4	临洮县	0.047	4
	景泰县	0.180	5	靖远县	0.024	5	永靖县	0.031	5	天祝藏族自治县	0.047	5
	宕昌县	0.148	31	临潭县	0.011	31	古浪县	0.013	31	通渭县	0.021	31
	通渭县	0.148	32	卓尼县	0.010	32	靖远县	0.012	32	环县	0.020	32
	宁县	0.147	33	榆中县	0.009	33	张家川回族自治县	0.012	33	宁县	0.020	33
	环县	0.146	34	庆阳市城区	0.009	34	夏河县	0.012	34	临潭县	0.018	34
	临潭县	0.141	35	皋兰县	0.009	35	玛曲县	0.010	35	正宁县	0.017	35
宁夏	灵武市	0.299	1	永宁县	0.039	1	灵武市	0.072	1	灵武市	0.075	1
	贺兰县	0.256	2	吴忠市城区	0.038	2	吴忠市城区	0.048	2	盐池县	0.065	2
	吴忠市城区	0.244	3	贺兰县	0.035	3	贺兰县	0.039	3	贺兰县	0.064	3
	永宁县	0.243	4	灵武市	0.034	4	盐池县	0.037	4	平罗县	0.061	4
	盐池县	0.238	5	青铜峡市	0.028	5	固原市原州区	0.035	5	隆德县	0.055	5
	固原市原州区	0.201	11	泾源县	0.022	11	彭阳县	0.019	11	青铜峡市	0.033	11
	彭阳县	0.201	12	海原县	0.020	12	隆德县	0.018	12	固原市原州区	0.033	12
	同心县	0.189	13	盐池县	0.019	13	同心县	0.018	13	西吉县	0.031	13
	西吉县	0.186	14	隆德县	0.018	14	海原县	0.018	14	同心县	0.030	14
	海原县	0.184	15	固原市原州区	0.015	15	西吉县	0.014	15	海原县	0.029	15
青海	玛多县	0.211	1	玛多县	0.029	1	民和回族土族自治县	0.022	1	玛多县	0.076	1
	河南蒙古族自治县	0.197	2	河南蒙古族自治县	0.027	2	贵德县	0.021	2	班玛县	0.071	2

（续）

省份	农村高质量发展水平			农村创新发展			农村协调发展			农村共享发展		
	县（市、区）	得分	排名	县（市、区）	得分	排名	县（市、区）	得分	排名	县（市、区）	得分	排名
青海	班玛县	0.191	3	班玛县	0.014	3	玛多县	0.010	3	河南蒙古族自治县	0.064	3
	贵德县	0.184	4	民和回族土族自治县	0.014	4	河南蒙古族自治县	0.009	4	贵德县	0.056	4
	民和回族土族自治县	0.167	5	贵德县	0.011	5	班玛县	0.009	5	民和回族土族自治县	0.035	5

（1）农村高质量发展综合情况

从 2019 年农村高质量发展综合得分情况来看，山东排名前五位的县（市、区）依次是博兴县、邹平市、平阴县、汶上县和郓城县，综合得分处于 0.325～0.399 分区间内；排名后五位的县（市、区）依次是鄄城县、泗水县、蒙阴县、梁山县和平邑县，综合得分处于 0.306～0.313 分区间内。可以看出，2019 年山东黄河流域范围内各县（市、区）农村高质量发展整体上处于较高水平，各县综合得分均在 0.3 分以上。

河南排名前五位的县（市、区）分别是义马市、新郑市、巩义市、新密市和济源市，综合得分处于 0.283～0.354 分区间范围内；排名后五位的县（市、区）分别是卢氏县、汝州市、兰考县、清丰县和汝阳县，综合得分处于 0.240～0.244 分区间范围内。可以看出，2019 年河南黄河流域范围内各县（市、区）农村高质量发展水平略低于山东各县（市、区），且与山东类似，排名前五位的县（市、区）综合得分差值相对较大，而排名后五位的县（市、区）综合得分差值很小。

对四川黄河流域范围内马尔康市、红原县和阿坝县 3 个县（市、区）2019 年农村高质量发展水平进行测算，其综合得分依次为 0.286 分、0.216分、0.201 分。可以看出，2019 年四川黄河流域范围内 3 个县（市、区）农村高质量发展水平相对较低，且差异值较大。

山西排名前五位的县（市、区）分别是沁源县、河津市、清徐县、沁水县和泽州县，综合得分处于 0.201～0.236 分区间范围内；排名后五位的县

（市、区）分别是襄汾县、洪洞县、翼城县、汾西县和浮山县，综合得分处于 0.149～0.166 分区间范围内。可以看出，2019 年山西黄河流域范围内各县（市、区）农村高质量发展水平整体较低。

陕西排名前五位的县（市、区）分别是神木市、凤县、榆阳区、宁陕县和府谷县，综合得分处于 0.242～0.285 分区间范围内；排名后五位的县（市、区）分别是旬邑县、周至县、彬州市、子洲县和永寿县，综合得分处于 0.166～0.171 分区间范围内。可以看出，2019 年陕西黄河流域范围内各县（市、区）农村高质量发展整体上处于中间水平。

内蒙古排名前五位的县（市、区）分别是准格尔旗、伊金霍洛旗、鄂托克旗、阿拉善盟左旗和杭锦旗，综合得分处于 0.232～0.306 分区间范围内；排名后五位的县（市、区）分别是乌拉特后旗、达尔罕茂明安联合旗、乌拉特中旗、和林格尔县和武川县，综合得分处于 0.168～0.213 分区间范围内。可以看出，2019 年内蒙古黄河流域范围内各县（市、区）农村高质量发展整体上处于较高水平，且排名前五位与排名后五位各县（市、区）之间综合得分差异值均较大。

甘肃排名前五位的县（市、区）依次是临夏市、山丹县、庆阳市城区、灵台县和景泰县，综合得分处于 0.180～0.262 分区间范围内；排名后五位的县（市、区）依次是宕昌县、通渭县、宁县、环县和临潭县，综合得分处于 0.141～0.148 分区间范围内。可以看出，2019 年甘肃黄河流域范围内农村高质量发展排名前五位的县（市、区）整体上处于中间水平，而排名后五位的县（市、区）综合得分相对偏低。

宁夏排名前五位的县（市、区）依次是灵武市、贺兰县、吴忠市城区、永宁县和盐池县，综合得分处于 0.238～0.299 分区间范围内；排名后五位的县（市、区）依次是固原市原州区、彭阳县、同心县、西吉县和海原县，综合得分处于 0.184～0.201 分区间范围内。可以看出，2019 年宁夏黄河流域范围内各县（市、区）农村高质量发展整体上处于中等偏高水平。

对青海黄河流域范围内玛多县、河南蒙古族自治县、班玛县、贵德县和民和回族土族自治县 5 个县（市、区）2019 年农村高质量发展水平进行测算，综合得分分别为 0.211 分、0.197 分、0.191 分、0.184 分、0.167 分，整体上水平较低。

图5-7为2019年黄河流域各省份排名前五位和后五位的县（市、区）农村高质量发展平均得分对比情况。此处需要说明的是，由于四川仅涉及3个县（市、区），青海仅涉及5个县（市、区），无法计算排名前五位与排名后五位平均值，故对这2个省进行特殊处理，即直接选用其最高水平和最低水平，与其他省份排名前五位与排名后五位平均水平进行对比分析。下同。

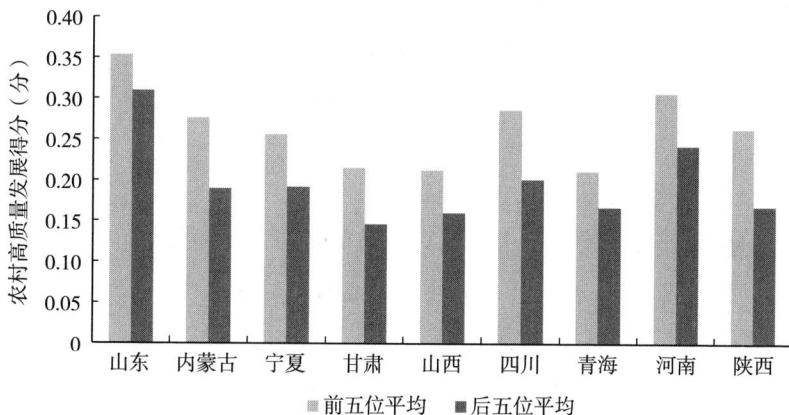

图5-7　2019年黄河流域各省排名前五位和后五位的
县（市、区）农村高质量发展平均得分

可以看出，山东与河南排名前五位与排名后五位平均水平在9省份中均处于较高水平。四川整体上处于9省份中等水平。内蒙古与宁夏排名前五位与排名后五位平均水平处于9省份中等水平。甘肃、山西和青海排名前五位与排名后五位平均水平在9省份中处于较低水平。陕西排名前五位平均水平在9省份中处于中等水平，而排名后五位平均水平在9省份中处于较低水平。

（2）农村创新发展情况

从2019年农村创新发展得分情况来看，山东排名前五位的县（市、区）依次是惠民县、邹平市、博兴县、鄄城县和泗水县，得分处于0.025～0.034分区间内；排名后五位的县（市、区）依次是嘉祥县、汶上县、平邑县、利津县和平阴县，得分处于0.020～0.022分区间内。可以看出，2019年山东黄河流域范围内各县（市、区）农村创新发展整体上处于中等水平，且各县（市、区）之间差异相对较小，得分均在0.020～0.035分范围内。

河南排名前五位的县（市、区）分别是清丰县、沁阳市、孟州市、修武县和兰考县，得分处于0.028～0.037分区间范围内；排名后五位的县（市、区）分别是孟津县、汝阳县、新密市、巩义市和西峡县，得分处于0.015～0.020分区间范围内。可以看出，2019年河南农村高质量发展创新维度得分排名前五位的县（市、区）整体上与山东相当，但排名后五位的县（市、区）得分低于山东。

对四川黄河流域范围内红原县、阿坝县和马尔康市3个县（市、区）2019年农村高质量发展创新维度水平进行测算，其综合得分依次为0.016分、0.015分、0.010分。可以看出，2019年四川黄河流域范围内3个县（市、区）农村创新发展得分相对较低。

山西排名前五位的县（市、区）分别是祁县、安泽县、沁县、壶关县和曲沃县，得分处于0.019～0.027分区间范围内；排名后五位的县（市、区）分别是沁水县、阳城县、浮山县、左云县和古交市，得分处于0.006～0.013分区间范围内。可以看出，2019年山西黄河流域范围内农村创新发展排名前五位与排名后五位各县（市、区）得分值差异相对较大。

陕西排名前五位的县（市、区）分别是大荔县、兴平市、蓝田县、泾阳县和蒲城县，得分处于0.027～0.050分区间范围内；排名后五位的县（市、区）分别是佛坪县、眉县、凤县、府谷县和延川县，得分处于0.008～0.011分区间范围内。可以看出，2019年陕西黄河流域范围内农村创新发展排名前五位的县（市、区）处于较高水平，排名后五位的县（市、区）处于较低水平，各县（市、区）之间得分值差异较大。

内蒙古排名前五位的县（市、区）分别是杭锦旗、鄂托克前旗、达拉特旗、乌拉特中旗和武川县，得分处于0.025～0.039分区间范围内；排名后五位的县（市、区）分别是和林格尔县、阿拉善盟左旗、达尔罕茂明安联合旗、伊金霍洛旗和准格尔旗，得分处于0.016～0.020分区间范围内。可以看出，2019年内蒙古黄河流域范围内各县（市、区）农村创新发展得分整体上处于较高水平。

甘肃排名前五位的县（市、区）依次是山丹县、静宁县、会宁县、庄浪县和靖远县，得分处于 0.024～0.057 分区间范围内；排名后五位的县（市、区）依次是临潭县、卓尼县、榆中县、庆阳市城区和皋兰县，得分处于 0.009～0.011 分区间范围内。可以看出，2019 年甘肃黄河流域范围内农村创新发展得分排名前五位的县（市、区）整体上处于较高水平，而排名后五位的县（市、区）得分相对偏低。

宁夏排名前五位的县（市、区）依次是永宁县、吴忠市城区、贺兰县、灵武市和青铜峡市，得分处于 0.028～0.039 分区间范围内；排名后五位的县（市、区）依次是泾源县、海原县、盐池县、隆德县和固原市原州区，得分处于 0.015～0.022 分区间范围内。可以看出，2019 年宁夏黄河流域范围内各县（市、区）农村创新发展得分整体上处于中等偏高水平。

对青海黄河流域范围内玛多县、河南蒙古族自治县、班玛县、民和回族土族自治县和贵德县 5 个县（市、区）2019 年农村创新发展水平进行测算，得分分别为 0.029 分、0.027 分、0.014 分、0.014 分、0.011 分，整体上水平相对较低。

图 5-8 为 2019 年黄河流域各省份排名前五位和后五位的县（市、区）农村创新发展平均得分对比情况。可以看出，宁夏排名前五位与排名后五位平均水平在 9 省份中均处于较高水平。内蒙古与河南排名前五位与排名后五位平均水平处于 9 省份中等水平。山东排名前五位平均水平处于 9 省份中等水平，而排名后五位平均水平处于 9 省份最高水平。甘肃和青海排名前五位平均水平处于 9 省份中等水平，而排名后五位平均水平处于 9 省份较低水平。四川整体处于 9 省份较低水平。山西排名前五位与排名后五位平均水平均处于 9 省份较低水平。陕西排名前五位平均水平处于 9 省份最高水平，而排名后五位平均水平处于 9 省份较低水平。

（3）农村协调发展情况

从 2019 年农村协调发展得分情况来看，山东排名前五位的县（市、区）依次是邹平市、博兴县、嘉祥县、汶上县和利津县，得分处于 0.036～0.052 分区间内；排名后五位的县（市、区）依次是泗水县、鄄城县、梁山县、东平县和惠民县，得分处于 0.025～0.030 分区间内。可以看出，2019 年山东黄河流域范围内各县（市、区）之间农村协调发展得分差异相对较

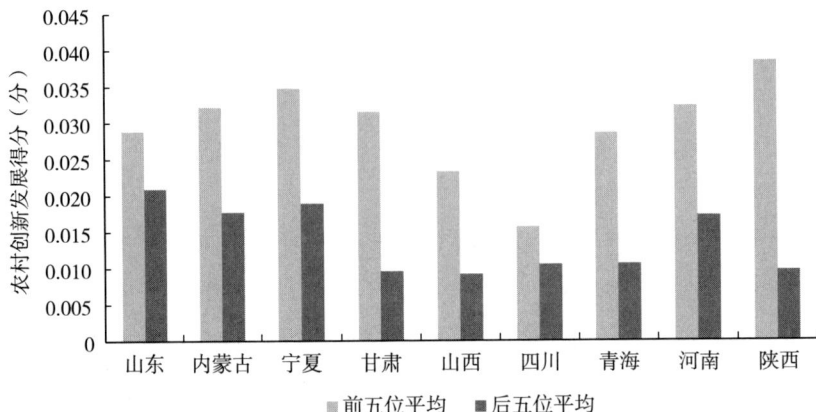

图 5-8　2019 年黄河流域各省排名前五位和后五位的
县（市、区）农村创新发展平均得分

小，但整体上处于相对较低水平。

河南排名前五位的县（市、区）分别是义马市、巩义市、新郑市、济源市和新密市，得分处于 0.059～0.105 分区间范围内；排名后五位的县（市、区）分别是宜阳县、修武县、清丰县、灵宝市和卢氏县，得分处于 0.016～0.030 分区间范围内。可以看出，与其他省份相比，河南 2019 年农村协调发展得分排名前五位的县（市、区）整体上处于相对较高的水平，但排名后五位的县（市、区）得分水平相对较低，各县（市、区）之间差异值较大。

对四川黄河流域范围内马尔康市、红原县和阿坝县 3 个县（市、区）2019 年农村协调发展水平进行测算，其综合得分依次为 0.037 分、0.019 分、0.011 分。可以看出，四川黄河流域范围内 3 个县（市、区）2019 年农村协调发展得分相对较低。

山西排名前五位的县（市、区）分别是沁源县、侯马市、蒲县、河津市和沁水县，得分处于 0.046～0.071 分区间范围内；排名后五位的县（市、区）分别是祁县、襄汾县、壶关县、汾西县和沁县，得分处于 0.015～0.028 分区间范围内。

陕西排名前五位的县（市、区）分别是神木市、府谷县、榆阳区、韩城市和志丹县，得分处于 0.040～0.082 分区间范围内；排名后五位的县（市、区）分别是礼泉县、周至县、大荔县、永寿县和淳化县，得分处于0.014～0.016分区间范围内。可以看出，山西与陕西黄河流域范围内2019年农村协调发展排名前五位的县（市、区）处于较高水平，排名后五位的县（市、区）处于较低水平，各县（市、区）之间得分值差异较大。

内蒙古排名前五位的县（市、区）分别是伊金霍洛旗、准格尔旗、鄂托克旗、阿拉善盟左旗和乌审旗，得分处于0.046～0.124分区间范围内；排名后五位的县（市、区）分别是杭锦旗、达尔罕茂明安联合旗、和林格尔县、武川县和乌拉特中旗，得分处于0.016～0.029分区间范围内。可以看出，内蒙古黄河流域范围内各县（市、区）2019年农村协调发展得分整体上处于较高水平，但各县（市、区）之间差异值较大。

甘肃排名前五位的县（市、区）依次是临夏市、庆阳市城区、灵台县、华亭市和永靖县，得分处于0.031～0.086分区间范围内；排名后五位的县（市、区）依次是古浪县、靖远县、张家川回族自治县、夏河县和玛曲县，得分处于0.010～0.013分区间范围内。可以看出，甘肃黄河流域范围内2019年农村协调发展得分排名前五位的县（市、区）整体上处于较高水平，而排名后五位的县（市、区）得分相对偏低。

宁夏排名前五位的县（市、区）依次是灵武市、吴忠市城区、贺兰县、盐池县和固原市原州区，得分处于0.035～0.072分区间范围内；排名后五位的县（市、区）依次是彭阳县、隆德县、同心县、海原县和西吉县，得分处于0.014～0.019分区间范围内。可以看出，宁夏黄河流域范围内各县（市、区）2019年农村协调发展得分整体处于中等水平。

对青海黄河流域范围内民和回族土族自治县、贵德县、玛多县、河南蒙古族自治县和班玛县5个县（市、区）2019年农村协调发展水平进行测算，得分分别为0.022分、0.021分、0.010分、0.009分和0.009分，整体上水平较低。

图5-9为2019年黄河流域各省份排名前五位和后五位的县（市、区）农村协调发展平均得分对比情况。可以看出，内蒙古、河南和陕西排名前五位平均水平处于9省份较高水平，河南排名后五位平均水平处于9省份较高水平，而内蒙古与陕西排名后五位平均水平处于9省份中等水平。山东与山

西排名前五位平均水平处于9省份中等水平，而排名后五位平均水平处于9省份较高水平。宁夏与甘肃排名前五位平均水平处于9省份中等水平，而排名后五位平均水平处于9省份较低水平。四川整体上处于9省份较低水平。青海排名前五位与排名后五位平均水平在9省份中均处于较低水平。

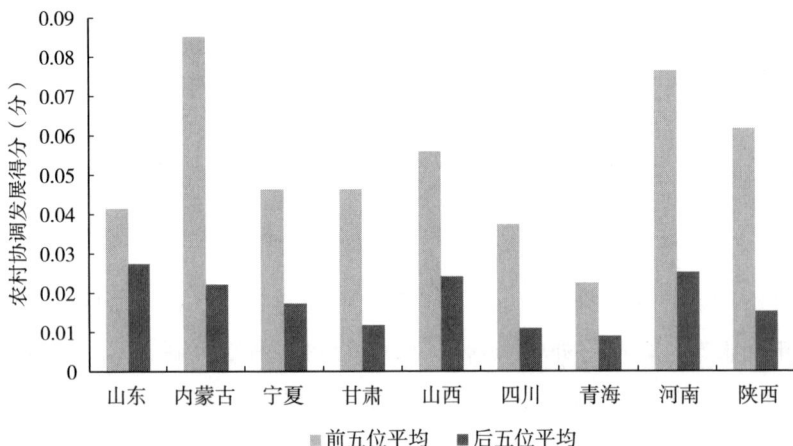

图5-9　2019年黄河流域各省份排名前五位和后五位的
县（市、区）农村协调发展平均得分

（4）农村共享发展情况

从2019年农村共享发展得分情况来看，山东排名前五位的县（市、区）依次是博兴县、平阴县、邹平市、汶上县和东平县，得分处于0.054～0.109分区间内；排名后五位的县（市、区）依次是鄄城县、梁山县、蒙阴县、泗水县和平邑县，得分处于0.036～0.042分区间内。可以看出，2019年山东黄河流域范围内各县（市、区）之间农村共享发展得分整体处于相对较高水平。

河南排名前五位的县（市、区）分别是义马市、新密市、西峡县、新郑市和中牟县，得分处于0.069～0.085分区间范围内；排名后五位的县（市、区）分别是孟津县、汝阳县、汝州市、兰考县和清丰县，得分处于0.035～0.048分区间范围内。可以看出，河南2019年农村共享发展得分水平排名前五位、排名后五位的县（市、区）均与山东水平相当。

对四川黄河流域范围内马尔康市、红原县和阿坝县3个县（市、区）

2019 年农村共享发展水平进行测算，其综合得分依次为 0.130 分、0.073 分、0.067 分。可以看出，四川黄河流域范围内 3 个县（市、区）2019 年农村共享发展得分处于较高水平。

山西排名前五位的县（市、区）分别是清徐县、河津市、壶关县、沁源县和泽州县，得分处于 0.065～0.074 分区间范围内；排名后五位的县（市、区）分别是翼城县、洪洞县、蒲县、侯马市和浮山县，得分处于 0.025～0.031 分区间范围内。可以看出，山西黄河流域范围内 2019 年农村共享发展整体上水平较低。

陕西排名前五位的县（市、区）分别是凤县、宁陕县、佛坪县、神木市和靖边县，得分处于 0.076～0.135 分区间范围内；排名后五位的县（市、区）分别是三原县、永寿县、泾阳县、子洲县和旬邑县，得分处于 0.025～0.031 分区间范围内。可以看出，陕西黄河流域范围内 2019 年农村协调发展得分相对较高，但各县（市、区）之间得分值差异较大。

内蒙古排名前五位的县（市、区）分别是鄂托克旗、准格尔旗、阿拉善盟左旗、达拉特旗和达尔罕茂明安联合旗，得分处于 0.065～0.083 分区间范围内；排名后五位的县（市、区）分别是鄂托克前旗、乌拉特后旗、乌拉特中旗、和林格尔县和武川县，得分处于 0.027～0.057 分区间范围内。可以看出，内蒙古黄河流域范围内各县（市、区）2019 年农村共享发展得分整体处于中等水平。

甘肃排名前五位的县（市、区）依次是临夏市、山丹县、庆阳市城区、临洮县和天祝藏族自治县，得分处于 0.047～0.063 分区间范围内；排名后五位的县（市、区）依次是通渭县、环县、宁县、临潭县和正宁县，得分处于 0.017～0.021 分区间范围内。可以看出，甘肃黄河流域范围内 2019 年农村共享发展得分整体处于较低水平。

宁夏排名前五位的县（市、区）依次是灵武市、盐池县、贺兰县、平罗县和隆德县，得分处于 0.055～0.075 分区间范围内；排名后五位的县（市、区）依次是青铜峡市、固原市原州区、西吉县、同心县和海原县，得分处于 0.029～0.033 分区间范围内。可以看出，宁夏黄河流域范围内各县（市、区）2019 年农村共享发展维度得分整体上处于较低水平，各县（市、区）

之间差异值相对较小。

对青海黄河流域范围内玛多县、班玛县、河南蒙古族自治县、贵德县和民和回族土族自治县 5 个县（市、区）2019 年农村共享发展水平进行测算，得分分别为 0.076 分、0.071 分、0.064 分、0.056 分、0.035 分，整体处于中等水平。

图 5－10 为 2019 年黄河流域各省排名前五位和后五位的县（市、区）农村共享发展平均得分对比情况。可以看出，四川整体上处于 9 省份最高水平，可能的原因在于四川参与测算的县（市、区）只有 3 个，且人口稀少，使得农村共享发展人均水平相对较高。陕西排名前五位平均水平处于 9 省份较高水平，而排名后五位平均水平处于 9 省份较低水平。山东、河南、内蒙古与青海排名前五位与排名后五位平均水平处于 9 省份中等水平。甘肃、山西和宁夏排名前五位与排名后五位平均水平处于 9 省份较低水平。

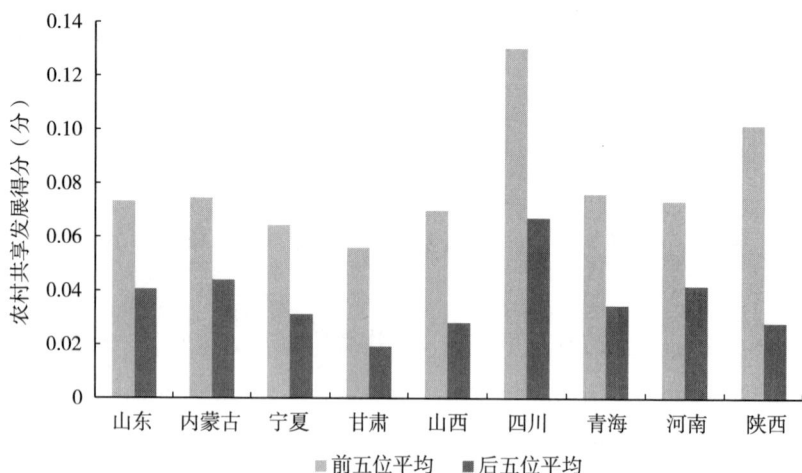

图 5－10　2019 年黄河流域各省份排名前五位和后五位的
县（市、区）农村共享发展平均得分

5.4.2 2010—2019 年黄河流域 181 个县（市、区）农村高质量发展平均水平

表 5－12 显示了最终测算所得的 2010—2019 年黄河流域 181 个县（市、

区）农村高质量发展平均水平综合得分及创新、协调、共享 3 个维度排名前五位以及排名后五位的县（市、区）的得分及排名。

表 5 - 12　2010—2019 年黄河流域 181 个县（市、区）的农村高质量发展状况

省份	农村高质量发展水平			农村创新发展			农村协调发展			农村共享发展		
	县	得分	排名	县	得分	排名	县	得分	排名	县	得分	排名
山东	邹平市	0.373	1	惠民县	0.035	1	邹平市	0.047	1	邹平市	0.091	1
	利津县	0.347	2	邹平市	0.033	2	利津县	0.043	2	利津县	0.072	2
	博兴县	0.347	3	利津县	0.030	3	博兴县	0.043	3	博兴县	0.072	3
	惠民县	0.316	4	博兴县	0.030	4	新泰市	0.040	4	平阴县	0.065	4
	平阴县	0.316	5	鄄城县	0.029	5	嘉祥县	0.035	5	惠民县	0.053	5
	汶上县	0.297	12	东平县	0.020	12	鄄城县	0.026	12	泗水县	0.043	12
	泗水县	0.296	13	嘉祥县	0.020	13	惠民县	0.026	13	鄄城县	0.040	13
	嘉祥县	0.294	14	平邑县	0.019	14	平邑县	0.025	14	平邑县	0.040	14
	平邑县	0.287	15	新泰市	0.019	15	梁山县	0.025	15	梁山县	0.038	15
	梁山县	0.287	16	平阴县	0.019	16	蒙阴县	0.024	16	嘉祥县	0.036	16
河南	义马市	0.325	1	清丰县	0.036	1	义马市	0.160	1	新密市	0.061	1
	巩义市	0.234	2	沁阳市	0.031	2	巩义市	0.077	2	新郑市	0.058	2
	新郑市	0.220	3	孟州市	0.031	3	济源市	0.055	3	西峡县	0.057	3
	济源市	0.220	4	修武县	0.031	4	新郑市	0.051	4	义马市	0.055	4
	新密市	0.218	5	兰考县	0.028	5	新密市	0.048	5	修武县	0.053	5
	汝阳县	0.182	16	新郑市	0.018	16	宜阳县	0.025	16	孟津县	0.041	16
	汝州市	0.182	17	义马市	0.017	17	清丰县	0.023	17	清丰县	0.035	17
	灵宝市	0.178	18	新密市	0.016	18	中牟县	0.023	18	兰考县	0.034	18
	宜阳县	0.173	19	巩义市	0.015	19	灵宝市	0.023	19	宜阳县	0.033	19
	卢氏县	0.169	20	西峡县	0.015	20	卢氏县	0.011	20	汝州市	0.033	20
四川	马尔康市	0.257	1	阿坝县	0.018	1	马尔康市	0.041	1	马尔康市	0.103	1
	红原县	0.200	2	红原县	0.017	2	红原县	0.017	2	红原县	0.066	2
	阿坝县	0.181	3	马尔康市	0.013	3	阿坝县	0.010	3	阿坝县	0.053	3
山西	沁源县	0.230	1	祁县	0.053	1	沁源县	0.055	1	沁源县	0.067	1
	侯马市	0.219	2	安泽县	0.028	2	侯马市	0.055	2	河津市	0.057	2
	祁县	0.208	3	襄汾县	0.028	3	蒲县	0.046	3	侯马市	0.055	3
	河津市	0.205	4	沁县	0.025	4	沁水县	0.045	4	古交市	0.051	4

（续）

省份	农村高质量发展水平			农村创新发展			农村协调发展			农村共享发展		
	县	得分	排名	县	得分	排名	县	得分	排名	县	得分	排名
山西	阳城县	0.199	5	洪洞县	0.022	5	盂县	0.042	5	阳城县	0.048	5
	翼城县	0.168	20	河津市	0.014	20	襄汾县	0.024	20	襄汾县	0.026	20
	浮山县	0.163	21	泽州县	0.013	21	汾西县	0.023	21	洪洞县	0.024	21
	吉县	0.163	22	沁源县	0.013	22	祁县	0.022	22	吉县	0.024	22
	左云县	0.159	23	左云县	0.013	23	左云县	0.020	23	浮山县	0.024	23
	汾西县	0.147	24	古交市	0.006	24	沁县	0.014	24	汾西县	0.016	24
陕西	神木市	0.248	1	兴平市	0.050	1	神木市	0.081	1	宁陕县	0.091	1
	府谷县	0.237	2	蓝田县	0.049	2	府谷县	0.079	2	佛坪县	0.080	2
	凤县	0.230	3	大荔县	0.039	3	韩城市	0.052	3	凤县	0.079	3
	宁陕县	0.228	4	泾阳县	0.030	4	志丹县	0.043	4	耀州区	0.066	4
	佛坪县	0.219	5	淳化县	0.026	5	渭城区	0.042	5	神木市	0.053	5
	子长市	0.168	45	子长市	0.010	45	子洲县	0.017	45	延长县	0.027	45
	周至县	0.168	46	神木市	0.010	46	澄城县	0.016	46	三原县	0.027	46
	永寿县	0.165	47	延川县	0.010	47	永寿县	0.013	47	永寿县	0.026	47
	延长县	0.165	48	凤县	0.008	48	宜川县	0.013	48	旬邑县	0.023	48
	子洲县	0.158	49	府谷县	0.008	49	大荔县	0.011	49	子洲县	0.021	49
内蒙古	准格尔旗	0.283	1	杭锦旗	0.037	1	准格尔旗	0.116	1	鄂托克旗	0.080	1
	鄂托克旗	0.259	2	鄂托克前旗	0.031	2	伊金霍洛旗	0.107	2	准格尔旗	0.077	2
	伊金霍洛	0.249	3	乌拉特中旗	0.026	3	鄂托克旗	0.083	3	阿拉善盟左旗	0.071	3
	阿拉善盟左旗	0.238	4	达拉特旗	0.026	4	阿拉善盟左旗	0.067	4	乌审旗	0.054	4
	乌审旗	0.202	5	武川县	0.023	5	乌审旗	0.050	5	杭锦旗	0.052	5
	乌拉特后旗	0.178	9	鄂托克旗	0.019	9	杭锦旗	0.029	9	达拉特旗	0.047	9
	达尔罕茂明安联合旗	0.170	10	和林格尔县	0.017	10	达尔罕茂明安联合旗	0.027	10	乌拉特后旗	0.041	10
	乌拉特中旗	0.161	11	达尔罕茂明安联合旗	0.016	11	和林格尔县	0.021	11	乌拉特中旗	0.039	11
	和林格尔县	0.154	12	伊金霍洛旗	0.013	12	武川县	0.018	12	和林格尔县	0.038	12
	武川县	0.149	13	准格尔旗	0.012	13	乌拉特中旗	0.018	13	武川县	0.030	13

（续）

省份	农村高质量发展水平			农村创新发展			农村协调发展			农村共享发展		
	县	得分	排名	县	得分	排名	县	得分	排名	县	得分	排名
甘肃	临夏市	0.232	1	山丹县	0.026	1	临夏市	0.051	1	庆阳市城区	0.057	1
	山丹县	0.201	2	临夏市	0.026	2	庆阳市城区	0.032	2	临夏市	0.056	2
	庆阳市城区	0.198	3	灵台县	0.022	3	华亭市	0.028	3	山丹县	0.049	3
	华亭市	0.179	4	庄浪县	0.022	4	山丹县	0.027	4	天祝藏族自治县	0.042	4
	永靖县	0.177	5	和政县	0.022	5	永靖县	0.026	5	华池县	0.040	5
	宁县	0.147	32	榆中县	0.012	32	庄浪县	0.011	32	卓尼县	0.019	32
	环县	0.146	33	天祝藏族自治县	0.012	33	宁县	0.011	33	临潭县	0.018	33
	卓尼县	0.146	34	皋兰县	0.012	34	静宁县	0.011	34	环县	0.017	34
	宕昌县	0.144	35	临潭县	0.010	35	夏河县	0.010	35	通渭县	0.016	35
	临潭县	0.142	36	庆阳市城区	0.009	36	张家川回族自治县	0.009	36	宕昌县	0.015	36
宁夏	灵武市	0.229	1	吴忠市城区	0.036	1	灵武市	0.052	1	灵武市	0.059	1
	吴忠市城区	0.199	2	永宁县	0.036	2	吴忠市城区	0.043	2	平罗县	0.047	2
	贺兰县	0.195	3	贺兰县	0.035	3	固原市原州区	0.031	3	隆德县	0.041	3
	平罗县	0.187	4	灵武市	0.030	4	贺兰县	0.031	4	贺兰县	0.041	4
	青铜峡市	0.184	5	中宁县	0.028	5	青铜峡市	0.029	5	青铜峡市	0.039	5
	彭阳县	0.164	11	海原县	0.022	11	隆德县	0.017	11	彭阳县	0.031	11
	同心县	0.155	12	隆德县	0.021	12	彭阳县	0.017	12	泾源县	0.029	12
	泾源县	0.150	13	泾源县	0.017	13	泾源县	0.016	13	同心县	0.022	13
	西吉县	0.142	14	盐池县	0.016	14	西吉县	0.013	14	海原县	0.018	14
	海原县	0.141	15	固原市原州区	0.015	15	海原县	0.013	15	西吉县	0.017	15
青海	玛多县	0.178	1	河南蒙古族自治县	0.028	1	贵德县	0.019	1	玛多县	0.072	1
	班玛县	0.151	2	玛多县	0.019	2	民和回族土族自治县	0.018	2	班玛县	0.051	2
	河南蒙古族自治县	0.151	3	班玛县	0.017	3	玛多县	0.010	3	贵德县	0.040	3

（续）

省份	农村高质量发展水平			农村创新发展			农村协调发展			农村共享发展		
	县	得分	排名	县	得分	排名	县	得分	排名	县	得分	排名
青海	贵德县	0.146	4	民和回族土族自治县	0.016	4	河南蒙古族自治县	0.008	4	河南蒙古族自治县	0.037	4
	民和回族土族自治县	0.135	5	贵德县	0.010	5	班玛县	0.007	5	民和回族土族自治县	0.022	5

（1）农村高质量发展综合情况

从 2010—2019 年农村高质量发展综合得分情况来看，山东排名前五位的县（市、区）依次是邹平市、利津县、博兴县、惠民县和平阴县，综合得分处于 0.316~0.373 分区间内；排名后五位的县（市、区）依次是汶上县、泗水县、嘉祥县、平邑县和梁山县，综合得分处于 0.287~0.297 分区间内。可以看出，2010—2019 年山东黄河流域范围内各县（市、区）农村高质量发展整体上处于较高水平，排名前五位的各县（市、区）综合得分均在 0.310 分以上，排名后五位的各县（市、区）综合得分均在 0.280 分以上。

河南排名前五位的县（市、区）分别是义马市、巩义市、新郑市、济源市和新密市，综合得分处于 0.218~0.325 分区间范围内；排名后五位的县（市、区）分别是汝阳县、汝州市、灵宝市、宜阳县和卢氏县，综合得分处于 0.169~0.182 分区间范围内。可以看出，2010—2019 年河南黄河流域范围内各县（市、区）农村高质量发展水平整体上处于较高水平，但远落后于山东；且与山东类似，排名前五位的各县（市、区）综合得分差值相对较大，而排名后五位的各县（市、区）综合得分差值很小。

对四川黄河流域范围内马尔康市、红原县和阿坝县 3 个县（市、区）2010—2019 年农村高质量发展水平进行测算，其综合得分依次为 0.257 分、0.200 分、0.181 分。可以看出，2010—2019 年四川黄河流域范围内 3 个县（市、区）农村高质量发展处于中等水平，且差异值较大。

山西排名前五位的县（市、区）分别是沁源县、侯马市、祁县、河津市和阳城县，综合得分处于 0.199~0.230 分区间范围内；排名后五位的县（市、区）分别是翼城县、浮山县、吉县、左云县和汾西县，综合得分处于

0.147～0.168 分区间范围内。可以看出，2010—2019 年山西黄河流域范围内各县（市、区）农村高质量发展整体上处于中等偏低水平。

陕西排名前五位的县（市、区）分别是神木市、府谷县、凤县、宁陕县和佛坪县，综合得分处于 0.219～0.248 分区间范围内；排名后五位的县（市、区）分别是子长市、周至县、永寿县、延长县和子洲县，综合得分处于 0.158～0.168 分区间范围内。可以看出，2010—2019 年陕西黄河流域范围内各县（市、区）农村高质量发展整体上处于中等水平。

内蒙古排名前五位的县（市、区）分别是准格尔旗、鄂托克旗、伊金霍洛旗、阿拉善盟左旗和乌审旗，综合得分处于 0.202～0.283 分区间范围内；排名后五位的县（市、区）分别是乌拉特后旗、达尔罕茂明安联合旗、乌拉特中旗、和林格尔县和武川县，综合得分处于 0.149～0.178 分区间范围内。可以看出，2010—2019 年内蒙古黄河流域范围内各县（市、区）农村高质量发展整体上处于中等水平，且排名前五位与排名后五位各县（市、区）之间综合得分差异值均较大。

甘肃排名前五位的县（市、区）依次是临夏市、山丹县、庆阳市城区、华亭市和永靖县，综合得分处于 0.177～0.232 分区间范围内；排名后五位的县（市、区）依次是宁县、环县、卓尼县、宕昌县和临潭县，综合得分处于 0.142～0.147 分区间范围内。可以看出，2010—2019 年甘肃黄河流域范围内农村高质量发展排名前五位与排名后五位的县（市、区）综合得分均偏低。

宁夏排名前五位的县（市、区）依次是灵武市、吴忠市城区、贺兰县、平罗县和青铜峡市，综合得分处于 0.184～0.229 分区间范围内；排名后五位的县（市、区）依次是彭阳县、同心县、泾源县、西吉县和海原县，综合得分处于 0.141～0.164 分区间范围内。可以看出，2010—2019 年宁夏黄河流域范围内各县（市、区）农村高质量发展整体上处于较低水平。

对青海黄河流域范围内玛多县、河南蒙古族自治县、班玛县、贵德县和民和回族土族自治县 5 个县（市、区）2010—2019 年农村高质量发展水平进行测算，综合得分分别为 0.178 分、0.151 分、0.151 分、0.146 分、0.135 分，整体上水平较低。

图 5‐11 为 2010—2019 年黄河流域各省份排名前五位和后五位的县
（市、区）农村高质量发展平均得分对比情况。可以看出，山东排名前五位
与排名后五位平均水平远高于其他省份。四川整体处于 9 省份较高水平。河
南排名前五位与排名后五位平均水平在 9 省份中均处于较高水平。内蒙古、
陕西与山西排名前五位与排名后五位平均水平处于 9 省份中等水平。甘肃、
宁夏和青海排名前五位与排名后五位平均水平在 9 省份中均处于较低水平。

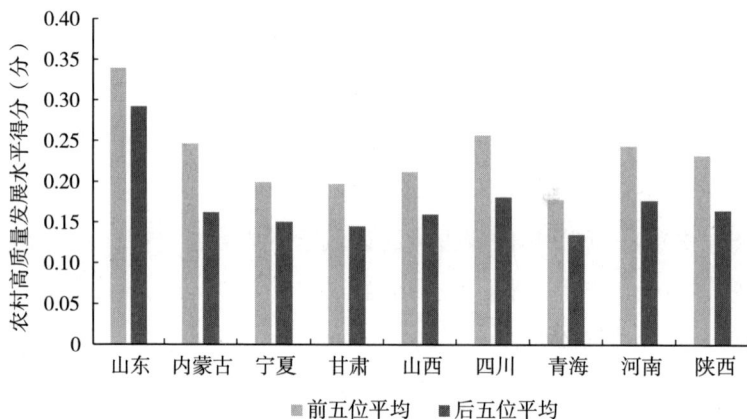

图 5‐11　2010—2019 年黄河流域各省份排名前五位和后五位的
县（市、区）农村高质量发展平均得分

（2）农村创新发展情况

从 2010—2019 年农村创新发展得分情况来看，山东排名前五位的县
（市、区）依次是惠民县、邹平市、利津县、博兴县和鄄城县，得分处于
0.029～0.035 分区间内；排名后五位的县（市、区）依次是东平县、嘉祥
县、平邑县、新泰市和平阴县，得分处于 0.019～0.020 分区间内。可以看
出，2010—2019 年山东黄河流域范围内各县（市、区）农村创新发展整体
上处于较高水平，且各县（市、区）之间差异相对较小，得分均在 0.019～
0.035 分范围内。

河南排名前五位的县（市、区）分别是清丰县、沁阳市、孟州市、修武
县和兰考县，得分处于 0.028～0.036 分区间范围内；排名后五位的县（市、
区）分别是新郑市、义马市、新密市、巩义市和西峡县，得分处于 0.015～

0.018 分区间范围内。可以看出，2010—2019 年河南农村创新发展得分排名前五位的县（市、区）整体上与山东相当，但排名后五位的县（市、区）得分低于山东。

对四川黄河流域范围内阿坝县、红原县和马尔康市 3 个县（市、区）2010—2019 年农村创新发展水平进行测算，其综合得分依次为 0.018 分、0.017 分、0.013 分。可以看出，2010—2019 年四川黄河流域范围内 3 个县（市、区）农村创新发展得分整体较低。

山西排名前五位的县（市、区）分别是祁县、安泽县、襄汾县、沁县和洪洞县，得分处于 0.022～0.053 分区间范围内；排名后五位的县（市、区）分别是河津市、泽州县、沁源县、左云县和古交市，得分处于 0.006～0.014 分区间范围内。可以看出，2010—2019 年山西黄河流域范围内农村创新发展排名前五位与排名后五位各县（市、区）得分值差异较大。

陕西排名前五位的县（市、区）分别是兴平市、蓝田县、大荔县、泾阳县和淳化县，得分处于 0.026～0.050 分区间范围内；排名后五位的县（市、区）分别是子长市、神木市、延川县、凤县和府谷县，得分处于 0.008～0.010 分区间范围内。可以看出，2010—2019 年陕西黄河流域范围内农村创新发展排名前五位的县（市、区）处于最高水平，排名后五位的县（市、区）处于最低水平，各县（市、区）之间得分值差异较大。

内蒙古排名前五位的县（市、区）分别是杭锦旗、鄂托克前旗、乌拉特中旗、达拉特旗和武川县，得分处于 0.023～0.037 分区间范围内；排名后五位的县（市、区）分别是鄂托克旗、和林格尔县、达尔罕茂明安联合旗、伊金霍洛旗和准格尔旗，得分处于 0.012～0.019 分区间范围内。可以看出，2010—2019 年内蒙古黄河流域范围内各县（市、区）农村创新发展得分整体上处于中等水平。

甘肃排名前五位的县（市、区）依次是山丹县、临夏市、灵台县、庄浪县、和政县，得分处于 0.022～0.026 分区间范围内；排名后五位的县（市、区）依次是榆中县、天祝藏族自治县、皋兰县、临潭县和庆阳市城区，得分处于 0.009～0.012 分区间范围内。可以看出，2010—2019 年甘肃黄河流域范围内各县（市、区）农村创新发展得分整体偏低。

宁夏排名前五位的县（市、区）依次是吴忠市城区、永宁县、贺兰县、灵武市和中宁县，得分处于0.028~0.036分区间范围内；排名后五位的县（市、区）依次是海原县、隆德县、泾源县、盐池县和固原市原州区，得分处于0.015~0.028分区间范围内。可以看出，2010—2019年宁夏黄河流域范围内各县（市、区）农村创新发展得分差异较小。

对青海黄河流域范围内河南蒙古族自治县、玛多县、班玛县、民和回族土族自治县和贵德县5个县（市、区）2010—2019年农村创新发展水平进行测算，得分分别为0.028分、0.019分、0.017分、0.016分、0.010分，整体上水平较低。

图5-12为2010—2019年黄河流域各省份排名前五位和后五位的县（市、区）农村创新发展平均得分对比情况。可以看出，陕西排名前五位平均水平处于9省份最高，而排名后五位平均水平处于9省份最低。山东、宁夏和河南排名前五位与排名后五位平均水平处于9省份较高水平。内蒙古与陕西排名前五位与排名后五位平均水平处于9省份中等水平。青海排名前五位平均水平处于9省份中间水平，而排名后五位处于9省份较低水平。甘肃排名前五位与排名后五位平均水平处于9省份较低水平。四川整体处于9省份较低水平。

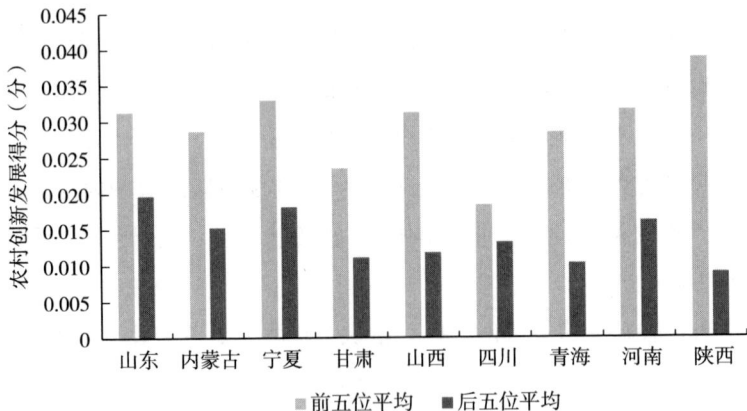

图5-12　2010—2019年黄河流域各省份排名前五位和后五位的
县（市、区）农村创新发展平均得分

（3）农村协调发展情况

从 2010—2019 年农村协调发展得分情况来看，山东排名前五位的县（市、区）依次是邹平市、利津县、博兴县、新泰市和嘉祥县，得分处于 0.035～0.047 分区间内；排名后五位的县（市、区）依次是鄄城县、惠民县、平邑县、梁山县和蒙阴县，得分处于 0.024～0.026 分区间内。可以看出，2010—2019 年山东黄河流域范围内各县（市、区）之间农村协调发展得分排名前五位的县（市、区）整体上处于中等水平，排名后五位的县（市、区）整体上处于较高水平，各县（市、区）之间差异较小。

河南排名前五位的县（市、区）分别是义马市、巩义市、济源市、新郑市和新密市，得分处于 0.048～0.160 分区间范围内；排名后五位的县（市、区）分别是宜阳县、清丰县、中牟县、灵宝市和卢氏县，得分处于 0.011～0.025 分区间范围内。可以看出，与其他省份相比，河南 2010—2019 年农村协调发展得分排名前五位与排名后五位的县（市、区）整体上处于相对较高的水平，但各县（市、区）之间差异值较大。

对四川黄河流域范围内马尔康市、红原县和阿坝县 3 个县（市、区）2010—2019 年农村协调发展水平进行测算，其综合得分依次为 0.041 分、0.017 分、0.010 分。可以看出，四川黄河流域范围内 3 个县（市、区）2010—2019 年农村协调发展得分整体处于中等偏低水平。

山西排名前五位的县（市、区）分别是沁源县、侯马市、蒲县、沁水县和盂县，得分处于 0.042～0.055 分区间范围内；排名后五位的县（市、区）分别是襄汾县、汾西县、祁县、左云县和沁县，得分处于 0.014～0.024 分区间范围内。可以看出，山西黄河流域范围内 2010—2019 年农村协调发展排名前五位与排名后五位的县（市、区）整体上处于中等水平。

陕西排名前五位的县（市、区）分别是神木市、府谷县、韩城市、志丹县和渭城区，得分处于 0.042～0.081 分区间范围内；排名后五位的县（市、区）分别是子洲县、澄城县、永寿县、宜川县和大荔县，得分处于 0.011～0.017 分区间范围内。可以看出，陕西黄河流域范围内 2010—2019 年农村协调发展排名前五位的县（市、区）处于较高水平，排名后五位的县（市、区）处于中等水平，各县（市、区）之间得分值差异较大。

　　内蒙古排名前五位的县（市、区）分别是准格尔旗、伊金霍洛旗、鄂托克旗、阿拉善盟左旗和乌审旗，得分处于 0.050～0.116 分区间范围内；排名后五位的县（市、区）分别是杭锦旗、达尔罕茂明安联合旗、和林格尔县、武川县和乌拉特中旗，得分处于 0.018～0.029 分区间范围内。可以看出，内蒙古黄河流域范围内各县（市、区）2010—2019 年农村协调发展得分整体上处于较高水平，但排名靠前的各县（市、区）之间差异值较大。

　　甘肃排名前五位的县（市、区）依次是临夏市、庆阳市城区、华亭市、山丹县和永靖县，得分处于 0.026～0.051 分区间范围内；排名后五位的县（市、区）依次是庄浪县、宁县、静宁县、夏河县和张家川回族自治县，得分处于 0.009～0.011 分区间范围内。可以看出，甘肃黄河流域范围内 2010—2019 年农村协调发展得分排名前五位与排名后五位的县（市、区）得分均处于较低水平。

　　宁夏排名前五位的县（市、区）依次是灵武市、吴忠市城区、固原市原州区、贺兰县和青铜峡市，得分处于 0.029～0.052 分区间范围内；排名后五位的县（市、区）依次是隆德县、彭阳县、泾源县、西吉县和海原县，得分处于 0.013～0.017 分区间范围内。可以看出，宁夏黄河流域范围内各县（市、区）2010—2019 年农村协调发展得分整体上处于中等偏低水平。

　　对青海黄河流域范围内贵德县、民和回族土族自治县、玛多县、河南蒙古族自治县和班玛县 5 个县（市、区）2010—2019 年农村协调发展水平进行测算，得分分别为 0.019 分、0.018 分、0.010 分、0.008 分、0.007 分，整体上水平较低。

　　图 5-13 为 2010—2019 年黄河流域各省份排名前五位和后五位的县（市、区）农村协调发展平均得分对比情况。可以看出，内蒙古和河南排名前五位与排名后五位平均水平处于 9 省份较高水平。山东与山西排名前五位平均水平处于 9 省份中等水平，而排名后五位平均水平处于 9 省份较高水平。陕西排名前五位平均水平处于 9 省份较高水平，而排名后五位平均水平处于 9 省份中等水平。宁夏排名前五位与排名后五位平均水平处于 9 省份中等水平。四川整体上处于中等偏低水平，各县（市、区）之间差异较大。甘肃和青海排名前五位与排名后五位平均水平在 9 省份中处于较低水平。

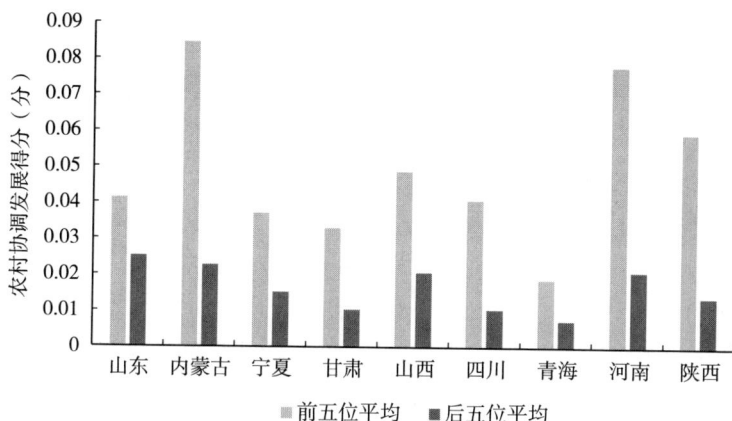

图 5-13 2010—2019 年黄河流域各省份排名前五位和后五位的
县（市、区）农村协调发展平均得分

（4）农村共享发展情况

从 2010—2019 年农村共享发展得分情况来看，山东排名前五位的县（市、区）依次是邹平市、利津县、博兴县、平阴县和惠民县，得分处于 0.053～0.091 分区间内；排名后五位的县（市、区）依次是泗水县、鄄城县、平邑县、梁山县和嘉祥县，得分处于 0.036～0.043 分区间内。可以看出，2010—2019 年山东黄河流域范围内各县（市、区）之间农村共享发展得分整体上处于较高水平。

河南排名前五位的县（市、区）分别是新密市、新郑市、西峡县、义马市和修武县，得分处于 0.053～0.061 分区间范围内；排名后五位的县（市、区）分别是孟津县、清丰县、兰考县、宜阳县和汝州市，得分处于 0.033～0.041 分区间范围内。可以看出，河南 2010—2019 年农村共享发展水平得分排名前五位和后五位平均水平整体上处于中等水平。

对四川黄河流域范围内马尔康市、红原县和阿坝县 3 个县（市、区）2010—2019 年农村共享发展水平进行测算，其综合得分依次为 0.103 分、0.066 分、0.053 分。可以看出，四川黄河流域范围内 3 个县（市、区）2010—2019 年农村共享发展得分处于较高水平。

山西排名前五位的县（市、区）分别是沁源县、河津市、侯马市、古交市和阳城县，得分处于0.048～0.067分区间范围内；排名后五位的县（市、区）分别是襄汾县、洪洞县、吉县、浮山县和汾西县，得分处于0.016～0.026分区间范围内。可以看出，山西黄河流域范围内各县（市、区）2010—2019年农村共享发展整体上处于中等偏低水平。

陕西排名前五位的县（市、区）分别是宁陕县、佛坪县、凤县、耀州区和神木市，得分处于0.053～0.091分区间范围内；排名后五位的县（市、区）分别是延长县、三原县、永寿县、旬邑县和子洲县，得分处于0.021～0.027分区间范围内。可以看出，陕西黄河流域范围内2010—2019年农村协调发展得分排名前五位的县（市、区）处于较高水平，排名后五位的县（市、区）处于中等水平，各县（市、区）之间得分值差异较大。

内蒙古排名前五位的县（市、区）分别是鄂托克旗、准格尔旗、阿拉善盟左旗、乌审旗和杭锦旗，得分处于0.052～0.080分区间范围内；排名后五位的县（市、区）分别是达拉特旗、乌拉特后旗、乌拉特中旗、和林格尔县和武川县，得分处于0.030～0.047分区间范围内。可以看出，内蒙古黄河流域范围内各县（市、区）2010—2019年农村共享发展得分整体上处于中等偏高水平。

甘肃排名前五位的县（市、区）依次是庆阳市城区、临夏市、山丹县、天祝藏族自治县和华池县，得分处于0.040～0.057分区间范围内；排名后五位的县（市、区）依次是卓尼县、临潭县、环县、通渭县和宕昌县，得分处于0.015～0.019分区间范围内。可以看出，甘肃黄河流域范围内各县（市、区）2010—2019年农村共享发展得分整体上处于较低水平。

宁夏排名前五位的县（市、区）依次是灵武市、平罗县、隆德县、贺兰县和青铜峡市，得分处于0.039～0.059分区间范围内；排名后五位的县（市、区）依次是彭阳县、泾源县、同心县、海原县和西吉县，得分处于0.017～0.031分区间范围内。可以看出，宁夏黄河流域范围内各县（市、区）2010—2019年农村共享发展得分整体上处于较低水平，各县（市、区）之间差异值相对较小。

对青海黄河流域范围内玛多县、班玛县、贵德县、河南蒙古族自治县和民和回族土族自治县5个县（市、区）2010—2019年农村共享发展水平进行测算，得分分别为 0.072 分、0.051 分、0.040 分、0.037 分、0.022 分，整体上处于中等水平。

图 5 - 14 为 2010—2019 年黄河流域各省份排名前五位和后五位的县（市、区）农村共享发展平均得分对比情况。可以看出，四川均处于最高水平。山东和内蒙古排名前五位平均水平处于 9 省份中等水平，而排名后五位平均水平处于 9 省份较高水平。青海和陕西排名前五位平均水平处于 9 省份中等水平，而排名后五位平均水平处于 9 省份较低水平。河南排名前五位与排名后五位平均水平处于 9 省份中间水平。山西排名前五位平均水平处于 9 省份中等水平，而排名后五位平均水平处于 9 省份较低水平。宁夏和甘肃排名前五位与排名后五位平均水平处于 9 省份较低水平。

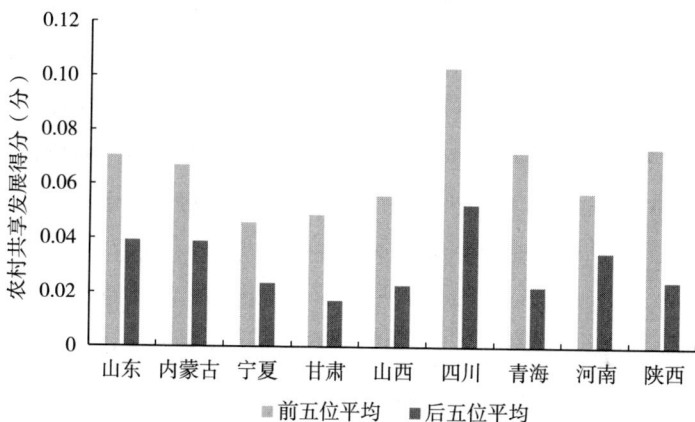

图 5 - 14　2010—2019 年黄河流域各省份排名前五位和后五位的
县（市、区）农村共享发展平均得分

6 结论、建议与讨论

6.1 结论

2019 年 9 月，习近平总书记首次提出要推动黄河流域高质量发展。黄河流域高质量发展作为我国经济社会发展的重要一环，对我国区域协调发展有着不可替代的关键作用。高质量发展成为中国步入新时代后的崭新主题，剖析高质量发展理论内涵、构建高质量发展水平测度体系与测度高质量发展实际水平成为亟待解决的重大问题。本书结合黄河流域 9 省份农村经济的实际情况，以农业高质量发展和农村高质量发展为中心，在广泛借鉴现有相关研究文献结论的基础上，依据新发展理念，分别从黄河流域农业高质量发展和农村高质量发展 2 个视角，首先提出了黄河流域农业农村高质量发展的理论框架，其次构建了评价黄河流域农业高质量发展水平和农村高质量发展水平的测度模型及其测定方法，最后分别运用黄河流域省级和县级数据展开实证研究，基于省级和县级层面分别提出了黄河流域农业高质量发展、农村高质量发展的评价思路、评价原则和评价方法。研究结论如下：

（1）坚持农业农村高质量发展是一种黄河流域农业农村新的发展方式和新的发展战略

本书提出了"高质量发展—流域高质量发展—农业高质量发展—农村高质量发展"的黄河流域农业农村高质量发展的理论框架。在此基础上指出，高质量发展是指立足解决"人民日益增长的美好生活需要和不平衡不充分的发展之间的矛盾"这一社会主要矛盾，坚持创新、协调、绿色、开放、共享的新发展理念，创新是第一动力、协调是内生特点、绿色是普遍形态、开放是必由之路、共享是根本目的，以保障和改善民生为落脚点，涵盖经济、政治、文化、生态、社会等各个领域，坚持以供给侧结构性改革为主线，实现质量第一，效率和效益优先，追求社会发展的更高质量、更有效率、更加公平、更可持续的一种新的发展方式和新的发展战略。不同流域具有异质性，流域高质量发展受经济发展阶段的影响，流域高质量发展是一个渐进的系统工程。农业高质量发展是指立足解决"人民日益增长的美好生活需要和不平衡不充分的发展之间的矛盾"这一社会主要矛盾，以农业自然再生产和经济再生产有机融合为出发点，坚持农业创新发展、农业协调发展、农业绿色发展、农业开放发展、农业共享发展，以农业供给侧结构性改革为主线，实现质量第一，效率和效益优先，追求农业更高质量、更有效率、更加公平、更可持续的一种新型农业发展方式和农业发展战略。农村高质量发展是指立足解决"人民日益增长的美好生活需要和不平衡不充分的发展之间的矛盾"这一社会主要矛盾，坚持农村创新发展、农村协调发展、农村绿色发展、农村开放发展、农村共享发展，以保障和改善农民生活为落脚点，以农村产业发展、农村绿色发展、农村人才发展、农村组织发展和农村文化发展为着力点，兼顾公平与效率，追求农村社会经济发展的更高质量、更加公平、更有效率和更可持续的一种农村新的发展方式和新的发展战略。

（2）黄河流域 9 省份农业高质量发展水平整体不高且省份间存在较大差异，存在较大改善空间

基于省级层面的黄河流域农业高质量发展评价结果表明，2019 年黄河流域 9 省份农业高质量发展水平存在较大差异，农业高质量发展水平综合得分由高到低依次为山东、四川、河南、山西、陕西、内蒙古、宁夏、青海和甘肃。其中，山东综合得分最高，为 0.541 分；甘肃综合得分最低，为 0.288 分。2010—2019 年黄河流域空间范围内农业高质量发展水平 9 省份平均值差距明显，根据 9 省份农业高质量发展水平的综合得分平均值，由高到低依次为山东、四川、河南、山西、陕西、内蒙古、宁夏、青海和甘肃，与 2019 年排名一致。2010—2019 年黄河流域 9 省份农业高质量发展水平整体不高，具有较大的改善空间。从综合得分平均值看，黄河流域农业高质量发展态势积极，从 2010 年的 0.321 分持续增长到 2019 年的 0.387 分，发展水

平整体呈上升趋势，平均年涨幅达 2.10％。从发展趋势看，除青海外，黄河流域其余 8 个省份 10 年间的农业高质量发展水平均得到不同程度的提高。

（3）黄河流域 9 省份农村高质量发展水平整体不高且省份间存在较大差异

基于省级层面的黄河流域农村高质量发展评价结果表明，2019 年黄河流域 9 省份农村高质量发展水平综合得分存在较大差异，农村高质量发展综合得分由高到低依次为山东、河南、内蒙古、陕西、宁夏、山西、四川、甘肃和青海。其中，山东综合得分最高，为 0.497 分，甘肃综合得分最低，为 0.247 分。2010—2019 年黄河流域内农村高质量发展水平 9 省份平均值差距明显，由高到低依次为山东、河南、山西、陕西、内蒙古、四川、宁夏、甘肃和青海。将各省份与全国农村高质量发展平均水平对比可知，仅有山东的农村高质量发展水平高于全国平均水平，其余 8 个省份均远低于全国平均水平。将各省份与农村高质量发展 9 省份平均水平对比可知，山东、河南、山西和陕西的农村高质量发展水平相对较高，在 9 省份平均水平之上；内蒙古、四川和宁夏的农村高质量发展水平次之，接近于 9 省份平均水平；甘肃和青海的农村高质量发展水平较低，远低于 9 省份平均水平。2010—2019 年黄河流域 9 省份农村高质量发展综合水平均呈现持续增长的状态，但不同省份间存在显著差异。其中，山东农村高质量发展综合水平在 10 年间均远高于 9 省份平均水平，且呈现稳步增长趋势。

（4）黄河流域县域农业高质量发展水平存在显著差异

本书选取黄河流域 9 省份中 181 个县（市、区）作为研究区域，其中：山东选取了 16 个县（市、区），内蒙古选取了 13 个县（市、区），宁夏选取了 15 个县（市、区），甘肃选取了 36 个县（市、区），山西选取了 24 个县（市、区），河南选取了 20 个县（市、区），陕西选取了 49 个县（市、区），四川选取了 3 个县（市、区），青海选取了 5 个县（市、区）。对各省排名前五位的县（市、区）进行综合排序发现，四川红原县的农业高质量发展水平位居首位，其次分别为陕西大荔县、河南西峡县、山东博兴县，其他省份各县（市、区）的农业高质量发展水平相对较低；同理，对各省排名后五位的县（市、区）进行综合排序，与前述结果一致，甘肃各县（市、区）的农业高质量发展综合水平位于末位，内蒙古、宁夏各县（市、区）的农业高质量发展水平相对较低。

山东16个县（市、区）中，博兴县、邹平市、平阴县、汶上县和新泰市的农业高质量发展综合水平相对较高，分别为0.3963分、0.3743分、0.3740分、0.3639分、0.3628分；排名后五位的县（市、区）分别为惠民县、蒙阴县、鄄城县、嘉祥县和平邑县，其综合评价值分别为0.3531分、0.3507分、0.3507分、0.3500分、0.3370分。

河南20个县（市、区）中，排名前五位的县（市、区）分别为西峡县、中牟县、义马市、新郑市和新密市，其综合得分值分别为0.4258分、0.3926分、0.3690分、0.3592分、0.3531分；兰考县、汝州市、孟津县、伊川县和汝阳县的农业高质量发展综合水平相对较低，其综合得分值分别为0.3199分、0.3147分、0.3130分、0.3116分、0.2999分。

内蒙古13个县（市、区）中，阿拉善盟左旗、准格尔旗、达拉特旗、乌拉特后旗、杭锦旗农业高质量发展综合水平位于前列，其综合得分值分别为0.3751分、0.3720分、0.3707分、0.3621分、0.3808分；综合得分值相对较低的县（市、区）分别为乌审旗、鄂托克前旗、乌拉特中旗、林格尔县、武川县，其综合得分值分别为0.3325分、0.3279分、0.3265分、0.3110分、0.2881分。

陕西49个县（市、区）中，大荔县、神木市、凤县、靖边县和佛坪县的农业高质量发展水平相对较高，综合得分值分别为0.4333分、0.3714分、0.3628分、0.3625分、0.3616分；凤翔区、陈仓县、旬邑县、永寿县和彬州市的农业高质量发展水平相对较低，分别为0.3002分、0.2987分、0.2950分、0.2950分、0.2885分。

宁夏15个县（市、区）中，贺兰县、灵武市、吴忠市城区、永宁县和同心县的农业高质量发展综合状况相对较好，其综合分值分别为0.3868分、0.3657分、0.3654分、0.3619分、0.3178分；泾源县、隆德县、西吉县、海原县和固原市原州区的农业高质量发展综合水平相对较低，其分值分别为0.3009分、0.2929分、0.2866分、0.2826分、0.2821分。

甘肃36个县（市、区）中，排名前五位的县（市、区）分别为山丹县、卓尼县、碌曲县、玛曲县和临夏市，其综合得分值分别为 0.325 2 分、0.323 2 分、0.308 4 分、0.301 3 分、0.295 0 分；宁县、通渭县、环县、正宁县和榆中县的农业高质量发展综合水平相对较低，其综合得分值分别为 0.244 6 分、0.238 5 分、0.236 0 分、0.235 9 分、0.234 6 分。

山西 24 个县（市、区）中，清徐县、祁县、河津市、沁水县和沁源县的农业高质量发展综合水平相对较高，其综合得分值分别为 0.313 6 分、0.308 9 分、0.303 1 分、0.296 5 分、0.295 4 分；农业高质量发展综合水平相对较低的县（市、区）分别为翼城县、蒲县、浮山县、洪洞县和汾西县，其综合得分值分别为 0.265 0 分、0.260 1 分、0.259 9 分、0.256 6 分、0.242 1 分。

四川选取的阿坝县、红原县、马尔康市 3 个县（市、区）的农业高质量发展综合水平分别为 0.359 7 分、0.444 4 分、0.393 9 分。

青海仅选取的民和回族土族自治县、河南蒙古族自治县、贵德县、班玛县、玛多县 5 个县（市、区）的农业高质量发展综合水平分别为 0.266 5 分、0.304 9 分、0.281 9 分、0.275 2 分、0.299 0 分。

（5）黄河流域县域农村高质量发展水平存在显著差异

从 2019 年农村高质量发展综合得分情况来看，山东排名前五位的县（市、区）依次是博兴县、邹平市、平阴县、汶上县和郓城县，综合得分处于 0.325～0.399 分区间内；排名后五位的县（市、区）依次是鄄城县、泗水县、蒙阴县、梁山县和平邑县，综合得分处于 0.306～0.313 分区间内。可以看出，2019 年山东黄河流域范围内各县（市、区）农村高质量发展整体上处于较高水平，各县（市、区）综合得分均在 0.3 分以上。

河南排名前五位的县（市、区）分别是义马市、新郑市、巩义市、新密市和济源市，综合得分处于 0.283～0.354 分区间范围内；排名后五位的县（市、区）分别是卢氏县、汝州市、兰考县、清丰县和汝阳县，综合得分处于 0.240～0.244 分区间范围内。可以看出，2019 年河南黄河流域范围内各县（市、区）农村高质量发展水平略低于山东各县（市、区），且与山东类似，排名前五位的县（市、区）综合得分差值相对较大，而排名后五位的各县（市、区）综合得分差值很小。

山西排名前五位的县（市、区）分别是沁源县、河津市、清徐县、沁水县和泽州县，综合得分处于 0.201～0.236 分区间范围内；排名后五位的县（市、区）分别是襄汾县、洪洞县、翼城县、汾西县和浮山县，综合得分处于 0.149～0.166 分区间范围内。可以看出，2019 年山西黄河流域范围内各县（市、区）农村高质量发展水平整体较低。

陕西排名前五位的县（市、区）分别是神木市、凤县、榆阳区、宁陕县和府谷县，综合得分处于 0.242～0.285 分区间范围内；排名后五位的县（市、区）分别是旬邑县、周至县、彬州市、子洲县和永寿县，综合得分处于 0.166～0.171 分区间范围内。可以看出，2019 年陕西黄河流域范围内各县（市、区）农村高质量发展整体上处于中间水平。

内蒙古排名前五位的县（市、区）分别是准格尔旗、伊金霍洛旗、鄂托克旗、阿拉善盟左旗和杭锦旗，综合得分处于 0.232～0.306 分区间范围内；排名后五位的县（市、区）分别是乌拉特后旗、达尔罕茂明安联合旗、乌拉特中旗、和林格尔县和武川县，综合得分处于 0.168～0.213 分区间范围内。可以看出，2019 年内蒙古黄河流域范围内各县（市、区）农村高质量发展整体上处于较高水平，且排名前五位与排名后五位各县（市、区）之间综合得分差异值均较大。

甘肃排名前五位的县（市、区）依次是临夏市、山丹县、庆阳市城区、灵台县和景泰县，综合得分处于 0.180～0.262 分区间范围内；排名后五位的县（市、区）依次是宕昌县、通渭县、宁县、环县和临潭县，综合得分处于 0.141～0.148 分区间范围内。可以看出，2019 年甘肃黄河流域范围内农村高质量发展排名前五位的县（市、区）整体上处于中间水平，而排名后五位的县（市、区）综合得分相对偏低。

宁夏排名前五位的县（市、区）依次是灵武市、贺兰县、吴忠市城区、永宁县和盐池县，综合得分处于 0.238～0.299 分区间范围内；排名后五位的县（市、区）依次是固原市原州区、彭阳县、同心县、西吉县和海原县，综合得分处于 0.184～0.201 分区间范围内。可以看出，2019 年宁夏黄河流域范围内各县（市、区）农村高质量发展整体上处于中等偏高水平。

青海黄河流域范围内玛多县、河南蒙古族自治县、班玛县、贵德县和民和回族土族自治县 5 个县（市、区）2019 年农村高质量发展水平综合得分分别为 0.211 分、0.197 分、0.191 分、0.184 分、0.167 分，整体上水平较低。

四川黄河流域范围内马尔康市、红原县和阿坝县 3 个县（市、区）2019 年农村高质量发展水平综合得分依次为 0.286 分、0.216 分、0.201 分。可以看出，2019 年四川黄河流域范围内 3 个县（市、区）农村高质量发展水平相对较低，且差异值较大。

从 2010—2019 年农村高质量发展综合得分情况来看，山东排名前五位的县（市、区）依次是邹平市、利津县、博兴县、惠民县和平阴县，综合得分处于 0.316～0.373 分区间内；排名后五位的县（市、区）依次是汶上县、泗水县、嘉祥县、平邑县和梁山县，综合得分处于 0.287～0.297 分区间内。可以看出，2010—2019 年山东黄河流域范围内各县（市、区）农村高质量发展整体上处于较高水平，排名前五位的各县（市、区）综合得分均在 0.310 分以上，排名后五位的各县（市、区）综合得分均在 0.280 分以上。

河南排名前五位的县（市、区）分别是义马市、巩义市、新郑市、济源市和新密市，综合得分处于 0.218～0.325 分区间范围内；排名后五位的县（市、区）分别是汝阳县、汝州市、灵宝市、宜阳县和卢氏县，综合得分处于 0.169～0.182 分区间范围内。可以看出，2010—2019 年河南黄河流域范围内各县（市、区）农村高质量发展水平整体上处于较高水平，但远落后于山东；且与山东类似，排名前五位的各县（市、区）综合得分差值相对较大，而排名后五位的各县（市、区）综合得分差值很小。

四川黄河流域范围内马尔康市、红原县和阿坝县 3 个县（市、区）2010—2019 年农村高质量发展水平综合得分依次为 0.257 分、0.200 分、0.181 分。可以看出，2010—2019 年四川黄河流域范围内 3 个县（市、区）农村高质量发展处于中等水平，且差异值较大。

山西排名前五位的县（市、区）分别是沁源县、侯马市、祁县、河津市和阳城县，综合得分处于 0.199～0.230 分区间范围内；排名后五位的县（市、区）分别是翼城县、浮山县、吉县、左云县和汾西县，综合得分处于 0.147～0.168 分区间范围内。可以看出，2010—2019 年山西黄河流域范围内各县（市、区）农村高质量发展整体上处于中等偏低水平。

陕西排名前五位的县（市、区）分别是神木市、府谷县、凤县、宁陕县和佛坪县，综合得分处于0.219～0.248分区间范围内；排名后五位的县（市、区）分别是子长市、周至县、永寿县、延长县和子洲县，综合得分处于0.158～0.168分区间范围内。可以看出，2010—2019年陕西黄河流域范围内各县（市、区）农村高质量发展整体上处于中等水平。

内蒙古排名前五位的县（市、区）分别是准格尔旗、鄂托克旗、伊金霍洛旗、阿拉善盟左旗和乌审旗，综合得分处于0.202～0.283分区间范围内；排名后五位的县（市、区）分别是乌拉特后旗、达尔罕茂明安联合旗、乌拉特中旗、和林格尔县和武川县，综合得分处于0.149～0.178分区间范围内。可以看出，2010—2019年内蒙古黄河流域范围内各县（市、区）农村高质量发展整体上处于中等水平，且排名前五位与排名后五位各县（市、区）之间综合得分差异值均较大。

甘肃排名前五位的县（市、区）依次是临夏市、山丹县、庆阳市城区、华亭市和永靖县，综合得分处于0.177～0.232分区间范围内；排名后五位的县（市、区）依次是宁县、环县、卓尼县、宕昌县和临潭县，综合得分处于0.142～0.147分区间范围内。可以看出，2010—2019年甘肃黄河流域范围内农村高质量发展排名前五位与排名后五位的县（市、区）综合得分均偏低。

宁夏排名前五位的县（市、区）依次是灵武市、吴忠市城区、贺兰县、平罗县和青铜峡市，综合得分处于0.184～0.229分区间范围内；排名后五位的县（市、区）依次是彭阳县、同心县、泾源县、西吉县和海原县，综合得分处于0.141～0.164分区间范围内。可以看出，2010—2019年宁夏回族自治区黄河流域范围内各县（市、区）农村高质量发展整体上处于较低水平。

青海黄河流域范围内玛多县、河南蒙古族自治县、班玛县、贵德县和民和回族土族自治县5个县（市、区）2010—2019年农村高质量发展水平综合得分分别为0.178分、0.151分、0.151分、0.146分、0.135分，整体上水平较低。

6.2 建议

（1）加大农业创新力度

要加大农业科技投入力度，优化农业科技资源配置、农业科技创新体制和成果转化体制，着力培育农业增长新动能，以新技术、新主体、新业态引领农业高质量发展。加大科技在农业生产方面贡献，将大量资金投入农业产业的科技建设中，加大农业科研人才的培养。因为主要是通过农业生产机械化提高农业生产效率，所以要将科技创新更多地运用在机械设计方面，使得农业机械化水平不断提高，构建起农业科技创新体系。要促进农业生产结构的完善，避免效率低下、产量不稳定的情况，使农业生产朝着智能化方向发展，提高农产品质量和竞争力。农业产业要与第二、三产业相互融合，最终实现经济结构一体化，使规模统一，经济交流繁荣。应当从多方入手，让各行各业融入农业产业。如满足消费者个性化农业需求的休闲农业和电商农业，可以侧重发展这两方面的农业结构新模式，再通过互联网打造品牌，与传统农业结构相结合，最后再与第二、三产业相结合，实现经济统一、规模统一的创新。

（2）加大农业开放力度

以"一带一路"倡议为依托，加强农业领域的国际合作，强化农产品国际营销，培育一批具有国际竞争力的龙头企业及农产品品牌，进一步深化农业供给侧结构性改革，建立健全要素市场机制。各部门要高度重视，加强农业对外进一步开放工作的领导，明确分管领导，建立工作机制，确定工作机构和工作人员，提供必要的工作条件，健全工作体系，做到有人办事、有钱办事、有能力办事，保证各项工作的正常开展。要加大农业技术引进和农业科技水平的提高步伐，使农业产业化企业、农业科研机构成为新技术、新品种引进的主要载体，尽快提高农作物优良品种普及率、精细瓜菜占瓜菜总量的比率、优质果品率等，逐步实现农产品的优质化、特色化、专业化。

（3）加强引导地方特色农业产业的快速发展

大力建设农产品加工业，深化农业与第二、三产业的融合，着力培育农业新主体和新业态，激发农业农村发展新动能，实现企业集聚和规模效益。实现农业科技服务的有效供给，需要加快优化农业科研资源配置，优先支持地方特色农业产业发展。加快研究制定农业科技服务更接地气的激励政策，加快推动农业科技成果转化和推广应用改革，引导广大科技工作者深入基层、服务企业、服务农民，把科技创新成果应用在振兴地方特色农业产业中。政府应当抓住建设机遇、实施乡村振兴战略机遇、社会大局持续稳定机遇，加大对发展基础好、辐射带动作用大、市场竞争力强的特色产品加工龙头企业支持力度，对接引进和壮大一批龙头企业，切实提高产业集中度，做强做大"新字号"特色农产品，真正让农业成为有奔头的产业。

（4）统筹城乡资源配置，持续加强农村基础设施和公共服务设施供给的能力和水平

以畅通要素流动为着力点，破除城乡之间、区域之间要素流动不畅的梗阻，为人力、资本、技术、信息等要素自由流动创造条件。同时，在实施城市更新的过程中，各地区要制定差异化战略定位，为产业向合理化与高级化转型打好微观基础。还要关注村镇居民的利益，注重通过以人为本的方式推动城乡一体化发展。通过城市更新完善城乡之间的公共服务与基础设施建设，盘活城乡融合区的存量土地资源，引导要素、资源、产业集聚于此，为城乡融合区注入新鲜血液，激发城乡融合区的经济发展潜力。城市更新不仅能为城市调整空间布局、优化产业结构提供发展空间，而且能实现城乡之间的进一步接驳，为促进乡深度融合乃至城市与区域经济高质量发展拓宽路径。

（5）持续加强水土流失治理、草场治理、水源地保护等生态建设工程

按照"科学规划、合理布局、因地制宜、持续发展"原则，对区域内水土流失分区划片，严格按照规划逐区、逐片、逐流域实施治理，提高水土保持工作科学化、规范化水平。把水土保持与农村产业结构调整、基础设施建设同步推进。以小流域为单元，以流域现情及功能定位确定其发展方向，探索实施生态清洁型小流域、生态经济型小流域及旅游开发型小流域综合治理模式，实现工程项目上马一处、荒山治理一片、产业兴起一群，凸显水保治理与产业发展、水质保护、环境改善的有机结合。坚持以预防为主、防治结

合，对重点工程建立群众"直接参与建设、全程参与监督、主动参与管护"的工程建管一体化模式，聘请生态监督员和联络员，建立县、乡、村、企四级生态保持监督网络。加大执法力度，严厉打击破坏生态建设工程的行为，巩固治理成果。

（6）创新乡村治理模式，持续加强乡村治理能力和水平

优化基层党建职能，强化基层党组织的引领作用。在乡村振兴工作的开展过程中，基层党组织具有非常重要的引领作用。要加强和优化基层党建工作的职能作用和内部管理水平，使人民群众更加信任、更加认可基层党组织的能力和作为，进而为高效开展乡村治理工作奠定基础。加强基层党组织人才培养，创新乡村治理模式。加强人才引进策略的实施，基层党组织应在福利待遇和发展前景上给予专业人才保障和承诺，吸引更多的专业人才加入基层党组织，有效促进农村社会治理实践的开展和推进。加大基层党员的培训力度，积极培养专业人才。如定期开展基层党员培训活动，在思想、专业技能和综合素养上对基层党员进行系统、科学的教育和培训，使其能够始终保持积极的工作状态和先进的工作思想，从而有效发挥党组织在农村社会治理中的引领作用。

（7）加强农业科技成果推广，培育现代农业专门人才

科技成果转化是科技创新推动农业高质量发展的必要环节。要理顺各级农业推广部门的组织关系与管理职能，推进林业、农业、水产、畜牧等各部门农业推广体系间的合作，提高农业推广人员科学素质水平，创新农业推广方法，增加农业技术推广经费投入，促进科技创新成果因地制宜地转化为生产力。农业发展的参与者要以新知识、新技术、新理念武装自己，做科技创新推动农业高质量发展的引领者与践行者。要以专业大户、家庭农场、农民合作社、农业龙头企业等新型农业经营主体作为农业发展的中坚力量，充分发挥高素质农民的示范和引领作用，对其开展广泛的科技培训，使更多的农民转变农业发展理念，接受科学、高效的农业发展方式。

（8）加强农业农村基本监测数据的统计工作

推进黄河流域农业农村高质量发展是一项复杂的系统性工程，必须建立大的统计数据库。只有这样，才能更准确评定黄河流域不同区域农业农村高

质量发展水平，才能作出有的放矢的判断，提出精准的对策建议。现代农业各产业间的衔接扰动、国内外市场间的传导联动以及线上线下的协同互通变得越来越强烈，对现代农业管理和调控提出了巨大的挑战。农业监测预警通过对农业产业链、价值链和供应链的链式监测，以及对信息流、物质流和资金流等的流式预警，可以实现对现代农业全生命周期的实时化、精准化和智能化管理调控。未来伴随信息化和农业现代化的发展，融合了大数据、物联网、云计算和人工智能的农业监测预警，有望成为两者在农业各产业交融发展中的管理利器，为现代农业的转型升级提供必不可少的保障和服务。

6.3 讨论

（1）有关黄河流域农业农村高质量发展理论框架方面，本书在广泛借鉴现有研究成果的基础上，提出了"高质量发展—流域高质量发展—农业高质量发展—农村高质量发展"的黄河流域农业农村高质量发展的理论框架，并重点强调黄河流域农业农村高质量发展水平测度问题。鉴于当前理论界对于高质量发展、农业高质量发展和农村高质量发展尚存在很大争议，本书提出的观点供大家讨论。此外，有关黄河流域农业农村高质量发展的动力机制、内在逻辑上需要进一步探讨。

（2）有关黄河流域农业农村高质量发展水平评价指标体系方面，需要讨论的问题有：

第一，在指标体系的基准层，不同学者选择有较大差异，如三维度、四维度、五维度、六维度、七维度、十维度等。本书借鉴多数学者的研究视角，基于对高质量发展的内涵界定，在新发展理念的指导下，从创新、协调、绿色、开放、共享5个方面构建了黄河流域农业农村高质量发展水平评价指标体系的基准层。

第二，在指标体系的要素层面，广泛借鉴现有成果，将农业创新发展界定在农业创新投入和农业创新产出两个方面，将农业协调发展界定在城乡协调、农业产业协调两个方面，将农业绿色发展界定在农业资源节约和农业环境保护两个方面，将农业开放发展界定在农产品贸易和农业市场化两个方面，将农业共享发展界定在收入分配、农村基础设施和公共服务两个方面。不足之处，可供讨论。

第三，在指标体系的指标层，广泛借鉴现有成果，在理论分析基础上兼顾数据的可得性，最后形成了指标体系。不足之处，可供讨论。

（3）有关黄河流域农业农村高质量发展评价数据来源方面，需要讨论的问题有：

第一，在省级层面，各省统计标准不一致，有些指标在有的省份有统计，有的省份尚未见到相应的统计，这就很难将此指标纳入指标体系中。尤其是近年来我国农业农村发生的巨大变化，如社会化服务组织、家庭农场、农民合作社等。

第二，在县级层面评价中，数据获取更加困难，本书重点以 181 个县（市、区）的 2011—2020 年的年度统计公报数据展开评价。众所周知，统计公报数据非常有限，在不得已的情况下将有些指标进行了替代，否则无法得出对应的结论。如在构建农业高质量发展水平评价指标体系时，理应考虑农业产业组织相关指标，如农业龙头企业数量、农业合作社数量等。然而，受数据获取限制，黄河流域 9 省份对上述数据统计不够全面，仅少数省份进行了统计，且部分年份数据存在缺失，未达到本书所选用指标数据的要求，故本书在构建农业高质量发展水平评价指标体系时对农业产业组织相关指标进行了剔除。

参 考 文 献

安淑新，2018. 促进经济高质量发展的路径研究：一个文献综述 [J]. 当代经济管理，40（9）：11-17.

安树伟，李瑞鹏，2020. 黄河流域高质量发展的内涵与推进方略 [J]. 改革（1）：76-86.

常璇，王国敏，2021. 构建"三有"经济体制与推动农业高质量发展 [J]. 理论探索（3）：75-83.

钞小静，惠康，2009. 中国经济增长质量的测度 [J]. 数量经济技术经济研究，26（6）：75-86.

陈昌兵，2018. 新时代我国经济高质量发展动力转换研究 [J]. 上海经济研究（5）：16-24，41.

陈明华，王哲，李倩，等，2022. 黄河流域高质量发展的不平衡不充分测度及成因 [J]. 当代经济研究（9）：57-70.

陈明星，2020. "十四五"时期农业农村高质量发展的挑战及其应对 [J]. 中州学刊（4）：49-55.

陈诗一，陈登科，2018. 雾霾污染、政府治理与经济高质量发展 [J]. 经济研究，53（2）：20-34.

陈湘满，2000. 美国田纳西河流域开发及其对我国流域经济发展的启示 [J]. 世界地理研究，9（2）：87-92.

崔盼盼，赵媛，夏四友，等，2020. 黄河流域生态环境与高质量发展测度及时空耦合特征 [J]. 经济地理，40（5）：49-57，80.

崔之珍，李二玲，刘晨光，2021. 黄河流域绿色农业专业村的时空演变及机制 [J]. 经济地理，41（12）：158-166.

戴桂林，林春宇，付秀梅，等，2017. 中国海洋药用生物资源可持续利用潜力评价——基于熵权-层次分析法 [J]. 资源科学，39（11）：2176-2185.

丁军强，张笑，2009. 关于建设资源节约型及环境友好型社会的文献综述 [J]. 科技情报开发与经济，19（8）：149-150.

董志勇，赵晨晓，2022.乡村振兴背景下我国农业农村高质量发展的路径选择［J］.中共中央党校（国家行政学院）学报，26（2）：80-88.

杜欢，胡健，张维群，2022."一带一路"国内区域高质量发展的测度及其空间特征分析［J］.统计与信息论坛，37（11）：38-51.

杜思梦，刘涛，2021.基于新发展理念的农业高质量发展：内涵、问题及举措［J］.中国农业科技导报，23（3）：18-24.

杜志雄，罗千峰，杨鑫，2021.农业高质量发展的内涵特征、发展困境与实现路径：一个文献综述［J］.农业农村部管理干部学院学报（4）：14-25.

樊福才，2008.黄河流域城市经济空间分异与发展研究［D］.开封：河南大学.

冯莉，曹霞，2018.破题生态文明建设，促进经济高质量发展［J］.江西师范大学学报（哲学社会科学版），51（4）：74-80.

高帆，2021.基于社会主要矛盾转化深刻理解我国高质量发展内涵［J］.上海经济研究（12）：14-21.

高耿子，2020.从二元分割到城乡融合发展新思路——中国农村经济高质量发展研究［J］.现代经济探讨（1）：108-116.

高培勇，袁富华，胡怀国，等，2020.高质量发展的动力、机制与治理［J］.经济研究（4）：4-19.

高强，2022.农业高质量发展：内涵特征、障碍因素与路径选择［J］.中州学刊（4）：29-35.

高兴明，2019.从五个方面努力推进农业农村高质量发展［J］.南方农业，13（25）：1-4.

龚锐，谢黎，王亚飞，2020.农业高质量发展与新型城镇化的互动机理及实证检验［J］.改革（7）：145-159.

苟兴朝，张斌儒，2020.黄河流域乡村绿色发展：水平测度、区域差异及空间相关性［J］.宁夏社会科学（4）：57-66.

郭付友，佟连军，仇方道，等，2021.黄河流域生态经济走廊绿色发展时空分异特征与影响因素识别［J］.地理学报，76（3）：726-739.

韩君，杜文豪，吴俊珺，2021.黄河流域高质量发展水平测度研究［J］.西安财经大学学报，34（1）：28-36.

韩永辉，韦东明，2021.中国省域高质量发展评价研究［J］.财贸研究，32（1）：26-37.

郝金连，王利，孙根年，等，2022.黄河流域高质量发展空间格局演进——基于新发展

理念视角 [J]. 中国沙漠 (6)：1-11.

郝一帆，王征兵，2019. 生产性服务业集聚有助于农业高质量增长吗？[J]. 人文杂志 (5)：54-61.

何红光，宋林，李光勤，2017. 中国农业经济增长质量的时空差异研究 [J]. 经济学家 (7)：87-97.

贺晓宇，沈坤荣，2018. 现代化经济体系、全要素生产率与高质量发展 [J]. 上海经济研究 (6)：25-34.

赫修贵，2019. 积极推动我国农业高质量发展的思考 [J]. 北方论丛 (3)：8-14.

侯科，2021. 共享发展理念下城乡融合发展路径研究 [D]. 兰州：西北民族大学.

胡敏，2018. 高质量发展要有高质量考评 [N]. 中国经济时报，01-18 (5).

黄敦平，叶蕾，2022. 黄河流域城市经济高质量发展综合评价 [J]. 统计与决策 (19)：103-106.

黄仁全，2022. 黄河流域高质量发展水平时空演变与灰色关联分析——基于2000—2018年的实证 [J]. 生态经济，38 (9)：62-70.

黄仁全，田径，2021. 陕西省高质量发展测度与评价研究 [J]. 渭南师范学院学报，36 (3)：45-52.

黄速建，肖红军，王欣，2018. 论国有企业高质量发展 [J]. 中国工业经济 (10)：19-41.

黄修杰，蔡勋，储霞玲，等，2020. 我国农业高质量发展评价指标体系构建与评估 [J]. 中国农业资源与区划，41 (4)：124-133.

霍达，2020. 加快实现我国农村经济的高质量发展 [J]. 人民论坛·学术前沿 (13)：108-111.

姬志恒，2021. 中国农业农村高质量发展的空间差异及驱动机制 [J]. 数量经济技术经济研究，38 (12)：25-44.

简新华，聂长飞，2019. 论从高速增长到高质量发展 [J]. 社会科学战线 (8)：86-95.

姜安印，杨志良，2021. 扶贫政策与农业经济高质量增长 [J]. 华中农业大学学报（社会科学版）(2)：13-22，174-175.

蒋宁，2018. 国家级新区评价指标体系构建及滨海新区高质量发展研究 [N]. 滨海时报，10-09 (8).

金碚，2018. 关于"高质量发展"的经济学研究 [J]. 中国工业经济 (4)：5-18.

金凤君，马丽，许堞，2020. 黄河流域产业发展对生态环境的胁迫诊断与优化路径识别 [J]. 资源科学，42 (1)：127-136.

柯炳生，2018. 落实乡村振兴战略　提升农业发展质量 [J]. 农村工作通讯 (2)：1.

孔文师，经理，2022. 我国高质量发展的研究与展望 [J]. 商业经济 (11)：144 - 146.

郎丽华，周明生，2018. 迈向高质量发展与国家治理现代化——第十二届中国经济增长与周期高峰论坛综述 [J]. 经济研究，53 (9)：204 - 208.

冷功业，杨建利，邢娇阳，等，2021. 我国农业高质量发展的机遇、问题及对策研究 [J]. 中国农业资源与区划，42 (5)：1 - 11.

黎新伍，徐书彬，2020. 基于新发展理念的农业高质量发展水平测度及其空间分布特征研究 [J]. 江西财经大学学报 (6)：78 - 94.

李红莉，张俊飚，罗斯炫，等，2021. 农业技术创新对农业发展质量的影响及作用机制——基于空间视角的经验分析 [J]. 研究与发展管理，33 (2)：1 - 15.

李建忠，2021. 以数字技术引领农业农村创新发展路径探索 [J]. 农业与技术，41 (19)：168 - 170.

李金昌，史龙梅，徐蔼婷，2019. 高质量发展评价指标体系探讨 [J]. 统计研究，36 (1)：4 - 14.

李景景，2016. 以五大发展理念引领我国农业经济发展 [J]. 现代化农业 (5)：40 - 41.

李敏纳，2009. 黄河流域经济空间分异研究 [D]. 开封：河南大学.

李伟，2018. 高质量发展的六大内涵 [J]. 中国林业产业 (Z1)：50 - 51.

李旖，2022. 河南省农业高质量发展路径研究——基于粮食安全背景 [J]. 山西农经 (17)：113 - 115.

李子联，王爱民，2019. 江苏高质量发展：测度评价与推进路径 [J]. 江苏社会科学 (1)：247 - 256，260.

林珊珊，徐康宁，2022. 长江经济带高质量发展的时空差异与演变特征——兼与其他重大战略区域的比较 [J]. 南京社会科学 (9)：44 - 54.

刘大海，宫伟，邢文秀，等，2015. 基于 AHP - 熵权法的海岛海岸带脆弱性评价指标权重综合确定方法 [J]. 海洋环境科学，34 (3)：462 - 467.

刘飞，龚婷，2021. 基于熵权 Topsis 模型的湖北省高质量发展综合评价 [J]. 统计与决策 (11)：85 - 88.

刘琳轲，梁流涛，高攀，等，2021. 黄河流域生态保护与高质量发展的耦合关系及交互响应 [J]. 自然资源学报，36 (1)：176 - 195.

刘瑞，郭涛，2020. 高质量发展指数的构建及应用——兼评东北经济高质量发展 [J]. 东北大学学报 (社会科学版)，22 (1)：31 - 39.

刘书昊，2022. 我国农业高质量发展水平测度研究 [J]. 黑龙江粮食 (8)：78 - 80.

刘涛，杜思梦，2021. 基于新发展理念的农业高质量发展评价指标体系构建［J］. 中国农业资源与区划，42（4）：1-9.

刘涛，李继霞，霍静娟，2020. 中国农业高质量发展的时空格局与影响因素［J］. 干旱区资源与环境，34（10）：1-8.

刘友金，周健，2018. "换道超车"：新时代经济高质量发展的新机遇与新路径［J］. 社会科学文摘（4）：42-44.

刘育红，赵依梅，2022. 黄河流域高质量发展文献综述［J］. 西安财经大学学报，35（4）：74-84.

刘志彪，2018. 理解高质量发展：基本特征、支撑要素与当前重点问题［J］. 学术月刊（7）：39-45，59.

刘忠宇，热孜燕·瓦卡斯，2021. 中国农业高质量发展的地区差异及分布动态演进［J］. 数量经济技术经济研究，38（6）：28-44.

龙迎伟，万信，2018. 论共享发展理念在我国农业发展中的价值与路径选择［J］. 改革与战略，34（3）：61-63.

龙莹，王菲，2022. 中国高质量发展水平的测度与均衡性分析［J］. 吉林工商学院学报，38（1）：13-22，76.

鲁继通，2018. 我国高质量发展指标体系初探［J］. 中国经贸导刊（中）（20）：4-7.

陆大道，孙东琪，2019. 黄河流域的综合治理与可持续发展［J］. 地理学报，74（12）：2431-2436.

麻智辉，2018. 推动江西经济高质量发展的重点和路径［N］. 江西日报，04-16（B03）.

马东俊，2022. 数字乡村战略下农村高质量发展影响因素及路径选择［J］. 农业经济（9）：38-40.

马建堂，2019. 伟大的实践　深邃的理论——学习习近平新时代中国特色社会主义经济思想的体会［J］. 管理世界，35（1）：8-19.

马茹，罗晖，王宏伟，等，2019. 中国区域经济高质量发展评价指标体系及测度研究［J］. 中国软科学（7）：60-67.

马文奇，马林，张建杰，等，2020. 农业绿色发展理论框架和实现路径的思考［J］. 中国生态农业学报（中英文），28（8）：1103-1112.

毛汉英，2020. "黄河流域高质量发展路径与资源生态保障"专辑序言［J］. 资源科学，42（1）：1-2.

孟祥兰，邢茂源，2019. 供给侧改革背景下湖北高质量发展综合评价研究：基于加权因

　　子分析法的实证研究 [J]. 数理统计与管理，38（4）：675 - 687.

聂长飞，简新华，2020. 中国高质量发展的测度及省际现状的分析比较 [J]. 数量经济
　　技术经济研究，37（2）：26 - 47.

逢锦聚，林岗，杨瑞龙，等，2019. 促进经济高质量发展笔谈 [J]. 经济学动态（7）：
　　3 - 19.

齐文浩，张越杰，2021. 以数字经济助推农村经济高质量发展 [J]. 理论探索（3）：93 -
　　99.

屈小娥，马黄龙，王晓芳，2022. 省域经济高质量发展水平综合评价 [J]. 统计与决策，
　　38（16）：98 - 103.

任保平，2018a. 我国高质量发展的目标要求和重点 [J]. 红旗文稿（24）：21 - 23.

任保平，2018b. 新时代中国经济从高速增长转向高质量发展：理论阐释与实践取向
　　[J]. 学术月刊，50（3）：86 - 74.

任保平，2022. 黄河流域生态保护和高质量发展的创新驱动战略及其实现路径 [J]. 宁
　　夏社会科学（3）：131 - 138.

任保平，付雅梅，杨羽宸，2022. 黄河流域 9 省区经济高质量发展的评价及路径选择
　　[J]. 统计与信息论坛，37（1）：89 - 99.

任保平，李禹墨，2018c. 新时代我国高质量发展评判体系的构建及其转型路径 [J]. 陕
　　西师范大学学报（哲学社会科学版），47（3）：105 - 113.

任保平，文丰安，2018d. 新时代中国高质量发展的判断标准、决定因素与实现途径
　　[J]. 改革（4）：5 - 16.

任保平，张倩，2019. 黄河流域高质量发展的战略设计及其支撑体系构建 [J]. 改革
　　（10）：26 - 34.

任静，2012. 提高多指标决策客观性的赋权方法 [J]. 管理评论，24（5）：160 - 169.

师博，任保平，2018. 中国省际经济高质量发展的测度与分析 [J]. 经济问题（4）：
　　1 - 6.

师博，2018. 论现代化经济体系的构建对我国经济高质量发展的助推作用 [J]. 陕西师
　　范大学学报（哲学社会科学版），47（3）：126 - 132.

师博，张冰瑶，2019. 全国地级以上城市经济高质量发展测度与分析 [J]. 社会科学研
　　究（3）：19 - 27.

师帅，2013. 低碳经济视角下我国农业协调发展研究 [D]. 哈尔滨：东北林业大学.

石华平，易敏利，2020. 环境治理、高质量发展与居民幸福感——基于 CGSS（2015）微
　　观调查数据的实证研究 [J]. 管理评论，32（9）：18 - 33.

石涛，2020. 黄河流域生态保护与经济高质量发展耦合协调度及空间网络效应［J］. 区域经济评论（3）：25-34.

史丹，2018. 绿色发展与全球工业化的新阶段：中国的进展与比较［J］. 中国工业经济（10）：5-18.

史丹，2019. 从三个层面理解高质量发展的内涵［N］. 经济日报，09-09（14）.

宋洁，2021. 新发展格局下黄河流域高质量发展"内外循环"建设的逻辑与路径［J］. 当代经济管理，43（7）：69-76.

苏轩，马晓东，2022. 推动我国农村地区高质量发展研究［J］. 中国管理信息化，25（7）：203-205.

孙海燕，2022. 推动农村经济高质量发展应把握好几个关系［J］. 中共山西省委党校学报，45（4）：58-64.

孙江超，2019. 我国农业高质量发展导向及政策建议［J］. 管理学刊，32（6）：28-35.

孙康，唐梦林，何泽军，等，2022. 冀鲁豫3省农业高质量发展影响因素实证分析［J］. 河南农业大学学报，56（2）：323-330.

孙倩，刘志杰，2022. 推进农业农村绿色发展与区域经济增长［J］. 中国果树（8）：130.

谭天，2019. 新型农村社区公共服务设施配置的绩效评价及优化［D］. 青岛：青岛理工大学.

滕颖慧，2022. 乡村振兴背景下农村区域经济的协调发展研究［J］. 商讯（21）：137-140.

田国强，2019. 中国经济高质量发展的政策协调与改革应对［J］. 学术月刊（5）：32-38.

田秋生，2018. 高质量发展的理论内涵和实践要求［J］. 山东大学学报（哲学社会科学版）（6）：1-8.

万方旭，2022. 绿色发展理念下农村经济绿色转型的路径研究［J］. 南方农机，53（15）：96-99.

汪同三，2018. 深入理解我国经济转向高质量发展［N］. 人民日报，06-07（7）.

汪侠，徐晓红，2020. 长江经济带经济高质量发展的时空演变与区域差距［J］. 经济地理，40（3）：5-15.

汪增洋，张学良，2019. 后工业化时期中国小城镇高质量发展的路径选择［J］. 中国工业经济（1）：62-80.

王锋，王瑞琦，2021. 中国经济高质量发展研究进展［J］. 当代经济管理，43（2）：

1-10.

王军，詹韵秋，2018. "五大发展理念"视域下中国经济增长质量的弹性分析［J］. 软科学，32（6）：26-29.

王可山，郝裕，秦如月，2020. 农业高质量发展、交易制度变迁与网购农产品消费促进——兼论新冠肺炎疫情对生鲜电商发展的影响［J］. 经济与管理研究，41（4）：21-31.

王丽娟，张玺玲，文长存，2022. 东部沿海发达地区农业高质量发展的问题与对策［J］. 浙江农业科学，63（5）：1125-1130.

王林川，刘丽，吴慈生，2021. 新经济环境下国家高新区高质量发展评价研究——以10个国家高新区为例［J］. 科技管理研究，41（3）：33-39.

王梦菲，2021. 农业高质量发展评价体系与农民增收机制分析［J］. 未来与发展，45（6）：6-15.

王瑞莉，刘玉，王成新，等，2022. 黄河流域经济联系及其网络结构演变研究［J］. 世界地理研究，31（3）：527-537.

王思凯，张婷婷，高宇，等，2018. 莱茵河流域综合管理和生态修复模式及其启示［J］. 长江流域资源与环境，27（1）：215-224.

王伟，王成金，2020. 东北地区高质量发展评价及其空间特征［J］. 地理科学，40（11）：1795-1802.

王兴国，曲海燕，2020. 科技创新推动农业高质量发展的思路与建议［J］. 学习与探索，（11）：120-127.

王亚男，唐晓彬，2022. 基于八大区域视角的中国经济高质量发展水平测度研究［J］. 数理统计与管理，41（2）：191-206.

王一鸣，2018. 向高质量发展转型要突破哪些关口［N］. 联合时报，04-13（4）.

王颖，2021. 烟台市农业绿色发展评价研究［D］. 烟台：烟台大学.

王永昌，尹江燕，2019. 论经济高质量发展的基本内涵及趋向［J］. 浙江学刊（1）：91-95.

王兆华，邹朋宇，李浩，等，2022. 经济-能源-水耦合视角下黄河流域区域协同发展路径［J］. 中国人口·资源与环境，32（8）：10-19.

魏敏，李书昊，2018a. 新时代中国经济高质量发展水平的测度研究［J］. 数量经济技术经济研究，35（11）：3-20.

魏敏，李书昊，2018b. 新常态下中国经济增长质量的评价体系构建与测度［J］. 经济学家（4）：19-26.

魏琦，张斌，金书秦，2018. 中国农业绿色发展指数构建及区域比较研究 [J]. 农业经济问题 (11)：11-20.

温涛，刘渊博，2019. 西部地区高质量发展的制约瓶颈和突破路径 [J]. 贵州财经大学学报 (3)：75-81.

邬雪峰，李彤，2020. 坚持农业农村优先发展 大力实施乡村振兴战略 [J]. 广东蚕业，54 (5)：125-126.

吴捷，成忠厚，黄小勇，2021. "互联网＋"驱动传统农业创新发展的效应研究 [J]. 江西社会科学，41 (8)：37-49.

吴利学，贾中正，2019. "高质量发展"中"质量"内涵的经济学解读 [J]. 发展研究 (2)：74-79.

夏显力，陈哲，张慧利，等，2019. 农业高质量发展：数字赋能与实现路径 [J]. 中国农村经济 (12)：2-15.

向敬伟，李江风，2018. 贫困山区耕地利用转型对农业经济增长质量的影响 [J]. 中国人口·资源与环境，28 (1)：71-81.

谢艳乐，祁春节，2020. 农业高质量发展与乡村振兴联动的机理及对策 [J]. 中州学刊 (2)：33-37.

辛岭，安晓宁，2019. 我国农业高质量发展评价体系构建与测度分析 [J]. 经济纵横 (5)：109-118.

徐辉，师诺，武玲玲，等，2020. 黄河流域高质量发展水平测度及其时空演变 [J]. 资源科学，42 (1)：115-126.

徐丽婷，姚士谋，陈爽，等，2019. 高质量发展下的生态城市评价——以长江三角洲城市群为例 [J]. 地理科学，39 (8)：1228-1237.

徐鹏杰，杨萍，2019. 扩大开放、全要素生产率与高质量发展 [J]. 经济体制改革 (1)：32-38.

徐瑞慧，2018. 高质量发展指标及其影响因素 [J]. 金融发展研究 (10)：36-45.

徐现祥，李书娟，王贤彬，等，2018. 中国经济增长目标的选择：以高质量发展终结"崩溃论"[J]. 世界经济，41 (10)：5-27.

薛涵方，2020. 中国西部地区基本公共服务减贫绩效评价研究 [D]. 呼和浩特：内蒙古大学.

杨瑞，许秀梅，2022. 山东省农业高质量发展水平测度与时空分布研究 [J]. 湖北农业科学，61 (17)：45-52.

杨永春，穆焱杰，张薇，2020. 黄河流域高质量发展的基本条件与核心策略 [J]. 资源科学，42（3）：409-423.

姚士谋，张平宇，余成，等，2014. 中国新型城镇化理论与实践问题［J］. 地理科学，34（6）：641-647.

叶兴庆，2016. 践行共享发展理念的重点难点在农村［J］. 中国农村经济（10）：14-18.

殷俊明，王平心，2011. 基于DEA的高等学校内部院系绩效评价［J］. 管理评论，23（7）：108-115.

尹朝静，2020. 中国农业经济增长质量的区域差异及动态演进［J］. 华南农业大学学报（社会科学版），19（5）：1-14.

尹君锋，石培基，张韦萍，等，2022. 乡村振兴背景下县域农业农村创新发展评价及空间格局——以甘肃省为例［J］. 自然资源学报，37（2）：291-306.

于法稳，方兰，2020. 黄河流域生态保护和高质量发展的若干问题［J］. 中国软科学（6）：85-95.

于敏，茹蕾，张玲玲，2020. 以农业对外合作促全方位开放发展——基于四川省成都市青白江区的分析［J］. 农产品市场（15）：59-61.

于长立，岳汉秋，罗帅伟，等，2022. 河南省农村高质量发展水平指标体系构建研究［J］. 平顶山学院学报，37（2）：104-109.

余泳泽，杨晓章，张少辉，2019. 中国经济由高速增长向高质量发展的时空转换特征研究［J］. 数量经济技术经济研究，36（6）：3-21.

袁晓玲，李彩娟，李朝鹏，2019. 中国经济高质量发展研究现状、困惑与展望［J］. 西安交通大学学报（社会科学版），39（6）：30-38.

岳立，雷燕燕，2020. 新时期甘肃省县域经济高质量发展水平测度及空间差异研究［J］. 甘肃行政学院学报（5）：113-123，128.

詹新宇，崔培培，2016. 中国省际经济增长质量的测度与评价——基于"五大发展理念"的实证分析［J］. 财政研究（8）：40-53，39.

张鸿，杜凯文，靳兵艳，等，2021. 数字乡村战略下农村高质量发展影响因素研究［J］. 统计与决策，37（8）：98-102.

张江洋，袁晓玲，王军，等，2021. 基于高质量发展视角的黄河流域城市效率评价［J］. 统计与决策（11）：98-102.

张军扩，2018. 加快形成推动高质量发展的制度环境［J］. 中国发展观察（1）：5-8.

张军扩，侯永志，刘培林，等，2019. 高质量发展的目标要求和战略路径［J］. 管理世界，35（7）：1-7.

张俊，2020. 农村宽带普及如何影响乡村高质量发展：理论机制与经验辨识［J］. 财贸研究，31（11）：41-52，96.

张露，罗必良，2020.中国农业的高质量发展：本质规定与策略选择［J］.天津社会科学（5）：84-92.

张默，孙科，2021.农业高质量发展理论内涵、水平测度及评价研究［J］.农业经济（5）：6-8.

张涛，2020.高质量发展的理论阐释及测度方法研究［J］.数量经济技术经济研究（5）：23-43.

张伟丽，王伊斌，李金晓，等，2022.黄河流域生态保护与经济高质量发展耦合协调网络分析［J］.生态经济，38（10）：179-189.

张仙鹏，吉荟茹，等，2018.中国绿色转型研究的梳理与展望［J］.未来与发展，42（8）：5-8.

张延升，2020.潍坊市农业开放发展的路径与对策研究［J］.新西部（11）：38，52-53.

张宇婷，2022.深刻理解高质量发展：本质内涵、核心内涵和时代内涵［J］.中共南昌市委党校学报，20（2）：39-43.

张占斌，王海燕，2022.新时代中国经济高质量发展若干问题研究［J］.北京工商大学学报（社会科学版），37（3）：1-9.

张振伟，马建琴，2008.黄河水资源可持续发展的分配管理体制研究［J］.水电能源科学，26（3）：28-31.

张震，徐佳慧，高琦，等，2022.黄河流域经济高质量发展水平差异分析［J］.科学管理研究，40（1）：100-109.

张中良，牛木川，2022.长江、黄河流域高质量发展的测算与比较研究［J］.生态经济，38（2）：59-66，74.

赵慧冬，关世霞，包玉娥，2012.基于组合赋权的区间型多属性决策方法［J］.统计与决策（19）：98-101.

赵建吉，刘岩，朱亚坤，等，2020.黄河流域新型城镇化与生态环境耦合的时空格局及影响因素［J］.资源科学，42（1）：159-171.

赵剑波，史丹，邓洲，2019.高质量发展的内涵研究［J］.经济与管理研究，40（11）：15-31.

郑耀群，崔笑容，2021.城镇化高质量发展的测度与区域差距——基于新发展理念视角［J］.华东经济管理，35（6）：79-87.

郑玉歆，2007.全要素生产率的再认识——用TFP分析经济增长质量存在的若干局限［J］.数量经济技术经济研究（9）：3-11.

钟钰，2018. 向高质量发展阶段迈进的农业发展导向 [J]. 中州学刊 (5)：40 - 44.

周晨霓，魏虹，尹文青，2009. 喀斯特退化山地生态系统不同恢复模式生态经济效益综
合评价 [J]. 亚热带水土保持，21 (3)：21 - 25.

周梅华，2003. 可持续消费测度中的熵权法及其实证研究 [J]. 系统工程理论与实践
(12)：25 - 31.

周牧，陈亚军，2019. 中国城市综合发展指标 2018：大都市圈发展战略 [M]. 北京：人
民出版社.

周清香，何爱平，2020. 环境规制能否助推黄河流域高质量发展 [J]. 财经科学 (6)：
89 - 104.

周伟，2021. 黄河流域生态保护地方政府协同治理的内涵意蕴、应然逻辑及实现机制
[J]. 宁夏社会科学 (1)：128 - 136.

周玉祥，董晓文，2007. 荒漠化防治工程效益模糊综合评价模型 [J]. 防护林科技 (1)：
25 - 27.

朱彬，2020. 中国经济高质量发展水平的综合测度 [J]. 统计与决策，36 (15)：9 - 13.

朱启贵，2018. 建立推动高质量发展的指标体系 [N]. 文汇报，02 - 06 (12).

朱秀杰，张佳，2022. 乡村振兴背景下农村人口、资源与环境协调发展实证分析——以
河北省为例 [J]. 湖北农业科学，61 (8)：210 - 215.

Henry Wai - chung Yeung，2005. Rethinking relational economic geography [J]. Trans-
actions of the Institute of British Geographers，30 (1)：37 - 51.

Levy D L，2008. Political contestation in global production networks [J]. The Academy
of Management Review，33 (4)：943 - 963.

Mlachila M，Tapsoba R，Tapsoba S J，2017. A Quality of Growth Index for Developing
Countries：A Proposal [J]. Social Indicators Research，131 (2)：675 - 710.

Shepard E，Barnes T，2000. A Companion to Economic Geography [M]. Malden：Blackwell
Publishing.

Wang H J，Yang Z S，Saito Y，et al. ，2006. Inter - annual and seasonal variation of the
Huanghe (Yellow River) water discharge over the past 50 years：Connections to im-
pacts from ENSO events and dams [J]. Global and Planetary Change，50 (3 - 4)：212 -
225.